Manual de Direito Fiscal

Manual de Direito Fiscal

2018 • 5ª Edição

Glória Teixeira
Professora da Faculdade de Direito da Universidade do Porto

ALMEDINA

MANUAL DE DIREITO FISCAL
1ª Edição, Março, 2008
AUTOR
GLÓRIA TEIXEIRA
EDITOR
EDIÇÕES ALMEDINA, S.A.
Rua Fernandes Tomás, nºs 76, 78 e 80
3000-167 Coimbra
Tel.: 239 851 904 · Fax: 239 851 901
www.almedina.net · editora@almedina.net
DESIGN DE CAPA
FBA.
PRÉ-IMPRESSÃO
EDIÇÕES ALMEDINA, S.A.
IMPRESSÃO E ACABAMENTO
ACD Print, S.A.

Agosto, 2018
DEPÓSITO LEGAL
444233/18

ALMEDINA | GRUPOALMEDINA

BIBLIOTECA NACIONAL DE PORTUGAL – CATALOGAÇÃO NA PUBLICAÇÃO
TEIXEIRA, Glória
Manual de Direito Fiscal. – 5ª ed. – (Manuais universitários)
ISBN 978-972-40-7626-3
CDU 34

À Mafalda e ao Rowan

PUBLICAÇÕES DA AUTORA

I – Livros

GLÓRIA TEIXEIRA (ed.), *Business Taxation in the European Union,* Wiley Chancery, 1994

GLÓRIA TEIXEIRA, *Taxing Corporate Profits in the EU: A Comparative Study. A Comparison of the Portuguese, British and Dutch Systems,* Series on International Taxation, 17, Kluwer Law, 1997 (tese de doutoramento)

GLÓRIA TEIXEIRA, *O Sistema Fiscal Português – a tributação do rendimento,* Almedina, 1998

GLÓRIA TEIXEIRA (coord.), *Tributação do Trabalho Dependente – relação com as contribuições para a Segurança Social,* Vida Económica, 2000

GLÓRIA TEIXEIRA, *A Tributação do Rendimento, Perspetiva Nacional e Internacional,* Almedina, 2000

GLÓRIA TEIXEIRA (coord.), *Jurisprudência Fiscal Anotada,* Almedina, 2001

GLÓRIA TEIXEIRA (coord.), O *Comércio Eletrónico – Estudos Jurídico – Económicos,* Almedina, 2002

GLÓRIA TEIXEIRA (coord.), *Jurisprudência Fiscal Anotada,* Almedina, 2002

GLÓRIA TEIXEIRA, DUARTE BARROS (coord.), *Preços de Transferência e o Caso Português,* Vida Económica, 2004

GLÓRIA TEIXEIRA (coord.), *Arrendamento Social,* Almedina, 2005

GLÓRIA TEIXEIRA (coord.), *Jurisprudência Fiscal Anotada,* Almedina, 2004

GLÓRIA TEIXEIRA (coord.), *Estudos de Direito Fiscal, Teses Selecionadas do I Curso de Pós-Graduação de Direito Fiscal, Almedina,* 2006

GLÓRIA TEIXEIRA (coord.), *Preços de Transferência, Casos Práticos,* Vida Económica, 2006

GLÓRIA TEIXEIRA (coord.), *Direito e Desporto,* Almedina, 2007

GLÓRIA TEIXEIRA, *Manual de Direito Fiscal,* Almedina, 2008

GLÓRIA TEIXEIRA, ANA SOFIA CARVALHO, (coord.), *Os 10 anos de investigação do CIJE,* Almedina, 2010

Glória Teixeira, *Manual de Direito Fiscal* (2ª edição revista e ampliada), Almedina, 2010

Glória Teixeira (dir.), Ary Ferreira da Cunha (coord.), *I Congresso de Direito Fiscal*, Vida Económica, 2011

Glória Teixeira (coord.), *Códigos Anotados e Comentados*, LEXIT, Ginocar Produções, 2012

Glória Teixeira (dir.), Ary Ferreira da Cunha (coord.), *II Congresso de Direito Fiscal*, Vida Económica, 2012

Glória Teixeira, *Manual de Direito Fiscal* (reimpressão, 2ª edição revista e ampliada), Almedina, 2012

Glória Teixeira (dir.), *III Congresso de Direito Fiscal*, Vida Económica, 2013

Glória Teixeira (dir.), *Direito Rural*, Vida Económica, 2013

Glória Teixeira (coord.), *Códigos Anotados e Comentados*, LEXIT, Ginocar Produções, 2013

Glória Teixeira (dir.), Ary Ferreira da Cunha (coord.), *IV Congresso de Direito Fiscal*, Vida Económica, 2014

Glória Teixeira, *Manual de Direito Fiscal*, 3ª edição, Almedina, 2015

Glória Teixeira (coord.), *A Floresta em Portugal, Estudo Jurídico-Económico*, Vida Económica, 2015

Glória Teixeira, *Códigos Anotados e Comentados*, LEXIT, Ginocar Produções, 2015

Glória Teixeira, *Manual de Direito Fiscal*, 4ª edição, Almedina, 2016

Glória Teixeira (coord.), *Códigos Anotados e Comentados*, LEXIT, Ginocar Produções, 2017

Glória Teixeira, *O estatuto profissional do artista, Regime Fiscal*, Fundação GDA, 2018

II – Capítulos em livro (seleção)

Glória Teixeira, Feio, Reis, *The Tax Treatment of Transfer Pricing, Portugal*, International Bureau of Fiscal Documentation, 1999

Glória Teixeira, Feio, REIS, *The Tax Treatment of Transfer Pricing, Portugal*, International Bureau of Fiscal Documentation, 2000

Glória Teixeira, *As organizações não-governamentais: Algumas considerações jurídico-fiscais in Estudos em comemoração dos cinco anos (1995-2000) da Faculdade de Direito da Universidade do Porto*, Coimbra Editora, 2001

Glória Teixeira, *Taxation of Income Derived from Electronic Commerce*, Cahiers de Droit Fiscal International, International Fiscal Association, 2001

Glória Teixeira, *Preços de transferência: A questão da interpretação e aplicação do artigo 57 do CIRC in* Glória Teixeira (coord.), *Jurisprudência Fiscal Anotada, Supremo Tribunal Administrativo*, Almedina, 2001

Glória Teixeira, Pina, FEIO, *The Tax Treatment of Transfer Pricing, Portugal*, International Bureau of Fiscal Documentation, 2002

Glória Teixeira (sob a coordenação de Paulo Ferreira da Cunha), *Estado e os Impostos*, Verbo, 2003

Glória Teixeira, *Os sistemas Fiscais na UE*, Edição Comemorativa em homenagem ao Prof. Jorge Ribeiro de Faria, da Faculdade de Economia da Universidade do Porto, Coimbra Editora, 2003

Glória Teixeira, *O diferimento da tributação in* Glória Teixeira (coord.), *Jurisprudência Fiscal Anotada, Supremo Tribunal Administrativo, 2003*, Almedina, 2004

Glória Teixeira, *Princípios fiscais, Direito Natural, Justiça e Política*, Coimbra Editora, 2005

Glória Teixeira, *Conflicts in the Attribution of Income to a Person*, Cahiers de Droit Fiscal International, volume 92b, International Fiscal Association, 2007

Glória Teixeira, João Félix Nogueira, *Segurança Social – Uma perspetiva fiscal, Nos 20 Anos do Código das Sociedades Comerciais, Homenagem aos Profs. Doutores A. Ferrer Correia, Orlando de Carvalho e Vasco Lobo Xavier*, Volume II, Coimbra Editora, 2007

Glória Teixeira, Rute Teixeira Pedro, *Sociedades de Consultoria para Investimento, Breve Nota Interpretativa, Estudos em Honra do Professor Doutor José de Oliveira Ascensão*, volume II, Almedina, 2008

Glória Teixeira, Ana Sofia Carvalho, *Direitos anti-dumping e direitos compensadores in* José Campos Amorim, *Planeamento e Evasão Fiscal*, Vida Económica, 2010

Glória Teixeira, Sérgio Silva, *Direito do Património Cultural in* Glória Teixeira, Ana Sofia Carvalho (coord.), *Os 10 anos de investigação do CIJE, Estudos jurídico-económicos*, Almedina, 2010

Glória Teixeira, *Os acordos sobre trocas de informações fiscais ao serviço das estratégias políticas dos Estados-membros da União Europeia in* Glória Teixeira (dir.), Ary Ferreira da Cunha (coord.), *I Congresso de Direito Fiscal*, Vida Económica, 2011

Glória Teixeira, Mariana Fontes da Costa, *Título de ocupação em regime de renda apoiada, de habitações construídas ao abrigo do programa especial de realojamento nas áreas metropolitanas de Lisboa e do Porto in Estudos dedicados ao Prof. Doutor Luís Alberto Carvalho Fernandes*, Direito e Justiça, vol. I, Universidade Católica Editora, 2011

Glória Teixeira, Teresa Antunes, *O impacto do regime fiscal da propriedade intelectual na economia: breves considerações nacionais e de direito fiscal comparado in* Sónia Monteiro e outros (coord.), *A fiscalidade como instrumento de recuperação económica*, Vida Económica, 2011

Glória Teixeira, Ana Sofia Carvalho, *As finanças locais: estudo comparado. Os casos inglês, italiano e espanhol in Estudos em homenagem ao Prof. Carlos Ferreira de Almeida*, vol. IV, Almedina, 2011

Glória Teixeira, *Los acuerdos sobre intercambio de información fiscal al servicio de las estrategias políticas de los Estados de la Unión Europea in* Miguel Ángel Collado Yurrita (dir.), Gemma Paton Garcia, Mª Esther Sánchez Lopes (coord.), *Intercambio International de Información Tributaria: Avances e proyección futura*, Aranzadi, Thomson Reuters, 2011

Glória Teixeira, *A tributação das empresas municipais*, *Estudos de Homenagem do Prof. Jorge Miranda*, vol. IV, Coimbra Editora, 2012

Glória Teixeira, *A fraude fiscal e o princípio da transparência in* Cândido Agra (dir.), *A criminologia: um arquipélago interdisciplinar*, U. Porto editorial, 2012

Glória Teixeira, Ana Sofia Carvalho, *O regime de renda apoiada e o problema da determinação do valor atualizado do fogo social, Estudos em Homenagem ao Prof. Doutor Aníbal de Almeida*, Coimbra Editora, 2012

Glória Teixeira, *A tributação dos intangíveis e o regime dos preços de transferência no setor da distribuição in Estudos de homenagem ao Prof. Doutor Heinrich Ewald Horster*, Almedina, 2012

Glória Teixeira, Lígia Carvalho Abreu, Uma perspectiva jurídica sobre a agricultura sustentável in Helena, Pina (coord,), Jornadas Internacionais sobre as Grandes Problemáticas do Espaço Europeu, E-book, FLUP, 2012

Glória Teixeira, *National Report, Portugal*, in Hans Gribnau and Melvin Pauwels, (eds.), *Retroactivity of Tax Legislation, 2010 EATLP Congress, Leuven*, European Association of Tax Law Professors (EATLP) International Tax Series, volume 9, 2013

Glória Teixeira, Ana Sofia Carvalho, *Efeitos do recurso contencioso de anulação – um estudo de caso in Estudos dedicados ao Prof. Doutor Nuno José Espinosa Gomes da Silva*, Direito e Justiça, Universidade Católica Editora, 2013

Glória Teixeira, Lígia Carvalho Abreu, *Os auxílios de Estado e a problemática das alterações climáticas*, in Helena, Pina (coord.), Jornadas Internacionais sobre as Grandes Problemáticas do Espaço Europeu, E-book, FLUP, 2013

Glória Teixeira, Ary Ferreira da Cunha, *Governance, Corruption and Tax Fraud: What can the private and the public sectors learn from each other, in* Aurora A. C. Teixeira, António Maia, José António Moreira, Carlos Pimenta, *Interdisciplinary Insights on Fraud*, Cambridge Scholars Publishing, 2014

Glória Teixeira, Rita Tavares de Pina, *The Tax Treatment of Transfer Pricing, Portugal*, International Bureau of Fiscal Documentation, 2003 (última atualização em 2018)

Glória Teixeira, Abílio Rodrigues, *A tributação do comércio eletrónico – novos desafios in* Homenagem ao Prof. Doutor Avelãs Nunes, Boletim de Ciências Económicas, Vol. LVII, Tomo III, Faculdade de Direito da Universidade de Coimbra, 2014

Glória Teixeira (*national reporter*), *Study on Structures of Agressive Tax Planning and Indicators, Final Report*, Taxation Papers, Working Paper 61, EC Commission, 2015

Glória Teixeira, Lígia Carvalho Abreu, *A agricultura portuguesa no contexto da União Europeia*, in Helena, Pina (coord.), Jornadas Internacionais sobre Grandes Problemáticas do Espaço Europeu, E-book, FLUP; 2015

Glória Teixeira, Ana Sofia Carvalho, *A reforma das pensões na União Europeia*, in Helena, Pina (coord.), Jornadas Internacionais sobre as Grandes Problemáticas do Espaço Europeu, E-book, FLUP, 2016

Glória Teixeira, *Double taxation treaties: towards a multilateral convention*, in João Sérgio Ribeiro (coord.), International Taxation: New Challenges, School of Law, University of Minho, 2017

Glória Teixeira, *Sobre a natureza jurídico-tributária dos prémios de desempenho com carácter incerto e extraordinário*, in Estudos em Homenagem ao Professor Doutor António Cândido de Oliveira, Almedina, 2017

Glória Teixeira, Marlene Teixeira de Carvalho, *Os mais recentes desafios da política fiscal na União Europeia*, in Helena, Pina (coord.), Jornadas Internacionais sobre as Grandes Problemáticas do Espaço Europeu, E-book, FLUP, 2017

III – Artigos publicados (seleção)

Glória Teixeira, David Williams, *The Portuguese Tax System and Double Tax Agreement Network*, Intertax, Kluwer Law, 1994

Glória Teixeira, David Williams, *The Impact of the Unilateral Tax Credit in the US, UK and other Tax Systems*, Intertax, Kluwer Law, 1995

Glória Teixeira, *Thin Capitalisation in the Portuguese Tax System*, Intertax, Kluwer Law, Vol. 24, 1996

Glória Teixeira, *Thin Capitalisation in the Portuguese Tax System (conclusion)*, Intertax, Kluwer Law, Vol. 25, 1997

Glória Teixeira, *Thin Capitalisation and Transfer Pricing in the Portuguese Tax System*, The International Transfer Pricing Journal, International Bureau of Fiscal Documentation, Vol. 4, nº 5, Set./Outubro 1997

Glória Teixeira, *Decision Of The Administrative Supreme Court-União Metalo Mecânica Lda. v. Ministry of Finance, Case Notes*, The International Transfer Pricing Journal, International Bureau of Fiscal Documentation, Vol. 5, nº 3, Maio/Junho 1998

Glória Teixeira, *The Portuguese Tax System: Facing the new Millenium*, Intertax, Kluwer Law, Vol. 26, Junho/Julho1998

Glória Teixeira, *União Metalo-Mecânica Lda. v. The Secretary of State for Tax Affairs*, International Tax Law Reports, Out./Novembro 1998

GLÓRIA TEIXEIRA, *Tax Treatment of* Credit *Default Swaps Proceeds,* Derivatives & Financial Instruments, International Bureau of Fiscal Documentation, Vol. 1, nº 3, Maio/Junho1999

GLÓRIA TEIXEIRA, *Corporation Tax Systems in The EU,* Fiscalidade, nº 2, Coimbra Editora, Abril 2000

GLÓRIA TEIXEIRA, *Non-Governamental Organisations: Some Tax Considerations,* Intertax, Kluwer Law, Vol. 28, Abril 2000

GLÓRIA TEIXEIRA, *Het Portugese Pensioensysteem: zekerheid voor alles,* Pensioen Magazine, nº 10, Outubro 2000

GLÓRIA TEIXEIRA, *Transfer Pricing: a question of interpreting and applying article* 57 *of The CIRC,* Tranfer Pricing Journal, International Bureau of Fiscal Documentation, Vol. 8, nº 6, Nov./Dezembro 2001

FREITAS PEREIRA, GLÓRIA TEIXEIRA, *Taxation of Cross-Border Pensions,* European Taxation, Kluwer Law, Vol. 41, Suppl. nº 1, Dezembro 2001

GLÓRIA TEIXEIRA, SALDANHA SANCHES, JOÃO NOGUEIRA (coord.), *Incentivos Fiscais para a Investigação e Desenvolvimento em Portugal,* Revista da FDUP, Ano I, 2004

GLÓRIA TEIXEIRA, JOÃO FÉLIX NOGUEIRA, *Breve anotação sobre o conceito de taxa,* Revista da Faculdade de Direito da UP, 2005

GLÓRIA TEIXEIRA, *ECJ Rulings on Tax Planning and Nondiscrimination,* Tax Notes International, vol. 41, nº 5, 2006

GLÓRIA TEIXEIRA, *Tax Systems and Non-Discrimination in the European Union,* vol. 34, Intertax, Kluwer, 2006

GLÓRIA TEIXEIRA, JOÃO PACHECO AMORIM, *A Adequação das "Rendas Sociais" em Presença de Variações de Rendimento do Arrendatário,* Revista da FDUP, Ano VI, 2007, Abril 2008

GLÓRIA TEIXEIRA, CARLOS VICENTE, RUI NASCIMENTO, *Notas práticas sobre a tributação da aquisição e circulação de veículos estrangeiros por particulares,* Revista Fiscal, Outubro 2008

GLÓRIA TEIXEIRA, *A Fraude Fiscal e o Princípio da Transparência,* Ciência e Técnica Fiscal, Centro de Estudos Fiscais, 422, Julho-Dezembro 2008, Direção-Geral dos Impostos, Julho 2009

GLÓRIA TEIXEIRA, RUTE TEIXEIRA PEDRO, MARIANA FONTES DA COSTA, ANA SOFIA CARVALHO, *As novas fronteiras dos conceitos legais de taxa e preço à luz da Lei das Finanças Locais e do Regime Geral das Taxas das Autarquias Locais,* Revista Fiscal, Setembro 2009

GLÓRIA TEIXEIRA, SÉRGIO SILVA, *Direito do Património Cultural,* Revista da FDUP, Ano V, 2008, Outubro 2009

GLÓRIA TEIXEIRA, *How to Classify Goods under the EU's Common Customs Tariff,* Tax Notes International, volume 56, number 10, December 7, 2009

Glória Teixeira, *Non-Retroactivity in the Portuguese Tax System: Rule or Exception?*, Rivista di Diritto Tributario Internazionale, Sapienza Università di Roma, 2010

Glória Teixeira, *Book Review, EC Customs Law (2nd edition) by Timothy Lyons*, British Tax Review, number 5, Sweet & Maxwell, 2010

Glória Teixeira, Sérgio Silva, *Direito do Património Cultural,* Trabalhos de Antropologia e Etnologia, vol. 51, Sociedade Portuguesa de Antropologia e Etnologia, 2011

Glória Teixeira, *O regime fiscal dos artistas, promotores e intermediários em sede de IVA à luz do direito interno e do direito comparado,* Revista da FDUP, Ano IX, 2012, 2013

Glória Teixeira, *Estudo sobre as infrações tributárias in* José Neves Cruz, Carla Cardoso, André Lamas Leite, Rita Faria (coord.), *Infrações económicas e financeiras, estudos de Criminologia e Direito,* Coimbra Editora, 2013

Glória Teixeira, José Reis, *O novo regime jurídico da atividade empresarial local,* Revista da FDUP, Ano XI, 2014

NOTA DE ABERTURA

Em Portugal, mais de 35% da riqueza produzida anualmente é entregue ao Estado, sob a forma de impostos e contribuições para a Segurança Social, pelos cidadãos e pelas empresas. É esse o objeto do Direito Fiscal e isso marca, de modo claro, a relevância desta disciplina na nossa vida em sociedade nos dias de hoje.

Este Manual divide-se em duas partes: a primeira corresponde ao Relatório que apresentei aquando do concurso para Profª Associada da Faculdade de Direito da Universidade do Porto e a segunda contem vários trabalhos em áreas específicas do direito fiscal que publiquei recentemente, tanto em obras nacionais como em periódicos estrangeiros.

O Manual aparece já atualizado conforme o Orçamento de Estado de 2008 e integra vários contributos de direito fiscal comparado, especialmente no tratamento da temática do procedimento e processo tributário, presentemente em fase de discussão e análise ao nível nacional.

Agradeço especialmente ao meu mestre e amigo Prof. David Williams, pelo seu incondicional apoio e incentivo e aos Professores Cândido Agra e Freitas Pereira, pelo apoio não só científico mas também institucional. Gostaria ainda de agradecer aos colegas das equipas docentes do Curso de Pós-Graduação de Direito Fiscal e do Curso de Direito Imobiliário, aos meus colegas e amigos que arduamente se dedicam à investigação no CIJE e aos meus alunos e ex-alunos, especialmente o Dr. Sérgio Silva, pelo interesse demonstrado pela disciplina e participação em projetos coletivos de investigação.

Agradeço afetuosamente à minha família, aos meus pais, ao Quim e à Mafalda, pelo indispensável apoio e presença ao longo deste 'caminho' que, nesta fase, já conhecem tão bem quanto eu.

Porto, Fevereiro de 2008.

NOTA DE ABERTURA À 2ª EDIÇÃO

Os anos de 2008 e 2009 foram férteis em alterações legislativas, tanto ao nível interno como nos contextos internacional e da União Europeia.

Em Julho de 2008 assistimos à publicação da nova Convenção Modelo da OCDE sobre rendimento e capital, cujos comentários são indispensáveis na interpretação e aplicação de qualquer disposição dos tratados sobre dupla tributação. Nesta edição revista, atualizam-se as remissões em função da renumeração e novos comentários introduzidos.

Ao nível da União Europeia, lembrando o exemplo mais recente, temos o novo Tratado da União Europeia – Tratado de Lisboa – que obrigou à atualização e renumeração de vários artigos, nesta 2ª edição da obra, em conformidade com o novo texto aprovado e publicado.

Ainda no contexto europeu, tivemos a introdução de novas Diretivas e Regulamentos aplicáveis em sede de IVA e dos Impostos Especiais sobre o Consumo (IEC(s)). Estes últimos ficam agora sujeitos a uma fiscalização eletrónica, que pode ser flexibilizada ou simplificada no âmbito do território nacional, ao abrigo de procedimentos simplificados de circulação das mercadorias.

Ao nível interno salientam-se, nesta edição revista, a explanação e crítica do novo Código Contributivo e a adaptação do CIRC ao sistema de normalização contabilística e às normas internacionais de contabilidade.

Os benefícios fiscais foram também objeto de atualização e sistematização, revelando a preocupação do legislador no aumento da produtividade e competitividade externa. São aqui analisados criticamente o novo Código Fiscal do Investimento e o regime dos benefícios fiscais contratuais concedidos a investimento direto efetuado por empresas nacionais no estrangeiro.

A recente jurisprudência do Tribunal de Justiça da União Europeia não podia ficar esquecida, incluindo-se nesta obra comentários críticos aos casos de maior impacto nos ordenamentos nacionais, nomeadamente em sede de aplicação do reenvio prejudicial para o Tribunal Europeu. Neste capítulo, e na qualidade de membro da comissão de peritos europeus dedicada à análise e implementação da jurisprudência comunitária, agradeço reconhecidamente ao grupo editorial LexisNexisButterworths por ter permitido a publicação gratuita destes comentários.

Porto, 31 de Janeiro de 2010.

NOTA DE ABERTURA À 3ª EDIÇÃO

A edição de 2015 do Manual de Direito Fiscal aparece com um novo rosto e incorpora os desenvolvimentos mais recentes de âmbito nacional, europeu e internacional.

A obra baseia-se na experiência e produção científica passada da autora, que remonta a 1994, e toma por referência académica os seus mestres europeus e internacionais, conforme se destaca nas referências bibliográficas indicadas em notas de rodapé para orientação e maior aprofundamento das temáticas pelos estudantes e público em geral.

Os resultados da sua produção científica ao nível de doutoramento (grau de Doutor em Direito Fiscal pela Universidade de Londres, Queen Mary College), publicados pela editora Kluwer, na sua série académica 'Series on International Taxation', 17, 'Taxing Corporate Profits in the EU, A Comparative Study of the Portuguese, British and Dutch Systems', são igualmente incluídos devido à importância do tema e atual repercussão ao nível europeu e internacional. A tese de doutoramento da autora enfatiza a importância dos princípios de direito fiscal, defendendo a aplicação do princípio da territorialidade no contexto europeu e internacional.

O Manual de Direito Fiscal aparece norteado pelos princípios de direito fiscal, referenciados também nos manuais europeus e internacionais, e nesta edição junta-se o princípio constitucional fiscal da não retroatividade pelo impacto que tem vindo a ter nos sistemas fiscais europeus e na vida dos contribuintes. Ferido fica o critério da especialidade científica pois passa a integrar matérias de foro constitucional mas com a atenuante de ser tratado na sua vertente fiscal e sempre suportado nas obras e experiência constitucional nacional.

Possuindo o Manual um carácter científico e pedagógico, incorpora os conceitos e técnicas fundamentais na área dos impostos, fazendo apelo também, e via de regra em notas de rodapé, a extensa jurisprudência nacional (STA) e internacional.

Por razões de coerência metodológica, o tratamento fiscal dos rendimentos dos trabalhadores dependentes, independentes e dos pensionistas aparece tratado no capítulo respeitante à segurança social, em linha com o que a autora vem defendendo à décadas, da integração do sistema de segurança social no sistema fiscal, qualificando as contribuições obrigatórias para a segurança social como verdadeiros impostos.

Para além dos temas tradicionais da fiscalidade, incluem-se temas de grande relevância atual, nomeadamente o comércio eletrónico (e.g. *cloud computing* e o jogo *online*), a definição e tratamento fiscal dos intangíveis, o exercício de atividades empresariais por entidades públicas e respetivo enquadramento fiscal bem como o tratamento fiscal preferencial concedido em sede de Estatuto dos Benefícios Fiscais ao património cultural.

Dá-se também destaque às matérias internacionais e europeias, cobrindo-se as alterações legislativas mais importantes, nomeadamente com a atualização de novas diretivas e regulamentos comunitários, com especial referência ao novo Código Aduaneiro da União e Convenções e Diretivas recentemente publicadas na área das trocas das informações fiscais.

Por último, não poderia esta 3ª edição deixar de incluir um capítulo dedicado às políticas fiscais do sec. XXI, e da sua indispensabilidade para um maior progresso humano, social e económico, à luz das reformas fiscais recentemente publicadas.

Porto, 31 de janeiro de 2015.

NOTA DE ABERTURA À 4ª EDIÇÃO

A 4ª edição do Manual de Direito Fiscal incorpora as alterações legislativas de 2015 e 2016, com especial relevância dada às atualizações introduzidas pelos orçamentos de Estado.

À semelhança de edições anteriores, integra os desenvolvimentos internacionais mais recentes, nomeadamente em sede de IRC e trocas de informações fiscais (*vide*, pacote anti-abuso e planeamento fiscal agressivo da UE e projeto BEPS da OCDE).

Nestas matérias antecipam-se algumas medidas a introduzir pelo Estado português num futuro próximo.

Salvaguardando-se o necessário dever de confidencialidade, esta edição reflete também a experiência da autora, como perita fiscal independente, no âmbito de estudo da Comissão Europeia dedicado ao planeamento fiscal agressivo e, ao nível nacional, no grupo de trabalho sobre políticas fiscais.

Porto, 1 de agosto de 2016

NOTA DE ABERTURA À 5ª EDIÇÃO

A 5ª edição do Manual de Direito Fiscal atualiza a legislação fiscal interna, europeia e internacional bem como a jurisprudência relevante do STA e TJUE.

Ao nível internacional, alerta-se o público para a importância do impacto das Diretivas da UE no âmbito do combate ao planeamento fiscal abusivo e agressivo e da introdução, também no CIRC, do conceito de beneficiário efetivo na tributação/isenção do rendimento de dividendos e cumprimento de obrigações declarativas previstas no Regime Jurídico Central do Beneficiário Efetivo.

Na ordem interna, tratam-se as alterações ao regime simplificado em sede de IRS que vêm desvirtuar a natureza deste regime, complicando-o e transformando-o num regime híbrido com custos acrescidos para o contribuinte e AT. São tratados também outros regimes, com importância crescente na vida dos cidadãos, como o da representação fiscal e o direito à informação.

Incluem-se ainda as recentes alterações ao Código Contributivo, aplicáveis aos trabalhadores independentes, que vêm aperfeiçoar o sistema, aproximando-o da tributação real dos rendimentos destes trabalhadores e instituindo o direito à isenção da obrigação de contribuir caso se verifique a inexistência de rendimentos.

Ainda, são objecto de atenção e sistematização as medidas internas anti-abuso inscritas na LGT e noutros normativos fiscais e as alterações ao RGIT em sede contra-ordenacional no âmbito do cumprimento das obrigações fiscais acessórias.

Por último, amplia-se o capítulo respeitante aos impostos sobre o património, com a inclusão da jurisprudência mais relevante do STA.

Porto, 2 de julho de 2018

LISTA DE ABREVIATURAS

AEPDF	Associação Europeia de Professores de Direito Fiscal
AR	Assembleia da República
AT	Autoridade Tributária e Aduaneira
BTR	British Tax Review
CAU	Código Aduaneiro da União Europeia
CDT	Convenção sobre Dupla Tributação
CEN	Capital Export Neutrality
CFC	Controlled Foreign Corporation
CIEC	Código dos Impostos Especiais de Consumo
CIJE	Centro de Investigação Jurídico-Económico
CIMI	Código do Imposto Municipal sobre Imóveis
CIMT	Código do Imposto Municipal sobre as Transações Onerosas de Imóveis
CIN	Capital Import Neutrality
CIRS	Código do Imposto sobre o Rendimento das Pessoas Singulares
CIRC	Código do Imposto sobre o Rendimento das Pessoas Coletivas
CPPT	Código de Procedimento e de Processo Tributário
CRP	Constituição da República Portuguesa
CTF	Ciência e Técnica Fiscal
DGCI	Direção Geral dos Impostos
EBF	Estatuto dos Benefícios Fiscais
EFTA	European Free Trade Association
FDUP	Faculdade de Direito da Universidade do Porto
FMI	Fundo Monetário Internacional
FT	Financial Times
IAS	International Accounting Standards

IBFD	International Bureau of Fiscal Documentation
ICTA	Income and Corporation Tax Act
IEC	Impostos Especiais de Consumo
IFA	International Fiscal Association
IFS	The Institute for Fiscal Studies
IGFSS	Instituto de Gestão Financeira da Segurança Social
IMF	International Monetary Fund
IMI	Imposto Municipal sobre Imóveis
IMT	Imposto Municipal sobre Transmissões
IR	Inland Revenue
IRC	Internal Revenue Code
IS	Imposto do Selo
ISSA	International Social Security Association
ITPA	International Tax Planning Association
IVA	Imposto sobre o Valor Acrescentado
JO	Jornal Oficial das Comunidades Europeias
LGT	Lei Geral Tributária
NBER	National Bureau of Economic Research
NTJ	National Tax Journal
OCDE	Organização de Cooperação e de Desenvolvimento Económicos
OE	Orçamento de Estado
OMC	Organização Mundial do Comércio
PIB	Produto Interno Bruto
PNB	Produto Nacional Bruto
RGIT	Regime Geral das Infrações Tributárias
STA	Supremo Tribunal Administrativo
TCA	Tribunal Central Administrativo
TJUE	Tribunal de Justiça da União Europeia
UE	União Europeia
UP	Universidade do Porto

Capítulo I
O Ensino do Direito Fiscal na Faculdade de Direito da UP

1. O objeto

A cadeira de Direito Fiscal na Faculdade de Direito da Universidade do Porto (FDUP) tem essencialmente por objeto a tributação do rendimento no sistema fiscal Português. Em conformidade, são analisados os impostos sobre o rendimento, IRS e IRC, ambos perspetivados numa dimensão dupla: a nacional e a internacional.

A análise desenvolvida dos impostos sobre o rendimento, à semelhança de outras experiências académicas europeias e internacionais, é essencial e prévia para a compreensão dos restantes impostos, dado estes assentarem nos mesmos princípios, técnicas e conceitos daqueles impostos.

Especial atenção é dedicada aos benefícios fiscais e também a outros impostos: IVA (Imposto sobre o Valor Acrescentado), impostos sobre o património, impostos especiais sobre o consumo (IEC(s)) e impostos aduaneiros. O tratamento em especial destes impostos bem como as noções essenciais do processo e procedimento tributário também são aqui tratados e, sempre que possível, com recurso a experiências de direito comparado[1].

[1] Esta cadeira foi inserida no projeto piloto de *e-learning* desencadeado pelo GATIUP, IRIC, Universidade do Porto, tendo-se disponibilizado os conteúdos da disciplina na Internet e encorajados os estudantes a utilizar a Internet como auxiliar e fonte de informação, nomeadamente páginas de organizações internacionais, Europa, TJUE, ministérios nacionais, órgãos judiciais nacionais e internacionais, etc. O Manual da disciplina foi divulgado em *E-Learning UP 03/04, Um Projeto Piloto na Universidade do Porto,* IRICUP, 2004.

Existe ainda na FDUP um curso de pós-graduação em Direito Fiscal, e mais recentemente foi acrescentado um mestrado em ciências jurídico-económicas, endereçados a profissionais nesta área, cujos programas desenvolvem e aprofundam os conhecimentos obtidos ao nível da licenciatura, nomeadamente análise em especial dos princípios e técnicas fiscais e impostos em especial[2].

A tributação do rendimento aparece enquadrada na lógica intrínseca de um sistema fiscal, norteado por princípios e técnicas específicas. A docente define o sistema fiscal Português, contrapondo-o a outros sistemas de tributação, enunciando os seus princípios fiscais fundamentais. Identificam-se, em particular, os conflitos existentes entre alguns princípios fiscais e certos objetivos de política fiscal.

Na elaboração deste Manual, tomou-se em consideração não só a perspetiva nacional (doutrina e jurisprudência) mas também a perspetiva internacional ou comparada. Extenso uso foi feito do método comparativo, tanto ao nível do estudo de legislações fiscais europeias como pelo recurso às experiências e técnicas fiscais utilizadas por outros países desenvolvidos. Deste modo, foi possível expor uma crítica construtiva, especialmente orientada para certas áreas carentes de regulamentação fiscal, cujo método e técnica de tributação aparece como inadequada ou já ultrapassada.

2. Método e objetivos

2.1. O processo pedagógico[3]

O ensino do direito fiscal na FDUP possui uma componente teórica e uma componente prática.

[2] Cumpre mencionar, no âmbito do 1º curso de pós-graduação de Direito Fiscal da FDUP, a promoção e publicação da obra de Nuno Sá GOMES, *A Tributação do Património,* Almedina, 2005 e, no 2º curso, o lançamento e publicação de uma obra coletiva que reuniu várias teses selecionadas de estudantes do curso, intitulada 'Estudos de Direito Fiscal', CIJE/FDUP, Almedina, 2006.

[3] Ver *The Law Teacher,* The International Journal of Legal Education, entre outros artigos, salientam-se: POTTER, GARY and WILLIAMS, Catherine, *Two birds, one stone: combining student assessment and socio-legal research*; BERRY, Elspeth, *Group work and assessment – benefit or burden?;* ROEBUCK, Joanne, WESTCOTT, LISA, and THIRIET, Dominique, *Reflective narratives: a useful learning activity and assessment for first year law students;* BOHLER-MULLER, Narnia, *The challenges of teaching law differently: tales of spiders, sawdust and sedition* e LEIGHTON, Patricia, *This House regrets the increasing privatisation of legal education,* Routledge, 2006.

Nas aulas teóricas as matérias são sistematizadas e apresentadas de acordo com um processo evolutivo de aprendizagem. Primeiramente são descritas as noções e princípios fiscais fundamentais com recurso à legislação, doutrina e jurisprudência aplicáveis. Seguidamente procede-se à análise dos diferentes sistemas fiscais e respetiva fundamentação teórica com apelo à doutrina nacional e internacional.

Após a consolidação das noções e técnicas fiscais fundamentais, o ensino é orientado para o conhecimento e compreensão dos principais impostos portugueses com particular incidência no âmbito dos impostos sobre o rendimento. Devido à sua complexidade, caráter estruturante ou conformador e repercussões no sistema fiscal global, maior destaque é dado à tributação do rendimento, nomeadamente a interação entre o IRS e o IRC e definição de 'sistema fiscal'[4].

Nas aulas práticas incentiva-se a utilização do método lógico-dedutivo, através da aplicação da norma jurídica aos factos concretos selecionados. Geralmente são analisados casos reais, decididos pelo Supremo Tribunal Administrativo ou Tribunal Central Administrativo[5], procedendo-se numa 1ª fase à qualificação jurídico-fiscal da factualidade em apreço e posteriormente à indicação da solução jurídica encontrada, sempre fundamentada na lei e perspetivada criticamente no contexto doutrinal ou jurisprudencial.

2.2. O método de avaliação

O método de avaliação é definido no regulamento de avaliação de conhecimentos da FDUP e consiste na realização de um exame escrito obrigatório e, quando aplicável, realização de uma prova oral nos termos definidos neste regulamento.

Os estudantes são encorajados a preparar as matérias do curso e, no caso das aulas práticas, são distribuídos com antecedência os casos ou questões selecionadas para estudo prévio e apresentação subsequente nas referidas aulas.

A identificação, análise e discussão crítica das questões acima indicadas tem por objetivo imediato uma preparação para o exame escrito final

[4] Ver capítulo deste Manual respeitante à temática 'Sistemas Fiscais'.

[5] Ver em notas de rodapé jurisprudência selecionada do STA.

e prova oral, quando aplicável, e também a prática das técnicas da oralidade, individual ou em grupo.

2.3. Objetivos

Pretende-se que o estudante adquira conhecimentos essenciais na área do direito fiscal e desenvolva um raciocínio interativo e crítico, que passa por conseguir relacionar diferentes normas ou regimes jurídicos e alcançar uma ou mais soluções jurídicas para o problema ou factualidade apresentada.

Incentiva-se a análise crítica, o trabalho de investigação e a pesquisa jurisprudencial, individual ou em grupo. Para o efeito são previamente selecionados os casos objeto de análise e constituídas as equipas de trabalho que apresentarão o seu trabalho oralmente para discussão e análise de todos os estudantes envolvidos no processo de aprendizagem[6].

Na prossecução dos referidos objetivos são tomados em consideração os fundamentos teóricos e igualmente a técnica ou aplicação prática dos conceitos ou definições.

[6] Ver experiência pedagógico-cientifica já produzida que culminou com a publicação de 2 obras coletivas: *Preços de Transferência e o Caso Português*, Vida Económica, 2004 e *Preços de Transferência, Casos Práticos*, Vida Económica, 2006.
Os trabalhos dos estudantes podem ser consultados no sítio do CIJE, com particular relevância para os estudos produzidos no âmbito da parceria FDUP – Faculdade de Direito da Universidade de Tilburg, em Novembro de 2008, subordinados à temática da tributação das pensões na União Europeia e teses de mestrado apresentadas na Faculdade de Direito da Universidade do Porto.

Capítulo II
Os Impostos Portugueses

1. Introdução

À semelhança de outros países desenvolvidos, o sistema fiscal Português assenta fundamentalmente em dois tipos de impostos:

a) Imposto sobre o consumo e,
b) Imposto sobre o rendimento.

A sua importância no cômputo global das receitas fiscais varia de país para país, mas a tendência generalizada é para o crescimento dos impostos sobre o consumo em detrimento de outros tipos de imposto, nomeadamente os impostos sobre o rendimento. Razões como simplicidade, eficiência e transparência do sistema levam a que este tipo de imposto seja preferido a outras formas de tributação[7].

No sistema fiscal Português, o imposto comunitário IVA (Imposto sobre o Valor Acrescentado) aparece como a primeira fonte de receita fiscal seguido dos impostos sobre o rendimento (IRS e IRC).

O contributo das receitas dos IEC(s) sobretudo do imposto sobre os produtos petrolíferos merece ser mencionado, especialmente se comparado com certos impostos como o imposto de selo.

A tributação do consumo surge assim como instrumento privilegiado de política fiscal, nomeadamente pela sua maior facilidade de influenciar o comportamento dos contribuintes (e.g. tratamento fiscal mais favorável

[7] Morse, Geoffrey, Williams, David, *Davies: Principles of Tax Law*, Sweet & Maxwell, 2008.

dado à utilização de energia menos poluente, desincentivo ao consumo de álcool ou tabaco).

Por outro lado, pressões resultantes da globalização das economias e acréscimo de competitividade entre empresas têm vindo a provocar não só uma redução progressiva dos impostos sobre o rendimento como também a necessidade urgente de reformar os sistemas de segurança social cujas prestações obrigatórias têm sido comummente classificadas como verdadeiros impostos[8].

O Código Contributivo vem confirmar esta realidade, alinhando, ainda que parcialmente, as regras de tributação de ambos os sistemas.

2. A definição de imposto e os fins da tributação

Definir imposto não é tarefa fácil conforme vem demonstrando a doutrina[9] e jurisprudência nacional e internacional[10]. Se em determinadas situações é fácil vislumbrar a existência da figura do imposto, desde logo por estarem reunidos os seus requisitos fundamentais – nomeadamente unilateralidade e caráter vinculativo ou obrigatório – noutras situações a posição é menos clara e aqui entram em cena figuras de diferentes tipos: taxas[11], licenças e contribuições[12].

É consensual que o principal objetivo da tributação é o da arrecadação de receita para cobertura de gastos públicos essenciais. Para além deste objetivo prioritário podem os estados prosseguir outros objetivos tais como o da redistribuição da riqueza, assumindo aqui uma relevância especial o princípio da progressividade, ou o do controlo da economia e

[8] Teixeira, Glória (coord.), *A Tributação do Trabalho Dependente*, Vida Económica, 2000.

[9] Ver Saldanha Sanches, *Manual de Direito Fiscal*, Coimbra Editora, 2007.

[10] Ver, por exemplo, jurisprudência do Supremo Tribunal Administrativo, Recurso 26 380, *Fazenda Pública v. J O Investimentos SGPS, SA*, 28/11/01.

[11] Para uma definição de taxa e aplicação dos princípios do benefício e da proporcionalidade, ver STA, acórdão de 6 de Outubro de 2004 (*Fazenda Pública vs. Sonae SGPS*).

[12] Veja-se, entre outras, a contribuição especial criada pelo DL nº 43/98 de 3 de março que incide sobre a valorização de prédios, resultante da sua utilização como terrenos para construção, provocada pela realização de obras públicas nas áreas adjacentes e, mais recentemente, a contribuição extraordinária sobre a indústria farmacêutica (OE 2015).

da sociedade, através de uma influência direta ou indireta no comportamento dos contribuintes.

Recentemente, o problema da redistribuição da riqueza (nacional e internacional) tem vindo a ser encarado seriamente não só pela classe política mas também pelas próprias organizações internacionais[13]. Para além dos mecanismos tradicionais utilizados em sede de impostos sobre o rendimento ou sobre o consumo (sistema de taxas progressivas), bem como da importância das contribuições obrigatórias para a segurança social como principal veículo de redistribuição de rendimento, as atenções voltam-se agora para as transferências de rendimento ou riqueza inter-geracionais, particularmente relevantes perante o quadro atual e futuro de envelhecimento populacional, consequência direta da quebra de natalidade e do aumento da esperança média de vida.

Neste contexto assume particular significado a tributação das transmissões por morte ou das doações efetuadas em vida, aparecendo os impostos sobre o património ou riqueza como instrumento privilegiado de realização de equidade ou justiça fiscal, possibilitando, nomeadamente uma maior atenuação da penalizante tributação que recai presentemente sobre o trabalho dependente.

É igualmente interessante notar que o Estado pode exercer a sua soberania fiscal abstendo-se de tributar determinados contribuintes ou transações (*vide*, atribuição de benefícios fiscais em sede de tributação de rendimento ou isenções ou reduções de taxa em sede de IVA). No caso português, e em matéria de benefícios fiscais:

> "(...) o " sistema" é constituído desde há muito por um conjunto desconexo e incoerente de medidas, mais gerado pelo jogo das pressões e arranjos do que por políticas coerentes. A "política" de benefícios é, desde há muito, sobretudo causa de um conjunto forte de distorções e deficiências, constituindo um dos maiores pontos fracos do sistema fiscal, ..."
>
> (Centro de Estudos Fiscais, *Reavaliação dos Benefícios Fiscais,* Manual do Grupo de Trabalho, Cadernos de Ciência e Técnica Fiscal (180), 1998)

[13] Ver FMI Policy Discussion Paper, *The IMF and Civil Society Organizations: Striking a Balance*, FMI, Setembro 2001.

2.1. Breves considerações sobre o conceito de taxa, preços e rendas sociais

2.1.1. O conceito de taxa

A noção de taxa aparece indicada pelo legislador na LGT, artigo 4º, nº 2 e no art. 3º do Regime Geral das Taxas das Autarquias Locais (Lei nº 53-E/2006, de 29 de Dezembro). Assim: *"As taxas das autarquias locais são tributos que assentam na prestação concreta de um serviço público local, na utilização privada de bens do domínio público e privado das autarquias locais ou na remoção de um obstáculo jurídico ao comportamento dos particulares, quando tal seja atribuição das autarquias locais, nos termos da lei."*.

Esta noção corresponde a uma extensão do conceito geral de taxa previsto no art. 4º, nº 2 da Lei Geral Tributária, extensão esta que permite igualmente às autarquias locais cobrarem taxas (ou preços) pela utilização privada de bens do domínio privado das mesmas.

Estamos, portanto, perante um tributo com carácter sinalagmático, não unilateral mas sim bilateral, pois assenta na contraprestação concreta de um ente público.

A fixação do valor das taxas assenta em dois critérios fundamentais: o critério da cobertura dos custos e o critério da equivalência ou do ganho privado[14].

A aplicação destes dois critérios pautar-se-á pelo princípio da proporcionalidade, previsto no art. 4º, nº 1 do Regime Geral das Taxas das Autarquias Locais. Segundo este preceito, *"O valor das taxas das autarquias locais é fixado de acordo com o princípio da proporcionalidade e não deve ultrapassar o custo da atividade pública local ou o benefício auferido pelo particular."*

2.1.2. Sobre a distinção taxa/preço 'público'[15]

A distinção preços 'públicos' *vs.* taxas continua a ser uma das mais difíceis distinções da disciplina de Finanças Públicas.

[14] Ver Teixeira, Glória, Nogueira, João Félix, *Breve Anotação sobre o Conceito de Taxa*, Revista da Faculdade de Direito da Universidade do Porto, Ano II, 2005 e Teixeira, Glória, Teixeira Pedro, Rute, Fontes da Costa, Mariana, Carvalho, Ana Sofia, *As novas fronteiras dos conceitos legais de taxa e preço à luz da Lei das Finanças Locais e do Regime Geral das Taxas das Autarquias Locais*, Revista Fiscal, Setembro 2009.

[15] Não obstante a incorreção substantiva do termo 'preço público', ele é indicado neste trabalho por questões metodológicas e para melhor se visualizar a distinção entre os conceitos de preço e taxa.

É que, diferentemente dos impostos, das taxas e das contribuições especiais, não existe qualquer suporte legal concreto ou específico que auxilie na definição de preço 'público'.

A jurisprudência e a doutrina nacional, e ao contrário da abundância doutrinária e jurisprudencial em matéria de taxas, pouco se debruçou sobre a definição de preços 'públicos'.

Para além disso, o legislador nacional empregou durante anos as denominações "preço", "tarifa" e mesmo "taxa" para situações muito semelhantes, sem que tenha procedido a uma clara distinção das figuras.

Presentemente, e com jurisprudência comunitária já consolidada sobre esta matéria, maior clareza se impõe, reconduzindo-se a figura da 'tarifa' à figura de preço sujeito, nomeadamente a IVA, bem como a uma distinção mais clara e objetiva entre taxa e preço 'público'.

A jurisprudência comunitária tem vindo de um modo sucessivo e coerente a sujeitar a imposto, especialmente IVA, as atividades de entidades públicas que possam originar distorções de concorrência e, nestes casos, não obstante a factualidade ao nível nacional estivesse sujeita a taxa, esta passou a ser requalificada como preço, por força da supremacia das leis e jurisprudência comunitárias sobre a legislação e jurisprudência nacionais.

Note-se que nestas situações decididas pelo TJUE a entidade pública praticou as referidas operações no exercício dos seus poderes de autoridade e portanto no âmbito das suas competências ou atribuições.

Desta forma, o acima referido art. 3º do Regime Geral das Taxas das Autarquias Locais, terá de ser interpretado no contexto comunitário e em consonância e conformidade com os princípios, normas e decisões jurisprudenciais comunitárias aplicáveis em matéria de concorrência.

2.1.3. A equivalência dos conceitos 'tarifa' e 'preço'

Ao nível nacional, a antiga Lei das Finanças Locais bem como o novo regime financeiro local (Lei nº 73/2013 de 3/09) veio esclarecer as anteriores dúvidas, equiparando tarifas a preços.

Deste modo, qualificam como preços nos termos do art. 21º deste novo regime, os valores atinentes aos serviços descritos no seu nº 3, nomeadamente:

a) Abastecimento público de água;

b) Saneamento de águas residuais;
c) Gestão de resíduos sólidos;
d) Transportes coletivos de pessoas e mercadorias;
e) Distribuição de energia elétrica em baixa tensão.

2.1.4. A distinção taxa/preço: considerações doutrinais e juriprudenciais nacionais

Refere Braz Teixeira que *"as taxas correspondem à utilização de bens ou serviços inerentes ao poder político e, como tal, por essência da titularidade do Estado, e subtraídos, por isso, ao mercado livre e à oferta e à procura."*[16]

No mesmo sentido, o Supremo Tribunal Administrativo, no Acórdão de 10 de Outubro de 2001, *in* processo 38714 (relator Jorge de Sousa) sumaria o seguinte:

> *"4 – A delimitação conceptual entre preços e taxas deve fazer-se com base no critério da forma como são estabelecidas as quantias a cobrar que leva a qualificar como taxas as quantias a cobrar se elas são autoritariamente fixadas e como preços se elas são determinadas negocialmente de acordo com as regras do mercado."*.

Assim se depreende que a distinção entre taxa e preço 'público' e taxa e preço 'privado' são equivalentes, pois tanto na situação de preço 'público' como na situação de preço 'privado', a autoridade pública exerce as suas atribuições ou competências em ambiente de mercado ou posição concorrencial.

2.1.5. A definição de preço: preços 'públicos' e preços 'privados'[17]

O principal fator distintivo a apontar é que o preço 'público' é autoritariamente fixado, enquanto que o preço 'privado' não o é, mas tal não significa que o preço 'público' não tenha referências ao mercado concorrencial e à lei da oferta e da procura, podendo no entanto este consubstanciar exceções a esta regra de mercado, nos termos do art. 21º, nº 1, parte final, do novo regime financeiro local.

[16] Braz Teixeira, António, *Finanças Públicas e Direito Financeiro*, AAFDL, 1990, pp. 250-251.

[17] Vejam-se os comentários acima feitos à incorreção do termo preço 'público' igualmente aplicáveis à expressão preços 'privados'.

2.1.6. A questão das 'Rendas Sociais'

Se é certo que relações jurídicas de arrendamento social se vêm formando e constituindo no tempo desde há décadas, nunca houve um tratamento jurídico ou doutrinal uno e atualizado da matéria.

A caraterística fundamental patente neste tipo de relações jurídicas, e diferentemente do que acontece no regime de arrendamento urbano ou rústico, é que as partes não se encontram em pé de igualdade, como se de um contrato normal se tratasse, mas antes aparece o Estado na qualidade de senhorio, conformando desde logo a relação jurídica de arrendamento social com os fins públicos e sociais que se propõe prosseguir. Vejam-se, desde logo, os poderes ou faculdades atribuídos aos poderes públicos para despejar via administrativa os inquilinos para a necessária ou urgente prossecução de interesses sociais ou resolver situações de emergência, a possibilidade de utilização de presunções ou outros expedientes para determinar a situação jurídico-económica do arrendatário, etc.

Para mais desenvolvimentos sobre este tema, ver a nossa obra 'Arrendamento Social', Almedina, 2005 e Lei nº 21/2009 de 20 de Maio[18].

3. A interpretação e integração da Lei fiscal

Refere a LGT (art. 11º) que na determinação do sentido das normas fiscais e na qualificação dos factos a que as mesmas se aplicam são observadas as regras e princípios gerais de interpretação e aplicação das leis.

Os princípios de interpretação têm de ser encontrados no sistema jurídico geral, que constam do Código Civil, e tomam como ponto de partida a letra da lei (interpretação literal ou gramatical) para encontrar o sentido da norma (interpretação lógica) dentro do sistema jurídico[19]. Para a concretização do sentido e alcance da norma fiscal, para além da letra da lei, concorrem, nomeadamente, a unidade do sistema jurídico, as circunstâncias em que a lei foi elaborada e as condições específicas do tempo em que é aplicada.

A interpretação pode ser:

- **autêntica**, onde o órgão competente que cria uma lei, tem também a competência para a interpretar através de uma nova lei;

[18] Esta Lei foi revogada recentemente mas dada a sua importância histórica e doutrinária continua a ser referenciada neste manual.

[19] Baptista Machado, *Introdução ao Direito e ao Discurso Legitimador*, Almedina, 1983.

- **doutrinal,** que consiste naquela atividade do jurista que se destina a fixar o sentido e alcance com que o texto deve valer[20];
- **jurisprudencial:** interpretação feita pelos tribunais nacionais ou pelo TJUE ou
- **administrativa:** interpretação da administração fiscal que se traduz em resoluções administrativas, designadamente circulares e ofícios circulados emanados pela AT.

Ao nível da aplicação da lei fiscal, são indicados os seguintes resultados ou modalidades de interpretação[21]:

a) interpretação declarativa;
b) interpretação extensiva;
c) interpretação restritiva;
d) interpretação revogatória ou ab-rogante;
e) interpretação enunciativa e
f) interpretação económica.

É de referir a especificidade da interpretação económica, enunciada na LGT, no contexto do direito fiscal. Refere aquela lei "sempre que, nas normas fiscais, se empreguem termos próprios de outros ramos de direito[22], devem os mesmos ser interpretados no mesmo sentido daquele que aí têm, persistindo dúvida sobre o sentido das normas deve atender-se à substância económica dos factos tributários"[23].

As normas fiscais possuem conceitos específicos que têm de ser interpretados em conformidade com o sistema fiscal geral, nomeadamente o conceito de alienação, realização, transmissões de bens, etc., fazendo-se apelo com frequência a técnicas legislativas, designadamente remissões, definições, presunções ou ficções, nos diferentes códigos fiscais.

Ao nível internacional é de mencionar a Convenção de Viena sobre o Direito dos Tratados, artigos 31º a 33º, que contêm as normas de inter-

[20] Baptista Machado, *Introdução ao Direito e ao Discurso Legitimador*, Almedina, 1983

[21] Ver STA, acórdão de 30 de Abril de 2004 (*Palma de Carvalho vs. Fazenda Pública*).

[22] Exemplo: os conceitos de sociedade comercial, liquidação, instituição financeira, etc.

[23] Ver, Freitas Pereira, *Fiscalidade,* Almedina, 2017 e art. 11º, nº 3 da LGT.

pretação aplicáveis às convenções internacionais e, como consequência, igualmente aplicáveis às convenções sobre dupla tributação[24].

Nas situações de lacuna da lei podem ser utilizados dois expedientes, previstos no sistema jurídico português (Código Civil):

- recurso à analogia e
- "na falta de caso análogo, a situação é resolvida segundo a norma que o próprio intérprete criaria, se houvesse de legislar dentro do espírito do sistema"[25].

No campo do direito fiscal, o princípio constitucional da legalidade[26] proíbe o recurso à analogia e igualmente a criação de normas, 'mesmo que dentro do espírito do sistema' (art. 11º, nº 4 da LGT).

Cumpre ainda mencionar a LGT que estabelece: "As lacunas resultantes de normas tributárias abrangidas na reserva de lei da Assembleia da República não são susceptíveis de integração analógica". Deste modo, nas matérias reservadas à lei em sentido formal – incidência, taxas, benefícios fiscais e garantias dos contribuintes – a integração das lacunas da lei não é possível. Subsistem dúvidas relativamente à possibilidade de integração das leis em matérias de liquidação e pagamento de imposto.

Por último, convém reter os conceitos jurídicos fundamentais em sede de hierarquia das normas, também aplicáveis ao direito fiscal. No topo da hierarquia temos as normas constitucionais e os tratados ou normas internacionais ou europeias, seguidos das leis, decretos-leis e regulamentos.

Em sede de direito comparado, na área do direito fiscal, aparece o regulamento como o instrumento central, essencial e indispensável para a concretização das leis ou decretos-leis, dotados, nos sistemas de tradição civilista, da necessária generalidade e abstração.

[24] Esta convenção já foi aprovada e ratificada pelo estado português (ver Resolução da AR nº 67/2003 e Decreto do Presidente da República nº 46/2003 de 7 de Agosto). Para maior desenvolvimento, ver capítulo deste Manual respeitante à 'Dimensão Internacional'.

[25] Note-se, no entanto, que o legislador português aceita a interpretação extensiva em sede de normas que estabelecem benefícios fiscais (ver art. 10º do EBF).
Sobre a fronteira entre a interpretação extensiva e a aplicação analógica da norma fiscal, ver STA, acórdão de 26 de Junho de 2013 (*Manuel da Silva Pontes vs. Fazenda Pública*).

[26] Ver MIRANDA, Jorge, *Constituição e Cidadania*, Coimbra Editora, 2003.

A doutrina administrativa apresenta-se, portanto, muito bem sistematizada, sendo objeto de compilação, para conhecimento dos interessados e em consonância com os princípios de transparência e segurança jurídicas[27].

Ao contrário da experiência portuguesa, prevalece a figura dos regulamentos, substantivos, interpretativos e processuais, seguida da figura das circulares e das decisões.

4. As classificações de impostos[28]

A doutrina nacional[29] e internacional[30] enunciam várias classificações de impostos – cujos limites são sempre evidenciados dado o seu caráter restritivo – orientadas para fins ou funções específicos tanto ao nível macro-económico como micro-económico. Indicam-se, designadamente, as seguintes distinções:

a. Impostos diretos e impostos indiretos[31]
b. Impostos reais e impostos pessoais[32]
c. Impostos de quota fixa e impostos de quota variável[33]
d. Impostos periódicos e impostos de obrigação única[34]
e. Imposto principais, impostos acessórios[35] e impostos dependentes[36]

[27] Veja-se, sítio da AT, onde se encontram também disponíveis as informações prévias vinculativas, para conhecimento dos interessados.

[28] Ver Freitas Pereira, *Fiscalidade*, Almedina, 2017.

[29] Ver, entre outros autores, Sá Gomes, Nuno, *Lições de Direito Fiscal*, Volume I, Direção Geral das Contribuições e Impostos – Centro de Formação e Aperfeiçoamento Profissional, Centro de Estudos Fiscais, Cadernos de Ciência e Técnica Fiscal nº 134, Dezembro de 1986.

[30] Musgrave, *Public Finance in Theory and Practice*, fifth edn., 1989.

[31] Adotada, nomeadamente para efeitos de classificação orçamental das receitas públicas e no Código Civil, no âmbito dos privilégios creditórios.

[32] Esta distinção, que remonta ao direito romano, toma em consideração a incidência pessoal ou real do imposto.

[33] Nos impostos de quota variável a taxa pode ser proporcional, progressiva ou regressiva.

[34] Exemplos de impostos de obrigação única: IMT ou Imposto de Selo.

[35] Ex. a derrama.

[36] Impostos que são devidos ainda que o não sejam os impostos principais de cujo objeto dependem.

f. Impostos estaduais e impostos não estaduais[37]
g. Impostos sobre o rendimento, impostos sobre o património e impostos sobre a despesa.

Neste Manual, via de regra, adota-se a última das classificações em consonância com as disposições dos códigos fiscais e convenções sobre dupla tributação internacional.

5. A técnica fiscal: incidência, taxas, liquidação e pagamento

5.1. A incidência

O conceito internacional, ou com apelo ao direito fiscal comparado[38], de incidência comporta um elemento material (incidência material) e um elemento pessoal (incidência pessoal). A materialidade consiste na base tributável – *tax base* – (rendimento, despesa ou património) e o elemento pessoal refere-se à qualidade de contribuinte, sujeito singular, coletivo ou ente irregular ou 'híbrido'.

Identificados a base tributária e contribuinte, o sistema fiscal integra várias taxas aplicáveis em sede de rendimento, geralmente taxas progressivas, aos contribuintes singulares e proporcionais aos contribuintes coletivos, consumo e património.

Esta distinção assume relevância ao nível procedimental ou processual fiscal, nomeadamente na área da exigibilidade fiscal [ver STA, acórdão de 24 de julho de 2013 (*Pelicano – Investimento Imobiliário S.A. vs. Fazenda Pública*)].

5.2. As taxas

Existem vários tipos de taxas, a seguir indicadas:

– taxas nominais ou taxas efetivas: as primeiras estão definidas na lei, as segundas resultam da relação entre imposto a pagar e base tributável;
– taxas progressivas, regressivas e proporcionais;

[37] Os impostos não estaduais dizem respeito a uma entidade diversa do estado, nomeadamente os impostos regionais, municipais, etc.

[38] Ver AULT, Hugh, ARNOLD, Brian, *Comparative Income Taxation, A Structural Analysis*, Kluwer, 2010.

- taxas médias e taxas marginais[39] e
- taxas específicas e *ad valorem*[40].

Pode ainda falar-se no contexto classificatório de taxas, das taxas de retenção na fonte[41], taxas especiais – incidem sobre rendimentos ou transações em especial –, taxas de tributação autónoma (ex. tributação das despesas confidenciais ou não documentadas), taxas reduzidas ou intermédias em sede de IVA, e taxas liberatórias, via de regra, aplicáveis a rendimentos de contribuintes estrangeiros ou rendimentos sujeitos a retenção na fonte a título definitivo.

5.3. A liquidação

A liquidação pode ser efetuada pelo contribuinte ('autoliquidação') ou pela administração tributária.

A doutrina internacional[42] define liquidação como a operação de determinação ou cálculo do rendimento ou matéria coletável e sujeição deste à taxa respetiva de imposto[43]. Esta operação de cálculo e apuramento de imposto a pagar pode ser feita pelo contribuinte ou pela administração fiscal.

Em países desenvolvidos cabe ao contribuinte singular ou coletivo o cumprimento deste tipo de obrigações contabilísticas ou escriturais bem como das obrigações declarativas, intervindo apenas a administração fiscal em sede de correções ao rendimento, ou matéria coletável declarada, ou no âmbito de tarefas inspetivas.

[39] Ver sistema progressivo de tributação em sede de IRS e análise quantitativa apresentada em Freitas Pereira, *Fiscalidade*, Almedina, 2017.

[40] Ver capítulo deste manual dedicado aos IEC(s).

[41] Define a LGT (art. 34º) o conceito de retenção na fonte como constituindo: "as entregas pecuniárias efetuadas por dedução nos rendimentos pagos ou postos à disposição do titular pelo substituto tributário". Ver ainda no contexto de definições fiscais, o *International Tax Glossary*, IBFD, 2015.

[42] Morse, Geoffrey, Williams, David, *Davies: Principles of Tax Law*, Sweet & Maxwell, 2008.

[43] A doutrina e jurisprudência nacionais tradicionalmente distinguem as operações de lançamento, ou determinação em concreto dos elementos da obrigação de imposto, das operações de liquidação que consistem na aplicação da taxa de imposto à matéria coletável.

5.4. O pagamento[44]

O imposto pode ser pago pelo próprio contribuinte ou terceiro na qualidade de substituto[45] ou responsável tributário (art. 22º da LGT). Pode ser ainda pago faseado e antecipadamente (pagamentos por conta)[46] ou em prestações, nas condições e termos previstos na Lei (art. 42º da LGT).

Quando não efetuado voluntariamente pelo contribuinte, o pagamento pode ser efetuado coercivamente (cobrança coerciva)[47].

6. A responsabilidade fiscal[48]

Para uma compreensão mais apurada deste tema, não poderá deixar de ser feita uma remissão para doutrina nacional e internacional, no âmbito do conceito e caraterísticas da relação jurídica tributária (ou relação jurídica de imposto)[49].

Resumidamente, distingue a doutrina e a LGT entre sujeito ativo (o Estado) e sujeito passivo (o contribuinte de direito)[50], constituindo os sujeitos principais da relação jurídica tributária. Mas, para além deles, podem ser chamados a intervir nesta relação jurídica os chamados 'substitutos', acima referenciados, e/ou os responsáveis tributários solidários ou subsidiários (artigos 22º a 29º da LGT).

[44] As situações de incumprimento, tanto por parte do contribuinte como da administração tributária, são reguladas na LGT, havendo lugar, nomeadamente ao pagamento de juros indemnizatórios (art. 43º da LGT), se se tratar de um incumprimento da administração tributária, ou juros compensatórios (art. 35º da LGT) ou moratórios (art. 44º da LGT), no caso de incumprimento do contribuinte.

[45] Ver neste contexto, definição de 'retenção na fonte' da LGT acima indicada e art. 20º da LGT.

[46] Ver STA, acórdão de 9 de Abril de 2003 (*Fazenda Pública vs. Ikebana & Jeropco*).

[47] Ver CPPT (*Da cobrança*).

[48] A responsabilidade fiscal pode ser de tipo subjetivo ou pessoal, quando baseada numa posição pessoal, ou de tipo objetivo ou real, quando incide sobre bens ou direitos (ver Soares Martinez, *Direito Fiscal*, Almedina, 2003).

[49] Ver Manuais ou Cursos de Direito Fiscal nacionais das Faculdades de Direito de Lisboa e Coimbra.

[50] Ao conceito de contribuinte de direito, ou aquele de quem se exige juridicamente a prestação tributária, contrapõe-se o conceito de contribuinte de facto, sendo neste último caso aquele que efetivamente suporta o imposto.

Sumariamente, no regime de solidariedade, cada um dos devedores responde pela prestação integral e esta a todos libera, nos termos do Código Civil[51]. Diferentemente, no regime de subsidiariedade, os responsáveis subsidiários só são chamados a intervir quando o devedor principal não cumpra nem possa cumprir a obrigação a que se encontra adstrito[52].

A LGT, na parte respeitante à responsabilidade dos membros de corpos sociais e responsáveis técnicos, é muito criticada, em sede de direito fiscal comparado, pela sua desproporcionalidade e falta de razoabilidade ou bom senso (art. 24º da LGT).[53]

As experiências fiscais comparadas analisadas neste manual limitam a responsabilidade fiscal aos sócios maioritários ou com capacidade para influenciar as decisões estratégicas ou fundamentais da empresa.

Assume-se como descabido e sem qualquer fundamento responsabilizar trabalhadores dependentes (e.g. administradores ou gerentes vinculados por contrato de trabalho dependente) ou técnicos, obrigados a cumprir ordens dos seus superiores, nos termos legais.

O mesmo argumento legal é utilizado para os sócios minoritários, por não possuírem capacidade para influenciarem direta e imediatamente as decisões da empresa.

7. A representação fiscal

A prevenção da fraude e abuso fiscais têm levado o legislador português a refinar o conceito de representação fiscal sem descurar os princípios fiscais europeus da proporcionalidade e da não-discriminação.

Estabelecem as leis fiscais (ver artigos 130 do CIRS, 126 do CIRC, 30 do CIVA e 5º nº 6 do CAU) que os não residentes (singulares ou coletivos sem estabelecimento estável) que obtenham rendimentos em território

[51] Ver STA, acórdão de 25 de Maio de 2004 (*Fazenda Pública vs. Maria Alice Borges*).

[52] Almeida Costa, Mário Júlio de, *Direito das Obrigações*, 12ª edição, reimpressão e atualização, Almedina, 2018 e STA, acórdão de 15 de Janeiro de 2003 (*João Martins Francisco vs. Fazenda Pública*).

[53] Ver ainda art. 8º, nº 3 do RGIT que vem responsabilizar subsidiariamente também os contabilistas certificados por coimas devidas por falta ou atraso na apresentação de quaisquer declarações no período de exercício de funções, salvo apresentação atempada no portal das finanças de prova justificativa do não cumprimento das obrigações exigidas.

português devem indicar uma pessoa singular ou colectiva, com residência em Portugal, afim de os representar perante a AT.

Esta obrigação é dispensável no caso de não residentes com residência na UE ou no Espaço Económico Europeu, neste último caso, desde que o Estado membro tenha aderido ao regime de trocas de informações fiscais vigentes na UE.

É de referir que, o representante pode renunciar à representação nos termos gerais, mediante comunicação escrita ao representado, enviada para a última morada deste (art. 19º, números 8 e 9 da LGT).

Refletindo o impacto das novas tecnologias de informação na administração tributária, a LGT (art. 19º, nº 14) excetua a obrigatoriedade de designação de representante fiscal no caso dos sujeitos passivos que adiram ao serviço público de notificação electrónica, associado à morada única digital, com exceção das pessoas coletivas ou equiparadas que cessem a sua atividade (ver ainda neste contexto art. 19º, nº 15 da LGT).

8. O direito à informação

A internet e a nova era digital tem obrigado a administração fiscal a atualizar-se e instituir novos procedimentos especialmente na área do direito à informação.

Razões de simplicidade, transparência e publicidade impõem novas soluções para além das tradições incluídas na LGT de foro essencialmente procedimental ou processual (ver artigos 67º 'Direito à informação'), 68º ('Informações vinculativas'), 68º-A ('Orientações genéricas') e 68º-B 'Contribuintes de elevada relevância económica e fiscal').

A completa transparência e publicidade da informação fiscal atualizada, devida nos termos legais, deve ser assegurada não só por razões de certeza e segurança jurídica mas também para garantir a não discriminação entre contribuintes.

Para além da publicação da lista de devedores no sítio da AT e da obrigatoriedade da divulgação dos benefícios fiscais atribuídos em sede de IRC (art. 15º-A do EBF), novas medidas têm vindo a ser implementadas, nomeadamente a introdução da declaração automática de rendimentos (art. 58º-A CIRS), com impacto significativo na redução de custos do cumprimento das obrigações fiscais.

9. As reformas fiscais: breve perspetiva histórica[54]

9.1. A dimensão internacional

Sob uma perspetiva histórica, praticamente todos os sistemas fiscais do mundo começaram primeiramente por utilizar formas de tributação do consumo, através da aplicação de impostos aduaneiros ou impostos específicos. Assim, a tributação do consumo antecede a tributação do rendimento.

Os impostos sobre o consumo eram de fácil aplicação dado incidirem sobre transações específicas como a exportação, ou importação de bens. Deste modo, desde que fosse possível encontrar o fornecedor dos bens, o imposto era arrecadado pela administração fiscal. Geralmente, as transações eram tributadas a uma taxa proporcional.

Diferentemente, a tributação do rendimento exige um nível elevado de organização social de modo a permitir a sua eficaz aplicação e cobrança.

Os impostos sobre o rendimento são assim de tradição mais recente e quase sempre introduzidos pelos estados para financiar guerras contra outros estados.

Não obstante a sua importância histórica, os impostos aduaneiros deixaram de funcionar no atual contexto de abertura de fronteiras e livre circulação de mercadorias, não só à escala europeia (União Europeia), mas também à escala internacional (NAFTA, MERCOSUL, GATT e pressões crescentes exercidas pela Organização Mundial do Comércio)[55].

Por outro lado, o recurso a expedientes 'híbridos' do tipo imposto de selo, de inspiração holandesa, ou a outras figuras afins dos chamados 'impostos de transações', criados unicamente com o fim de obtenção de *reduzida* receita fiscal, estão presentemente sob escrutínio na União Europeia, devido especialmente aos efeitos nefastos que tal tipo 'sui generis' de tributação exerce sobre as economias, e *no passado*, exerceu sobre os mercados de capitais europeus. Tanto a doutrina como a jurisprudência comunitária apontam a breve prazo para uma 'crise' ou eventual 'falência' deste tipo de tributação.

[54] Para maior desenvolvimento ao nível nacional, ver SOARES MARTÍNEZ, *Direito Fiscal*, Almedina, 2003. Ao nível internacional, ver o mais exaustivo trabalho de investigação sobre a história da tributação de GRAPPERHAUS, Ferdinand H. M., *Taxes, Liberty and Property, the role of taxation in democratization and national unity* 511-1787, De Walburg Pers, Kluwer, 1989.

[55] Note-se, no entanto, que uma percentagem significativa do atual orçamento comunitário provém ainda da cobrança de impostos aduaneiros.

9.2. A dimensão nacional

O sistema fiscal Português tem sido revisto frequentemente desde a década de sessenta. A adesão de Portugal à EFTA e, subsequentemente, à União Europeia forçou o sistema a adaptar-se e modernizar-se[56]. Mais importante ainda, a livre circulação de bens, capitais e, recentemente, a liberalização da prestação de serviços sob a égide da Organização Mundial do Comércio (OMC), obrigou o legislador Português a cobrir temas como 'paraísos fiscais', subcapitalização de empresas, tributação de lucros distribuídos, retenções na fonte sobre dividendos, etc.

Em 1989 ocorreu uma importante reforma fiscal em Portugal no âmbito da tributação do rendimento[57]. As mudanças legislativas tiveram como objetivo principal alargar a base tributária, de modo a mitigarem a carga fiscal e assegurarem uma receita fiscal que pudesse cobrir o défice público. Ao abrigo do novo sistema fiscal, as poupanças e o rendimento de capitais passaram a ser tributados de forma mais favorável do que outros tipos de rendimento. Entre outros fatores, esta política pretendia ativar o mercado de valores mobiliários e proporcionar liquidez ao setor empresarial. Como consequência, foram abolidos vários impostos, tendo sido introduzido um novo sistema de tributação, apoiado em dois impostos fundamentais:

- *Imposto sobre o Rendimento das Pessoas Singulares* e
- *Imposto sobre o Rendimento das Pessoas Coletivas.*

Por razões de eficácia e de certeza jurídica, os benefícios ou isenções fiscais especiais foram compilados num estatuto especial designado *Estatuto dos Benefícios Fiscais.*

Ao nível local a legislação fiscal foi revista, atualizada e foi introduzido um código separado, designado por *Código da Contribuição Autárquica.* Este imposto incidia sobre o valor coletável dos terrenos e dos edifícios.

[56] Ver PORTO, Manuel, *A Europa no Dealbar do Novo Século, Intervenções Parlamentares,* Almedina, 1999 e PITTA E CUNHA, Paulo, *'The Portuguese Economic System and Accession to the European Community', Integração Europeia, Estudos de Economia, Direito e Política Comunitários 1963-1993,* 2ª edição, Almedina, 2004.

[57] PITTA E CUNHA, Paulo, *'O Sistema Fiscal no Limiar do Século XXI", A Integração Europeia no Dobrar do Século,* Almedina, 2003.

As entidades autorizadas a operarem nos territórios *offshore* das ilhas da Madeira ou de Santa Maria estavam isentas deste imposto local.

Aplicava-se uma taxa de 0,8 por cento aos terrenos ou aos edifícios rurais. No caso dos terrenos ou dos edifícios urbanos, a taxa variava entre 1,1 e 1,3 por cento. A definição da taxa efetivamente aplicável aos terrenos ou aos edifícios urbanos, dentro dos referidos limites, era determinada pelas Câmaras Municipais.

Em 2004 ocorreu uma reforma do património com a introdução de dois novos impostos – IMI e IMT – na prática novas designações para a tradicional contribuição autárquica e sisa, com repercussões importantes ao nível de obtenção de receita fiscal e prevenção da fraude e abuso fiscal.

Ao nível dos impostos sobre o rendimento e tomando em consideração a experiência fiscal portuguesa e as recentes reformas no IRC e no IRS, a tributação de contribuintes singulares funciona ainda dentro dos estreitos e rígidos limites da técnica de retenção na fonte. Os níveis de evasão e planeamento fiscal abusivo são elevados, onerando gravemente os trabalhadores dependentes ou rendimentos sujeitos a taxas de retenção na fonte a título definitivo. A multitude de taxas em combinação com regimes especiais (simplificados, presumidos, indiretos,...) demonstram a incapacidade política e técnica atual para enfrentar os problemas urgentes do presente, não esquecendo os desafios já acima citados que vêm a caminho a passos largos – nomeadamente a completa abertura das economias e mercados, o cumprimento do princípio da transparência que exige desde logo um normal funcionamento da administração tributária (*vide*, troca de informações, execução de decisões administrativas de um modo eficiente,...), com o ónus acrescido de uma população envelhecida ou reduzida[58].

Na tributação do consumo, e para além dos impostos especiais sobre o consumo, a figura principal é o IVA. No caso português é o imposto que mais receita arrecada, sendo o mérito atribuído ao seu modo de funcionamento, de inspiração francesa, tendo sido subsequentemente importado para a União Europeia. É claramente um imposto bem sucedido, não só internamente mas também no espaço comunitário.

[58] FERREIRA DA CUNHA, Paulo, (coord), *Teoria do Estado Contemporâneo, O Estado e os Impostos, Comentário Crítico*, Verbo, 2003.

Capítulo III
Princípios Fiscais

1. Introdução

Em 1776, Adam Smith apresentava na sua obra *A Riqueza das Nações (Wealth of Nations)*, quatro axiomas fundamentais:

- os cidadãos devem contribuir em função (ou proporção) dos seus rendimentos e riqueza (princípio da equidade);
- os impostos devem ser certos, não arbitrários (princípio da certeza ou segurança jurídica);
- os impostos devem incidir sobre os contribuintes ou transações sob a forma mais conveniente (princípio da simplicidade) e
- os custos de incidência e cobrança fiscal devem ser reduzidos ao mínimo (princípio da eficiência).

A estes axiomas outros foram sendo acrescentados (por exemplo, princípio da neutralidade nacional e internacional) e nos estados modernos existe cada vez mais a preocupação de edificar e manter sistemas fiscais competitivos e justos (vide: prossecução da equidade vertical ou horizontal e conformidade com o princípio da transparência).

À semelhança de outros ordenamentos jurídicos, a Constituição Portuguesa nos seus artigos 103º e 104º define o sistema fiscal com referência aos princípios fiscais fundamentais (legalidade, igualdade e proibição da retroatividade)[59], enunciando as opções de política fiscal portuguesa:

[59] Para maior desenvolvimento ver Freitas Pereira, *Fiscalidade*, Almedina, 2017, Saldanha Sanches, J.L., *Manual de Direito Fiscal*, Coimbra Editora, 2007 e Casalta Nabais, *Direito Fiscal*, Almedina, 2017.

satisfação das necessidades financeiras do estado e repartição justa do rendimento e da riqueza[60].

No âmbito da União Europeia assumem especial relevância os princípios da proporcionalidade e da não-discriminação. Não obstante tratarem-se de princípios comunitários, o seu impacto nos regimes fiscais dos Estados-membros não deve ser subestimado. Experiências recentes do Tribunal de Justiça da União Europeia demonstram claramente que os países da União terão de conciliar as suas políticas fiscais internas com os princípios comunitários fundamentais, nomeadamente livre circulação de capitais e direito de estabelecimento no espaço da União.

2. Classificação e definições

O sistema fiscal Português tem por objetivo cumprir os princípios de direito fiscal, em regra seguidos pelos Estados-membros da União Europeia, ou outros países desenvolvidos.

Estes princípios têm sido enunciados pela doutrina[61] e jurisprudência nacional, internacional e europeia e consistem no seguinte elenco:

a) Princípio da neutralidade,
b) Princípio da equidade,
c) Princípio da não-discriminação,
d) Princípio da territorialidade,
e) Princípio da residência,
f) Princípio da transparência,
g) Princípio da reciprocidade,
h) Princípio da simplicidade,
i) Princípio da nacionalidade
j) Princípio da eficiência e
l) Princípio da não retroatividade.

Alguns dos princípios acima enunciados servirão de critério norteador ao longo desta obra e funcionarão como barómetro da justeza e adequação do sistema fiscal português à situação legal do contribuinte bem como a um normal e regular funcionamento da administração fiscal.

[60] Ver MIRANDA, Jorge, *Constituição Anotada*, Coimbra Editora, 2006.

[61] Ver SALDANHA SANCHES, J.L., *Manual de Direito Fiscal,* Coimbra Editora, 2007 e CASALTA NABAIS, *Direito Fiscal*, Almedina, 2017.

Será conveniente realçar a necessidade de analisar o sistema nas suas duas vertentes: a nacional e a internacional. Esta dualidade têm vindo progressivamente a esbater-se com a crescente globalização das economias, no seio da União Europeia, com a adoção da moeda única e eliminação dos últimos entraves à livre circulação de pessoas e serviços[62].

Estes desenvolvimentos têm profundo impacto nos sistemas fiscais, dedicando-se particular atenção ao problema da evasão ou fraude fiscais e à tributação de transações efetuadas eletronicamente (e.g. comércio eletrónico).

3. O princípio da neutralidade

Presentemente, o principal objetivo prosseguido pelos sistemas fiscais é 'ser neutral': eliminação de impostos que penalizem mais uma pessoa em relação a outra. Procura-se a igualdade de oportunidade em detrimento da igualdade de resultado[63].

O imposto ideal será aquele que retira do contribuinte em proporção da sua riqueza ou despesa, de modo a que altere ao mínimo o seu padrão de comportamento. Nos sistemas fiscais atuais neutralidade é preferível a equidade.

As exigências feitas por este princípio podem resumir-se do seguinte modo: redução das taxas marginais do imposto e adoção de bases tributárias gerais com um reduzido apelo a isenções ou benefícios fiscais.

Conforme demonstrado nos capítulos subsequentes, e de um modo geral, estas exigências não se encontram observadas no sistema legal português. De facto, o rendimento do contribuinte Português ainda se encontra sujeito a elevadas taxas marginais de imposto e a existência de inúmeras isenções ou benefícios fiscais (vide figura do *Estatuto dos Benefícios Fiscais*) em nada contribuem para a neutralidade do sistema.

Num contexto internacional, este princípio pode assumir duas facetas: neutralidade nas importações ou/e neutralidade nas exportações. Neutralidade nas importações é alcançada quando investidores nacionais ou estrangeiros são tratados igualmente pelo país onde é realizado o investi-

[62] Ver PORTO, Manuel, *A Europa no Dealbar do Novo Século, Intervenções Parlamentares*, Almedina, 1999.

[63] WILLIAMS, David, *Trends in International Taxation*, IBFD, IFA, 1991.

mento. Neutralidade nas exportações é alcançada quando o sistema fiscal não incentiva investimento no território nacional ou no estrangeiro[64].

Presentemente, tomando em consideração que a maioria dos países desenvolvidos são simultaneamente importadores e exportadores, os dois objetivos acima mencionados deverão ser prosseguidos simultaneamente.

4. A relevância do princípio da neutralidade em sede de IVA

Em sede de IVA, o princípio da neutralidade aparece enunciado no preâmbulo da Diretiva do IVA (2006/112/CE), no contexto da rejeição do modelo de impostos em cascata, sendo também invocado pela Comissão para se opor às legislações nacionais consideradas incompatíveis com as regras comunitárias, bem como pelas administrações fiscais nacionais e pelos contribuintes dos diversos estados membros, com aplicação recorrente pelo TJUE[65].

Este princípio comunitário exige que as opções dos contribuintes não devam ser distorcidas por fatores fiscais, reclamando-se que situações idênticas devam ser tratadas de igual modo, evitando-se desigualdades de tratamentos e situações de dupla tributação ou mesmo ausência dela.

O princípio da neutralidade em sede de IVA vem, ainda, proibir a dupla tributação, com implicações ao nível: (i) da territorialidade[66];

[64] Organisation For Economic Cooperation and Development, *Taxing Profits in a Global Economy, Domestic and International Issues*, Paris, 1991.

[65] Acerca da neutralidade do IVA, cfr. Acórdãos do TJUE de 16 de setembro de 2008, *Caso Isle of Wight and Others*, Processo C-288/07 e de 21 de fevereiro de 2006, Halifax, Processo C-255/02.

[66] Cfr. Acórdão de 17 de novembro de 1993, Comissão/França, Processo C-68/92 e Acórdão de 15 de março de 2001, *Caso Syndicat des producteurs indépendants (SPI)*, Processo C-108/00.

(ii) da proibição da ausência de tributação[67]; (iii) do direito à dedução[68]; (iv) da transmissão de bens[69]; (v) da faturação[70].

5. O princípio da equidade

Não existe uma definição única de equidade. Para Adam Smith, por exemplo, um sistema fiscal equitativo seria aquele no qual o contribuinte contribuiria em função dos benefícios que retirasse do uso de serviços públicos.

Outros critérios poderão ser utilizados como o critério da capacidade de contribuição do contribuinte para o sistema (*'ability-to-pay principle'*). Este critério exige que contribuintes com igual capacidade contributiva devam pagar igual imposto (*equidade horizontal*) bem como contribuintes com uma maior capacidade contributiva suportem uma maior carga fiscal (*equidade vertical*)[71].

O princípio da equidade também logra aplicação no âmbito internacional. Este princípio implica uma distribuição justa do rendimento entre países importadores e exportadores (*'inter-country equity'*).

A progressividade

O princípio da equidade visa uma distribuição equitativa do rendimento através de uma tributação progressiva do rendimento (*equidade vertical*). Os contribuintes com níveis mais elevados de rendimento ficam sujeitos a taxas mais elevadas de imposto, graduadas em função do montante de rendimento obtido.

[67] Acórdão de 24 de outubro de 1996, Caso Elida Gibbs, Processo C-317/94.

[68] Cfr. Acórdãos de 22 de fevereiro de 2001, Caso Abbey National, Processo C-408/98; de 27 de novembro de 2003, Processo C-497/01 e de 03 de junho de 2006, Halifax. Além disso, vejam-se também os Acórdãos de 29 de fevereiro de 1996, Caso Inzo, Processo C-110/94; de 15 de janeiro de 1998, Caso Ghent Coal Terminal, Processo C-37/95; de 21 de março de 2000, Caso Gabalfrisa, Processos C-110/98 a C-147/98; de 19 de setembro de 2000, Caso Ampafrance, Processo C-177/99 e de 25 de outubro de 2001, Caso Comissão/Itália, Processo C-78/00.

[69] Cfr. Acórdãos de 27 de junho de 1989, Caso H. Keine, Processo 50/88 e de 17 de maio de 2001, Caso Hans-Georg Fischer, Processo C-322/99.

[70] Vejam-se os Acórdãos de 13 de dezembro de 1989, Caso Genius Holding, Processo 342/87 e de 19 de setembro de 2000, *Caso Schmeink & Cofreth AG et Strobel,* Processo C-454/98.

[71] MESSERE, Ken, *Tax Policy in OECD Countries, Choices and Conflicts*, IBFD, 1993.

O sistema progressivo de tributação contrapõe-se aos sistemas regressivo e proporcional de tributação. O primeiro estabelece uma redução gradual das taxas de imposto à medida que o rendimento aumenta e o segundo indica apenas uma taxa fixa a aplicar ao rendimento do contribuinte independentemente do seu montante.

Essencialmente por motivações políticas o sistema progressivo tem vindo a ser utilizado pelas maioria dos países, especialmente ao nível da tributação dos contribuintes singulares. Pessoas coletivas, em geral, são sujeitas a taxas proporcionais, ou mesmo em alguns casos taxas regressivas. No caso português, e com a introdução da chamada 'derrama estadual' (art. 87º-A CIRC), passou-se de um sistema proporcional de tributação para um sistema progressivo, penalizador do investimento e potenciador de fraude ou abuso fiscais.

Este princípio tem vindo a ser sucessivamente criticado pela sua incapacidade de atingir o principal objetivo a que se propõe: distribuição equitativa do rendimento.

Conforme estatísticas publicadas pelo Instituto de Estudos Fiscais sediado em Londres, os sistemas fiscais não têm conseguido eliminar as disparidades económicas e sociais e talvez, mais grave ainda, os níveis de pobreza têm vindo a aumentar significativamente. Estes resultados demonstram que os sistemas de segurança social estão melhor equipados para prosseguir o objetivo acima mencionado[72].

Recentemente, alguns países têm vindo a introduzir uma taxa proporcional aplicável a contribuintes individuais, em conjugação com uma isenção de rendimento mais alargada de modo a beneficiar os contribuintes com níveis de rendimento mais baixo.

Igualmente, a defesa do princípio da simplicidade fiscal que implica uma eliminação progressiva dos escalões do imposto, reduzindo deste modo os custos tanto individuais como da máquina administrativa para apuramento da taxa efetiva do contribuinte, vai de encontro à lógica de um sistema proporcional de tributação.

Presentemente, exceptuando apenas alguns sistemas fiscais, as pessoas coletivas encontram-se sujeitas a um sistema proporcional de tributação. Ao nível da tributação individual, o sistema fiscal Português estabelece

[72] GOODMAN, A. & WEBB, S., *For Richer, For Poorer, The Changing Distribution of Income in the United Kingdom, 1961-91*, IFS, Commentary No. 42, London, 1994.

taxas proporcionais para certas espécies de rendimento. No entanto, na tributação global do rendimento individual, o sistema ainda se encontra sediado numa lógica de tributação progressiva.

Cumpre perguntar se tal sistema não terá elementos discriminatórios, gerando desigualdades graves na tributação dos contribuintes individuais.

6. O princípio da não-discriminação

O princípio da não-discriminação tem assumido um papel proeminente no contexto da política fiscal da União Europeia.

No entanto, e até ao presente, ainda não foi possível definir clara e objetivamente os contornos deste importante princípio. De facto, trata-se de um princípio que só ganha efeito útil quando confrontado com o caso concreto. Este casuísmo, necessário para evitar iniquidades, impede a definição completa e teorética do conceito 'não-discriminação'.

Não-discriminar implica tratar igualmente o que é igual ou diferentemente o que é diferente. O problema reside precisamente em identificar as igualdades ou desigualdades.

Conforme explicado nos parágrafos subsequentes, os Estados exercem a sua jurisdição fiscal sob três vias:

1) Territorial (e.g. tributação de imóveis),
2) Residência do contribuinte (e.g. geralmente, e meramente para efeitos fiscais, aplica-se o prazo de 6 meses para fixação de residência do sujeito num certo país) e
3) Nacionalidade (e.g. caso dos EUA; um americano está sujeito à jurisdição fiscal americana ainda que residente ou possuidor de imóveis noutro país).

Uma vez definidas as fronteiras da sua jurisdição, que se faz pela eleição de um ou mais dos critérios acima referidos, a maioria dos Estados distingue entre os contribuintes sujeitos a essa jurisdição (que beneficiam igualmente da sua proteção e têm acesso às infra-estruturas do país) e contribuintes que não caem sob a alçada da sua soberania fiscal (e.g. residentes v. não-residentes ou nacionais v. estrangeiros)[73].

[73] MARTHA, R.S.J., *The Jurisdiction to Tax in International Law, Theory and Practice of Legislative Fiscal Jurisdiction,* Kluwer, 1989.

Esta distinção pode gerar comportamentos discriminatórios, nomeadamente pela atribuição de isenções ou benefícios fiscais exclusivamente aos seus residentes ou nacionais. Por exemplo, a mesma transação pode ser tributada diferentemente pelo facto de ser efetuada por um residente/nacional ou não residente/estrangeiro.

No seio da União Europeia, o objetivo é de permitir *de facto* a livre circulação de pessoas, serviços e capitais, abolindo quaisquer elementos discriminatórios que possam impedir o cabal cumprimento deste objetivo.[74]

A jurisprudência do Tribunal Europeu orienta-se no sentido de abolir tratamentos discriminatórios efetuados pelos Estados-membros, diluindo ao mesmo tempo o efeito útil de certas distinções tais como a distinção entre residente e não residente[75].

7. O princípio da territorialidade

De acordo com este princípio e ressalvando as exceções reconhecidas pelo direito internacional público, os Estados exercem a sua jurisdição fiscal sobre todos os bens, pessoas e transações conetados com o seu território. Deste modo, o Estado pode tributar qualquer atividade de qualquer contribuinte dentro do seu espaço territorial independentemente da 'filiação' do sujeito à sua jurisdição (e.g. critérios como os de resi-

[74] A legislação da UE contém cláusulas de tratamento nacional bastante estritas, aceites pelo Tribunal de Justiça da União Europeia e diretamente aplicáveis à área da tributação direta (ver Art. 6º juntamente com o Art. 56º, implementado ao longo dos Arts. 45º, 49º, 63º e 65º do Tratado da União Europeia).
É uma disposição clara e eficaz aquela que estipula que um Estado-membro não pode usar as suas leis fiscais para exercer discriminação com base na nacionalidade entre os nacionais dos seu próprio país e os nacionais de outros países. A jurisprudência do Tribunal de Justiça da União Europeia (por exemplo, Finanzant Koln-Altstodt v. *Schumacker, Caso C-279/93 (1995) e Wielockx v. Inspector, der Directe Belastingen, Caso C-80/94 (1995)* aponta claramente no sentido da aplicação integral do princípio de não discriminação.

[75] Casos C-279/93 (*Finanzamt Koln-Alstadt vs. Roland Schumacker*), C-1/93 (*Halliburton Services B.V. vs. Staatssecretaris van Financien*), C-305/87 (*Comissão vs. Grécia*), C-204/90 (*Bachmann vs. Bélgica*), C-80/94 (*Wielocks vs. Inspecteur der directe Belastingen*), C-152/73 (*Sotgiu vs. Deutsche Bundespost*), C-270/83 (*Comissão vs. França*), C-175/88 (*Biehl vs. Administration des Contributions*) e C-330/91 (*The Queen vs. Inland Revenue Commissioners*).

dência ou nacionalidade não são tomados em consideração para efeitos fiscais)[76].

A aplicação exclusiva deste princípio levanta problemas em sede de tributação de transações. Presentemente, com a crescente expansão do comércio eletrónico, especialmente via internet, torna-se muito vezes complicado (senão impossível) relacionar uma específica transação com uma dada jurisdição fiscal. Frequentemente, as transações escapam à 'rede' fiscal, com manifesto prejuízo para os cofres fiscais dos Estados envolvidos[77].

A definição dos contornos do princípio da territorialidade faz-se, no sistema fiscal português, com base nos seguintes critérios:

a. existência de estabelecimento estável[78] localizado em território português e
b. definição e tipos de rendimentos sujeitos a retenção na fonte a taxas reduzidas.

Em conjugação, estes dois critérios, precisam os poderes jurisdicionais fiscais do Estado português sobre os não residentes.

No que concerne aos rendimentos sujeitos a retenção na fonte, a taxas reduzidas, convém distinguir entre os que são obtidos (sentido real do termo) em território nacional e os que são pagos direta ou indiretamente por sujeitos passivos com residência ou estabelecimento estável aí localizado.

Por este meio e tornando extensível à entidade pagadora a obrigação de reter e entregar o imposto em substituição do beneficiário ou contribuinte, preserva-se a base tributária e permite-se uma arrecadação rápida e tempestiva do imposto. Permite-se igualmente transferir parte do esforço de fiscalização ou inspeção tributária para agentes económicos

[76] Beveridge, Fiona, *International Dimensions of Taxation*, Studies in Law, Hull University Law School, 1991 e Xavier, Alberto, *Direito Tributário Internacional do Brasil*, 6ª edição, Editora Forense, Rio de Janeiro, 2004.

[77] Teixeira, Glória, *Taxation of Electronic Commerce, Portugal (Relatório Nacional)*, Cahiers de Droit Fiscal International, IFA, S. Francisco, 2001.

[78] Sobre a definição de estabelecimento estável, ver capítulo deste Manual 'Dimensão Internacional'.

que, em princípio, dispõem de uma determinada capacidade económica e organizativa.

8. O princípio da residência

A tributação segundo o critério da residência envolve tributar o rendimento independentemente do local onde é originário; i.e., a jurisdição fiscal é exercida pelo Estado da residência do contribuinte. Trata-se de uma tributação mundial de residentes (*worldwide taxation of residents*). Assim, o Estado da residência do contribuinte toma em consideração para efeitos de cálculo da sua dívida fiscal, a totalidade dos seus rendimentos, ainda que obtidos noutros Estados. Nestas circunstâncias, o contribuinte poderá ver a sua carga fiscal diminuída, caso seja por via unilateral ou bilateral (através de convenções sobre dupla tributação internacional), existam mecanismos para eliminar ou atenuar a dupla ou múltipla tributação internacional. A maioria dos países adota este princípio internacional de tributação.

O princípio da residência é definido no CIRC com base em dois critérios:

a. critério da sede e
b. critério da direção efetiva.[79]

Se o primeiro não oferece, em princípio[80], grandes dificuldades de concretização, desde logo por exigência das leis comerciais, o segundo é de contornos mais indefinidos, exigindo uma análise cuidadosa das atividades do sujeito passivo, definição dos órgãos estatutários, indicação e limites dos poderes dos sócios e administradores das sociedades.

Na prática, podem acontecer situações de dupla residência (e.g. sede localizada num Estado e os poderes decisórios, reuniões do conselho de

[79] Ver ainda art. 19º, nº 12 da LGT que obriga que as sociedades com sede ou direção efetiva em território português e os estabelecimentos estáveis de sociedades e outras entidades não residentes, bem como os operadores económicos residentes enquadrados no regime normal de IVA, possuam caixa postal electrónica, devendo comunicá-la à AT no prazo previsto neste artigo.

[80] Vejam-se os problemas de repartição de soberania fiscal entre estados nos casos de dupla residência e as soluções apresentadas pelas convenções sobre dupla tributação nesta matéria.

administração, etc., estarem localizados noutro Estado), prevendo as convenções sobre dupla tributação disposições para alocação da jurisdição fiscal apenas a um dos Estados contratantes.

Situação inversa pode ocorrer, e recentemente têm vindo a público situações de planeamento fiscal abusivo, onde os contribuintes, devido a uma repartição dos critérios de alocação de residência, acabam por não ser tributados em qualquer dos Estados onde estão sediados ou têm a sua direção efetiva (ver, entre outros, caso da *Apple* em The Economist, *Cook lightly grilled*, May 25th 2013).

Para contribuintes singulares, o princípio da residência encontra-se definido no CIRS que estabelece uma série de testes, como por exemplo:

- um mínimo de 183 dias de presença no país (seguidos ou interpolados) em qualquer período de 12 meses, com início ou fim no ano em causa;
- se forem menos de 183 dias, um indivíduo é considerado residente no caso de dispor, em Portugal, de habitação em condições que façam supor intenção atual de a manter e ocupar como residência habitual[81];
- os tripulantes de navios ou de aeronaves são considerados residentes no país desde que, a 31 de Dezembro, estejam ao serviço de entidades com residência ou sede (teste alternativo: local da direção efetiva) no país;
- os funcionários do governo português que trabalhem no estrangeiro continuam a ser considerados como residentes no país e
- no que concerne a presença de um agregado familiar, a residência fiscal é aferida em relação a cada sujeito passivo do agregado.

Recentemente, o legislador português tem vindo a ficcionar o conceito de residência em várias situações, nomeadamente em casos de planeamento fiscal abusivo (e.g. ficciona o conceito de residência na situação de deslocalização da residência fiscal do contribuinte para um 'paraíso fiscal'). Ainda, aperfeiçoou o conceito de residente, introduzindo a figura do residente não habitual (ver art. 16 números 8 a 12 do CIRS). Para maior

[81] Para estes efeitos, bem como para a contagem dos 183 dias, considera-se como dia de presença em território português qualquer dia, completo ou parcial, que inclua dormida no mesmo – cfr. nº 2 do art. 16º do CIRS.

desenvolvimento sobre o regime aplicável aos residentes não habituais, ver nossa obra indicada na nota de rodapé em baixo.[82]

O CIRS destaca ainda as situações de perda da qualidade de residente. As mais recentes alterações ao CIRS vão no sentido de detalhar cada vez mais os critérios atributivos da qualidade de residente, minimizando potenciais dúvidas interpretativas.

9. O princípio da nacionalidade

De acordo com este princípio, o Estado da nacionalidade exerce plena jurisdição fiscal sobre o contribuinte[83]. Rendimentos obtidos noutros Estados, seja ele Estado da residência ou Estado da fonte, são tributados também pelo Estado da nacionalidade do contribuinte.

Este princípio assume uma abrangência jurisdicional máxima, colidindo com os princípios da residência e da territorialidade. Por exemplo, ainda que o contribuinte resida noutro Estado, e aí esteja sujeito à jurisdição fiscal em consonância com o princípio da residência, a competência jurisdicional fiscal permanece com o Estado da nacionalidade[84].

10. O princípio da transparência[85]

Um sistema fiscal que se propõe ser transparente e simples tem de reduzir ao mínimo as situações de exceção e abolir concomitantemente, o número de isenções específicas ou casuísticas e a atribuição de benefícios fiscais a certos contribuintes ou transações em particular.

Tanto a OCDE como a Comissão das Comunidades Europeias tem desenvolvido esforços consideráveis tendentes à publicitação e racionalização de particulares incentivos ou benefícios fiscais atribuídos pelos Estados-membros. O fenómeno da concorrência fiscal prejudicial tem

[82] Ver Nascimento, Rui, Machado Graça, Tiago, Ramos, Marcos, *O novo regime do residente não habitual: o contribuinte volátil e o headhunting fiscal na captação de investimento in* Teixeira, Glória, Carvalho, Ana Sofia, (coord.), Os 10 anos de investigação do CIJE, Estudos jurídico-económicos, Almedina, 2010.

[83] *Vide* EUA.

[84] Ver Martha, *The Jurisdiction to Tax in International Law*, Kluwer, 1989 e Kaplan, R., *Federal Taxation of International Transactions, Principles, Planning and Policy,* American Casebook Series, West Publishing Co., 1988.

[85] Ver Comunicação da Comissão de 28.4.2009 em sede de boa governação em matéria fiscal e a expressa consagração do princípio da transparência.

vindo a ser analisado, nomeadamente o uso de 'paraísos fiscais' ou adoção pelos Estados dos chamados 'regimes fiscais preferenciais'[86].

A noção de paraíso fiscal pressupõe a existência de algum ou alguns dos seguintes fatores:

a) isenção total de imposto ou aplicação apenas de taxas nominais;
b) ausência de troca de informações e sigilo bancário;
c) falta de transparência (e.g. atribuição de benefícios fiscais numa base contratual e informações ou procedimentos fiscais não devidamente publicitados) e
d) ausência de prática efetiva ou real de atividades.

A noção de regime fiscal preferencial compreende os seguintes critérios:

a) isenção total ou aplicação de taxas efetivas reduzidas de imposto;
b) atribuição de benefícios fiscais ou regimes fiscais mais favoráveis exclusivamente a não residentes;
c) falta de transparência e
d) ausência de troca de informações e sigilo bancário.

O objetivo é eliminar ou reduzir progressivamente estas situações de exceção, tornando os sistemas mais transparentes para o contribuinte e de mais fácil administração para o aparelho estadual.

Várias iniciativas foram lançadas no sentido da implementação prática do princípio da transparência, nomeadamente publicação de um Código Europeu de Conduta (Resolução de 1997), introdução de tratados específicos, refinamento das disposições relativas às trocas de informações entre Estados e ajuda na cobrança de impostos no âmbito da Convenção Modelo da OCDE sobre o rendimento e capital e, por último, a utilização de medidas defensivas que visam a preservação da base tributável ou evitar a utilização abusiva dos regimes fiscais nacionais.

Cumpre referir que o trabalho da OCDE neste domínio levou à modificação ou abolição de mais de 30 regimes fiscais preferenciais, conforme

[86] OCDE, *Harmful Tax Competition, An Emerging Global Issue*, 1998.

definido por esta organização internacional[87], e ainda a um refinamento do artigo 26 (troca de informações)[88] da Convenção Modelo da OCDE sobre a tributação do rendimento e capital[89].

Finalmente, cumpre referir os acordos do GATT, e posteriormente do seu sucessor a OMC[90], e a fiscalização do seu cumprimento no âmbito do *Trade Policy Review Mechanism* (TPRM).

No caso específico da tributação, o princípio da transparência na OMC comporta 4 elementos fundamentais:

a. a descrição do tipo de medida fiscal adoptada;
b. a sua função e objetivos;
c. o seu custo (ou benefício) em termos de receita fiscal e
d. a sua avaliação económica em termos de eficácia na prossecução dos objetivos pretendidos[91].

11. O princípio da simplicidade

É comummente aceite entre fiscalistas que o sucesso de um sistema fiscal passa também pela simplicidade. Um sistema fiscal deverá ser simples[92].

Primeiramente, deverá ser dotado de leis fiscais claras e objetivas, evitando noções ambíguas, leis atualizadas e condensadas num só documento, afim de evitar incertezas ou contradições legislativas.

Seguidamente, o sistema deverá eliminar elementos burocratizantes, com excessivo formalismo e rigidez. Por exemplo, a imposição exagerada

[87] Ver www.oecd.org *(OECD Announces Further Progress in Eliminating Harmful Tax Practices*, 23/03/04). Para mais desenvolvimento, ver "*The OECD's Project on Harmful Tax Practices: The 2004 Progress Report*".

[88] Ver ainda Modelo da OCDE aplicável à troca de informações em matéria fiscal.

[89] A versão deste artigo, desde 1/06/2004, estabelece uma maior flexibilização das regras sobre confidencialidade ou sigilo bancário que não deverão impedir a troca de informações entre estados, nos termos do nº 5 daquele artigo.

[90] "These agreements include those on Subsidies and Countervailing Measures (SCM), Agriculture, Trade-Related Investment Measures (TRIMs), and services (GATS), which encompass direct as well as indirect taxation." (Daly, Michael, *The WTO and Direct Taxation*, WTO, Geneva, June 2005).

[91] Neste contexto, devem os estados membros disponibilizar informação orçamental, excluindo informação comercial ou financeira confidencial, bem como informação da perda de receita fiscal ou ainda publicar estudos que avaliem a eficácia das medidas fiscais adoptadas.

[92] Williams, David, *Trends in International Taxation*, IBFD, IFA, 1991, p. 26 e 27.

de obrigações acessórias pode ela própria ser indutora de fraude, penalizando os contribuintes cumpridores.

Igualmente, e em conjugação com o princípio da transparência, deverão ser eliminadas ou reduzidas situações de favorecimento de certo tipo de contribuintes, mediante a concessão via legislativa ou administrativa de benefícios ou incentivos fiscais.

Finalmente, importará seguir certas diretrizes básicas tais como:

a) redução dos escalões de imposto;
b) eliminação da aplicação de diferentes taxas ao mesmo tipo de rendimento[93];
c) redução das taxas marginais e,
d) adoção de impostos simples e de fácil compreensão pelos contribuintes e administração fiscal[94].

12. O princípio da reciprocidade

Conforme doutrina internacional consolidada, o princípio da reciprocidade é de exclusiva aplicação internacional.

De acordo com este princípio, e via de regra quando os estados negoceiam tratados sobre dupla tributação, pretende-se um equilíbrio entre os benefícios e os custos fiscais alcançados pelos estados envolvidos no processo de negociação.

A reciprocidade pode ser geral, cobrindo o sistema fiscal na sua globalidade ou o tratado globalmente considerado, ou específica, visando um tipo ou categoria específica de rendimento. Pode ainda ser formal ou efetiva. Neste último caso, existe uma igualdade de cargas fiscais efetivas[95].

Geralmente aplica-se quando os Estados cobram iguais taxas de retenção na fonte aos rendimentos de juros, dividendos e *royalties.*

[93] E.g. rendimentos de capital.

[94] Extensa investigação foi já realizada em certos países no contexto da quantificação dos custos de implementação e cumprimento das leis fiscais pela administração fiscal e pelos contribuintes. *Vide* Sandford, Cedric (ed.), *Tax Compliance Costs, Measurement and Policy*, Fiscal Publications, Bath, 1995.

[95] Comissão das Comunidades Europeias, *Report of the Committee of Independent Experts on Company Taxation*, Março 1992, p. 38.

Esta reciprocidade específica pode ser alargada, implicando o abandono desta paridade em favor da atribuição pelos Estados de outros tipos de concessões ao investimento estrangeiro.

13. O princípio da eficiência

O princípio da eficiência está intimamente relacionado com o princípio da neutralidade.

Eficiência, em sentido económico, só poderá ser alcançada se o sistema for neutral, impondo que todo o rendimento seja sujeito à mesma taxa de imposto. No entanto, o princípio comporta outras vertentes, nomeadamente de natureza jurídica e de gestão.

Para Adam Smith, por exemplo, o princípio da eficiência implicaria que os custos de incidência e cobrança fiscal deveriam ser reduzidos ao mínimo.

Numa acepção mais lata, poderá defender-se que um sistema fiscal eficiente deverá também tomar em consideração os princípios da simplicidade, reciprocidade, transparência e, no contexto da União Europeia, o princípio da não-discriminação.

14. O princípio da não-retroatividade

Não retroatividade no sistema fiscal português: regra ou exceção?

Portugal pode ser apontado como um excelente exemplo de um país que cumpre integralmente o princípio da não retroatividade mas, infelizmente, pelas razões erradas.

Neste Manual, a autora analisa criticamente este princípio e a sua aplicação no sistema fiscal português[96], levando em consideração as recentes iniciativas legislativas e as chamadas "reformas" que na prática perpetuam "leis antigas" pelo uso de medidas transitórias temporalmente inadequadas e concessão de benefícios fiscais contratuais ou casuísticos.

A "suspensão" do novo Código Contributivo que deveria entrar em vigor em 1 de janeiro de 2010 é o último exemplo do adiamento de uma importante reforma fiscal, pelo menos, até 2011.

Ainda, o crescimento contínuo de concessões fiscais arbitrárias ao abrigo do Estatuto dos Benefícios Fiscais ou o uso de medidas "temporá-

[96] De acordo com a metodologia da OCDE, inclui-se no conceito de imposto também as contribuições obrigatórias para a segurança social.

rias" fiscais especiais que tendem a ser estendidas na sua aplicação temporal, afetando as gerações futuras, mostram que a questão em Portugal não está relacionada com a aplicação da lei presente a situações passadas, mas, pelo contrário, à aplicação de novas leis a circunstâncias presentes e futuras[97].

Claramente, esta situação constitui um problema sério de aplicação de leis no tempo que pode pôr em perigo princípios democráticos válidos de legalidade e de representação.

A perspetiva Constitucional

A Constituição portuguesa estabelece no artigo 103º dois tipos de limitações relativamente à retroatividade das leis fiscais. A primeira é a proibição de aplicação de impostos com efeito retroativo e a segunda concerne à legalidade do pagamento e cobrança dos impostos.

A interpretação desta disposição não é pacífica na literatura fiscal, especialmente a definição das fronteiras da segunda limitação.

Há um consenso generalizado de que a introdução de novos impostos e mudanças nas bases fiscais ou taxas não devem ser aplicadas retroativamente[98]. Contudo, as opiniões divergem na aplicação da segunda limitação concernente à retroatividade das disposições fiscais relativas ao pagamento e cobrança de impostos. Vários autores[99], incluindo eu mesma[100], admitem que o princípio da não retroatividade pode ser afastado no âmbito do pagamento e cobrança de impostos porque, frequentemente, essas disposições visam aumentar a eficiência e a segurança no processo de pagamento e cobrança de impostos.

Há também um nível diferente de discussão na literatura fiscal nacional e comparada relativamente à primeira limitação ou os tipos aceitáveis de retroatividade quando se introduzem novos impostos ou mudanças nas bases fiscais ou nas taxas.

[97] Os atrasos na implementação da legislação da UE são outra prova deste facto.

[98] Uma proibição expressa está na Constituição brasileira de 1988 (artigo 150º) e nas Constituições de outros países de língua portuguesa. Para mais desenvolvimentos ver Miranda, Jorge, Medeiros, Rui, *Constituição Portuguesa Anotada*, Tomo II, Coimbra Editora, 2006.

[99] Ver Freitas Pereira, *Fiscalidade*, Almedina, 2017.

[100] Ver Teixeira, Glória, *Manual de Direito Fiscal*, Almedina, 2016.

A perspetiva do Direito Civil

Começando pelo princípio geral previsto no Código Civil português, o artigo 12º expressamente dispõe que a lei só se aplica a circunstâncias futuras, depois da sua publicação e entrada em vigor. Tanto os factos como os seus efeitos, que ocorreram sob o domínio temporal da "lei antiga", não podem ser objeto do novo regime ou, por outras palavras, a retroatividade da lei nova não se aplica a factos passados ou aos seus efeitos mesmo que os mesmos sejam adiados ou estendidos ao abrigo desta nova lei. Diferentemente, no artigo 13º, a retroatividade é aceite no caso de leis ou disposições interpretativas se aquelas não excederem o objetivo e a substância da lei interpretada e também salvaguardando os casos julgados ou acordos celebrados[101].

A perspetiva do Direito Fiscal

O princípio fiscal da não retroatividade, regulado no artigo 12º da Lei Geral Tributária, é conforme tanto com os critérios de Direito Constitucional, como com os de Direito Civil e adapta os mesmos à área fiscal, abrangendo também as disposições processuais fiscais.

Estas adaptações introduzidas pelo artigo 12º consideram o caso especial dos factos passados cujos efeitos ainda persistem sob o domínio da lei nova e a solução geral dada pela Lei Geral Tributária é regular tais efeitos de acordo com a lei nova. Esta derrogação ao princípio geral de direito civil, neste caso, constitui uma violação do princípio da não retroatividade que pode ser aceite sobretudo por considerações económicas e de eficiência[102]. A legitimidade desta derrogação é discutível mas pode-se argumentar que no direito civil a salvaguarda da certeza e da segurança das transações deve prevalecer sobre fatores económicos ou financeiros que tendem a conformar os atuais princípios ou regimes fiscais.

No que respeita às normas processuais fiscais, a retroatividade não é admitida e os efeitos da lei revogada podem persistir ao abrigo do novo

[101] See PIRES DE LIMA, ANTUNES VARELA, *Código Civil Anotado*, volume I, 3ª edição, Coimbra Editora, 1982.

[102] Ver no Questionário "Retroactivity and Tax Legislation", EATLP, 2010, o tópico da lei e da economia e a literatura fiscal indicada (entre outros, ver GRAETZ, Kaplow, Fisch and D.N. Shaviro).

regime legal para salvaguardar direitos estabelecidos ou espectáveis do contribuinte[103].

O princípio da não retroatividade tem também diferente impacto legal e económico no sistema fiscal, dependendo da estrutura ou tipo de imposto. No caso de impostos sobre o consumo (IVA ou Impostos Especiais sobre o Consumo), frequentemente, o desfasamento temporal entre os factos tributáveis e a ocorrência dos seus efeitos é reduzido ou até nulo e consequentemente a aplicação do princípio não levanta problemas particulares. Contudo, o caso é diferente para impostos sobre o rendimento ou património ou para os chamados impostos "periódicos" cujos factos ou efeitos se produzem, geralmente, ao longo do ano civil e qualquer alteração legal neste período pode colocar questões de retroatividade. Felizmente, em experiências recentes portuguesas, as alterações fiscais que foram feitas durante o período tributável foram favoráveis ao contribuinte e como resultado a litigância não foi acionada. Contudo, o problema ainda persiste se, no futuro, as alterações fiscais passarem a penalizar os contribuintes. Numa perspetiva jurídica, a solução final deve ser a mesma para ambas as circunstâncias porque não há nenhuma disposição fiscal que imponha expressamente a aplicação do regime mais favorável como acontece na lei penal.

Sobre este problema, a literatura fiscal não é unanime. Alguns autores pedem a ajuda de normas de repartição que aloquem ao respetivo período temporal a lei ou regime aplicável, outros defendem que a lei aplicável no início ou mesmo no fim do ano financeiro ou civil deve prevalecer.

Em Portugal, de um ponto de vista estritamente material e também formal, as alterações fiscais devem ser aprovadas pelo parlamento aquando da aprovação do orçamento ("Lei do Orçamento"). Os princípios e legislação de Finanças Públicas defendem, por motivos de certeza e de arrecadação de receita pública, que quaisquer alterações fiscais devem ser contempladas nessa Lei e devem aplicar-se durante o próximo ano financeiro. Por outras palavras, as alterações fiscais durante o ano financeiro devem ser excecionais se não proibidas de todo.

[103] Os tribunais fiscais portugueses têm lidado extensivamente com este tipo de casos e, para uma análise mais detalhada, ver os sítios respetivos do Ministério da Justiça e Supremo Tribunal Administrativo.

A perspetiva do Direito penal ou contraordenacional fiscal

A solução legal muda quando analisamos as disposições fiscais penais ou contraordenacionais.

O artigo 29º da Constituição portuguesa expressamente proíbe a retroatividade nos casos penais e contraordenacionais a não ser que a nova lei introduza um regime mais favorável para o cidadão. Se um regime novo mais favorável entra em vigor, ele é aplicável a todos os casos e circunstâncias mesmo se se tratar de casos julgados ao abrigo do regime revogado. A implementação de penas (ex.: pena de prisão ou outras) é também coberta pelo âmbito da retroatividade e deve ser ajustada ou eliminada em conformidade[104]. Contudo, a retroatividade não é admitida se derrogar princípios comummente aceites de Direito Internacional.

Estes critérios constitucionais são confirmados pelo artigo 2º do Código Penal português[105] mas, infelizmente, desconsiderados no artigo 3º do Regime Geral de Contraordenações.

Na área das contraordenações fiscais, a retroatividade de um regime fiscal mais benéfico é permitida mas negada nos casos de casos julgados e de leis que estipulam o seu específico período de validade ("leis temporárias").

A perspetiva Internacional e da UE

Sob uma perspetiva internacional ou da UE, a retroatividade é aceite se prescrita pela legislação internacional ou da UE, de acordo com o artigo 8º da Constituição portuguesa.

Recorde-se ainda que as leis internacionais e da União Europeia prevalecem sobre as leis internas e, em caso de conflito, as primeiras prevalecem sobre as segundas[106].

[104] O sistema legal português não dá uma resposta direta à questão de se conceder uma compensação pelos danos que ocorram ao contribuinte pela aplicação retroativa de disposições fiscais.

[105] Vale a pena mencionar que a interpretação do artigo 2º parágrafo 4º não é consensual, no que toca à sua compatibilidade com a Constituição portuguesa. A autora defende a sua constitucionalidade material sobretudo porque tal disposição permite um certo nível de retroatividade e também garante a certeza e a coerência nos casos de casos julgados ou implementação de penas.

[106] Para uma análise da retroatividade e da sua aplicação pelo Tribunal de Justiça da UE, ver Vording, Henk, e Lubbers, Allard, The ECJ, Retrospectivity and the Member States Tax Revenues, BTR, nº 1, 2006 e os casos referidos C-45/75 ("Defrenne"), C-197/94, C-252/94 ("Bautiaa"), C-57/93 *("Vroege"), C-437/97 ("EKW") e C-292/04 ("Meilicke").*

Capítulo IV
Os Impostos sobre o Rendimento

1. O IRS
1.1. Introdução
O imposto sobre o rendimento das pessoas singulares foi introduzido no sistema fiscal Português pelo Decreto-Lei nº 442-A/88 de 30 de novembro (Código do IRS).

Este imposto incide sobre o valor anual dos rendimentos dos contribuintes singulares, depois de efetuadas as correspondentes deduções.

Em consonância com outros sistemas fiscais, o rendimento dos contribuintes aparece agrupado segundo categorias às quais correspondem uma racionalidade e regime específicos.

O rendimento tributável do contribuinte é apurado após sujeição, das suas diferentes categorias de rendimento, às regras estipuladas no código de IRS e feitas as correspondentes deduções a essas categorias específicas de rendimentos.

O rendimento líquido total consiste na soma dos rendimentos específicos do contribuinte após deduções permitidas ao abrigo de cada uma das categorias acima enunciadas (técnica do englobamento).

Uma vez efetuadas as deduções, o rendimento final tributável do contribuinte é sujeito a um sistema de taxas progressivas.

Finalmente, e para cálculo do imposto final, o CIRS concede ainda deduções ao montante de imposto a pagar: 'deduções à coleta'.

Rendimentos, quer em dinheiro, quer em espécie, cobertos pelas categorias acima mencionadas são objeto de tributação.

Apenas os rendimentos de contribuintes individuais residentes em território Português estão sujeitos ao princípio da 'tributação mundial' (*worldwide taxation*).

Aos contribuintes com residência no estrangeiro, mas com rendimentos originários em território Português, aplica-se o princípio da territorialidade.

Indivíduos não residentes, sem rendimentos originários em território Português, não estão sujeitos a IRS.

1.2. As categorias de rendimentos

O CIRS estabelece 6 categorias, identificadas por letras, incluindo a categoria A os rendimentos de trabalho dependente, a categoria B os rendimentos empresariais e profissionais, a categoria E os rendimentos de capitais, a categoria F os rendimentos prediais, a categoria G os incrementos patrimoniais e a categoria H os rendimentos de pensões.

Os rendimentos elencados na categoria A (trabalho dependente) aparecem descritos pelo legislador de uma forma exaustiva, compreendendo as remunerações principais e acessórias, fixas ou variáveis, periódicas ou ocasionais, pagas ou postas à disposição do trabalhador.

As empresárias e profissionais incluem-se na categoria B (rendimentos empresariais e profissionais), sendo a determinação dos seus rendimentos feita em consonância com as regras contabilísticas e fiscais aplicáveis (ver remissão estabelecida pelo art. 32º CIRS) ou, em alternativa, o regime simplificado de tributação nos termos do CIRS.

No âmbito da categoria dos rendimentos de capitais (categoria E) optou o legislador também por uma cobertura compreensiva, incluindo, nomeadamente os juros, os dividendos, os ganhos decorrentes de instrumentos financeiros derivados, etc.

Os rendimentos da categoria F (rendimentos prediais) consistem nas rendas dos prédios rústicos, urbanos e mistos pagas ou colocadas à disposição dos respetivos titulares. O legislador define o conceito fiscal de renda que integra não só a componente jurídica mas também a componente económica subjacente à exploração do bem ou direito.

Na categoria G (incrementos patrimoniais) assumem especial relevo as mais-valias, não esquecendo o legislador de integrar também nesta categoria, nomeadamente os acréscimos patrimoniais não justificados e outros de natureza incerta ou variável.

Por último surgem os rendimentos de pensões (categoria H) que fundamentalmente consistem nas prestações devidas a título de pensões de aposentação ou de reforma, velhice, invalidez ou sobrevivência e ainda as pensões de alimentos.

1.3. Deduções

O código de IRS prevê dois tipos de deduções. Deduções aos rendimentos das categorias acima enunciadas e deduções à coleta: deduções ao montante de imposto, calculado após efetuadas as deduções ao rendimento e aplicação da(s) taxa(s).

As categorias de rendimentos admitem deduções específicas à exceção da categoria E (rendimentos de capitais). A título exemplificativo, na categoria A (trabalho dependente) são dedutíveis sem limite as contribuições obrigatórias para a segurança social; na categoria F (rendimentos prediais) os gastos com o prédio, despesas de condomínio obrigatórias, gastos relativos a obras de conservação e manutenção do prédio (sujeito a limite temporal), IMI e imposto de selo nos termos do CIRS e no caso do rendimento de pensões (categoria H) prevê o legislador uma dedução específica fixa.

A dedutibilidade de gastos ou despesas, em sede de 'deduções à coleta', está diretamente relacionada com razões de política social, familiar e cultural[107].

Recentemente, tendo vindo a ser questionada a validade e eficiência de certos tipos de deduções; vide, dedutibilidade de juros relacionados com compra de imóveis para habitação. De facto, certo tipo de

[107] O CIRS estabelece as seguintes deduções à coleta pela seguinte ordem:
1. Valores fixos por cada dependente e ascendente;
2. Despesas gerais familiares;
3. Despesas de saúde e com seguros de saúde;
4. Despesas de formação e educação;
5. Encargos com imóveis;
6. Encargos com pensões de alimentos;
7. Exigência de fatura – IVA suportado;
8. Encargos com lares;
9. Pessoas com deficiência: encargos e valores fixos;
10. Crédito de imposto por dupla tributação jurídica internacional e
11. Benefícios fiscais.

incentivos acaba por beneficiar outras entidades que não o sujeito ou a transação visados. Por exemplo, no caso da dedutibilidade de juros, que tem por objetivo principal alargar o número de proprietários de imóveis, os principais beneficiários são as entidades bancárias ou financeiras.

A mesma crítica é igualmente aplicável nos casos dos seguros e pensões. Nestes dois últimos casos importa realçar que geralmente os possuidores deste tipo de capital pertencem às camadas sociais mais ricas. O princípio da equidade é afastado, gerando injustiças e ineficiências no sistema.

1.4. As taxas

O sistema fiscal Português visa tributar os contribuintes em consonância com o princípio da progressividade. Mas será na realidade este princípio implementado pelo legislador, ou pelo contrário, o número de exceções previstas no código de IRS e Estatuto de Benefícios Fiscais indicam a prossecução de objetivos ou interesses bem diversos?

O CIRS estabelece taxas progressivas de imposto aplicáveis a um número alargado de escalões de rendimento. Critérios de simplicidade impõem um número reduzido de taxas e escalões.

Salvaguardado o chamado 'mínimo de existência', que implica a não tributação de rendimentos necessários à subsistência, os rendimentos dos contribuintes em geral, após englobados e efetuadas as deduções específicas às categorias de rendimentos, são sujeitos a um sistema de taxas progressivas definidas pelo legislador como taxas normais e médias.

Este sistema progressivo de tributação é afastado pelo legislador nas situações de aplicabilidade de taxas liberatórias ou taxas especiais. Nestes casos, os rendimentos estão sujeitos a taxas proporcionais reduzindo a carga fiscal inerente a um sistema progressivo de tributação.

A técnica da retenção na fonte, essencialmente utilizada por países cuja administração fiscal ainda se encontra em fase de maturação, consiste em atribuir a certas entidades a capacidade de arrecadação de imposto que subsequentemente será entregue aos cofres do Estado. Por motivos de facilidade e a fim de evitar a fraude fiscal, certos rendimentos são entregues ao contribuinte líquido de imposto: o imposto é retido na fonte (e.g. juros, dividendos ou *royalties*). A retenção pode ser definitiva ou provisória, qualificando neste último caso como 'pagamento por conta'.

O sistema fiscal Português atual, ao nível da tributação individual, necessita de maiores aperfeiçoamentos, nomeadamente no que respeita à implementação dos princípios da equidade, eficiência, transparência e simplicidade.

Conforme acima descrito, o princípio da progressividade atinge essencialmente as classes com menores recursos ou/e trabalhadores dependentes. Contribuintes com mais recursos beneficiam não só da aplicação de taxas proporcionais a certos tipos de rendimentos, como da não tributação *efetiva* de benefícios em espécie, frequentemente atribuídos pela entidade patronal ou instituições a que estão vinculados.

Igualmente, a diversidade de taxas (e.g. normais, liberatórias e especiais) e regimes aplicáveis aos diferentes rendimentos dos contribuintes gera injustiças e torna o sistema mais complexo e dispendioso de administrar. Conforme demonstrado pelo IFS, os principais beneficiários destes regimes são as instituições financeiras (e.g. bancos, seguradoras e fundos de pensões). Tais características impedem a transparência do sistema, podendo levar a um aumento da fraude ou evasão fiscal.

Contrariamente à tendência atual em Portugal, e mesmo no caso de países tradicionalmente associados a regimes de tributação elevada (casos da França[108] e Alemanha), assiste-se a uma redução progressiva das taxas de imposto sobre o rendimento bem como à redução das taxas que incidem sobre as contribuições para a segurança social.

Cumulativamente, têm vindo a ser introduzidos nos sistemas fiscais os chamados 'impostos verdes ou ambientais', que propiciam uma fonte de receita alternativa para o decréscimo de receita fiscal que advém da progressiva redução de taxas de imposto.

1.5. A colaboração do contribuinte

A redução de custos administrativos e a transparência do sistema passa também por uma maior participação/colaboração do contribuinte. Na maioria dos países desenvolvidos é pedido ao contribuinte não só que

[108] LEIBFRITZ, Willi, and O'BRIEN, Paul, *The French Tax System: Main Characteristics, Recent Developments and Some Consideration for Reform*, Economic Department Working Papers, Nº 439, OECD, julho 2005.

declare os rendimentos que aufere ou possui, mas também o cálculo do imposto a pagar (*sistema de self-assessment*). Este mecanismo permite libertar os serviços da administração fiscal para tarefas essenciais a um regular e normal funcionamento do sistema fiscal (*vide*, serviços de fiscalização, investimento na formação dos funcionários, maior trabalho de pesquisa, investigação e produção de resultados estatísticos).

Importa frisar que uma maior participação do contribuinte nos assuntos que lhe dizem diretamente respeito pode resolver alguns dos problemas que o sistema fiscal Português presentemente tenta resolver através, nomeadamente da utilização de expedientes como a tributação com base em presunções, regimes simplificados ou aplicação de 'coletas mínimas'. Tratam-se de mecanismos potenciadores de injustiças, especialmente pelo seu modo de atuação: visam atingir situações de exceção através de 'regimes-regra'.

É tarefa dos órgãos de fiscalização tributária e dos tribunais averiguar e punir situações de fraude ou evasão fiscal. A presunção de rendimentos, em países desenvolvidos, é utilizada como último recurso e quando já esgotadas todas as formas de comunicação com o contribuinte[109].

Neste contexto, importa salientar os crescentes progressos que tem feito a Autoridade Tributária, nomeadamente através do sistema e-fatura e da progressiva otimização do Portal das Finanças, mecanismo privilegiado de comunicação entre os contribuintes e a Autoridade Tributária.

1.6. O cálculo do IRS

O cálculo do IRS

(1) Rendimento bruto de cada categoria
(2) Deduções específicas
(3) Rendimento líquido de cada categoria
(4) Dedução de perdas (com limites)
(5) Rendimento global líquido
(6) Abatimentos (extintos em 2009)
(7) Rendimento coletável

[109] A imposição ao contribuinte da obrigação de declarar os seus 'sinais exteriores de riqueza', constitui um dos exemplos de colaboração do contribuinte com a administração fiscal e que muito poderá contribuir para uma maior transparência do sistema fiscal.

(8) Divisão pelos quocientes previstos no art. 69º CIRS (opção pela tributação conjunta ou separada)

(9) Taxa

(10) Multiplicação pelos quocientes acima aplicados

(11) Coleta

(12) Deduções à coleta

(13) Imposto final

1.6.1. Os trabalhadores dependentes e independentes

Os trabalhadores podem exercer a sua atividade como trabalhadores dependentes ou trabalhadores independentes.

Na primeira situação, e nos termos do CIRS, os seus rendimentos consideram-se rendimentos da categoria A e consistem em remunerações periódicas (fixas ou variáveis) que podem assumir, designadamente, as seguintes modalidades:

- Ordenados;
- Salários;
- Vencimentos;
- Gratificações;
- Percentagens;
- Comissões;
- Participações;
- Subsídios ou prémios;
- Senhas de presença;
- Emolumentos;
- Indemnizações[110] e
- Outras remunerações acessórias.

[110] Nos termos do art. 2º-A, nº 1, f) CIRS, não se consideram rendimentos de trabalho dependente e como tal não estão sujeitas a tributação, as importâncias suportadas pelas entidades patronais com encargos, indemnizações ou compensações, pagos no ano da deslocação, em dinheiro ou em espécie, devidos pela mudança do local de trabalho, quando este passe a situar-se a uma distância superior a 100 km do local de trabalho anterior, na parte que não exceda 10% da remuneração anual, com o limite de 4200 euros por ano.
Ainda, e no âmbito da não tributação dos rendimentos da categoria A, incluem-se as prestações relacionadas exclusivamente com as ações de formação profissional, quer estas sejam ministradas pela entidade patronal, quer por organismos de direito público

Diferentemente, e na 2ª situação, qualifica o CIRS como rendimentos de trabalho independente:

- os decorrentes do exercício de qualquer atividade comercial;
- os auferidos no exercício, por conta própria, de qualquer atividade de prestação de serviços;
- os provenientes da propriedade intelectual: incluindo-se os direitos de autor e direitos conexos;
- as indemnizações auferidas, conexas com a atividade exercida;
- os subsídios ou subvenções auferidos no âmbito do exercício de qualquer atividade comercial;
- os subsídios ou subvenções auferidos no âmbito do exercício, por conta própria, de qualquer atividade de prestação de serviços;
- os provenientes da prática de atos isolados de qualquer atividade comercial e
- os provenientes da prática de atos isolados de qualquer atividade de prestação de serviços.

Estabelecida a base de incidência, importa considerar também os rendimentos que não estão sujeitos a tributação, nomeadamente:

a) rendimentos de trabalho dependente, trabalho independente (ver tabela em anexo ao CIRS – Portaria 1011/2001 – à exceção do código 1519 'outros prestadores de serviços') ou de pensões, líquidos de IRS, inferiores a 1,5 x 14 x (valor do IAS), com o limite mínimo da não tributação do valor anual da retribuição mínima mensal, líquida de IRS;
b) rendimentos iguais ou inferiores a 11.320 euros para agregados familiares com 3 ou 4 dependentes e iguais ou inferiores a 15560 euros para agregados familiares com 5 ou mais dependentes;
c) as indemnizações devidas em consequência de lesão corporal, doença ou morte, pagas ou atribuídas por entidades públicas, ao abrigo de contrato de seguro, decisão judicial ou acordo homologado judicialmente e por associações mutualistas;

ou entidade reconhecida como tendo competência nos domínios da formação e reabilitação profissionais pelos ministérios competentes (art. 2º-A, nº 1, c) CIRS).

d) os prémios artísticos quando não envolvam a cedência, temporária ou definitiva, dos respetivos direitos de autor, desde que atribuídos em concurso, mediante anúncio público em que se definam as respectivas condições de atribuição, não podendo a participação no mesmo sofrer restrições que não se conexionem com a natureza do prémio;
e) os rendimentos provenientes do exercício da atividade quando esses rendimentos sejam tributados em IRC e
f) 50% dos rendimentos provenientes da propriedade intelectual artística, quando auferidos por titulares de direitos de autor ou conexos, desde que sejam os titulares originários, com o limite de 10.000 euros.[111]

No exercício da sua atividade como trabalhador dependente o CIRS permite também a dedutibilidade das seguintes despesas ao rendimento bruto ou ilíquido do artista:

a) uma dedução específica fixa de 4104 euros;
b) as contribuições obrigatórias para a segurança social, pela sua totalidade, caso excedam o limite acima indicado;
c) as quotizações sindicais nos termos do art. 25º, nº 1, c) CIRS e
d) as indemnizações pagas pelo trabalhador à entidade patronal por rescisão unilateral do contrato individual de trabalho sem aviso prévio.

Diferentemente, o trabalhador que exerça a sua atividade como trabalhador independente determinará os seus rendimentos e despesas de acordo com os seguintes regimes estabelecidos no CIRS:

a) contabilidade organizada;

[111] Ver art. 58º EBF. Em conformidade com a definição de atividade artística seguida ao nível dos tratados sobre dupla tributação, a autora defende uma interpretação extensiva do conceito 'propriedade intelectual artística' do art. 58º, nº 1 do EBF de modo a incluir as obras publicitárias do artista que de outra forma estariam excluídas ao abrigo do nº 2 deste artigo.
Em sintonia com a interpretação jurídica aplicada internacionalmente, defende-se a consunção da atividade publicitária do artista à sua esfera pessoal e profissional de artista, qualificando a obra publicitária do artista como trabalho ou atividade artística.

b) regime simplificado,[112] caso tenha obtido no ano de tributação imediatamente anterior um rendimento ilíquido da sua atividade que não ultrapasse 200.000 euros[113].
No exercício de início de atividade, o enquadramento no regime simplificado faz-se em conformidade com o valor anual de rendimentos estimado, constante da declaração de início de atividade;
c) opção pela tributação como trabalhador dependente, caso preste serviços a uma única entidade, com ressalva de prestações de serviços abrangidos pelo regime de transparência fiscal;
d) no caso de atos isolados, aplicam-se os limites acima estabelecidos para opção entre o regime simplificado e o regime de contabilidade organizada;
e) o CIRS não aceita a dedutibilidade das seguintes despesas: remunerações do trabalhador, ajudas de custo, utilização de viatura própria ao serviço da atividade, subsídio de refeição e outras prestações de natureza remuneratória.[114]

[112] No âmbito do regime simplificado, a determinação do rendimento tributável dos profissionais e outros prestadores de serviços obtém-se através da aplicação dos coeficientes de 0,75 e 0,35 aos seus rendimentos, inserindo-se a sua atividade profissional no código respetivo da tabela de atividades exercidas pelos sujeitos passivos de IRS (Portaria nº 1011/2001 de 21 de agosto).
A aplicação destes coeficientes está parcialmente dependente da apresentação de despesas efetivamente suportadas e elencadas no art. 31º CIRS: rendas de imóveis afetos à atividade; 1.5% do valor patrimonial tributário dos imóveis afetos à atividade e outras despesas com a aquisição de bens e serviços relacionados com a atividade. Estas despesas são apenas consideradas em 25% do seu valor quando relacionadas apenas parcialmente com a atividade.
O rendimento tributável será pois determinado com base na aplicação dos coeficientes de 0,75 e 0,35 ao qual acrescerá o rendimento resultante da diferença positiva entre 15% do rendimento bruto e o somatório das despesas acima elencadas, acrescidas do valor da dedução específica de 4104 euros ou, quando superior, as contribuições obrigatórias pagas para regimes de segurança social que não tenham sido objecto de dedução em sede de trabalho dependente (e.g. situação de cumulação de rendimentos de trabalho dependente e trabalho independente).

[113] No entanto, o CIRS dá a opção aos contribuintes abrangidos pelo regime simplificado de determinar os seus rendimentos e despesas com base na contabilidade.

[114] Quando o trabalhador afete à sua atividade profissional e empresarial parte do imóvel destinado à sua habitação, os encargos dedutíveis com ela conexos referentes a amor-

1.6.2. Os pensionistas

As pensões estão sujeitas a tributação nos termos gerais do CIRS. Incluem-se aqui as pensões de aposentação ou reforma, velhice, invalidez ou sobrevivência e ainda as prestações pagas por companhia de seguros, fundos de pensões e outras entidades equiparadas.

Aos rendimentos brutos do pensionista estabelece o CIRS uma dedução fixa de 4104 euros, podendo ainda ser deduzidas as seguintes despesas:

a) quotizações sindicais nos termos do art. 53º, nº 4, a) CIRS e
b) as contribuições obrigatórias para a segurança social.[115]

1.6.3. Os trabalhadores com deficiência

Os rendimentos brutos de trabalhadores com deficiência são apenas tributados em 85% no caso de trabalhadores dependentes e independentes e 90% no caso dos pensionistas.

1.6.4. Os bolseiros

No sistema fiscal português,[116] as bolsas de estudo encontram-se isentas da incidência do imposto sobre o rendimento das pessoas singulares, em virtude de não gerarem relações de natureza jurídico-laboral (rendimentos de trabalho dependente), nem de prestação de serviços (rendimentos de trabalho independente).

Cumpre salientar que a atividade intelectual a exercer pelos bolseiros deve ser efetuada sob a autoridade e supervisão de uma terceira entidade (instituição de investigação ou de formação), devendo a entidade financiadora fiscalizar as condições da instituição de acolhimento e resultados obtidos pelos bolseiros, no período de estudo e formação.

tizações ou rendas, energia, água e telefone fixo não podem ultrapassar 25% das despesas devidamente comprovadas.

115 Ver art. 20º do EBF (*conta poupança-reformados*) que estabelece uma isenção em IRS dos juros das contas poupanças reformados, na parte cujo saldo não ultrapasse 10.500 euros.

116 Em sede de direito comparado, as bolsas de estudo, via de regra, não são tributadas, se documentalmente provadas e justificadas (ver Glória Teixeira (coord.), *Direito e Desporto, Estudos Fiscais e de Gestão*, Almedina, 2007).

1.6.5. As taxas de imposto e as deduções à coleta

Os trabalhadores dependentes e independentes, estão sujeitos às taxas progressivas de imposto estabelecidas no art. 68º CIRS exceto se aplicáveis taxas liberatórias ou especiais sobre determinados rendimentos (e.g. rendimentos de capitais. prediais ou mais-valias) ou taxas de tributação autónoma sobre determinadas despesas, nomeadamente:

a) despesas não documentadas, de sujeitos passivos que devam possuir contabilidade organizada, no âmbito do exercício de atividades empresariais e profissionais;
b) encargos suportados por sujeitos passivos que devam possuir contabilidade organizada, no âmbito do exercício de atividades empresariais e profissionais, relativos a despesas de representação e a viaturas ligeiras de passageiros ou mistas nos termos do art. 73º CIRS e
c) despesas relacionadas com importâncias pagas a entidades residentes em 'paraísos fiscais'.

O CIRS prevê ainda a dedutibilidade de determinadas despesas em sede de dedução à coleta, nomeadamente a dedução de despesas de formação e educação nos termos do art. 78-D.

1.6.6. As obrigações fiscais dos trabalhadores independentes

ANEXO I

Obrigações Declarativas, Contabilísticas e Escriturais

Declarativas:
- Declaração de início
- Declaração de alteração
- Declaração de cessação
- Declaração rend. mod. 3
- Declaração anual – IES

Contabilísticas:
- Contabilidade organizada
- Dossier fiscal

Sem contabilidade organizada:
- Livro compras
- Livro prestação de serviços

2. O IRC

2.1. Introdução

O imposto sobre o rendimento das pessoas coletivas tem sido o imposto mais estudado internacionalmente. Inúmeros trabalhos analisam o impacto do IRC na atividade industrial e comercial das sociedades. Não obstante estes esforços, este imposto gera apenas uma pequena percentagem de receitas para os governos mas a sua importância tem vindo a aumentar recentemente[117].

Tomando em consideração esta constatação e o facto de se tratar de um imposto cuja implementação se revela dispendiosa, alguns autores têm questionado a utilidade de um imposto sobre as pessoas coletivas. Em defesa da sua abolição invoca-se o argumento que no interesse da transparência fiscal, os impostos devem recair unicamente sobre indivíduos.

Apesar dos factos e argumentos acima indicados, os Estados continuam a incluir no elenco dos seus impostos, o imposto sobre as pessoas coletivas. Porquê?

Várias razões poderão ser enunciadas, nomeadamente:

* As sociedades beneficiam de bens e serviços públicos e como tal devem contribuir para os cofres do Estado;
* O IRC permite a coleta antecipada do IRS;
* O IRC é necessário pois terá de existir um imposto que incida sobre as rendas dos fatores fixos de produção.

No sistema fiscal Português, o IRC incide sobre o lucro das sociedades, cooperativas, empresas públicas e outras pessoas coletivas que exerçam, a título principal, uma atividade de natureza comercial, industrial ou agrícola.

No presente momento, face a ausência de jurisprudência neste domínio, os precisos contornos de conceitos utilizados pelo legislador como por exemplo, o de 'título principal', ainda não se encontram definidos. Importa referir, que só em confronto com o caso concreto, tais conceitos poderão ser validamente preenchidos.

[117] OCDE, *Revenue Statistics of OECD Member Countries,* 1965-2016, Paris, 2017.

O IRC incide sobre a totalidade dos rendimentos das pessoas coletivas, com sede ou direção efetiva em território Português, incluindo os obtidos em território estrangeiro (*worldwide principle*).

As pessoas coletivas que não tenham sede nem direção efetiva em Portugal, ficam sujeitas ao princípio da tributação territorial (*source principle*). Vários exemplos podem ser indicados da aplicabilidade do princípio da territorialidade no sistema fiscal Português:

a) tributação dos rendimentos de estabelecimentos estáveis de sociedades com sede ou direção efetiva no estrangeiro;
b) tributação de rendimentos relativos a imóveis situados em Portugal ou
c) tributação de rendimentos resultantes da transmissão onerosa de participações sociais de entidades com sede ou direção efetiva em Portugal.

Salvo as exceções previstas no CIRC, o IRC é devido por cada exercício económico, que coincide com o ano civil.

2.2. Matéria coletável e lucro tributável[118]

A matéria coletável é determinada pela dedução ao lucro tributável dos prejuízos e benefícios fiscais aplicáveis.

Por regra, o lucro tributável deverá ser determinado com base na contabilidade,[119] mas ajustado pelo CIRC em função, nomeadamente, dos seguintes critérios:

a. conformidade com o princípio da especialização dos exercícios;
b. definição de rendimentos e gastos;
c. não dedutibilidade ou apenas dedutibilidade parcial de determinados gastos;

[118] Ver ainda art. 41º-A do EBF que estabelece uma dedução ao lucro tributável relativa à remuneração convencional do capital social, limitada a cada exercício, e calculada através da aplicação da taxa de 7% sobre as entradas realizadas até ao limite de 2 000 000 euros.

[119] O CIRC estabelece também um regime simplificado de determinação da matéria coletável, nos termos do art. 86º-A.

d. regime de depreciações e amortizações e
e. regime de imparidades[120] e provisões[121] previsto no CIRC.

De acordo com o CIRC, consideram-se rendimentos os derivados de operações de qualquer natureza em consequência de uma ação normal ou ocasional, básica ou meramente acessória e gastos todos aqueles que comprovadamente forem indispensáveis para obter ou garantir os rendimentos sujeitos a IRC[122].

Esta formulação geral possui várias vantagens relativamente a uma listagem exaustiva ou taxativa de rendimentos e gastos, em si mesma incompleta, e potenciadora de manipulação da base tributável.

Para além da razoável margem de apreciação que é deixada à administração fiscal relativamente à admissibilidade, ou não, de determinados gastos[123], este critério possibilita uma maior compatibilização entre as regras fiscais e contabilísticas, simplificando e reduzindo os custos de cumprimento das obrigações fiscais por parte do contribuinte.

2.3. A dedutibilidade de gastos[124]

Os gastos devem ser comprovados através de documento válido (fatura ou documento equivalente que deverá conter os elementos essenciais previstos na lei).

Em matéria fiscal, estabelece-se a prioridade ou prevalência da prova escrita sobre a prova oral. De facto, provas testemunhais, em sede de direito comparado, raramente são utilizadas devido à sua incerteza e subjetividade. Diferentemente acontece no caso do recurso a provas periciais: nas jurisdições analisadas pela autora neste manual, frequentemente os juízes recorrem a provas periciais para firmarem a sua convicção acerca de determinado facto ou transação tributária.

[120] Ver STA, acórdão de 9 de abril de 2003 (Alberto-Soc. Construções Lda. vs. Fazenda Pública) e acórdão de 30 de abril de 2003 (*MICAL vs. Fazenda Pública*).

[121] Sobre a dedutibilidade de gastos a título de provisão, ver STA, acórdão de 29 de outubro de 2014 (Faz*enda Pública vs. Banco BPI, S.A.)*.

[122] Não obstante o legislador não referir expressamente a indispensabilidade do gasto, a autora defende a manutenção do conceito, suportada pelo elemento histórico e sistemático das regras de interpretação aplicáveis às normas fiscais.

[123] Ver STA, acórdão de 19 de dezembro de 2001 (*Ensul Lda vs. Fazenda Pública*).

[124] Ver STA, acórdão de 5 de fevereiro de 2003 (*Autocamp Lda vs.Fazenda Pública*).

No sentido de preservação da base tributária, impõe o CIRC limites à dedutibilidade de determinados gastos, nomeadamente, encargos não devidamente documentados, despesas de carácter confidencial ou ilícito, pagamentos de juros sujeitos a taxas superiores à taxa de juro interbancária, etc., ou permite a sua dedutibilidade até determinados limites, ou se preenchidos determinados requisitos.

O objetivo principal desta limitação é a tributação do lucro real do contribuinte, evitando-se situações não transparentes, ou desconformes com a prática contabilística, ou disposições fiscais relevantes.

Podem ser deduzidos parcialmente, gastos suportados com despesas de representação, de consumo pessoal e donativos concedidos a entidades isentas, nos termos do CIRC.

A dedutibilidade parcial destes gastos justifica-se por razões de natureza comercial ou pessoal e, no caso da dedução dos donativos, por razões de utilidade social.

O CIRC sujeita ainda ao preenchimento de determinados requisitos para o caso dos créditos incobráveis ou créditos de cobrança duvidosa.

Trata-se essencialmente de estabelecer critérios objetivos para a dedução deste tipo de gastos, pretendendo-se ainda conciliar os objetivos de arrecadação de receita, evitando dedutibilidade injustificada de gastos, com os interesses dos contribuintes.

2.4. O regime das depreciações e amortizações[125]

O CIRC concede uma dedução para depreciação de bens do ativo fixo do contribuinte. Bens do ativo fixo podem ser bens tangíveis (edifícios, máquinas e outro equipamento utilizado na produção de bens ou serviços) ou intangíveis, (despesas de I&D, se reconhecidas como ativos fixos intangíveis, e elementos da propriedade industrial).

Os terrenos não são depreciáveis, pois não estão sujeitos a deterioração[126]. Igualmente, nenhuma dedução é aceite no que respeita a obras de arte porque também não estão sujeitas a deterioração.

[125] Ver STA, acórdão de 18 de dezembro de 2002 (*Construções S. Jorge Lda vs. Fazenda Pública*).

[126] Será no entanto de salientar que apesar de os terrenos não serem objeto de depreciação pode, em alguns ordenamentos jurídicos (caso Holandês – Tribunal de Recurso de

Os gastos dos inventários e outros gastos fiscalmente dedutíveis em outros artigos estão excluídos do âmbito deste regime.

De acordo com o CIRC, os bens do ativo sujeitos a deperecimento podem ser amortizados ou depreciados, em regra, pelo método da linha reta, atendendo ao seu período de vida útil.

Os valores depreciáveis ou amortizáveis são determinados com base na contabilidade e sujeitos às correções do CIRC e respetiva legislação complementar.

2.5. Os prejuízos fiscais

No CIRC é permitido o reporte de prejuízos fiscais por um período temporal limitado. Esta regra geral está sujeita a várias limitações no código, justificadas fundamentalmente por razões de evitar a erosão da base tributável e aproximar a tributação o mais possível da realidade económica e contabilística da empresa, nomeadamente:

a. proibição de comunicabilidade entre prejuízos e lucros (caso de exercício cumulativo de atividades isentas e atividades tributáveis) e
b. não dedutibilidade de prejuízos no caso de alteração substancial da titularidade do capital social ou dos direitos de voto[127].

No entanto, cumpre salientar que a limitação temporal do reporte afeta principalmente as pequenas empresas, a entrar pela primeira vez no mercado. Repare-se que em certos setores de atividade os gastos de início de produção são extremamente elevados, podendo a empresa levar vários anos até obter lucros.

Nestas circunstâncias e à semelhança de outras experiências europeias, o reporte para a frente (futuro) deveria ser ilimitado. Igualmente, a opção do reporte para trás (passado) deveria ser permitida, caso as circunstâncias económicas e financeiras da empresa assim o exigissem.

Arnhem), a sua **apreciação** de valor (se relativamente permanente e de montante substancial) ser tomada em consideração, não só para efeitos de cálculo de futuras depreciações do bem (*depreciável*) mas também de definição do seu valor residual.

[127] Ver STA, acórdão de 10 de julho de 2002 (*Fazenda Pública vs. Gonvarri SA*).

2.6. Os dividendos

De acordo com o CIRC, uma sociedade residente pode deduzir integralmente aos lucros tributáveis dividendos recebidos ao abrigo, nomeadamente das seguintes circunstâncias:

- a sociedade que distribui os dividendos deve ter residência no país ou em outro país da UE;
- a sociedade que distribui os dividendos deve estar sujeita ao imposto sobre o rendimento das pessoas coletivas e
- a sociedade-mãe deve ter uma participação mínima no capital social da sociedade afiliada durante um período mínimo de tempo.

As outras sociedades, em geral, que recebam dividendos e não preencham os requisitos acima indicados, podem, no entanto, beneficiar do crédito de imposto por dupla tributação internacional.

Os dividendos são atribuídos aos seus proprietários formais ou beneficiários, incluindo propriedade direta e indireta.

Comummente, os dividendos são tributáveis aquando do recebimento ou pagamento ao nível do acionista mas também em casos de não distribuição, ao abrigo de regras específicas de imputação indicadas pelas leis fiscais. Assim, pagamentos adiantados de dividendos, quer na forma de pagamentos regulares ou na forma de um montante fixo ou dividendos não distribuídos pagos como uma remuneração ao acionista, que pode assumir a forma de rendimentos de mais-valias no caso de alienação das ações ou pagamentos de montante fixo, também são atribuídos ao acionista e tributados como rendimento de dividendos.

Estas regras nacionais de imputação aplicam-se a residentes e não residentes e podem ser complementadas por disposições específicas anti-abuso instituídas na legislação fiscal da UE ou convenções sobre dupla tributação. A alteração da Diretiva sociedade mãe/sociedade afiliada demonstra a preocupação do legislador europeu pelo problema da dupla não tributação dos dividendos, reforçado pela recente publicação da Diretiva anti-abuso (Diretiva 2016/1164/UE de 12 de julho de 2016).[128]

[128] Iguais preocupações levaram o legislador a incluir o conceito de beneficiário efetivo também no contexto da tributação ou isenção do rendimento de dividendos (ver art. 14º, nº 19 CIRC), obrigando ao cumprimento de obrigações declarativas previstas no Regime Jurídico Central do Beneficiário Efetivo.

2.7. Isenções

O código de IRC prevê que ficam isentas de tributação determinadas entidades ou atividades que prossigam fins de interesse público, social ou cultural, sempre que os rendimentos auferidos se destinem aos fins para que foram criadas e em caso algum se distribuam, direta ou indiretamente, rendimentos ou lucros entre os sócios ou associados, nomeadamente:

a) certas entidades públicas;
b) pessoas coletivas de utilidade pública e de solidariedade social;
c) rendimentos derivados do exercício de atividades culturais, recreativas e desportivas e
d) certas cooperativas.

Pretende-se com esta limitação fazer com que as referidas entidades não desenvolvam atividades de natureza empresarial ou se afastem do objeto ou fins para que foram originalmente criadas ou autorizadas.

Deste modo, e não obstante se tratarem de entidades isentas, se receberem rendimentos que tenham sido sujeitos previamente a retenção na fonte, estão sujeitas ao pagamento de imposto sobre esses rendimentos, nos termos gerais do CIRC.

Ainda, e não obstante se tratarem de entidades isentas, deverão cumprir determinadas obrigações contabilísticas e fiscais, cuja relevância para um normal funcionamento do sistema tributário, como um todo, nomeadamente de fiscalização e controle de contribuintes ou rendimentos isentos, não poderá ser subalternizada. Entre estas obrigações contam-se:

a. dever de calcular e efetuar retenções na fonte sempre que exigido pelas disposições dos códigos fiscais e
b. obrigação de apresentação da declaração anual de informação contabilística e fiscal, nos termos do CIRC.

3. A tributação do rendimento: noções fundamentais

3.1. Os sujeitos passivos

Os códigos dos impostos sobre o rendimento (CIRS e CIRC) indicam os seguintes sujeitos passivos que ficam obrigados ao pagamento de imposto, caso possuam residência, sede ou direção efetiva em território português:

a. sociedades comerciais;
b. sociedades civis sob forma comercial;
c. cooperativas;
d. empresas públicas;
e. pessoas coletivas de direito público;
f. pessoas coletivas de direito privado (e.g. associações, fundações, fundos, e outras) e
g. pessoas singulares.

Outras entidades poderão qualificar como sujeito passivo de imposto, não obstante não estarem preenchidos todos os requisitos legais necessários para a sua existência jurídica ou para a prática dos seus fins ou atividades[129].

Para além do estabelecimento estável podem indicar-se as chamadas 'entidades irregulares' e consistem, nomeadamente nas heranças jacentes, sociedades irregulares ou declaradas inválidas, etc[130].

Pretende-se alargar, mais uma vez, a incidência do imposto a todos os rendimentos do sujeito passivo, mesmo que não se encontrem reunidos ou preenchidos os necessários requisitos legais para a sua criação ou prática das suas atividades.

3.2. O estabelecimento estável

O conceito de estabelecimento estável está diretamente ligado com o princípio da tributação da fonte pois permite tributar rendimentos de não residentes que possuam uma base organizativa estável em território português, sem preencher no entanto os testes de residência (sede ou direção efetiva).

Não possuindo personalidade jurídica mas podendo assumir personalidade tributária[131] (caso do estabelecimento estável de uma entidade não residente), o estabelecimento estável está dependente de outra entidade, residente ou não residente[132], e desenvolvendo uma ativi-

[129] Ver neste contexto, STA, acórdão de 12 de março de 2003 (*Supermicos vs. Fazenda Pública*).

[130] Ver STA, acórdão de 23 de outubro de 2002 (*Armando Sousa vs. Fazenda Pública*).

[131] Ver art. 15º da LGT.

[132] Convém precisar que uma entidade residente pode possuir também um estabelecimento estável localizado no país ou no estrangeiro. No primeiro caso, o sujeito passivo

dade de natureza empresarial pode assumir, nomeadamente, as seguintes formas: escritório de representação, fábrica, oficina, sucursal, pedreira, mina, estaleiro de construção (com duração de obra superior a 6 meses).

Esta disposição é particularmente importante pois permite tributar rendimento que eventualmente o contribuinte aufira através da exploração ou utilização de recursos naturais ou humanos do país.

O CIRC obriga os não residentes com estabelecimento estável situado em território português ao pagamento de imposto, como se de um sujeito passivo principal se tratasse, e como tal sujeitos ao cumprimento de efetuar os respetivos pagamentos por conta, conforme disposições deste código[133].

O conceito de estabelecimento estável cobre ainda as situações do agente dependente que atua na dependência e subordinação do mandante ainda que, e na qualidade de intermediário, possa ter autoridade para concluir contratos em sua representação[134].

No entanto, não cabe na definição de estabelecimento estável e como tal não são sujeitos passivos de imposto, as situações de armazenagem ou depósitos de bens, instalações utilizadas unicamente para fins publicitários, etc.

Em qualquer das exceções indicadas no CIRC, que são de enumeração taxativa, pressupõe-se que nas referidas instalações não são efetuadas quaisquer transações comerciais ou atividades de natureza empresarial.

residente assumirá as obrigações do estabelecimento estável, sendo os rendimentos deste somados ao rendimento do sujeito passivo principal e tributados conjuntamente. Na segunda situação, pode o contribuinte optar por não incluir os rendimentos e gastos incorridos pelo seu estabelecimento estável, localizado no estrangeiro, com as limitações impostas pelo CIRC.

[133] Vejam-se ainda as obrigações a que estão sujeitos estes contribuintes ao nível de inscrição, alterações ou cancelamento de registo, apresentação de declaração periódica de rendimentos e ainda cumprimento de obrigações contabilísticas ou de escrituração.

[134] Para mais desenvolvimento, ver Pleijsier, Arthur, *The Agency Permanent Establishment*, Universitaire Pers Maastricht, 2000.

Convém ainda referir que a noção de estabelecimento estável apresentada no código não é exaustiva, podendo a administração tributária incluir outras situações passíveis de integrar o referido conceito[135].

3.3. O regime da transparência fiscal

O regime de transparência fiscal foi criado para solucionar o problema da tributação de determinados tipos de sociedades, para os quais o regime geral de tributação seria desadequado ou ineficiente[136].

Dadas as características específicas deste tipo de sociedades, – sociedades civis não constituídas sob a forma comercial, sociedades de profissionais, sociedades de simples administração de bens e agrupamentos complementares de empresas[137] –, assumindo a prestação de serviço um carácter fundamental e com manifesta relevância económica, estando por consequência a figura do membro ou sócio indissociavelmente ligada à sociedade ou grupo a que pertencem, pretende-se com este regime fazer coincidir fiscalmente as figuras do sócio e sociedade, sujeitando o sujeito passivo a um só nível de tributação.

Como consequência, o rendimento ou lucro da sociedade passa a ser tributado unicamente ao nível do sócio ou membro, ignorando-se para estes efeitos a estrutura societária ou de grupo subjacente. É no entanto de salientar que as sociedades ou grupos deverão apresentar sempre a respetiva declaração anual de informação contabilística e fiscal, conforme exigido pelo CIRC.

3.4. As atividades ilícitas[138]

Os impostos sobre o rendimento incidem sobre os rendimentos dos sujeitos passivos, mesmo que provenientes de atividades ilícitas, durante o período de tributação (art. 10º da LGT).

[135] Neste contexto, ver sentença do '*High Court*' de Hong Kong (caso *Consco Trading Company Limited v. CIR*) onde se tomou em consideração a 'totalidade dos factos' – atividade principal + atividades auxiliares ou acessórias – para aplicar o princípio da territorialidade e o caso *Philip Morris* (Corte Suprema di Cassazione, Nº 7682/02 de 25 maio de 2002).

[136] Thuronyi, Victor, (coord), *Tax Law Design and Drafting*, IMF, 1998.

[137] Ver STA, acórdão de 13 de março de 2002 (*Fazenda Pública vs. Agrocinco Construções Lda*) e acórdão de 16 de outubro de 2002 (*Lino de Castro & Associados vs. Fazenda Pública*).

[138] Ver STA, acórdão de 12 de março de 2003 (*Xavier Almeida vs. Fazenda Pública*).

Ao alargar o âmbito de imposto a todos os rendimentos ou atividades do contribuinte, nomeadamente à prática de jogos ilegais ou atividades não licenciadas ou não regulamentadas (vide, rendimentos ou ganhos com moedas virtuais)[139] evitam-se situações de discriminação ou desigualdade, entre contribuintes ou tipo de rendimento obtido[140].

3.5. A base tributável

A investigação produzida até ao presente atesta claramente a dificuldade de determinação ou definição de base tributável. Várias teorias têm sido avançadas no sentido da sua concretização mas nenhuma delas, por si só, conseguiu obter amplo consenso ou aceitação.

Conforme enunciado por FREITAS PEREIRA[141], inicialmente, o rendimento foi definido como o produto obtido durante certo período através da participação na atividade produtiva (*teoria da fonte ou do rendimento-produto*). Esta definição, com origem no direito romano, assenta na distinção 'raíz-fruto', tributando-se apenas os frutos.

As limitações desta teoria, nomeadamente a não consideração dos rendimentos ocasionais e dos ganhos ou perdas de capital, levou ao seu abandono após a 1ª guerra mundial e substituição por aceções mais latas de rendimento ou lucro tributável (e.g. *teoria do acréscimo patrimonial* ou do rendimento acréscimo desenvolvida por HAIG-SIMONS-SCHANZ, *teoria do balanço* e *teoria do cash flow*).

A tributação efetiva do lucro ou rendimento poderá levar ainda à tributação de benefícios derivados de bens ou serviços, não transacionáveis, no âmbito do conceito 'imputação de rendimento' (*imputed income*)[142].

Recentemente tem vindo a ser utilizada também pelos legisladores a chamada teoria do rendimento de mercado (*market income theory* ou *mark-to-market approach*) que se aplica especialmente aos instrumentos financeiros. Esta teoria, que surgiu para resolver o problema da tributação das obrigações 'cupão zero' ou títulos que incorporam juros – tributação

[139] Ganhos ocasionais ou remunerações periódicas (*e.g.* salários) ou ocasionais, pagos em moedas virtuais, são rendimentos tributáveis e estão sujeitos ao CIRS e CIRC.

[140] É interessante salientar uma decisão do Supremo Tribunal de Justiça Canadiano (65302 *British Columbia Ltd.* (2000) 1 CTC 57) que permitiu ao contribuinte deduzir multas e coimas no contexto da tributação de rendimentos ilícitos.

[141] FREITAS PEREIRA, *Fiscalidade*, Almedina, 2017.

[142] Veja-se o caso Holandês.

do 'juro implícito' – ou outro tipo de rendimentos de capitais, tem por objetivo determinar a 'intenção lucrativa' subjacente à atuação do contribuinte (*"taxpayers' action with the intention to make profit"*)[143].

Em Portugal, a reforma da tributação do rendimento de 1989 adotou, com limitações, a noção de rendimento-acréscimo (ver nº 5 do preâmbulo do CIRS). Em termos concisos, esta noção sujeita a imposto as mais-valias ou 'acréscimos de poderes aquisitivos obtidos sem esforço ou pelo acaso da sorte'. Em sede de IRC, esta noção levou a um alargamento do conceito de lucro, consistindo este na diferença entre os valores do património líquido no fim e no início do período de tributação (art. 3º, nº 2 CIRC).

Apesar dos esforços de investigação, os conceitos de rendimento ou de lucro continuam a ser conceitos de contornos indefinidos que respeitam a um período de tempo definido (geralmente o ano civil)[144]. No entanto, ainda aqui e frequentemente, problemas surgem na imputação de rendimentos ou gastos a esse período ou exercício económico: vejam-se os casos de contratos de formação sucessiva ou continuada, a constituição de imparidades para créditos de cobrança duvidosa[145], etc.

A indefinição aumenta quando se tomam igualmente em consideração os princípios bem diferenciados da *capacidade contributiva* e do *benefício.*

De um ponto de vista doutrinal, qual o mais adequado? Se o primeiro se apresenta teoricamente mais perfeito e completo a sua aplicabilidade prática é difícil e dispendiosa; como quantificar corretamente capacidade contributiva?

[143] Sobre esta teoria, ver Associação Europeia de Professores de Direito Fiscal, *The Notion of Income from Capital*, junho 2003.

[144] O conceito de lucro pode assumir várias formas, nomeadamente 'lucro fiscal', 'lucro comercial' e 'lucro contabilístico'. A disparidade de critérios para além de gerar custos administrativos e de gestão elevados, não favorece a transparência económica e fiscal.

[145] O caso *MICAL vs. Fazenda Pública* de 30 de abril de 2003 (STA) ilustra o problema da imputação de gastos (*imparidade para créditos de cobrança duvidosa*) a um determinado exercício e, tomando em consideração a 'redação generosa' das nossas leis fiscais nesta matéria, as possibilidades de manipulação da base tributável através do diferimento ou antecipação de gastos.
Sobre o problema da imputação de gastos e conformidade com o princípio da especialização dos exercícios, ver orientação do STA em matéria de flutuações cambiais, no caso *Peças Telas – Import. Com. Veículos vs. Fazenda Pública* de 5/11/03.

Mas o princípio do benefício apresenta igualmente dificuldades, atendendo por exemplo às características de unilateralidade imperfeita ou bilateralidade indireta dos impostos, não diretamente relacionados com benefícios concedidos pelos Estados.

Neste âmbito, a constituição Portuguesa fixou em sede de IRC a tributação do rendimento real ou efetivo e em sede de IRS o princípio da equidade vertical (conforme enunciado por ADAM SMITH) ou progressividade. Com esta enunciação curta e objetiva evitou o legislador constitucional querelas doutrinais, que muito poderiam contribuir para a incerteza e insegurança jurídica, a evitar a todo o custo, em áreas fiscais ou financeiras[146].

Se o conceito 'progressividade' é de fácil aplicação o mesmo não acontece com a aplicação do conceito 'rendimento real' ou efetivo.

Tomando em consideração esta dificuldade prática, acolhem os diferentes legisladores e igualmente o Português, diferentes 'auxiliares' que permitem uma maior aproximação ao conceito de rendimento real e portanto uma tributação 'mais aproximada' do rendimento real ou efetivo: vejam-se, nomeadamente os conceitos jurídico-económicos de 'colocação à disposição', 'uso ou fruição', 'alienação ou transmissão', 'envio ou expedição', 'prática do ato', sujeito de facto ou económico', 'gerente de facto', 'posse', 'preço efetivamente recebido'[147], 'disponibilidade económica'... conceitos utilizados nos códigos de IRS e IRC e complementados ou aperfeiçoados pela jurisprudência nacional[148].

3.6. O conceito jurídico-económico de 'realização'

Na sua vertente essencialmente económica ou material, este conceito aparece geralmente associado às situações de 'preço efetivamente recebido' ou 'rendimento auferido ou colocado à disposição'. Assim, a tributação real ou efetiva do lucro ou rendimento apenas se verifica nestas situa-

146 CRP, artigos 103 e 104.

147 É de salientar neste contexto, STA, caso *Fazenda Pública vs. Joaquim de Carvalho* de 30/04/02 relativo a um contrato de trespasse de um estabelecimento comercial, tendo sido apenas tomado em consideração, para efeitos tributários, **o preço efetivamente recebido** pelo trespassante.

148 Ver jurisprudência do STA, sendo referenciados neste Manual alguns dos acórdãos mais recentes sobre esta temática.

ções, não se tributando rendimentos latentes, ou ainda não recebidos, ou auferidos pelo sujeito passivo.

A vertente jurídica do conceito aparece associada com as situações já acima mencionadas de posse, tradição, alienação ou transmissão, liquidação, etc.

Pode ainda ficcionar-se o conceito de realização em casos de transferência de sede ou residência do contribuinte[149] e em situações de alteração no estatuto ou regime fiscal do contribuinte (ex. reorganizações empresariais[150], saída ou transferência de ativos da sociedade para o sócio ou estabelecimento estável localizado no estrangeiro, isenções fiscais e tributação em 'regime consolidado')[151]. Pode ainda, numa posição extrema, imputar-se rendimentos de fonte estrangeira a entidades nacionais[152] ou ao abrigo de cláusulas anti-abuso que permitam a requalificação de negócios jurídicos.

Nestes últimos casos, o conceito 'realização' foi abandonado em favor de utilização de técnicas tributárias que permitam uma tributação efetiva de rendimentos obtidos mundialmente por entidades residentes ou para

[149] Ver CIRS e situação de '*perda da qualidade de residente*'.

[150] Cumpre referir que o regime aplicável nesta matéria na União Europeia (e.g. fusões, cisões, etc.) constitui um instrumento por excelência de diferimento da tributação. Igualmente, os regimes internos de tributação dos grupos de sociedades podem ser utilizados como veículos eficazes em matéria de diferimento da tributação. Sobre esta temática ver AVELÃS NUNES, Gonçalo, *A Tributação dos Grupos de Sociedades pelo Lucro Consolidado em sede de IRC*, Almedina, 2001.

[151] No Reino Unido ficciona-se o conceito 'realização' quando ocorra transferência de valor em resultado da alteração de direitos associados a participações sociais.

[152] As limitações destes regimes de imputação, designados por 'CFC rules', são evidenciados na publicação da OCDE, *Harmful Tax Competition, An Emerging Global Issue*, 1998, página 42:

"*In general, CFC rules that subject the CFC's income to current tax apply only to foreign corporations controlled by resident shareholders that own a significant interest in a CFC (for example, 10 per centor greater). Thus, residents may defer domestic tax by acquiring shares in foreign mutual funds. If such funds are widely owned, they will not be controlled by a small group of resident shareholders; nor will any one resident shareholder own a significant interest in the fund. Thus, owners of foreign mutual funds will not be subject to the anti-abuse protections afforded by resident countries' CFC rules. To counter this situation, several countries have adopted foreign investment fund (FIF) or equivalent rules to deal with this situation although they are not yet widespread in Member countries.*"

evitar a erosão da base tributável através da simulação de negócios ou atos jurídicos.

Nos EUA[153] e como salienta HUGH AULT[154], o conceito 'realização' é, na atualidade, essencialmente uma questão de "*conveniência administrativa*": uma permuta de imóveis, por exemplo, onde se verifique uma "*diferença material*" entre os imóveis permutados, preenche o critério de realização[155]. Igualmente, adianta aquele autor, caberão no mesmo conceito as operações de 'titularização' ou seguro contra riscos financeiros, com fixação prévia de preço do título ou transação (e consequente eliminação do risco), e que não acarretem transferência ou transmissibilidade, permanecendo o bem na esfera patrimonial do titular 'nominal'. Inserem-se nesta última categoria, transações financeiras típicas tipo "*equity swaps*", "*collars*", etc.

Deste modo, em situações onde o risco de perda ou prejuízo ou a oportunidade de ganho tenham sido substantivamente eliminados, ficciona o legislador o conceito 'realização', ignorando aqui tanto os requisitos jurídicos de transmissibilidade como mesmo conceitos económicos de pagamento ou colocação à disposição[156].

[153] HOLMES, Kevin, *The Concept of Income, A Multi-Disciplinary Analysis*, International Bureau of Fiscal Documentation, 2001, páginas 123 e 124:
"In 1957, the Committee on Concepts and Standards of the American Accounting Association broadened its interpretation of realisation. The Committee stipulated that "the essential meaning of realisation is that a change in an asset or liability has become sufficiently definite and objective to warrant recognition in the accounts. This recognition may rest on an exchange transaction between independent parties, or on established trade practices, or on the terms of a contract performance of which is considered to be virtually certain". The Committee's definition does not impose receipt of cash or other liquid assets as a pre-requisite to realisation. The definition refers only to changes that have "become sufficiently definite and objective".

[154] AULT, Hugh, PRINCIPAL AUTHOR, *Comparative Income Taxation, A Structural Analysis*, Kluwer, 2004.

[155] No contexto português é interessante referir o caso *Martinho Tavares vs. Fazenda Pública* de 12/02/03 (STA) respeitante a um contrato-promessa de permuta de bens presentes por bens futuros. Parece não suscitar dúvidas, que para o preenchimento do conceito 'realização' nestas situações, e consequente sujeição a tributação, relevam os conceitos de '**posse'/fruição do bem**' bem como um **nível razoável ou suficiente de determinabilidade ou objetividade do valor dos bens (presentes ou futuros) objeto da permuta**.

[156] Note-se que em jurisdições como a dos EUA, a problemática da quantificação dos chamados 'impostos diferidos' assume menos relevância se comparada com os siste-

Se nas situações tipificadas pelo legislador, ao abrigo de ficções ou mesmo em detrimento do abandono do conceito 'realização', não surjam 'conflitos positivos' desde logo por se tratarem de regimes, via de regra, específicos ou suficientemente concretizados, já o mesmo não sucede quando se atenta na dupla vertente jurídico-económica do conceito 'realização'.

A interligação entre as duas vertentes acima mencionadas, a jurídica e a económica, pode originar soluções de tributação díspares, conforme prevaleça o critério jurídico ou económico: vejam-se os exemplos lineares de alienação ou transferência não ocorrendo o pagamento do preço estipulado, a situação inversa de tributação de rendimentos anterior à sua transmissão ou alienação ou ainda o caso da não tributação das mais-valias latentes ou não realizadas.

O legislador Português utiliza os dois critérios, em função do tipo de rendimento ou realidade tributária, fazendo apelo também a ficções ou técnicas tributárias específicas, à semelhança de outros ordenamentos jurídicos. A jurisprudência nacional evidencia algumas das situações tipificadas pelo legislador e o respetivo tratamento jurisprudencial, nomeadamente:

a) situação de detenção, ainda que irregular, pode despoletar os mecanismos de tributação (incidência real e pessoal e respetiva aplicação de taxa)[157];
b) situação de reinvestimento de rendimentos de mais-valias e preenchimento de requisitos formais e substantivos, mais estritos, quando se atribui ao contribuinte benefícios fiscais deste tipo;

mas fiscais europeus onde, via de regra, o conceito 'realização' é definido e aplicado de um modo mais mitigado, com menor recurso a ficções legais ou outros instrumentos técnico-fiscais auxiliares.
No contexto dos 'impostos diferidos' no sistema contabilístico Português, cumpre referir o IAS 12 – *Income Taxes* – e Fernandes Ferreira, Rogério, *Fiscalidade e Contabilidade, Estudos Críticos, Diagnósticos, Tendências*, Editorial Notícias, 2003, páginas 365 a 367:
"– A contabilização no Passivo (no *Exigível*) de possíveis ou problemáticos impostos a liquidar e a pagar no futuro traduz-se em apresentar no balanço (tradicional), que é peça histórica e situacional, verbas que só no futuro se saberá se serão ou não devidas e/ou exigidas."

[157] Veja-se o caso dos impostos especiais sobre o consumo (IEC(s)) e o conceito alargado de 'introdução no consumo', e no CIVA, o conceito 'entrega do bem'.

c) a anulação de liquidações por incumprimento de procedimentos essenciais ou obrigatórios, com consequências ao nível da incidência temporal do imposto e diferimento da tributação[158];

d) disponibilidade jurídico-económica do rendimento, com ou sem transferência de propriedade[159];

e) correções ou ajustamentos nos preços praticados por entidades relacionadas, com vista a uma tributação efetiva e obstar ao diferimento ou mesmo exclusão da tributação, e ainda;

f) recurso a ficções ou critérios de imputação, aplicáveis não só em sede de impostos sobre o rendimento[160], mas também aos impostos sobre o consumo[161] ou património[162].

[158] Nomeadamente, o direito de audição do contribuinte, necessária e congruente fundamentação dos atos tributários, notificações que cumpram os requisitos mínimos previstos na LGT, etc.
É interessante mencionar neste contexto, o caso *Soporcel S.A. vs. Fazenda Pública* (STA) que versa sobre o problema da tributação em sede de IVA das empresas cuja atividade **principal** é a exportação, nomeadamente a questão do 'reembolso antecipado' de imposto e a possibilidade de pagamento de juros compensatórios relativos a um "desembolsar antecipado".

[159] Para além das situações já analisadas nesta publicação, ver RITI e os conceitos 'poder dispor por forma correspondente ao exercício do direito de propriedade' e 'transferência de bens' ou no CIVA, o conceito de 'colocação à disposição' e 'cedência' e no CIMT definição de transmissão que inclui, nomeadamente promessas de aquisição e de alienação com tradição ou usufruto do bem ou celebração de contrato promessa de aquisição e alienação com cedência da posição contratual a terceiro.

[160] Ver regime previsto no CIRC de imputação de lucros de sociedades não residentes sujeitas a um regime fiscal privilegiado aos sócios residentes em território português, independentemente de distribuição.

[161] Ver CIVA os casos de afetação permanente de bens da empresa a uso próprio do seu titular, do pessoal, ou em geral a fins alheios à mesma ou ainda a um setor de atividade isento e situações de utilização de bens da empresa para uso próprio do seu titular, do pessoal, ou, em geral, para fins alheios à mesma e ainda em setores de atividade isentos.

[162] Ver CIMT, ficcionando-se o conceito de transmissão, nomeadamente nos casos de arrendamento com cláusula de que os bens arrendados se tornam propriedade do arrendatário depois de satisfeitas todas as rendas acordadas, nas situações de resolução, invalidade ou extinção por mútuo consenso, do contrato de compra e venda ou troca de bens imóveis e as do respetivo contrato promessa, quando, neste último caso, ocorrerem depois de passados 10 anos sobre a tradição ou posse e ainda nos casos de entradas dos sócios com bens imóveis para a realização do capital das sociedades ou adjudicação dos bens imóveis aos sócios, na liquidação dessas sociedades.

Em sede jurisprudencial, o Supremo Tribunal Administrativo tem proferido algumas decisões sobre a matéria em que se aborda a problemática da tributação do rendimento real, seja através da utilização de técnicas de diferimento de imposto (vide casos sobre reinvestimento[163], preços de transferência[164], regimes suspensivos de tributação[165], utilização devida ou indevida do processo[166] e definição/aplicação do conceito 'realização'[167]), seja através do recurso a operações ou transações isentas[168].

No âmbito da definição/aplicação do conceito *realização*, tem vindo recentemente o STA a emitir vários acórdãos[169], nas situações de tributação do chamado 'juro implícito' ou 'incorporado no título'. Nestas situações colocava-se a questão se se deveria autonomizar jurídico-fiscalmente o rendimento de capitais em análise – 'juros' – e tributá-lo nos termos legais, ficcionando-se o conceito de realização, ou se diferentemente tal rendimento deveria ser qualificado como mais-valias e eventualmente sujeito a tributação.

Ao nível do direito comparado e no contexto de títulos de dívida é frequente a utilização do conceito 'rendimento de juros' devido à facilidade de determinação do rendimento, à periodicidade e certeza jurídica[170]. Tais características estão ausentes no caso de rendimentos de mais valias ou em determinados tipos de rendimentos de capitais. Por si só bastam para afastar o regime de tributação aplicável aos rendimentos de mais-

[163] Caso *Fazenda Pública vs. Júlio Óscar Ribas Oliveira.*

[164] Caso *Fazenda Pública vs. Triunfo Intern. – Soc. Têxteis e Confeções.*

[165] Caso *Casa Agrícola Almodôvar Lda. vs.Fazenda Pública.*

[166] Caso *M+Segur-Adção de Empresas vs. Fazenda Pública.*

[167] Caso *Banco Finantia SA vs. Fazenda Pública.*

[168] Caso *AXA Portugal vs. Fazenda Pública.*

[169] Ver casos *BNU vs.Fazenda Pública* e *BPI – Dealer SA vs. Fazenda Pública.*

[170] Note-se que mesmo o argumento invocado no caso BNU relativamente à dificuldade de quantificar a valorização do título está desprovido de sentido face à quantidade de informação financeira hoje em dia disponível, fornecida pelos mercados bolsistas. Neste contexto, ver ainda normas supletivas incluídas no Código de Imposto de Selo, respeitantes à determinação do valor tributável de participações sociais e títulos de crédito.
Sobre a recente aplicação de normas supletivas, incorretamente definidas como normas subsidiárias, ver STA, acórdão de 23 de abril de 2014 (*Fazenda Pública vs. Vale do Lobo, Resort Turístico de Luxo S.A.*).

-valias e ao consequente enquadramento jurídico-fiscal em sede de rendimentos de capitais[171].

Na União Europeia, a Diretiva aplicável aos rendimentos de juros[172] acolheu esta noção mais abrangente de rendimento – 'pago' ou 'colocado à disposição' –, sufragada tanto no CIRC como pela jurisprudência do STA.

3.7. Diferimento[173] e tributação das mais-valias[174]

A quantificação para efeitos tributários do valor das mais ou menos-valias aparece associada ou integrada, nos diferentes sistemas fiscais continentais e anglo-saxónicos, com os regimes de depreciação ou amortização de ativos ou direitos e ainda com regimes de indexação de valor dos bens para efeitos de inflação.

O tratamento fiscal das mais e menos valias exige desde logo uma indexação pelos valores de inflação de modo a prevenir a tributação dos chamados 'ganhos ilusórios ou fictícios' (KEVIN HOLMES "*illusory gains*"[175]).

Mas uma atualização anual revela-se muitas vezes dispendiosa, exemplo dos imóveis e impossibilidade prática de uma avaliação anual por parte da administração tributária[176], e complexa, optando alguns Estados (exemplo Inglaterra) por isentar até determinado limite os rendimentos de mais-valias ou aplicar taxas diferenciadas a esses rendimentos[177].

[171] Os mesmos argumentos são utilizados para tributar os chamados '*deemed dividends*' ou dividendos incorporados na ação ou título.

[172] Diretiva 2003/48/CE (artigo 6º), alterada pela Diretiva 2014/48/UE de 24 de março de 2014.

[173] Sobre o tema, ver ESSERS, Peter, and RIJKERS, A., *General Report on the Notion of Income from Capital*, EATLP, Congress Cologne, 12-14 June 2003.

[174] Para uma análise compreensiva e integrada do tema, ver SOUSA CÂMARA, Francisco, *Relatório Português*, EATLP, Congress Cologne, 12-14 June 2003.

[175] HOLMES, Kevin, *The Concept of Income, A Multi-Disciplinary Analysis*, International Bureau of Fiscal Documentation, 2001.

[176] Os valores de transmissão ou alienação pelo seu caráter essencialmente variável ou volátil não podem ser utilizados como critério certo e objetivo na chamada 'tributação estática' do património.

[177] Cumpre acentuar ainda o possível elemento de dupla tributação económica no caso de valorizações que advêm de lucros retidos pela empresa, e como tal já sujeitos a um nível de tributação, defendendo-se em diferentes sistemas fiscais, à semelhança da tributação dos lucros distribuídos, uma isenção das mais-valias obtidas através da valo-

No caso Português, em termos históricos, "...em 1965, surge o Código do Imposto de Mais-Valias em cujo Relatório Preambular se diz:

> "...2. A ideia de que se partiu para traçar os limites do imposto foi a de considerar mais-valias os aumentos de valor dos bens que os contribuintes não produziram nem adquiriram para venda.... É o que acontece, sem dúvida, com os terrenos para construção; com os elementos do ativo fixo tangível e intangível das empresas (entre eles os trespasses e os alvarás) e os seus bens de rendimento; com o direito ao arrendamento dos escritórios e consultórios; com as quotas em sociedades e as ações.... Claro que se excluem da tributação as mais-valias puramente nominais,..." Pode dizer-se que só na década de 60 se começaram a tipificar as mais-valias como realidade do sistema tributário....
>
> Alguns anos após a reforma de 1988 veio a substituir-se a não tributação das mais-valias do imobilizado corpóreo das empresas em casos de reinvestimento por uma tributação efetiva, algo complexa, correspondente a um diferimento do imposto, que passava a pagar-se à medida da extinção do reinvestimento ocorrido (por amortização anual, alienação ou outro evento de extinção....
>
> Outras mexidas provocaram acesas diatribes e reações... Com a Lei de OE para 2002 de novo se mexe nestas matérias...."[178]

Conforme acima descrito, a história da tributação das mais-valias no sistema fiscal Português está longe de ser pacífica e resulta mais de 'lutas ideológicas ou de conveniência' do que propriamente de uma aplicação técnica e objetiva de um determinado sistema fiscal que tem de ser visto de um ponto de vista integrado e coerente (*vide*, tratamento conferido aos lucros distribuídos, amortizações ou depreciações, razões de simplicidade e eficiência administrativa, coordenação com as disposições insertas

rização de participações sociais, em resultado das retenções de lucros efetuadas pelas empresas. Em presença de um mercado económico e financeiro minimamente eficiente, é suposto as ações ou património de uma empresa valorizarem-se em resultado de investimento ou lucros investidos na própria empresa. Para mais desenvolvimentos nesta matéria ver TEIXEIRA, Glória, *Taxing Profits in the European Union, A Comparative Study of the Portuguese, British and Dutch Systems,* Series on International Taxation, 17, Kluwer, 1997 (tese de doutoramento).

[178] Ver FERNANDES FERREIRA, Rogério, *Fiscalidade e Contabilidade, Estudos Críticos, Diagnósticos, Tendências,* Editorial Notícias, 2003, páginas 161-175.

nas convenções sobre dupla tributação, etc.). Este trabalho científico tem de ser feito, sem perder de vista a especificidade portuguesa, mas sempre inserido num contexto internacional ou de direito comparado.

No sistema fiscal português, o período de detenção deste tipo de rendimentos tem sido determinante para a sujeição a imposto ou isenção de tributação[179]. Igualmente, para efeitos de planeamento fiscal, pesam os regimes fiscais previstos para as situações de reinvestimento, as reorganizações empresariais ou societárias, o regime de tributação pelo lucro 'consolidado' ou 'integrado' e as disposições das convenções sobre dupla tributação que via de regra, atribuem ao Estado da residência competência exclusiva para a tributação dos rendimentos de mais-valias[180].

Ao nível internacional, são conhecidos os entraves fiscais colocados pelas diferentes legislações nacionais à transmissibilidade de mais-valias latentes, especialmente quando adquiridas por entidades isentas ou pagas a entidades residentes em jurisdições que isentam ou sujeitam a regimes mais favoráveis os rendimentos de mais-valias. Em conjugação, o diferimento de tributação em país de tributação normal e posterior 'realização' em país de tributação nula ou privilegiada, conduz a uma isenção total ou não tributação deste tipo de rendimentos[181].

Cumpre notar que mesmo a difícil tarefa de tributar estes rendimentos, que os Estados na esfera internacional, até ao momento, têm feito, por exemplo, através da aplicação das chamadas 'exit taxes' (impostos de saída ou aplicáveis em caso de mudança de residência de um contribuinte de um Estado para outro Estado), tem vindo a ser posta em causa através de decisões recentes do Tribunal de Justiça da União Europeia e da Comissão Europeia[182].

[179] Ver distinção entre 'mais-valias especulativas' (detenção por período inferior a 12 meses) e 'mais-valias produtivas ou permanentes', estando estas geralmente isentas de tributação (ver CIRS e CIRC '*reinvestimento*'), e situações de 'reinvestimento' conforme estatuído nos códigos de IRS (*transmissão onerosa de imóveis destinadas a habitação própria e permanente*) e IRC (*reinvestimento dos valores de realização*).

[180] Ver artigo 13º da Convenção Modelo da OCDE.

[181] Para mais desenvolvimentos, ver DE BROE, Luc, *General Report, The Tax Treatment of Transfer of Residence by Individuals,* Cahiers de Droit Fiscal International, vol. LXXXVIIb, Kluwer, IFA, 2002.

[182] Num caso de 11/03, o TJUE *em Hughes de Lasteyrie du Saillant v. Ministère de l'Economie, des Finances et de l'Industrie* (caso C-9/02), decidiu que a '*exit tax,*' prevista na legislação

4. A tributação dos lucros: os sistemas fiscais

4.1. Introdução

Em geral, os lucros distribuídos estão sujeitos a dois níveis de tributação: primeiro ao nível da sociedade e subsequentemente ao nível do sócio, ao contrário do tratamento fiscal dado aos rendimentos de juros. De facto, limitado apenas por algumas disposições anti-abuso fiscal aplicáveis, os rendimentos de juros são dedutíveis e, consequentemente, estão sujeitos a um único nível de tributação.

O tratamento fiscal discriminatório conferido ao financiamento através de capitais próprios em comparação com aquele conferido ao financiamento através de empréstimo levanta dúvidas quanto à neutralidade e eficiência dos atuais sistemas fiscais. Estas distorções aumentam consideravelmente quando os lucros da sociedade passam além-fronteiras com a aplicação de elevadas taxas fiscais efetivas sobre rendimentos de dividendos em consequência de sucessivos encargos fiscais acumuláveis.

A definição apresentada pela Convenção Modelo de Impostos sobre Rendimento e Capital da OCDE, é aquela segundo a qual a dupla tributação económica ocorre quando "*two different persons are taxable in respect*

fiscal francesa aplicável a 'mais-valias latentes', viola o princípio da liberdade de estabelecimento na UE.
A comissão europeia notificou também o estado alemão no sentido da abolição deste tipo de imposto, também previsto na legislação fiscal alemã e aplicável a sujeitos singulares que mudem de residência para outro Estado. A posição da comissão é a de que não deverão ser tributadas as 'mais-valias latentes' no caso de mudança de residência para outro Estado, sob pena de violação do princípio da liberdade de circulação de pessoas. Sobre a matéria, ver Kerstin Malmer, Reporter, *Emigration Taxes and EC Law*, Cahiers de Droit Fiscal International, vol. LXXXVIIb, Kluwer, IFA, 2002 e Wolfgang Schon, *Tax Issues and Constraints on Reorganizations and Reincorporations in the European Union*, Tax Notes International, vol. 34, nº 2, 12 April 2004.
No contexto legislativo português, particular cuidado deverá existir na aplicação de disposições que fazem despoletar a tributação dos rendimentos de mais-valias no caso de '*perda da qualidade de residente*', ficcionando-se o conceito de realização, e da sua conformidade com os princípios fundamentais da União Europeia. Diferentemente, pensa a autora, é a situação de manutenção do estatuto de residente para efeitos fiscais, ficcionando-se o conceito 'residência', não obstante a emigração do contribuinte para outro Estado (ver CIRS e medida anti-abuso especial prevista no art. 16º, nº 6).

of the same income or capital"[183]. Esta definição é adoptada neste Manual e sujeita a uma distinção específica entre dupla tributação económica interna e internacional. A chamada 'dupla tributação jurídica' que surge quando "*the same income or capital is taxable in the hands of the same person by more than one state*"[184] não será tratada neste estudo.

Várias respostas têm sido apresentadas pelos sistemas fiscais a fim de reduzir ou eliminar o problema da dupla tributação económica interna e/ou internacional de lucros distribuídos. No entanto, até à data, não foi alcançado um consenso neste campo ao nível da UE. Deve-se salientar que o Relatório *Ruding* sublinhou a importância de uma visão comum ao nível desta questão a fim de atingir um verdadeiro mercado único e integrado[185].

Os Estados Membros têm formas diferentes de lidar com o problema da dupla tributação económica interna e/ou internacional de lucros distribuídos. Para efeitos teóricos e de classificação, os sistemas fiscais foram separados em cinco categorias principais:

a) Sistemas Clássicos,
b) Sistemas de Imputação,
c) Sistemas de Isenção,
d) Sistemas de Dedução e
e) Sistemas de *Cash-Flow*.

Apenas as três primeiras categorias foram usadas ao nível mundial. No entanto, é também feita referência aos sistemas de *cash-flow* e de dedução, sendo avaliados os seus principais pontos fortes e pontos fracos. Na prática, nem os sistemas de dedução, nem os sistemas de *cash-flow* foram adotados por qualquer Estado-membro da UE e, consequentemente, apenas os três sistemas principais serão objeto de investigação exaustiva quer ao nível interno, quer ao nível internacional.

[183] *Convenção Modelo de Impostos sobre Rendimento e Capital da OCDE*, 2017, comentário aos artigos 23A e 23B relativos aos métodos de eliminação de dupla tributação, parágrafos 1 e 2.

[184] Ver nota anterior.

[185] Ver *Relatório do Comité de Peritos Independentes sobre Tributação das Sociedades*, Comissão das Comunidades Europeias, Março de 1992, p. 15.

No seio da União Europeia, os sistemas de imputação foram favorecidos em relação a outros sistemas fiscais. Por consequência, será dada ênfase aos argumentos teóricos utilizados para defender o seu uso, em especial o conceito de integração. Este conceito será analisado de um ponto de vista crítico, à luz de dados estatísticos recentes no âmbito da redistribuição de rendimentos.

4.2. O conceito de 'integração'

Na União Europeia, o problema da dupla tributação económica de lucros distribuídos tem sido abordado no âmbito do enquadramento teórico da "integração"[186]. Pode-se considerar a abordagem numa perspetiva integracionista da tributação das pessoas coletivas, incluindo todos os rendimentos desse tipo na base tributária de pessoas singulares. O pressuposto na base desta abordagem é o facto de, em última análise, todos os impostos deverem ser suportados por pessoas físicas e do conceito de tributação equitativa só poder ser aplicado a pessoas físicas[187].

Nos casos em que o objetivo é a integração fiscal, e a consequente redução ou eliminação da dupla tributação económica de dividendos, sem qualquer tentativa no sentido de resolver o problema da dupla tributação económica das mais-valias, podem ser escolhidas duas soluções:

(1) Tratar a totalidade ou parte do imposto sobre rendimento das pessoas coletivas (IRC) como um imposto retido na fonte na medida em que é aplicável aos rendimentos distribuídos da sociedade (o sistema de imputação) ou, de forma equivalente, aplicar diferentes taxas de IRC aos rendimentos distribuídos e não-distribuídos da sociedade (o sistema de dualidade de taxas), ou

(2) Permitir à sociedade a dedução da totalidade ou de parte dos dividendos pagos semelhante à dedução relativa a juros pagos (o sistema de dedução).

[186] Charles E. Mclure, J. R., *Must Corporate Income Be Taxed Twice?*, Studies of Government Finance, The Brookings Institute, Washington D.C., 1979, Capítulo 1, pp. 2 e 3.

[187] Musgrave, Richard, A., e Musgrave, Peggy B., *Public Finance in Theory and Practice*, 5ª edição, 1989, Capítulo 21, p. 372.

A integração no verdadeiro sentido da palavra só poderá ser alcançada através da atribuição aos sócios dos rendimentos obtidos ao nível da sociedade, quer tenham, ou não, sido distribuídos, e da tributação desses rendimentos de acordo com as taxas aplicáveis aos rendimentos dos vários sócios[188]. Os defensores desta posição sublinham que com esta abordagem o problema da tributação das mais-valias de longo prazo seria resolvido e que as desigualdades e distorções do sistema fiscal seriam eliminadas[189]. Na prática, esta abordagem nunca foi adotada como base para um sistema fiscal nacional, sobretudo devido à complexidade e aos elevados custos administrativos associados à tributação das mais-valias.

Por outro lado, sistemas de integração parcial foram implementados em vários estados membros da UE (por exemplo, Reino Unido, Alemanha, França), juntamente com outros sistemas assentes em enquadramentos fiscais diferentes. Apesar dos aspetos aliciantes do conceito de integração fiscal, as desigualdades e os custos elevados com o cumprimento de obrigações fiscais ao nível interno e/ou internacional estão a pressionar de forma crescente os conceitos tradicionais que já não conseguem satisfazer as exigências dos contribuintes e das administrações fiscais.

4.3. As desvantagens da 'integração'

Vários países que atualmente utilizam sistemas clássicos (por exemplo, os EUA e a Holanda) têm acompanhado atentamente a utilização de sistemas de integração parcial[190].

Os sistemas clássicos encaram a sociedade como uma entidade legal com existência própria. Daqui se conclui que, sendo uma entidade separada, a sociedade também tem uma capacidade tributável autónoma, estando portanto sujeita a imposto distinto[191].

[188] GOUREVITCH, Harry, G., "Corporate Tax Integration: The European Experience", *Tax Lawyer*, 31(1), 84-85.

[189] *Report of the Royal Commission on Taxation*, Ottawa: Queen's Printer, 1967, Vol. 4, Capítulo 19.

[190] *Treasury Department Report, Integration of Individual and Corporate Tax Systems, Taxing Business Income Once*, Publicado a 6 de Janeiro de 1992, The Bureau of National Affairs, Washington.

[191] *"It seems to me impossible to dispute that once the company is legally incorporated it must be treated like any other independent person with its rights and liabilities appropriate to itself."*

Apesar da consciência das vantagens associadas à introdução de sistemas de integração parcial, esses países não puseram a hipótese de substituir os seus sistemas clássicos. De facto, não só ao nível interno mas também ao nível internacional, os sistemas de integração parcial são complexos, com custos elevados de aplicação. Fazem distinção entre investidores internos e internacionais e podem conduzir a tratamentos discriminatórios como aqueles a ser analisados atualmente pelo Tribunal de Justiça da União Europeia (TJUE).

Por outro lado, as desvantagens associadas aos sistemas clássicos incluem, nomeadamente taxas fiscais efetivas elevadas sobre os dividendos ao nível interno e internacional. Ambos geram a necessidade de encontrar um sistema fiscal mais equitativo e eficiente, adequado a uma sociedade com uma mobilidade crescente.

De facto, a perspetiva "absoluta" ou clássica que encara a sociedade como uma entidade separada com uma capacidade fiscal separada é praticamente insustentável[192]. Vale a pena ter em conta que apesar do estatuto legal distinto e independente das sociedades, existe apenas uma atividade produtiva, que só deve ser tributada uma vez[193]. Por outro lado, as respostas apresentadas pelos sistemas integracionistas já não se enquadram nos atuais padrões económicos e financeiros, e pressões por parte do TJUE indicam claramente que, do ponto de vista de receita fiscal, esses sistemas não poderão sobreviver a longo prazo. Por exemplo, se o TJUE seguir a via da implementação efetiva do princípio de não-discriminação, os Estados-membros que atualmente utilizam sistemas de imputação e estendem os créditos de imposto para além das fronteiras nacionais poderão ser forçados a rever as suas políticas de CDTs. De facto, para evitar o problema do tratamento fiscal discriminatório, esses créditos deverão ser concedidos não só a determinados parceiros de CDT mas também a todos os Estados-membros da UE.

"Na minha opinião é impossível negar que, uma vez legalmente constituída a sociedade, esta deve ser tratada como qualquer outra entidade independente, com direitos e obrigações específicos."
(Lord Halsbury, L. C. in *Salomon v. A. Salomon & Co. Ltd.* (1897), AC 22).

[192] Musgrave, Richard, A., e Musgrave, Peggy, B., *Public Finance in Theory and Practice*, 5ª edição, 1989, p. 373.

[193] Doernberg, Richard L., "International Aspects of Individual and Corporate Tax Integration", *Tax Notes International*, 16 Março, 1992.

4.4. Em busca de um sistema fiscal moderno

Os sistemas integracionistas visam eliminar a dupla tributação económica dos dividendos, mas muitas vezes não conseguem fornecer uma resposta satisfatória ao problema da dupla tributação económica das mais-valias, nem obedecer ao princípio de progressividade da tributação[194].

Deste ponto de vista, as sociedades são encaradas como uma via para rendimentos pessoais e, consequentemente, os seus lucros devem ser atribuídos aos sócios e tributados de acordo com as respetivas taxas aplicáveis a pessoas singulares. Será este o ponto de vista correto?

Uma vez aceite que, do ponto de vista fiscal, as sociedades e os sócios são uma realidade unificada, apesar da independência legal e jurídica, podem ser previstas duas alternativas:

(1) Sistemas integracionistas, ou
(2) Sistemas de isenção que tributam os lucros ao nível da sociedade e isentam os dividendos e as mais-valias ao nível do sócio[195]. Os rendimentos dos sócios passariam a estar sujeitos ao regime fiscal aplicável a pessoas coletivas e, por consequência, o regime fiscal das pessoas singulares deixaria de ser aplicável[196].

[194] *Report of the Royal Commission on the Taxation of Profits and Incomes*, Cmnd 9474, H.M.S.O:, 1955.

[195] Este sistema já foi implementado em vários Estados-membros da UE ao nível das sociedades (internamente e/ou de acordo com a Diretiva do Conselho de 23 de Julho de 1990 (90/435/CEE), JO Nº L 225/6, 20-8-90).
É interessante salientar que o US Treasury Report (1992) continua a aplicar o conceito tradicional de "integração" ao descrever um sistema de isenção.

[196] Na prática, a forma mais eficaz dos Estados-membros tributarem os lucros das pessoas coletivas com origem interna é através de um IRC. Um sistema de isenção também é alinhado com o princípio da eficiência económica que sugere que todos os rendimentos de capital devem ser tributados à mesma taxa (*Treasury Department Report, Integration of the Individual and Corporate Tax Systems, Taxing Business Income Once.* Publicado a 6 de Janeiro de 1992, The Bureau of National Affairs, Washington, p. 12).
Para além disso, e tendo em conta o peso dos fundos de pensões e de outros mecanismos de poupança (por exemplo, PPREs, etc), pode-se argumentar que o IRC é o único mecanismo que permite a tributação dos lucros das pessoas coletivas. De facto, os sistemas integracionistas podem conduzir a uma redução do imposto total cobrado sobre rendimentos das pessoas coletivas atribuíveis a investidores isentos do pagamento de impostos.

Tanto o objetivo de eliminação da dupla tributação económica dos dividendos e das mais-valias, como o objetivo da redução dos custos com o cumprimento das obrigações fiscais podem ser alcançados mas, no entanto, com prejuízo do princípio da progressividade. Note-se que este já está a ser questionado em vários sistemas fiscais da UE[197].

4.5. O sistema clássico

Tal como foi referido anteriormente, o sistema clássico[198] rejeita a perspetiva integracionista e tributa em separado sociedades e sócios[199].

As principais vantagens dos sistemas clássicos têm sido a sua simplicidade ao nível administrativo e a sua capacidade de satisfazer as exigências em termos de receitas dos Estados-membros, ao nível interno e internacional[200]. O compromisso em termos de receitas consagrado no sistema

No entanto, esta questão não pode ser separada de uma tributação efetiva de lucros das pessoas coletivas com uma taxa efetiva mínima de IRC (princípio da transparência e da eliminação de incentivos fiscais para sociedades).

[197] Ver Beveridge, Fiona, *International Dimensions of Taxation*, Studies in Law, Hull University Law School, 1991, p. 5:

"... *However horizontal and vertical equity, though offered as desirable objectives for a tax system, in reality fail even as a basis for comparison of the tax-treatment of two or more taxpayers. They are devoid of substance because they fail to address the position of the individual vis-à-vis the community as a whole, and thus vis-à-vis the state... Equity, when used in this sense, becomes little more than a formal requirement, like natural justice or due process, and it is submitted that it is unnecessary and unhelpful to restrict it to such a role.*"

"...No entanto, a equidade horizontal e vertical, embora apresentadas como objetivos desejáveis para um sistema fiscal, na realidade falham até como base para comparação de dois ou mais contribuintes. Estão desprovidas de substância porque não permitem abordar a posição do indivíduo perante a comunidade no seu conjunto, logo, perante o Estado... Equidade, quando usada neste sentido, torna-se pouco mais do que um requisito formal, como a justiça natural ou o processo devido, sendo sugerido que é desnecessário e contraproducente reduzi-la a esse papel."

[198] Alguns autores (Radler, *Curso de Inverno*, 1996, Centre for Commercial Law Studies, Queen Mary College) defendem que o chamado "sistema clássico" não é um sistema. Pelo contrário, a sua lógica está assente sobre a ausência de um sistema.

[199] Doernberg, Richard L., "International Aspects of Individual and Corporate Tax Integration", *Tax Notes International*, 16 Março, 1992.

[200] Ault, Hugh J., "Corporate Integration, Tax Treaties and the Division of the International Tax Base: Principles and Practices", *Tax Law Review*, 47(3), New York University School of Law, 565.

clássico refletiu-se na Convenção Modelo da OCDE, que abrange apenas o problema da dupla tributação jurídica[201]. Inicialmente este compro-

[201] Ver artigos 23A e 23B da *Convenção Modelo de Impostos sobre Rendimento e Capital da OCDE*, 2017. Deve-se salientar que a Convenção Modelo da OCDE de 1963 (artigo 10) assume a posição cautelosa de que, em princípio, um país membro poderia ter taxas de retenção mais elevadas se existisse uma taxa para pessoas coletivas mais baixa sobre lucros distribuídos como parte de um sistema de integração, reconhecendo desta forma a relação entre a tributação ao nível da sociedade e do sócio num sistema integrado. No entanto, esta abordagem foi rejeitada na Convenção Modelo da OCDE de 1977.
Investigação mais recente destacou a importância de também ter em conta o problema da dupla tributação económica dos dividendos na esfera internacional, mesmo se confinada pelos limites determinados pela abordagem integracionista (ver Doernberg, Richard L., "Amending the OECD Model Treaty and Commentary in Response to Corporate Tax Integration", *Intertax*, 1995/1, p. 14:
"*Using the current version of Article 10 as a starting point, a modified version of that provision could serve to ensure that the benefits of integration on cross-border dividends are extended to the shareholders and not to the other contracting state.*"
"Usando a versão atual do Artigo 10 como ponto de partida, uma versão alterada daquela disposição poderá servir para garantir que os benefícios da integração de dividendos além-fronteiras são alargados aos sócios e não ao outro estado-contratante."
e Van Raad, Kees, "In a World where Classical and Integration Systems Co-exist, Article 10 OECD Models should not disregard the underlying Corporation Income Tax", *Intertax*, 1995/1. As limitações deste estudo foram apresentadas numa perspetiva crítica por David Williams no seu artigo "An Optimum Form of Article 10 of the OECD Model, IFA, International Taxation of Dividends Reconsidered in Light of Corporate Tax Integration", Vol. 19a, *Kluwer*, 1994, p. 69:
"*A clear theoretical argument can be advanced besides those already discussed that there are two forms of integration. One is the 'integration to the shareholder' approach, and the other the 'integration to the company' approach. While in practice the former predominates, the latter cannot be excluded. However, it is believed that any system that adopted the 'integration to the company' approach would probably have to adjust the total position by way of limiting the integration, so that there would be no strong practical difference from the 'integration to the shareholder' approach. I would welcome comment on this.*"
"Pode ser apresentado um argumento teórico claro para além daqueles discutidos a propósito da existência de duas formas de integração. Uma é a abordagem 'integração para o sócio', e a outra é a abordagem 'integração para a sociedade'. Embora na prática se verifique o predomínio da primeira, a segunda não deve ser excluída. No entanto, crê-se que qualquer sistema que adoptasse a abordagem 'integração para a sociedade' provavelmente teria de ajustar a posição total limitando a integração, pelo que não haveria nenhuma diferença significativa ao nível prático em relação à abordagem da 'integração para o sócio'. Agradeço qualquer comentário sobre esta ideia."

misso favorecia os Estados de residência ou os países exportadores de capitais. Com as reduções subsequentes ao nível de taxas de tributação sobre rendimentos das pessoas coletivas, o efeito deste compromisso foi invertido, e os Estados da fonte ou os países importadores de capitais surgem agora como os principais beneficiários de receitas fiscais devido às taxas inalteradas de retenção na fonte. Esta tendência tem estado a prejudicar os principais países exportadores de capitais cuja atitude predominante tem sido isentar da retenção na fonte os dividendos pagos a sócios estrangeiros. As atuais mudanças de políticas fiscais internas parecem indicar que os sistemas clássicos já não satisfazem as necessidades de receitas de países exportadores de capitais, exceto nos casos em que esses países aplicam taxas de retenção na fonte sobre rendimentos de dividendos estrangeiros. Não obstante estas mudanças fundamentais nos resultados da política fiscal e nos padrões de comércio, exceto nos casos de implementação de um sistema de imputação[202], a "perspetiva clássica" ainda constitui a norma no contexto internacional, apoiada pelos princípios da não-discriminação e da reciprocidade.

Com o desaparecimento das barreiras não-tributárias ao investimento além-fronteiras, os efeitos negativos da dupla tributação económica de rendimentos e de capital têm recebido mais atenção e comentários[203]. As desvantagens associadas à utilização de um sistema clássico têm sido sujeitas a uma análise exaustiva, tendo sido apresentadas algumas propostas para resolver estas questões[204]. De facto, as desigualdades e ineficiências relacionadas com sistemas clássicos, tais como o tratamento discriminatório do financiamento com recurso a capitais próprios com a consequente distorção de decisões financeiras ou de investimento, têm sido referidas em vários estudos e têm conduzido a exaustivas discussões críticas, não só nos EUA, mas também na UE[205].

[202] Ver a experiência do Reino Unido e o alargamento de créditos de imposto internos a sócios estrangeiros ao abrigo das disposições de algumas CDTs.

[203] IFS, *Setting Savings Free, Proposals for the Taxation of Savings and Profits*, The Capital Taxes Group of the Institute for Fiscal Studies, 1994.

[204] Ver nota acima e *Treasury Department Report, Integration of the Individual and Corporate Tax Systems, Taxing Business Income Once*, 6 Jan., 1992, The Bureau of National Affairs, Washington.

[205] *Relatório do Comité de Peritos Independentes sobre Tributação das Sociedades*, Comissão das Comunidades Europeias, 1992, Capítulo 5, pp. 93 a 109.

4.6. Sistemas de Imputação

Os sistemas de imputação obedecem à perspetiva integracionista embora não tenham tentado implementar totalmente os seus efeitos e pressupostos teóricos (integração parcial)[206]. Visam tributar lucros de pessoas coletivas em poder dos sócios e, por consequência, eliminar ou mitigar a dupla tributação económica dos dividendos sem abolir a tributação dos rendimentos da sociedade. No entanto, o problema mais alargado da dupla tributação económica de lucros distribuídos (nomeadamente a dupla tributação das mais-valias) não é considerado. Este facto compromete a concretização dos objetivos acima apresentados: progressividade do sistema fiscal e eliminação da dupla tributação económica de rendimentos e de capital.

Os sistemas de imputação podem assumir duas formas:

a) Sistemas de Imputação Total e
b) Sistemas de Imputação Parcial.

O termo sistemas de imputação é usado para referir exclusivamente sistemas em que existe uma ligação direta entre o crédito de imposto atribuído ao sócio em relação a dividendos recebidos e o IRC pago pela sociedade distribuidora[207]. Num sistema de imputação, todos os lucros cujo montante de imposto tenha sido reduzido terão estado sujeitos a IRC aplicado às taxas vigentes; uma parte ou a totalidade do IRC pago sobre os lucros distribuídos é creditado pelo sócio relativamente aos dividendos recebidos ou reembolsados caso o IRC pago dessa forma ultrapasse o imposto a pagar pelo sócio[208]. Num sistema de imputação total, o IRC pago é integralmente creditado (ou reembolsado, se necessário) ao nível do sócio individual. A dupla tributação económica dos dividendos

[206] Se a integração da tributação das pessoas coletivas e das pessoas singulares abranger os lucros retidos e os lucros distribuídos, pode-se considerar que o sistema envolve integração total. Se os lucros retidos estão sujeitos à taxa das pessoas coletivas até à sua distribuição e a atenuação do montante do imposto surge apenas na altura da distribuição, a integração é apenas parcial (ver AULT, Hugh J., "International Issues in Corporate Tax Integration", *Law & Policy in International Business*, Vol. 10. 461).

[207] MESSERE, Ken, *Tax Policy in OECD Countries, Choices and Conflicts*, IBFD, 1993.

[208] OCDE, *Tributação de Lucros numa Economia Global, Questões Internas e Internacionais*, Paris, 1991, p. 170.

é evitada ao submeter-se os dividendos apenas à estrutura progressiva individual de taxas.

De forma diferente, num sistema de imputação parcial, os sócios que recebem dividendos beneficiam de um crédito (ou reembolso) que reflete apenas uma parte do imposto subjacente aos dividendos. A dupla tributação económica dos dividendos mantém-se, pelo menos, no caso dos sócios sujeitos a taxas mais elevadas de imposto. Esta distinção fundamental proporciona o enquadramento básico para a multiplicidade e variedade de sistemas de imputação existentes atualmente em vários países[209]. Dentro da UE, e em termos históricos, merece especial referência o sistema fiscal de imputação utilizado na Alemanha, frequentemente classificado nas obras especializadas como um "sistema de dualidade de taxas"[210]. O sistema fiscal de imputação alemão assentou numa estrutura de dualidade de taxas combinada com um sistema de crédito integral na altura da distribuição para o IRC pago (sistema de imputação total). Assim, os lucros retidos estariam sujeitos a taxas de imposto mais elevadas[211] e os lucros distribuídos estariam sujeitos a taxas de imposto mais reduzidas[212]. Para além disso, ao permitir aos sócios residentes no país receberem o crédito integral (ou obter um reembolso, se aplicável) relativos a IRC pago[213-214], o sistema fiscal de imputação (total) alemão evitou (internamente) os aspetos distorsivos da dupla tributação económica dos dividendos[215].

[209] Um estudo comparativo exaustivo dos sistemas de imputação existentes em países da OCDE é apresentado em *Tax Policy in OECD Countries, Choices and Conflicts* de Ken Messere (IBFD, 1993), p. 360.

[210] AULT, H. J. e RADLER, A. J. (1980), *The German Corporation Tax Law With 1980 Amendments*, Kluwer.

[211] Ver parágrafo 23 do Código Alemão do Imposto sobre Rendimentos das Pessoas Coletivas.

[212] Ver parágrafo 27 do Código Alemão do Imposto sobre Rendimentos das Pessoas Coletivas.

[213] Esta taxa reduzida é designada como "carga fiscal de distribuição" (*Ausschuttungsbelastung*).

[214] TEIXEIRA (ed.), *Business Taxation in the European Union*, capítulo 8, parágrafos 8.39-8.42, Wiley, 1995.

[215] Tendo em conta que o sistema de crédito de imposto só estava disponível para sócios internos, este problema não desaparecia ao nível internacional (ver parágrafo abaixo "Prós e Contras dos Sistemas de Imputação").

O caráter atrativo da aplicação de sistemas de imputação deriva da sua capacidade potencial para conciliar o princípio de progressividade com o objetivo de eliminar a dupla tributação económica dos dividendos. Simultaneamente, estes sistemas satisfazem as necessidades ao nível de receitas ao garantir a cobrança de um imposto mínimo apesar da atribuição da carga fiscal definitiva ao sócio individual.

No entanto, do ponto de vista do cumprimento das obrigações fiscais, estes sistemas são complicados, exigindo uma administração fiscal onerosa e eficiente. Com a importância crescente dos fundos de pensões e a generalização de mecanismos de poupança fiscal, a sua importância como 'responsáveis' pela obtenção de receitas fiscais está a diminuir progressivamente. De facto, as autoridades fiscais estão plenamente conscientes dos custos associados aos reembolsos fiscais devidos a entidades isentas e que conduzem a uma redução do valor total do IRC cobrado[216]. Esta tendência também coloca graves entraves à implementação do princípio da progressividade. Será a progressividade um objetivo realista a tentar alcançar neste campo? Para além disso, os sistemas de imputação não proporcionam uma resposta satisfatória ao problema do tratamento discriminatório dos lucros retidos. Mesmo que os dividendos não sejam sujeitos a uma dupla tributação, as mais-valias continuam a ser penalizadas a não ser que passem a estar isentas de impostos ao nível do sócio na altura da sua distribuição. Para efeitos fiscais, tendo em conta que em geral os juros são livremente dedutíveis, o financiamento através de empréstimo continua a ser preferível ao financiamento com recurso aos lucros retidos da sociedade.

Ao nível internacional, a conciliação do princípio de reciprocidade com o princípio de não-discriminação cria motivos para uma forte oposição ao alargamento dos sistemas de imputação para além das fronteiras nacionais. De facto, a natureza bilateral do princípio de reciprocidade[217]

[216] Ver, por exemplo, a experiência (passada) do Reino Unido e a redução da taxa ACT ("Advanced Corporation Tax" – taxa de pagamento por conta do IRC) de 25% para 20% a fim de reduzir os custos em termos de receita fiscal relacionados com o reembolso fiscal aplicável (no passado) aos fundos de pensões.

[217] O princípio da reciprocidade geralmente diz respeito à igualdade das taxas de retenção na fonte impostas aos juros, dividendos e *royalties* por Estados contratantes, embora, num sentido mais global de reciprocidade, as taxas de retenção na fonte possam ser abandonadas em favor de uma outra concessão, ou ausência daí decorrente. Esta situa-

pode entrar em conflito com o princípio geral de não-discriminação da UE que reflete a perspetiva segundo a qual a legislação fiscal dos países não deve discriminar sociedades e sócios estrangeiros, nem sociedades ou indivíduos nacionais a investir no estrangeiro[218].

Os sistemas de imputação evoluíram sem dar particular atenção às questões internacionais. Isto apesar de nalguns países os aspetos internacionais terem sido um motivo para adotar o sistema[219].

Do ponto de vista dos tesouros nacionais, e pondo de lado considerações financeiras ou comerciais, o alargamento dos sistemas de imputação a sócios não-residentes no país tem como resultado uma perda de receitas considerável. Isto poderá não ser compensado pelo sistema fiscal existente no país onde reside o sócio (por exemplo, país com um sistema clássico). Nestas circunstâncias, e deixando de lado outras considerações fiscais, para manter um equilíbrio adequado ao nível de receitas entre países da fonte e países de residência, o princípio de reciprocidade defende a adoção de um sistema clássico. No entanto, este princípio pode entrar em conflito com o princípio de não-discriminação, não só ao nível interno, mas também ao nível internacional. De facto, ao conceder créditos de imposto a sócios nacionais ou ao alargá-los a sócios estrangeiros selecionados ao abrigo de regimes de CDTs, os sistemas de imputação são discriminatórios, conduzindo a distorções e desigualdades no seio da UE[220].

ção é conhecida como "reciprocidade efetiva"; isto é, a igualdade de cargas fiscais efetivas sobre investimentos de entidades estrangeiras entre países (ver *Relatório do Comité de Peritos Independentes sobre Tributação das Sociedades*, Comissão das Comunidades Europeias, Março 1992, p. 38).

[218] Ver *Relatório do Comité de Peritos Independentes sobre Tributação das Sociedades*, Comissão das Comunidades Europeias, Março 1992, p. 198 e artigos 6, 48, 52, 58, 59 e 73b do Tratado de Roma.

[219] Ver Uk Green Paper, *Corporation Tax*, H. M. S. O., 1972.

[220] Ver *Relatório do Comité de Peritos Independentes sobre Tributação das Sociedades*, Comissão das Comunidades Europeias, Março 1992, p. 378:
"A good example is the full or partial extension of the imputation tax credit to taxpayers of only certain treaty countries, which sometimes may even be more favourable to taxpayers in third countries. Such treaty preferences should already today be in violation of Community principles."

4.7. Sistemas de Isenção[221]

Num sistema de isenção, os lucros distribuídos são tributados ao nível da sociedade e isentos nas mãos dos sócios. O sistema obedece aos princípios de neutralidade e de eficiência. De facto, os lucros distribuídos estão sujeitos apenas a um nível de tributação – isto é, ao nível da sociedade – e quer os dividendos, quer as mais-valias, estão isentos nas mãos do sócio. A nível internacional, o sistema é fácil de implementar e obedece ao princípio da neutralidade da importação de capitais que prevalece quando os fornecedores de capitais internos e internacionais, para qualquer determinado mercado nacional, obtêm a mesma taxa após dedução de impostos sobre os seus investimentos nesse mercado[222].

Apesar destas qualidades e da simplicidade administrativa associada à sua implementação, do ponto de vista político este sistema não é muito usado. Isto deve-se essencialmente à sua incapacidade para integrar os princípios de progressividade ou de equidade vertical. De facto, mesmo no caso da escolha de uma isenção com progressividade, os dividendos seriam considerados apenas para efeitos do cálculo do imposto aplicável a outro tipo de rendimentos (não-isentos). Por outras palavras, o rendimento de dividendos é incluído quando se determina a taxa, mas é excluído, quando essa taxa é aplicada a rendimentos não-isentos. Com a

[221] PEEL, Fred W., *"A Proposal for Eliminating Double Taxation of Corporate Dividends"*, *Tax Lawyer*, 39, 1985-86, 1-36. O autor apresenta neste artigo uma proposta detalhada para eliminar a dupla tributação de dividendos através da exclusão dos dividendos dos rendimentos ilíquidos ao nível do sócio individual caso os dividendos sejam pagos a partir de rendimentos previamente tributados ao nível da sociedade. Em resumo, a proposta consiste em adotar uma única taxa fiscal para rendimentos das pessoas coletivas equivalente à taxa fiscal máxima individual e permitir aos sócios excluir dos seus rendimentos dividendos pagos a partir de ganhos das pessoas coletivas que já foram tributados segundo a taxa única de IRC. Defende-se que a proposta permitiria evoluir no sentido da simplificação fiscal e ao mesmo tempo tributar os lucros das pessoas coletivas segundo uma base mais racional.
Peel salienta que esta abordagem não recebeu a devida atenção. Defende que a abordagem é prática e tem uma fundamentação teórica sólida e, consequentemente, a exclusão de dividendos deveria ser considerada uma alternativa viável na escolha entre métodos visando eliminar a dupla tributação de dividendos.

[222] OCDE, *Tributação de Lucros numa Economia Global, Questões Internas e Internacionais*, Paris, 1991, p. 39.

globalização crescente da economia[223], será necessário verificar se o princípio da progressividade e os objetivos a ele associados irão sempre prevalecer em relação ao princípio da neutralidade da tributação[224]. De facto, os economistas salientaram que a redistribuição era uma ilusão:

> "...*Our objective now is to be neutrality, with taxes that do not penalise one person rather than another. They give equality of opportunity, rather than equality of result. The ideal tax is one that takes from us in proportion to what we have, or what we use, in such a way that the tax affects our behavioural patterns to the minimum*"[225].

4.8. Sistema de Dedução

Neste sistema, é permitida uma dedução total ou parcial dos lucros distribuídos[226]. Consequentemente, os lucros distribuídos são parcial ou totalmente tributados nas mãos dos sócios. Este tratamento fiscal não é discriminatório em relação ao financiamento com recurso a capitais próprios tendo em conta que tanto o pagamento de juros como os lucros distribuídos podem ser deduzidos da base de IRC. No entanto, por motivos práticos, sobretudo para garantir a cobrança de um valor mínimo de receitas fiscais, este sistema não é aceite como uma forma adequada e apropriada de tributar os lucros das sociedades[227]. De facto, apesar da sua capacidade para tratar de forma equitativa o financiamento através de

[223] Organização Mundial do Comércio, *High Rates of World Trade Growth Continue to Outstrip Output Growth*, Comunicado/29, 2 de Novembro de 1995.

[224] IFS, Setting Savings Free, *Proposals for the Taxation of Savings and Profits*, The Capital Taxes Group of the Institute for Fiscal Studies, presidido por Malcolm Gammie, Fevereiro de 1994. Com base nos princípios da neutralidade, da justiça e da transparência, os Relatórios defendem que rendimentos e ganhos obtidos a partir de poupanças acumuladas através de fontes tributadas deveriam estar isentos de imposto.
Ver também o "*Dividend Exclusion Prototype*" ("Protótipo de Exclusão de Dividendos") defendido no *Treasury Department Report, Integration of the Individual and Corporate Tax Systems, Taxing Business Once*, publicado a 6 de Janeiro de 1992, BNA, pp. 17-25.

[225] Williams, David, *Trends in International Taxation*, International Bureau of Fiscal Documentation, 1991, p. 23.

[226] *Relatório do Comité de Peritos Independentes sobre Tributação das Sociedades*, Comissão das Comunidades Europeias, Março de 1992, p. 18.

[227] BNA, Treasury Department Report, *Integration of Individual and Corporate Tax Systems, Taxing Business Once*, publicado a 6 de Janeiro de 1992, p. 107.

empréstimo ou capitais próprios, a não ser que uma taxa elevada de retenção na fonte seja aplicada ao nível da sociedade, um sistema de dedução não fornece uma resposta satisfatória aos problemas do incumprimento ou da evasão fiscal. Do ponto de vista de receita fiscal, este sistema é rejeitado logo à partida. Para além disso, e tendo em conta as tendências atuais de abolição de taxas de retenção na fonte sobre rendimentos de dividendos e da redução de isenções fiscais, um sistema de dedução não constitui uma alternativa viável aos atuais sistemas fiscais da UE[228].

4.9. A proposta ACE

O tratamento fiscal discriminatório do financiamento com recurso a capitais próprios e a não-neutralidade resultante de um tratamento fiscal mais favorável concedido ao rendimento de juros levou o Institute for Fiscal Studies a apresentar uma proposta cujo principal objetivo era alcançar a neutralidade no seio do sistema fiscal. Um sistema fiscal deveria ser neutral em relação a diferentes fontes de financiamento, localização e tipo de investimento:

> "*... The essence of the proposal is that the system should give an equity allowance (ACE or allowance for corporate equity) for the costs of equity finance in the same way that relief is given for the costs of debt finance. This means that the system will tax all profits in excess of a given "normal" rate of return, while the costs of raising finance will not be taxed at the company level*"[229].

Deste modo, ao calcular os seus lucros, uma sociedade teria o direito de deduzir uma reserva pelo capital nela investido pelos seus sócios. Esta reserva para capitais próprios da sociedade baseia-se nos capitais próprios investidos na sociedade, incluindo os lucros retidos e as reservas de capitais próprios anteriores, menos impostos e dividendos pagos e menos

[228] Ver Diretiva do Conselho de 23 de Julho de 1990 (90/435/CEE), JO Nº L 225/6, 20-8-90, que procedeu à abolição de taxas de retenção na fonte aplicadas sobre os lucros distribuídos por uma sociedade afiliada à sua sociedade-mãe. Deve ser salientado que a Diretiva rejeitava expressamente o sistema de dedução no seu artigo 4. De facto, os únicos sistemas a ser usados, segundo a Diretiva, eram os sistemas de isenção e de "crédito".

[229] IFS, *Equity for Companies, A Corporation Tax for the 1990s*, Report of the Capital Taxes Group, Comentário nº 26, 1991, p. 19.

investimento líquido noutras sociedades[230]. Para calcular a sua reserva ACE, cada sociedade cria um registo do dinheiro que lhe foi disponibilizado pelos seus sócios (*"Shareholders' Funds Account"* – Conta de Fundos de Sócios ou "SFA"). Para a maioria das sociedades, os fundos de sócios incluem dois elementos principais:

- os montantes subscritos para novo capital social e
- lucros retidos após-impostos.

Os ajustes da SFA são quase sempre efetuados por referência aos pagamentos ou recebimentos de dinheiro ou valores efetivos. Os montantes subscritos para novo capital social, por exemplo, são acrescentados à SFA quando são subscritos. Os dividendos são deduzidos quando são pagos. O balanço é ajustado ao nível de lucros retidos após-imposto. No final de cada período fiscal, a sociedade multiplica o balanço diário da sua SFA para o período por uma taxa de juro oficial. Esta taxa, a ser publicada mensalmente pelo governo, é calculada com base nas taxas de juro do mercado para títulos de dívida pública a médio prazo e varia de acordo com essas mesmas taxas de juro. O valor que resulta deste cálculo é a reserva ACE da sociedade que é deduzida aos lucros tributáveis da sociedade para o período.

As vantagens oferecidas por esta proposta no campo da neutralidade fiscal são sólidas e aliciantes. De facto, não só empréstimo e capitais próprios são tratados de forma equitativa do ponto de vista fiscal, mas também o problema da dupla tributação económica de lucros distribuídos ao nível da sociedade é resolvido. No entanto, as desvantagens relacionadas com a implementação e aplicação de um sistema de dedução (por exemplo, a imposição de taxas de retenção na fonte ao nível interno e interna-

[230] O sistema ACE opera no sentido diametralmente oposto ao da proposta *"Comprehensive Business Income Tax"* (CBIT) do US *Treasury Report* (1992), pp. 39-60. Enquanto o CBTI coloca ao mesmo nível o tratamento de empréstimo e de capital próprio, proibindo a dedução de juro e, consequentemente, isentando os dividendos ou juros recebidos pelos sócios e pelos credores, o ACE coloca ao mesmo nível o tratamento de empréstimo e de capital próprio, proporcionando uma dedução em relação ao capital próprio equivalente aos juros no cálculo dos lucros da sociedade.

cional), juntamente com as limitações inerentes ao sistema ACE[231], impedem o seu uso no seio da UE.

4.10. Sistema de Cash-Flow

Este sistema, proposto pelo Comité Meade[232], implica uma combinação de imposto sobre consumo para pessoas singulares com imposto sobre *cash-flow* para pessoas coletivas.

Um modelo de imposto sobre consumo pessoal foi apresentado por William Andrews[233]. Segundo a abordagem de Andrews, os indivíduos seriam tributados com base no seu consumo e não com base na soma do consumo com a acumulação. Para alcançar esse resultado, o imposto sobre rendimentos de pessoas singulares seria lançado segundo uma base de *cash-flow* simples: os gastos e despesas com investimentos (incluindo despesas de capital) seriam dedutíveis no momento da sua realização, enquanto os rendimentos com investimentos (incluindo ganhos de capital) seriam imediata e totalmente incluídos nos rendimentos tributáveis. Andrews defende que esse imposto não só seria superior ao imposto sobre rendimentos atual, mas também seria preferível a um imposto sobre rendimentos do tipo cumulativo verdadeiramente exaustivo. As considerações ao nível de simplicidade administrativa, de eficiência do ponto de vista económico e de equidade, levam-no a chegar a essa conclusão.

Muitos comentadores, e em especial o Comité Meade, têm defendido a adoção de uma base de fluxo de fundos ou base de *cash-flow*. Em geral, a base de fluxo de fundos tributa todos os fluxos de fundos que entram

[231] US *Treasury Report* (1992), p. 108:
"*The AFCE proposal is designed to operate in a classical corporate tax system to reduce the tax bias against equity finance. The IFS proposal is not a true integration proposal. Corporate equity income in excess of the AFCE allowance would remain subject to a second level of tax when such income is distributed or when shareholders are taxed on capital gains attributable to such income. As a consequence, the IFS proposal would not eliminate the bias against the corporate form and the incentive to retain rather than distribute corporate equity income in excess of the AFCE allowance.*"

[232] IFS, *The Structure and Reform of Direct Taxation*, Relatório do Comité presidido por Prof. J. E. Meade, Allen e Unwin, 1978.

[233] Ver ANDREWS, "A Comsumption-Type or Cash Flow Personal Income Tax", *Harvard Law Review*, 87, 1113 (1974).

na sociedade e permite deduzir todos aqueles que saem da sociedade, quer correspondam a despesa fixa ou variável[234]. O Comité Meade descreveu três formas diferentes de *cash-flow*: uma base R correspondente a rendimentos provenientes de vendas menos todos os gastos com fatores de produção; uma base R+F correspondente à diferença entre todas as entradas e saídas de fluxos em dinheiro, incluindo transações financeiras, com a exceção de transações com ações e emissões de capital próprio e de dividendos; e uma base S igual aos dividendos (líquidos) pagos menos os ganhos resultantes da emissão de novas ações.

A primeira destas bases levantaria graves problemas transacionais para sociedades com um nível elevado de endividamento e não poderia ser aplicada a sociedades financeiras[235]. Assim, o Relatório[236] concentra-se na base S, salientando numa nota que a base R+F constitui o equivalente abrangente do ponto de vista fiscal da S. As principais desvantagens de um sistema de *cash-flow* são o facto da base fiscal proposta estar radicalmente separada daquilo que é vulgarmente conhecido como "lucro" e também o facto de ser radicalmente diferente dos sistemas aplicados por outros Estados[237]. Para além disso, a principal preocupação do *Green Paper* prende-se com "as consideráveis distorções económicas e comerciais"[238] que surgiriam caso fosse combinado um imposto sobre *cash-flow* para sociedades com um imposto sobre rendimento das pessoas singulares em alternativa ao imposto sobre consumo pessoal proposto pelo Comité Meade. Nestas circunstâncias, *"a man could build up his savings free of tax in a company; sell that company (notably to a foreigner or an exempt fund); and use the sale proceeds to finance consumption free of tax as an individual"*[239]. ("um homem poderia acumular as suas poupanças livres de impostos numa

[234] IFS, *Equity for Companies, A Corporation Tax for the 1990s*, Report of the Capital Taxes Group, Comentário nº 26, 1991.

[235] IFS, *Equity for Companies, A Corporation Tax for the 1990s*, Report of the Capital Taxes Group, Comentário nº 26, 1991, p. 45, parágrafo 3.2.3.

[236] H. M. S. O. (1982), *Corporation Tax* (Green Paper), Cmnd 8456, Londres: H. M. S. O.

[237] IFS, *Equity for Companies, A Corporation Tax for the 1990s*, Report of the Capital Taxes Group, Comentário nº 26, 1991, p. 63.

[238] H. M. S. O. (1982), *Corporation Tax* (Green Paper), Cmnd 8456, Londres: H. M. S. O., parágrafo 7.39.

[239] H. M. S. O. (1982), *Corporation Tax* (Green Paper), Cmnd 8456, Londres: H. M. S. O., parágrafo 7.41.

sociedade; vender essa sociedade (nomeadamente a um estrangeiro ou a um fundo isento); e usar os resultados da venda para financiar consumo isento de impostos.")

No entanto, tem-se defendido repetidamente[240] que um imposto sobre *cash-flow* seria muito mais fácil de aplicar do que qualquer outro sistema, onde a quantificação de lucro é extremamente subjetiva e incerta. Uma das vantagens deste sistema, por exemplo, é o facto de ter em conta a inflação sem levantar problemas de indexação[241]. Note-se que este sistema não exige a indexação de acordo com a inflação tendo em conta que não existe depreciações para indexar. Isto porque o imposto se baseia na declaração de origens e aplicações dos fundos e não na conta de lucros e prejuízos. Para além disso, ao contrário dos sistemas clássicos ou de imputação, seria um sistema neutral em termos gerais tal como entre retenções e distribuições, desde que o aumento líquido de capital próprio implique atenuação ou crédito de imposto e todas as distribuições estejam sujeitas a imposto. No entanto, a neutralidade não será alcançada se os lucros não forem reinvestidos. Com um imposto sobre *cash-flow* os pagamentos de juros não são dedutíveis para efeitos de IRC. Consequentemente, o financiamento através de empréstimo seria menos aliciante do que é atualmente e existiria uma situação de neutralidade fiscal entre o financiamento através de empréstimo e a emissão de novo capital próprio. Os lucros retidos seriam a fonte de financiamento mais atrativa para investidores sujeitos a imposto e a política financeira seria uma questão perfeitamente irrelevante para investidores isentos de imposto como os fundos de pensões. Este imposto sobre *cash-flow* seria combinado com um imposto sobre consumo refletindo a neutralidade total do sistema fiscal[242].

[240] Ver Edwards, J. S. S. (1982a), "*On the case for a flow of funds corporation tax*", IFS Working Paper nº 35.

[241] King, Mervyn A., *The Cash Flow Corporate Income Tax*, Economic and Social Research Council Programme, Número 95/Maio de 1986.

[242] Vale a pena salientar que em 1984, o US *Treasury* rejeitou a substituição do imposto sobre rendimentos por um imposto baseado no consumo, e em 1986, o Congresso avançou claramente no sentido de reforçar o imposto sobre rendimentos das pessoas singulares.

4.11. A complexidade da tributação dos dividendos e das mais-valias no sistema fiscal português: a urgência de uma reforma integrada e coerente

ANEXO II
Dividendos

CIRC
- Sistema clássico
- Sistema de Isenção (artigos 14º e 51º)
- Sistema de Imputação (artigos 91º-A e 91º)

CIRS
- Sistema de Isenção Parcial – em caso de englobamento (artigos 40º-A e 39º-A)
- Sistema de Imputação:
- taxa liberatória de 28% (art. 71º, nº 1, alínea a));
- dedução à coleta relativa à dupla tributação internacional (art. 78º, nº 1, alínea j))

Mais-valias

CIRC
- Sistema clássico (art. 46º)
- Sistema de isenção (art. 51º-C); art. 27º EBF
- Sistema de isenção parcial: reinvestimento (art. 48º)

CIRS
- Sistema clássico
- Sistema de isenção parcial: art. 43º
- Sistema de isenção: reinvestimento (art. 10º, nº 5)
- Sistema de isenção – não residentes: art. 27º EBF

5. As medidas anti-abuso
5.1. Introdução
A importância e atualidade 'urgente' do tratamento de temáticas como a 'fraude' e o 'planeamento fiscal abusivo' tem levado os Estados a intro-

duzir medidas inovadoras, que se alongam para além das fronteiras, as chamadas 'medidas anti-abuso', indispensáveis no entanto em qualquer ordenamento jurídico-fiscal desenvolvido, centrando-se também em medidas mais ativas ou 'defensivas', consoante a perspetiva do problema, do tipo, troca de informações interna e internacional e colaboração dos consultores e técnicos fiscais[243].

Neste contexto, pede-se cada vez mais a todos os agentes envolvidos na 'relação tributária' que participem e colaborem, voluntária ou coercivamente, com as administrações fiscais, órgãos de polícia e instituições judiciais. A recente Diretiva 2018/822 de 25 de maio de 2018 vem concretizar, no seio da União Europeia, este objetivo.

Internacionalmente, se inicialmente essa 'colaboração' estava confinada às situações criminais ou de fraude (termos equivalentes), com os atentados de 11 de Setembro e as pressões dos EUA na luta contra o terrorismo internacional, passou também a abranger as situações de planeamento fiscal, obrigando instituições financeiras, administrações fiscais e mais recentemente consultores e técnicos fiscais a conviverem lado a lado, na defesa de direitos e interesses fundamentais, individuais e colectivos (ver Diretiva 2018/822 de 25 de maio de 2018).

Por razões de simplicidade e certeza jurídica para o contribuinte, preferiria uma separação nítida, sempre com limitações é certo, entre 'fraude' ou comportamento ilícito e intencional e 'planeamento', esta última atuação, lícita, ainda que abusiva ou no limite negligente. É importante que o cidadão interiorize e distinga os diferentes comportamentos e conheça também as consequências dos diferentes níveis de incumprimento.

Os sistemas fiscais adotam diferentes posturas quando confrontados com o problema do planeamento fiscal agressivo ou abusivo[244]. Alguns países possuem apenas uma disposição geral anti-abuso, outros optam por disposições especiais e finalmente, outros, no qual se inclui o caso português, utilizam em combinação as disposições geral e especiais referidas.

[243] Veja-se, por exemplo, iniciativas legislativas lançadas nos EUA e Reino Unido (*'Tax Shelter Legislation'*).

[244] Em 2015, um estudo da Comissão Europeia introduziu o conceito de planeamento fiscal agressivo. Para maior desenvolvimento ver, Comissão Europeia, *Study on Structures of Agressive Tax Planning and Indicators, Final Report,* Taxation Papers, Working Paper nº 61, 2015.

Convém referir ainda que alguns países incluem uma disposição geral anti-abuso nas suas CDT(s), cumulativamente com disposições específicas anti-abuso insertas em artigos das referidas convenções (ex. artigos respeitante aos juros ou dividendos), de modo a evitar a utilização indevida da sua rede de convenções.

Ao nível da UE, algumas diretivas comunitárias contêm disposições gerais anti-abuso que, no entanto, e no processo de implementação pelos Estados-membros, não deverão contrariar as liberdades fundamentais expressas no Tratado da União Europeia.[245] Recentemente, foi publicada a Diretiva Anti-abuso (Diretiva 2016/1164/UE) especialmente direcionada para o IRC, contendo no seu art. 6º uma disposição geral anti-abuso no âmbito da determinação da base tributável deste imposto.

Para efeitos de sistematização jurídico-fiscal, as medidas anti-abuso podem assumir a forma de uma disposição geral aplicável a uma pluralidade de factos ou sujeitos passivos[246], de um regime fiscal especial como o previsto em sede de preços de transferência, subcapitalização ou regimes de imputação ou ainda revestir a forma de disposições fiscais avulsas[247].

Recentemente foi introduzida legislação tendente a eliminar ou atenuar os efeitos do planeamento fiscal (*tax planning*), nomeadamente através da utilização de jurisdições com regimes fiscais mais favoráveis: os chamados 'paraísos fiscais'. Será de salientar, todavia, que outros sistemas fiscais já possuem, há várias décadas, legislação minuciosa e complexa neste domínio (*vide*, caso holandês, inglês, etc.).

Múltiplas situações de planeamento fiscal se podem configurar, dependendo dos interesses financeiros ou comerciais dos investidores nacionais ou internacionais.

Neste contexto, que se insere no código de IRC na temática geral de correção de lucros tributáveis ou ajustamentos a efetuar à base tributável do contribuinte pela administração tributária, cumpre referir o regime dos preços de transferência e o regime de subcapitalização.

245 Neste contexto, ver *GS vs. Bundeszentralamt fur Steuern* (Caso C-440/17 de 14 de junho de 2018).

246 Ver, no caso português, a LGT.

247 Entre outras, ver limitações ao reporte de prejuízos no CIRC.

Convém desde logo mencionar que se trata de regimes distintos, visando sujeitos passivos e realidades tributárias distintas. Por exemplo, uma empresa ou contribuinte em situação de subcapitalização poderá respeitar integralmente o regime de preços de transferência, tendo praticado sempre a taxa de juro adequada ("preço de mercado") mas, no entanto, tal facto não impede que a empresa ou contribuinte se encontre numa situação de endividamento excessivo. Inversamente se poderá dizer de uma empresa ou contribuinte que, não obstante não se encontrar numa situação de subcapitalização, não aplica as taxas de juro de mercado ao empréstimo ou contrato financeiro que celebrou, não respeitando assim o princípio da independência que o regime dos preços de transferência impõe (*arm's length principle*).

Dito de outro modo, os contribuintes terão não só de praticar preços de mercado como não incorrer em situações de endividamento excessivo.

É de salientar que uma situação de subcapitalização poderá ser induzida ou facilitada pela desvirtuação dos preços (aumento ou diminuição) e ocorrer deste modo um não cumprimento simultâneo dos requisitos exigidos por ambos os regimes: preços de transferência e subcapitalização.

O regime dos preços de transferência aplica-se tanto a residentes como a não residentes em território português.

5.2. Os preços de transferência

O tema 'Preços de Transferência' tem sido tratado abundantemente, tanto pela doutrina[248], como pela jurisprudência nacional e internacional. A complexidade do tópico levou a OCDE a dedicar-lhe vários relatórios e estudos[249] com vista à resolução de alguns problemas, nomeadamente erosão da base tributável, determinação do lucro real e afetação ou distribuição equitativa das receitas fiscais entre Estados.

Tomando como ponto de partida estes estudos, a autora propõe-se analisar o tema sob uma óptica interna, mas tomando também em consi-

[248] Internacionalmente, ver IFA, *Transfer Pricing in the Absence of Comparable Market Prices*, 1992 Congress Report. No sistema fiscal português, ver Lousa, M. Prazeres e Freitas Pereira (CTF).

[249] OCDE, *The Taxation of Global Trading of Financial Instruments* e *Transfer Pricing Guidelines for Multinational Enterprises and Tax Administrations* (1979, 1984, 1995 e 2017).

deração ordenamentos jurídicos que de algum modo (por exemplo, histórico, geográfico, sócio-cultural ou económico) tenham conexões com o ordenamento jurídico português.

O regime dos preços de transferência visa desde logo evitar a manipulação da base tributável, através do aumento ou diminuição dos preços acordados entre partes relacionadas entre si, com o fim de redução ou eliminação da carga fiscal.

Tais práticas são geralmente desencadeadas por multinacionais ou grupos económicos integrados, e daí a relevância da definição precisa do conceito "relações especiais", mas poderão também ocorrer em situações chamadas de "plena concorrência", ou, conforme enunciado por organizações internacionais e adoptando uma tradução literal da expressão *arm's length*, de completa independência.

Por outras palavras, o regime dos preços de transferência poderá não ser seguido mesmo na ausência de relações especiais, bastando para tal que haja um interesse económico comum entre agentes ou contribuintes não relacionados entre si (e.g. posição de entidades financiadoras ou outras que prestem garantias obrigacionais ou reais).

Para além da experiência holandesa, que não subordina internamente a aplicação do regime de preços de transferência ao preenchimento do conceito "relações especiais", é cada vez mais frequente ouvir fiscalistas internacionais a defender o abandono deste conceito, tanto em sede de preços de transferência como de subcapitalização.

No entanto, no ordenamento jurídico português é de indiscutível valia a adoção e refinamento do conceito "relações especiais", que serve de critério de orientação e delimitação da realidade tributária, tanto para a administração tributária como para os contribuintes.

É sem dúvida mais fácil e frequente o não cumprimento do regime dos preços de transferência em situações em que os contribuintes se encontram coligados ou relacionados economicamente entre si.

5.2.1. A definição de sujeito passivo

As regras sobre preços de transferência visam uma correta distribuição da carga tributária entre entidades associadas (e.g. sociedades associadas ou em grupo, relações entre dois ou mais estabelecimentos estáveis ou outras entidades desprovidas de personalidade jurídica, etc.), sendo que ao nível internacional se tem também por objetivo uma justa distribuição da receita fiscal entre os Estados onde estão fixados ou sedeados os sujeitos passivos.

Ao nível interno, a definição de sujeito passivo para efeitos de preços de transferência assenta em dois critérios fundamentais:

a) jurídico;
b) económico.

São sujeitos passivos de imposto, em consonância com um critério estritamente jurídico, as pessoas singulares, as sociedades comerciais e outras, conforme definido em termos gerais no CIRC, e ainda entidades desprovidas de personalidade jurídica (entre elas se incluindo o estabelecimento estável) com residência em território português ou no caso de não possuírem residência, obtendo rendimentos no país.

O critério económico, igualmente relevante para tipificar o sujeito passivo, aplica-se ao nível das obrigações declarativas, ficando alguns contribuintes, de menor dimensão económica, dispensados do cumprimento de algumas obrigações de informação e documentação respeitantes à política adotada e elementos de prova utilizados em sede de preços de transferência.

Tal diferenciação, também utilizada em outros países, visa não onerar exageradamente contribuintes com estruturas organizativas simples e poupar custos desproporcionais face à realidade económica, objeto de avaliação.

Cumpre no entanto referir que a experiência comparada tem especial preocupação em evitar situações de manipulação da base tributável e quando dispensa determinados contribuintes de determinadas obrigações fiscais, inclui medidas anti-abuso tendentes a prevenir que contribuintes de maior dimensão venham a usufruir da exceção que deveria ser apenas reconhecida a contribuintes de menor dimensão.

Veja-se o exemplo simples de uma empresa bem dimensionada e como tal obrigada ao cumprimento pleno de todas as obrigações em matéria de preços de transferência, que organiza a sua estrutura jurídica ou comercial de forma a "cair" dentro dos limites estipulados pelo legislador, ficando assim dispensada do cumprimento de obrigações que efetivamente por lei estaria obrigada a cumprir (e.g. determinados tipos de *holdings* ou SGPS(s), a cisão de uma empresa e criação de várias micro-empresas, etc.).

Convém salientar que, não obstante o regime dos preços de transferência vir regulado no CIRC, aplica-se também a contribuintes singulares, bem como a entidades isentas ou sujeitas a regimes fiscais especiais.

De facto, não esqueceu o legislador português o particular risco que as entidades isentas ou similares representam quando desenvolvem operações com sujeitos passivos de imposto, bem como com outros sujeitos fixados ou sedeados em jurisdições com níveis de tributação reduzidos, tanto em sede de impostos sobre o rendimento como de IVA, ou mesmo em paraísos fiscais.

5.2.2. Determinação do valor dos bens ou serviços

5.2.2.1. Instrumentos úteis

O legislador nacional tem acompanhado nesta matéria os mais recentes desenvolvimentos internacionais, não descurando este aspeto fundamental do regime dos preços de transferência.

Cabe desde logo referir a indispensável cooperação e boa-fé do contribuinte, que deverá respeitar critérios mínimos de transparência e rigor: utilização adequada de critérios contabilísticos, transparência da estrutura organizativa e descrição de operações em série que desencadeie. Veja-se, por exemplo, a obrigatoriedade a que estão sujeitas as entidades que pratiquem operações nas zonas francas da Madeira e Ilha de Santa Maria, de organizar e manter contabilidade que permita apurar, em consonância com o princípio da transparência, os resultados das operações aí realizadas.

A transferência do ónus da prova material para o contribuinte evidencia esta tendência, com a consequente redução dos custos de inspeção para a administração tributária.

Mas tal regime de prova não implica uma abstenção ou desresponsabilização por parte da inspeção tributária. As administrações tributárias dispõem já de instrumentos úteis que poderão utilizar, quando adequado, na determinação e correção do valor de bens ou serviços. O cruzamento de informações, por exemplo, é um exercício indispensável na tarefa inspetiva em sede de preços de transferência.

Igualmente, a utilização de informações contabilísticas e financeiras poderão ser relevantes em sede aduaneira e de IVA, nomeadamente na fixação ou correção de valores por parte da administração tributária.

Note-se ainda que, em termos históricos, o Código Aduaneiro, também na temática "preços de transferência", precedeu outros regimes tributários posteriormente introduzidos.

Cumpre salientar que, não obstante a posição do Tribunal de Justiça da União Europeia sobre a não obrigatoriedade ou vinculação às regras de avaliação aduaneira no contexto de outros impostos, os valores aduaneiros poderão funcionar como um auxiliar ou corretor no processo de determinação do valor de mercado dos bens ou serviços em sede de impostos sobre o consumo ou rendimento.

Ainda é de referir a utilidade das informações fornecidas por agentes reguladores independentes: CMVM, Instituto de Seguros de Portugal, etc.

5.2.2.2. A remuneração dos intangíveis

Em consonância com a experiência comparada, tanto das administrações tributárias como da jurisprudência europeia e internacional, são aceites taxas de remuneração dos intangíveis até ao limite de 30%, consistindo a taxa de 7% um dos limites mínimos de remuneração deste importante fator comercial[250].

São ainda justificadas taxas de remuneração mais elevadas, para permitir estabelecer um preço mais atrativo para o consumidor[251].

Ao nível da jurisprudência comparada na União Europeia, cumpre referenciar uma sentença proferida pelo Tribunal de Apelação de Bruxelas, em Janeiro de 2004, onde numa relação de sociedades associadas, a filial utilizava os intangíveis 'know-how', marca, direitos de programas e sistemas e desenhos, tendo remunerado esses intangíveis entre taxas que variavam entre os 10% e 15% do volume de vendas da filial Belga.

O tribunal aceitou as taxas praticadas pelas empresas associadas, com base nos seguintes argumentos:

a) a existência de um contrato válido entre as empresas associadas;

[250] Para a pesquisa acima referenciada, foram analisadas as bases de dados da Universidade do Porto, LexisNexis, *Tax Notes International e Relatórios nacionais apresentados no congresso da International Fiscal Association*, Cahiers de Droit Fiscal International, Transfer Pricing and Intangibles, volume 92ª, Sdu Fiscal*e & Financiele Uitgevers, 2007.*

[251] Esta opção é de relevar no setor da distribuição e apresenta-se em conformidade com as orientações da OCDE, *Transfer Pricing Guidelines for Multinational Enterprises and Tax Administrations*, OECD, 1995, 1999 e 2017.

b) o facto de a filial Belga não possuir departamentos de I&D que lhe permitisse criar o seu próprio 'know-how' e
c) ficar demonstrado que a filial Belga não sobreviveria económica ou financeiramente sem a disponibilização dos intangíveis licenciados pela empresa-mãe.

O tribunal acrescentou ainda o facto de a filial Belga manter 85% a 90% do produto das vendas e como tal ser normal e razoável a taxa remuneratória aplicada aos intangíveis por ela utilizados.

Ao nível da jurisprudência internacional, ver sentença do Tribunal de Apelação de Calcutá, *Development Consultants Pvt. Ltd. Vs. DCIT*, de 4 de Abril de 2008, que estabeleceu taxas de remuneração de 25.26% a 28.75%, aplicáveis às seguintes categorias de intangíveis utilizados pela filial indiana: processos técnicos, processamento de dados, bases de dados e desenhos ou caso *Additional Commissioner of Income Tax vs. Nestle India Ltd*[252] onde a taxa de remuneração do intangível 'know-how' técnico foi fixada em 50% dos lucros da Nestle India.

No caso, *Kronos Titan*[253], o tribunal norueguês aceitou a remuneração de 7% do volume de vendas pelo facto de o contribuinte demonstrar a rentabilidade do negócio, mesmo em comparação com negócios similares, e portanto considerou como normal o preço praticado.

A experiência comparada das administrações tributárias é variável, dentro dos intervalos acima indicados, podendo apontar-se, a título de exemplo, os critérios utilizados pela administração fiscal canadiana que estabeleceu um limite máximo de 30% do lucro líquido[254] ou a regra dos 25% do volume de vendas estabelecida pela administração fiscal da Nova Zelândia.

A administração fiscal italiana tem vindo a utilizar 'safe harbours' ou percentagens previamente estabelecidas em circulares, mas que, para além de serem desaconselhadas pela OCDE, não têm sido aceites pelos

[252] (2005) 94TTJ(ITA*T*)53.

[253] (Utv 1992 p. 1250).

[254] Ver McCArt, Janice e o'Connor, Rob, *National Report: Canada, International Fiscal Association, Cahiers de Droit Fiscal International, Transfer Pricing and Intangibles, volume 92ª*, Sdu Fiscale & Financiele Uitgevers, 2007.

tribunais italianos[255], sendo recomendada a sua revogação por serem inadequadas e se encontrarem desatualizadas.

Via de regra, é prática das administrações fiscais alargar o leque de comparáveis, de forma a chegar o mais próximo possível do preço de mercado. Esta atuação é consistente e tem vindo a ser praticada também no âmbito dos acordos prévios sobre preços de transferência ('APA(s)' – *Advance Price Agreements* – ver Diretiva 2015/2376/UE de 8/12/2015).

Ainda, em sede comparada, antes de se proceder à eliminação dos comparáveis, há uma preocupação das administrações fiscais no ajustamento destes, de forma a refletir a verdadeira situação de mercado do produto ou negócio.

5.2.3. A Questão da Interpretação e Aplicação do Artigo 63º do CIRC

Historicamente, já o Código da Contribuição Industrial regulava o assunto (artigo 51º-A), tendo sido posteriormente importado para o CIRC, artigo 63º, com sucessivas alterações legislativas que essencialmente têm vindo a traduzir a evolução internacional sobre a matéria ou a refletir os ajustamentos necessários, exigidos pelo requisito da coerência entre disposições internas e convenções sobre dupla tributação.

Conforme referido, ao nível das fontes de direito ou processos de criação de direito[256], o atual regime evidencia desde logo as orientações e princípios definidos pela OCDE (*vide*, o princípio da independência ou arm's length principle)[257]. O princípio da independência impõe que nas relações comerciais ou financeiras entre sujeitos passivos devam ser contratados, aceites e praticados termos ou condições substancialmente idênticos aos que normalmente seriam contratados em situações normais de mercado (ver nº 1 e nº 2 do artigo 63º e artigo 9 nº 1 da Convenção Modelo da OCDE sobre o Rendimento e Capital).

[255] Ver sentença nº 89 do Tribunal Fiscal de Turim de 18 de Dezembro de 2002.

[256] Ver Freitas Pereira, *Fiscalidade* (Fontes de Direito Fiscal), ISEG, 2000/2001.

[257] Ver Castanheira Neves, *Metodologia Jurídica, Problemas Fundamentais*, BFD, Universidade de Coimbra, Coimbra Editora, e Baptista Machado, *Introdução ao Direito e ao Discurso Legitimador*, Almedina.

5.2.4. O princípio da independência e a situação de relações especiais: harmonia ou conflito?

Para além do princípio da independência acolhe ainda o/a legislador(a) português(a) o conceito internacionalmente aceite de 'relações especiais'[258]. Existe assim no ordenamento jurídico português, à semelhança de outros ordenamentos jurídicos, uma correlação necessária entre o princípio da independência e o conceito 'relações especiais'.

Entendida, literalmente, tal correlação poderá levar a que, na ausência ou impossibilidade de provar a situação de relações especiais, o princípio da independência venha a ser seriamente comprometido. Recentemente, este problema tem vindo a ser analisado internacionalmente e alguns ordenamentos jurídicos têm vindo a aplicar de um modo 'mais liberal' o regime de preços de transferência, não atendendo, por exemplo, à situação de relações especiais (por vezes ignorando-as fiscalmente para garantir a viabilidade económica ou financeira de empresas em si-tuação difícil) ou *ficcionando-as* noutras situações que formalmente estariam fora da alçada do conceito[259].

5.2.5. A escolha do método para determinação do preço de transferência

5.2.5.1. Um falso problema?

Em consonância com as recomendações da OCDE, o CIRC indica vários métodos para determinação dos preços de transferência que poderão ser utilizados tanto pelo contribuinte como pela administração tributária[260].

[258] Com as sucessivas reformas fiscais, procedeu-se a uma maior determinação do conceito 'relações especiais', através do recurso ao expediente da 'influência significativa na gestão'. O problema do preenchimento deste conceito, bem como da respetiva prova da existência de 'relações especiais', aparece não só perante tribunais Portugueses (ver STA, Recurso nº 25744, *Compª Portuguesa de Hipermercados, SA v. Secretário de Estado dos Assuntos Fiscais*) mas também em tribunais estrangeiros (ver IBFD, *Transfer Pricing*, 2014).

[259] Ver, por exemplo, jurisprudência dos Tribunais suecos, Casos *AB Svenska Shell, C.O. Oberg &Co. AB* e *Telefonaktiebolaget LM Ericsson*.

[260] Para maiores desenvolvimentos na aplicabilidade destes métodos, ver jurisprudência britânica (*Sharkey v. Wernher* (1995), *Watson Brothers v. Hornby* (1942) e *Petrotim v. Ayres* e ajustamentos efetuados em função do preço de mercado), jurisprudência alemã (Tribunal Fiscal Federal, 23 Junho 1993, BStBl II 1993, p. 801, prestação de serviços entre empresas afiliadas e ajustamento efetuado em conformidade com tabela oficial de honorários), jurisprudência holandesa (Caso de 29/9/81, BNB 1983/84, venda de auto-

De entre os métodos eleitos[261], estabeleceu o legislador uma hierarquização com preferência pelo método do preço comparável de mercado[262].

Não obstante a justeza da decisão legislativa, em consonância aliás com a tendência internacional, na prática muitas vezes é difícil (senão impossível) encontrar situações comparáveis e situações concorrenciais ou de mercado, porque desde logo estamos perante grupos económicos 'integrados' a atuar 'isoladamente' em vários mercados[263]. Veja-se o caso das estruturas 'holdings', a prática de serviços entre empresas do mesmo grupo, as despesas de investigação e desenvolvimento, etc.

Nestas circunstâncias, o recurso a métodos alternativos, também previstos pelo legislador português, poderão de algum modo ajudar na determinação de termos ou condições independentes. No entanto, e aqui fazendo apelo à experiência americana[264], o problema não será tanto o da escolha do método, mas antes o da dificuldade de encontrar informações corretas ou factos comparáveis ou 'independentes' (por exemplo, situação dos intangíveis[265] ou serviços financeiros e avaliação de 'risco').

móvel de empresa usado e ajustamento em função de preço publicado em catálogo de associação nacional do setor e Caso de 29/9/81, BNB 1983/84, trespasse e avaliação do *good will* em função de cálculo pré-determinado por associação nacional do setor) e ainda, no contexto da tributação das mais-valias, ver jurisprudência sueca, *Industri-Leasing Aktiebolag ILAB*, RA 1983.

261 Sobre a interpretação e aplicação das normas fiscais, ver SALDANHA SANCHES, *Manual de Direito Fiscal*, Coimbra Editora, 2007 e FREITAS PEREIRA, *Fiscalidade*, Almedina, 2017.

262 O legislador Português não se pronunciou expressamente quanto à possibilidade de uma aplicação cumulativa de um ou mais métodos indicados no CIRC. Parece ser de admitir essa posição, pelo menos na hipótese de impossibilidade de aplicação alternativa dos métodos aí enunciados.

263 Conforme salientava já em 1996 Helmut Becker, mais de 50% do comércio mundial ocorre entre empresas afiliadas ou associadas (IBFD, *The Future of Transfer Pricing*, BIFD, vol. 50, nº 11/12, 1996).

264 Para uma visão prática de alguns dos aspetos de determinação de preços de transferência nos EUA (por exemplo, repartição de custos entre sociedades afiliadas e avaliação de *stock options*), ver Tax Management Transfer Pricing Report, *Interview*, Vol. 10, Nº 1, 2001.

265 Sobre a questão da avaliação de ativos intangíveis, ver LEVEY, Miesel e GAROFALO, *Buy-In and Buy-Out Requirements Present Unusual and Difficult Issues for Cost Sharing Agreements*, Intertax, Fevereiro de 2001.

Tratando-se de uma matéria de cariz essencialmente económico, a tarefa do juiz poderá ser árdua, desde logo pela complexidade dos assuntos em questão e eventual desconhecimento de noções económicas ou financeiras. Neste domínio em particular deverá a entidade julgadora socorrer-se das orientações emitidas pela OCDE na matéria que, não obstante carecerem de força jurídica vinculativa imediata, constituem um auxiliar interpretativo indispensável em qualquer questão que direta ou indiretamente esteja relacionada com os preços de transferência[266]. De facto, estas orientações constituem um verdadeiro comentário interpretativo ao artigo 9 das nossas convenções sobre dupla tributação internacional.

5.2.5.2. O método de comparação nos intangíveis e a importância da seleção dos intangíveis comparáveis

O preço de mercado de um intangível deve ser determinado de acordo com um método válido e refletir o seu valor e utilidade para o negócio.

As orientações da OCDE[267], bem como o regime estatuído no artigo 63º CIRC, indicam, exceto na impossibilidade da sua aplicação, como método preferencial, o preço comparável de mercado. Para o efeito, deve o contribuinte apresentar informações relativas a comparáveis internos e externos, tarefa complexa e de utilidade limitada no caso dos intangíveis.

Tanto a OCDE, como as diferentes autoridades nacionais e internacionais (tribunais, administrações fiscais e doutrina especializada), têm vindo a confirmar as limitações sérias da utilização de comparáveis externos, nomeadamente o recurso às bases de dados públicas ou comerciais, no contexto da determinação do preço de mercado dos intangíveis, precisamente devido ao seu carácter original e único, características conformadoras dos direitos de propriedade industrial ou intelectual.

De facto, são patentes as limitações das bases de dados e indicadores numéricos que têm subjacente factos nem sempre comparáveis ou equivalentes à realidade que se pretende comparar.

[266] Veja-se, por exemplo, a experiência do Reino Unido e respetiva incorporação destas orientações nas suas leis fiscais, conferindo-lhe força jurídica vinculativa.

[267] Ver *Transfer Pricing Guidelines for Multinational Enterprises and Tax Administrations*, OECD, 1995, 1999 e 2017.

Os comparáveis selecionados deverão ainda ser jurídica e economicamente equivalentes aos factos em análise[268], sob pena de desvirtuação dos dados reais e portanto em clara violação do princípio da tributação pelo lucro real e do regime estatuído no artigo 23º do CIRC. Podem ainda ser comparados individualmente ou de uma forma agregada, nos termos da Portaria nº 1446-C/2001, artigo 1º, nº 2, alínea b).

Para colmatar o défice de informações comparáveis, as orientações da OCDE apontam como critérios de determinação do preço de mercado:

1º as condições contratualmente acordadas entre as partes;
2º a rentabilidade dos intangíveis e o seu impacto no incrementar do volume de vendas ou lucro do contribuinte e
3º a forma jurídica ou estrutura comercial adoptada[269].

Por último, qualquer metodologia que se utilize em sede de avaliação dos intangíveis tem de tomar em consideração a sua rentabilidade para a empresa associada ou licenciada. As orientações da OCDE ('guidelines') referem:

> "*Arm's length pricing for intangible property must take into account for the purposes of comparability the perspective of both the transferor...and the transferee.... The transferee will generally be prepared to pay the license fee if the benefit it reasonably expects to secure from the use of the intangibles is satisfactory...*" e, ainda,
>
> "*In applying the arm's length principle to controlled transactions involving intangible property, some special factors relevant to comparability between the controlled and uncontrolled transactions should be considered. These factors include the expected benefits from the intangible property...*"[270].

Esta posição encontra-se também alinhada com o princípio constitucionalmente reconhecido da tributação do lucro real que tem aplicação

[268] *Transfer Pricing Guidelines for Multinational Enterprises and Tax Administrations*, OECD, 1995, 1999 e 2017.

[269] *Transfer Pricing Guidelines for Multinational Enterprises and Tax Administrations*, OECD, 1995, 1999 e 2017.

[270] Ver International Fiscal Association, *Cahiers de Droit Fiscal International, Transfer Pricing and Intangibles*, volume 92ª, *Sdu Fiscale & Financiele Uitgevers*, 2007 e *Transfer Pricing Guidelines for Multinational Enterprises and Tax Administrations*, OECD, 1995, 1999 e 2017.

também no contexto dos preços de transferência, com base na prova e realidade tributária do contribuinte, não sendo admitidas presunções ou ficções, tanto ao nível da nossa lei interna como ao nível das convenções de dupla tributação[271].

5.2.6. O problema do ónus da prova[272]

A questão do ónus da prova que fundamentalmente aparece regulada no artigo 74º da Lei Geral Tributária (LGT) assume uma importância significativa na aplicação do regime de preços de transferência. Evitando os dilemas que na prática este artigo suscita, tanto para a administração tributária como para o contribuinte, a questão poderá ser reconduzida ao delimitar do princípio do inquisitório (artigos 58º e 99º da LGT) face ao princípio do dispositivo, com a concomitante repartição do ónus da prova entre a administração tributária e o contribuinte (artigo 74º, nº 1 e nº 2 da LGT).

A complexa e multifacetada questão da distribuição do ónus da prova no direito fiscal português é bem conhecida, mas o problema complica-se substancialmente no caso especial dos 'preços de transferência'. Escolhendo o exemplo mais dilemático, pois implica desde logo uma interpretação conjunta das disposições do CIRC e do artigo 77º, nº 3 da LGT – podendo este último ser objeto de uma interpretação extensiva de modo a acolher o conceito de relações especiais –, suponhamos que se verificam os factos previstos no artigo 77º, nº 3 da LGT (por exemplo, relações entre o contribuinte e terceiras pessoas e condições diferentes

[271] Convirá realçar que as orientações da OCDE indicam que deverá aplicar-se, em matéria de ónus da prova, o princípio do 'prudent business management', evitando custos de cumprimento excessivos para o contribuinte, obrigando-o, nomeadamente a recorrer a vários comparáveis externos (ex. bases de dados, cujo acesso é extremamente dispendioso), em situações de comparabilidade de intangíveis, que pelas suas características de originalidade e confidencialidade se apresentam como bens 'únicos', devendo adotar-se critérios alternativos - já enunciados neste estudo - para uma correta determinação do preço de mercado (ver Transfer Pricing Guidelines *for Multinational Enterprises and Tax Administrations, OECD, 1995, 1999 e 2017).*

[272] Sobre a distinção entre ónus de prova formal e material (note-se a relevância deste último na aplicação do regime de preços de transferência e medidas anti-abuso), ver Saldanha Sanches, *O Ónus de Prova no Processo Fiscal*, CTF, 151, 1987. Ver ainda jurisprudência recente do STA sobre a matéria: Recurso 25 393 (*L.J. Santos Caetano v. Fazenda Pública*).

das que se verificariam na ausência de tais relações) e a administração tributária efetua correções à matéria tributável do contribuinte.

Deixando de lado a difícil questão da prova da existência de relações especiais, será obrigação do contribuinte provar que a correção é incorreta ou competirá à administração fiscal provar e fundamentar os ajustamentos efetuados à matéria tributável do contribuinte? Assumindo um sistema de auto-avaliação, estaríamos inclinados, tal como acontece nos EUA ou no Reino Unido, a atribuir exclusivamente o ónus da prova ao contribuinte. No entanto, no sistema fiscal português a situação não é clara e os custos administrativos, tanto para a administração fiscal, como para o contribuinte, são elevados devido a esta imprecisão ou difícil repartição do ónus da prova ou ainda da delimitação precisa das fronteiras do princípio do dispositivo *versus* princípio do inquisitório.

À semelhança de outras experiências europeias, também a legislação fiscal portuguesa tem vindo progressivamente a atribuir mais responsabilidades ao contribuinte, nomeadamente expansão das suas obrigações acessórias e de documentação. Veja-se no caso particular dos preços de transferência em Portugal a obrigação que recai sobre o contribuinte de manter organizada a documentação respeitante à política adotada em matéria de preços de transferência, contratos, análises funcionais e financeiras, etc. Poder-se-á até questionar se não será exagerado exigir do contribuinte todo um rol de documentação, que em determinadas transações (por exemplo, intangíveis e situações monopolísticas de mercado – petróleo, fármacos, telecomunicações, alimentos, etc.), seriam dispensáveis ou de difícil identificação ou quantificação.

Do exposto resulta que a resposta à questão acima enunciada não é pacífica se utilizarmos como ponto de partida o art. 74º, nºs 1 e 2, que estatui uma repartição do ónus da prova entre a administração tributária e o contribuinte (aqui não só o *pedido* como a *causa de pedir* exercerão um papel determinante!), não esquecendo, todavia, o leque de obrigações acessórias a que está vinculado o contribuinte. Existe de facto uma tendência para deslocar, pelo menos em matéria de preços de transferência, o ónus da prova (entendido aqui em sentido lato ou material[273]) da administração fiscal para o contribuinte.

[273] Para uma análise e correlação entre o princípio da prevalência da substância sob a forma, ónus da prova, delimitação do princípio do dispositivo *vs.* princípio do inquisitó-

Cumpre ainda, por último, referir que a existência de uma documentação organizada é um fator determinante para um eficaz cumprimento das obrigações do contribuinte (artigo 31º da LGT) e concomitante aceitação por parte da administração tributária. Em consonância com as orientações da OCDE[274], os indispensáveis critérios de proporcionalidade e razoabilidade terão de ser prosseguidos nesta matéria, sob pena de sobrecarregar os contribuintes com procedimentos administrativos injustificados ou puramente burocráticos. A inclusão na LGT do princípio da colaboração (artigo 59º) é um dos exemplos da aplicabilidade prática dos critérios acima mencionados[275].

5.2.7. Ónus da prova e o preço comparável de mercado

Ao nível dos trabalhos da OCDE e da União Europeia há que salientar a preferência pelo método comparável de mercado, a transferência do ónus da prova da administração tributária para o contribuinte, verificando-se, ao nível do direito fiscal comparado, um recurso crescente a bases de dados disponíveis nas mãos dos contribuintes. Ver, por exemplo, a experiência alemã e as alterações, introduzidas a 11 de Abril de 2003, ao Código Geral de Impostos: as novas disposições atribuem o ónus da prova de indicar o preço de mercado ao contribuinte, podendo este utilizar não só bases de dados internas, mas também externas.

Também as disposições do CIRC e respetiva legislação complementar sobre preços de transferência impõem claramente ao contribuinte a obrigação de utilizar o método ou métodos suscetíveis de assegurar o mais elevado grau de comparabilidade entre as operações ou séries de operações, estando este ainda obrigado, ao abrigo deste regime, a apresentar à administração tributária todas as informações, incluindo bases de dados utilizadas e relevantes para a determinação do preço independente.

rio e força probatória de documentos autênticos, ver Recurso 25.469, *Fazenda Pública v. João António Carujo de Sousa Jordão e mulher*, STA, 4/4/2001.

274 IFA, *Practical Experience with the OECD Transfer Pricing Guidelines*, Kluwer, 1999.

275 Ver ainda LGT, art. 84 aplicável no contexto da avaliação de rendimentos (*critérios técnicos*) e a obrigação que impende sobre o contribuinte de indicar os critérios utilizados bem como a sua aplicação na determinação dos rendimentos que declarou.

Atribui assim o legislador ao contribuinte a obrigação de demonstrar que o método utilizado é o mais razoável e adequado aos factos e circunstâncias apresentados.

Nos termos da LGT e das disposições do CIRC e respetiva legislação complementar pode e deve a administração tributária questionar não só a qualidade como a utilidade da informação ou documentação apresentada, justificativa do método selecionado e conducente à fixação do preço independente: veja-se o exemplo de utilização de informações já desatualizadas ou reportadas a anos anteriores, sem subsequente atualização.

Para mais desenvolvimentos nesta matéria, ver trabalho de investigação pedido pelo Internal Revenue Service (IRS), a fim de avaliar o impacto da legislação adotada nos EUA e qualidade da documentação apresentada pelos contribuintes americanos.

Este trabalho foi baseado em inquérito efetuado a 9982 empresas americanas, repartidas por códigos de atividade económica. Identificaram-se o tipo de operações bem como respetivos sujeitos passivos ou estruturas organizativas, residentes e não residentes, com indicação de valores transacionados para um determinado período. Foram ainda quantificados custos de cumprimento das obrigações fiscais e impacto do sistema de penalidades ou sanções específicas em sede de preços de transferência.

Ainda e no contexto do ónus da prova no estabelecimento dos preços de transferência é de referir a importância da utilização alternativa de diferentes critérios contabilísticos que poderão afetar as margens brutas da operação.

A utilização de dados estatísticos constitui no presente momento um auxiliar lateral, devendo indicar-se os trabalhos desenvolvidos por algumas associações, nomeadamente a Associação Industrial Portuguesa (AIP) e o inquérito realizado por esta associação à atividade empresarial portuguesa.

Ao nível privado, cumpre salientar os esforços desenvolvidos pelos grupos de consultadoria mas, por razões óbvias, os inquéritos são endereçados às administrações tributárias, com o objetivo de facilitar o planeamento e segurança das operações que têm de desencadear, em nome dos clientes que representam.

5.2.8. A recaraterização da operação e o ónus da prova

As orientações da OCDE sobre preços de transferência são claras também em sede de recaraterização de transações. Quando em presença do preenchimento das condições exigidas por Lei para a aplicabilidade do regime de preços de transferência, a autoridade tributária não deve automaticamente presumir a manipulação de preços por parte das entidades associadas ou relacionadas (ver capítulo I, para. 1.2 das orientações sobre preços de transferência da OCDE – *Transfer Pricing Guidelines for Multinational Enterprises and Tax Administration*, OECD, julho 2010). Ainda, e cumulativamente, recomenda, que apenas em casos verdadeiramente excecionais deve recaraterizar a operação, não devendo, portanto, substituir a transação real por uma transação presumida ou ficcionada (ver página 51, para. 1.64 das orientações sobre preços de transferência da OCDE – *Transfer Pricing Guidelines for Multinational Enterprises and Tax Administration*, OECD, julho 2010).

Igualmente, não poderá deixar de relevar o aspeto essencial do ónus da prova em presença de uma recaraterização da operação.

A Lei Geral Tributária, no seu art. 74º, estabelece as regras de repartição do ónus da prova, incumbindo à autoridade tributária provar a transação ficcionada ou presumida bem como os pressupostos do desvio relativamente à transação efetivamente realizada pelo contribuinte (ver números 1 e 3 do referido artigo).

5.2.9. Preços de transferência e as atividades não lucrativas ou de interesse público e social

Em consonância com as normas comunitárias, os preços praticados pelas empresas devem ser preços de mercado e, portanto, não devem violar as regras da concorrência. Devem ainda respeitar, em presença de relações especiais, as condições e preços de mercado.

Neste contexto, as recomendações internacionais para as administrações tributárias, nomeadamente as da OCDE[276], pedem que estas tomem em devida conta a estrutura económica da empresa, de forma a evitar custos para o Estado e para os contribuintes.

[276] Ver para. 16, OECD, *Transfer Pricing Guidelines for Multinational Enterprises and Tax Administration*, OECD, 2017.

Tanto o regime interno sobre preços de transferência, incluído no CIRC, como o regime sobre preços de transferência previsto nos tratados sobre dupla tributação, estão alinhados e têm a sua fonte na Convenção Modelo sobre Rendimento e Capital da OCDE (art. 9º), 2014, bem como nas suas orientações sobre preços de transferência, de julho de 2010.

Assim, a interpretação dos normativos internos sobre preços de transferência terá de ser feita em coerência e sintonia com os normativos ínsitos nos tratados sobre dupla tributação, respeitando os preceitos constitucionais em sede de interpretação e hierarquia das normas (art. 8º CRP).

A OCDE, nas suas orientações, define o âmbito de aplicabilidade do regime de preços de transferência às operações comerciais ou financeiras, realizadas entre empresas associadas (ou ligadas por relações especiais), impondo-lhes a obrigação de, nestas circunstâncias, praticarem condições e preços independentes ou de mercado.

Face a esta definição, reconhecida internacionalmente e também inserta no CIRC, dúvidas legítimas se podem avançar relativamente à aplicação do regime de preços de transferência às operações ou transações efetuadas entre entidades públicas de natureza empresarial e outras entidades públicas ou privadas empresariais, quando desenvolvam predominantemente atividades de interesse público ou social, pois ainda que assumam um caráter económico não possuem um intuito comercial, financeiro ou lucrativo[277].

O conceito de 'entidade' no CIRC e a sua interpretação no art. 63º, nº 1 do CIRC.

O art. 63º, nº 1 do CIRC descreve que "*nas operações comerciais... bem como nas operações financeiras, efetuadas entre um sujeito passivo e qualquer outra entidade sujeita ou não a IRC, com a qual esteja em situação de relações especiais, devem ser contratados...termos ou condições substancialmente idênticos aos que normalmente seriam contratados...entre entidades independentes em operações comparáveis.*"

[277] Neste caso, formalmente, poderiam estas entidades ser enquadradas no regime sobre preços de transferência mas estaria ausente o requisito substantivo que consiste no caráter comercial ou financeiro das operações praticadas.

Ressalta deste enunciado, o preenchimento de três requisitos indispensáveis para a sujeição ao regime dos preços de transferência:

1. Estarmos em presença de operações comerciais ou financeiras, com caráter lucrativo (condição estabelecida pelo art. 3º do CIRC);
2. Estas operações serem efetuadas entre entidades sujeitas ou não a IRC, em situação de relações especiais;
3. As entidades contratantes não terem praticado condições ou preços de mercado.

O art. 63º no 1 do CIRC, enquanto regime especial anti-abuso, tem um sentido amplo e cobre não só operações entre sujeitos passivos de imposto (singulares ou coletivos) mas também operações entre sujeitos passivos e entidades isentas ou não sujeitas a tributação (e.g fundos de pensões, fundos de capital de risco, cooperativas, nos termos do Estatuto dos Benefícios Fiscais), em situação de relações especiais.

A *ratio* do regime de preços de transferência, aplicável em todos os países que se pautam por estes ´standards' internacionais, é de sujeitar a este regime, entidades comerciais, sujeitas a tributação ou isentas, que prosseguem intuito lucrativo.

Ao nível interno, cumpre analisar a letra e espírito da norma em questão, utilizando os expedientes de interpretação histórico e sistemático. No contexto da formação do preceito, já foi aqui enunciado a sua génese, de índole internacional, fundado na Convenção Modelo da OCDE sobre rendimento e capital e orientações da OCDE sobre preços de transferência. Trata-se, portanto, de uma norma interna, de raiz internacional, elaborada em estreita articulação com o art. 9 ('empresas associadas') dos nossos tratados sobre dupla tributação. Ao nível da interpretação sistemática, o legislador utiliza o conceito de 'entidade' no artigo 2º (sujeitos passivos), artigo 3º (base do imposto) e artigo 4º (extensão da obrigação de imposto).

A autonomização fiscal da figura do Estado, Regiões Autónomas, Autarquias Locais, suas associações de direito público e federações e instituições de segurança social surge no artigo 9º do CIRC, distinguindo o legislador, ao nível da concessão de isenção em sede de IRC, estas figuras das 'entidades públicas com caráter empresarial' (ver artigo 9º, nº 1 alínea a)).

Ressalta do CIRC a preocupação do legislador em distinguir o universo empresarial, privado e público, do universo público e como tal subtraído à tributação.

Em síntese, e forçando a interpretação do regime de preços de transferência de forma a cobrir entidades públicas com caráter empresarial, é necessário, em conformidade com a Lei, testar o requisito pessoal e, nesta situação, o artigo 63º do CIRC lograria apenas aplicação nas operações contratadas entre entidades públicas com caráter empresarial ou entre estas e entidades privadas, em situação de relações especiais. A este requisito formal acresceria o requisito material que justifica a incidência material daquele preceito: o caráter comercial ou financeiro das operações.

5.2.10. A Perspetiva Internacional[278]

O regime fiscal dos preços de transferência é de especial importância no contexto dos grupos multinacionais. Economicamente a realidade é única, do ponto de vista do direito fiscal internacional a situação é múltipla. Os diferentes tratamentos jurídico-fiscais concedidos pelos Estados aos rendimentos de um grupo multinacional podem não só acarretar problemas de dupla ou múltipla tributação, mas também carrear vantagens inerentes a dupla ou múltiplas isenções ou deduções fiscais. Situamo-nos aqui na área do planeamento fiscal, às vezes legítimo, outras vezes ilegítimo ou abusivo.

Para as administrações fiscais, as questões mais complexas centram-se fundamentalmente no domínio das "relações integradas" onde se torna difícil muitas vezes qualificar os diferentes negócios ou transações jurídicas que podem assumir formas híbridas ou 'mutantes', como nos casos específicos dos instrumentos financeiros, intangíveis e comércio eletrónico.

Sumariamente, e de um ponto de vista jurídico, o tema terá de ser perspetivado de acordo com os princípios da residência ou territorialidade, inscritos nas leis internas dos Estados ou respetivas convenções internacionais sobre dupla tributação (ver utilização do mecanismo 'retenção na fonte' sobre determinados rendimentos no país da fonte e apelo aos métodos de crédito ou isenção para redução ou eliminação de problemas de dupla ou múltipla tributação no país da residência)[279].

[278] Neste contexto, ver Caso C-382/16 (Hornbach-Baumarkt) e compatibilidade da legislação alemã sobre preços de transferência com o direito de estabelecimento na UE.

[279] Para maiores desenvolvimentos, ver Daniels, A. H. M., *Sovereign Affairs*, Intertax, Janeiro de 2001, p. 2-10.

As disposições a tomar em consideração no contexto internacional podem ser de tipo unilateral, bilateral (art. 9º e 25º da Convenção Modelo da OCDE) ou multilateral (Convenção de Arbitragem). Os principais problemas ao nível internacional prendem-se com a morosidade dos procedimentos (experiência da empresa 'Volvo', com um lapso de 20 anos) e ausência de regimes fiscais aplicáveis a preços de transferência em alguns Estados[280].

Para maiores desenvolvimentos nesta matéria, ver publicação do International Bureau of Fiscal Documentation, com sede em Amsterdão, The Tax Treatment of Transfer Pricing, Portugal, 2018 (publicação atualizada anualmente)[281].

5.2.11. Futuros Desenvolvimentos

O impacto das novas tecnologias de informação e a crescente expansão do comércio eletrónico poderão facilitar as tarefas de 'fiscalização eletrónica' das administrações fiscais e, concomitantemente, exigir dos contribuintes um planeamento mais cuidado e rigoroso das suas transações que de algum modo possam cair no regime dos preços de transferência[282].

Por outro lado são bem visíveis neste domínio os problemas de uma correta e equitativa atribuição ou repartição de rendimentos ou gastos entre diferentes sociedades pertencentes a um mesmo grupo ou entre sociedades e estabelecimentos estáveis localizados em diferentes jurisdi-

[280] É de salientar o caso holandês e, em consequência das pressões que tem recebido por parte da OCDE no sentido de tornar o sistema fiscal mais transparente (ver Relatório da OCDE, *Harmful Tax Competition, An Emerging Global Issue*, 1998), a recente inclusão nas suas leis fiscais do princípio da independência fiscal bem como o alinhamento com as orientações da OCDE nesta matéria.
Para uma análise mais desenvolvida, nomeadamente recurso a acordos ou informações vinculativos no âmbito dos preços de transferência, ver experiência holandesa, Harmen Van Dam, J. K., *Changes in Netherlands Ruling Policy Released*, Tax Planning International Review, Maio de 2001.

[281] Ver ainda, Rosado Pereira, Paula, *O Novo Regime dos Preços de Transferência*, Fiscalidade, p. 41-45.

[282] Vogele, Alexander and Bader, William, *German electronic audit looms*, International Tax Review, Março de 2001. Ver ainda, no contexto dos preços de transferência, alterações legislativas na Alemanha, o mesmo periódico de Fevereiro de 2001.

ções de acordo com os tradicionais métodos para determinação dos preços de transferência[283].

Eventualmente haverá uma tendência a preferir fórmulas unitárias de repartição de rendimentos e gastos ao nível internacional em detrimento dos métodos tradicionais, especialmente adaptados a transações físicas ou essencialmente fixas.

5.3. A Subcapitalização (ou limitação à dedutibilidade de gastos financeiros)

5.3.1. Introdução

Em 1996, foram introduzidas pela primeira vez no sistema fiscal português leis sobre subcapitalização. Na sequência da atual tendência de alargamento das bases fiscais e de redução das taxas de tributação, foram igualmente impostas várias restrições à dedutibilidade das despesas de juros de pessoas coletivas.

O regime de subcapitalização, e sucessivas atualizações, tem como objetivo evitar a erosão da base tributável das pessoas coletivas residentes em Portugal.

Com a globalização crescente das economias e com a liberalização do movimento de capitais[284], é cada vez mais difícil para os tesouros nacionais cobrarem um montante justo de receitas no contexto internacional[285].

[283] Fairpo, Anne, *Attribution of Profit to a PE Involved in Electronic Commerce Transactions*, Tax Planning International Review, Abril de 2001.

[284] Registaram-se aumentos dramáticos nos fluxos de investimento direto estrangeiro – durante os dez anos anteriores a 1993, os fluxos de investimento em todo o mundo quadruplicaram, para quase USD $200 biliões por ano (Organização Mundial do Comércio, *The Fourth Annual Sylvia Ostry Lecture*, Otava, 28 de Maio de 1996, *Press Release* 49, 29 de Maio de 1996).

[285] Ver IP/96/243, *Comission Presents a Discussion Paper on a Taxation Strategy for the European Union*, Comissão das Comunidades Europeias, Bruxelas, 20 de Março de 1996. Durante os últimos 15 anos, a estabilidade do total das receitas fiscais tem sido preservada à custa de uma alteração progressiva na estrutura da tributação: a carga fiscal em percentagem do PIB tem sido alterada para uma base fiscal menos móvel – o trabalho – de modo a recuperar a receita fiscal perdida com a erosão de outras bases fiscais mais móveis. Esta degradação tem vindo a ser provocada tanto pela competição fiscal entre os Estados-membros, na sequência da liberalização do movimento de capitais, como pelo desenvolvimento da economia informal. Até mesmo os impostos sobre o consumo não

Verifica-se um recurso frequente a vários mecanismos de planeamento fiscal, tais como um endividamento excessivo, para evitar a dupla tributação de lucros distribuídos, ou a utilização de instrumentos financeiros híbridos para mitigar a carga fiscal resultante de encargos fiscais elevados como retenções na fonte ou a dupla tributação económica internacional do rendimento ou do capital.

Apesar de se prever um aumento da cooperação entre as autoridades fiscais nacionais no que diz respeito à troca de informações[286], ainda não foi desenvolvida qualquer ação no sentido de resolver a difícil tarefa da distribuição equitativa da receita fiscal entre o Estado da residência e o Estado da fonte[287].

A crescente competição fiscal entra em conflito direto com uma avaliação eficaz da base tributável, facilmente transferível, das multinacionais[288].

5.3.2. Tendências no sistema fiscal português

Nos últimos anos, os impostos sobre o consumo têm vindo a assumir uma relevância crescente no sistema fiscal português. Não obstante esta tendência, as estatísticas fiscais demonstram que o imposto sobre o rendimento das pessoas coletivas continua, no entanto, a ser uma importante fonte de receitas.

Considerações de política fiscal e de preservação das receitas fiscais, principalmente impedir uma utilização abusiva de determinadas disposições fiscais, levaram o Estado português a introduzir o regime de subca-

estão imunes ao risco da degradação fiscal. O IVA, em particular, está ameaçado pelo número crescente de serviços internacionais que usam as novas tecnologias para localizar transações tributáveis fora do âmbito territorial do sistema comum de IVA.

[286] Ver Convenção sobre Assistência Administrativa Mútua em Matéria Fiscal do Conselho da Europa/OCDE aprovada e ratificada também por Portugal e publicada no Diário da República de 16 de setembro de 2014 (Resolução da Assembleia da República nº 80/2014).

[287] 'Argumentámos que um país deveria ter direito a tributar os lucros que provêm do interior das suas fronteiras mas a implementação desta lei torna necessário, no caso das multinacionais, determinar as quotas de lucro provenientes de diferentes países. Não é uma questão simples...': Musgrave, Richard A., Musgrave, Peggy B., *Public finance in Theory and Practice*, (5ª ed., 1989), p. 573.

[288] Tanzi, Vito e King, John, *The Taxation of Financial Assets: A Survey of Issues and Country Experiences* (Documento de Trabalho do FMI (WP/95/46), FMI, Maio de 1995).

pitalização direcionado inicialmente para investidores estrangeiros. Posteriormente o regime foi alargado para residentes também e consiste em limitar a dedutibilidade de encargos financeiros com base em dois limites: um de tipo monetário e outro de natureza percentual baseado no EBITDA (Earnings before Interest, Tax, Depreciations and Amortizations).

Neste contexto cumpre ainda referir a introdução de outras medidas, como por exemplo a não dedutibilidade das despesas de caráter confidencial, os limites mínimos da matéria coletável ou a legislação recentemente introduzida no âmbito dos paraísos fiscais.

Uma vez que Portugal é ainda um país importador de capitais, as autoridades fiscais defendem que seja integralmente aplicado o princípio de tributação na fonte[289].

Inevitavelmente, as considerações sobre a receita fiscal corporizadas na aplicação do princípio da tributação na fonte entram em conflito com a concretização plena dos objetivos anteriormente mencionados. O objetivo último deverá ser a obtenção de um equilíbrio adequado entre os objetivos acima mencionados[290].

5.4. Controlled Foreign Corporation (CFC) e outras medidas nacionais anti-abuso

O rendimento de pessoas coletivas estrangeiras pode ser diretamente imputado a acionistas residentes ao abrigo do regime fiscal das CFC se tal rendimento não for tributado ou sujeito a um regime fiscal preferencial[291].

[289] Ao abrigo do princípio de tributação na fonte, o país de proveniência tem direito a tributar os lucros gerados no âmbito da sua jurisdição. Este princípio é consistente com o critério do benefício, através do qual os impostos sobre o lucro na proveniência são encarados como um *quid pro quo* pelas infra-estruturas e serviços públicos fornecidos para as atividades comerciais pelo país de proveniência. O princípio de tributação na fonte pode ser justificado tendo em conta o facto de a proporção de atividades comerciais detidas por estrangeiros nos países relativamente pobres ser geralmente maior do que nos países mais ricos (*Relatório do Comité de Peritos Independentes sobre Tributação das Sociedades*, Comissão das Comunidades Europeias, Março de 1992, pp. 37-38).

[290] Ver Brian J. Arnold, Relator Geral (Canadá), *Deductibility of Interest and Other Financing Charges in Computing Income*, (Cahiers de Droit Fiscal International, International Fiscal Association, Kluwer, 1994), vol. LXXXIXa.

[291] Para a definição de "regime fiscal preferencial", o código fiscal estabelece dois testes alternativos: o teste da tributação mínima efetiva e o teste da lista de paraísos fiscais.

Para a definição de participação, tanto se incluem as participações diretas como as indiretas e também as participações "construtivas" ou "agregadas"[292].

Apenas lucros de pessoas coletivas estão incluídos, para este efeito, na definição de rendimento. Nenhum outro rendimento pode ser atribuído ao acionista residente ao abrigo do regime das CFC.

A imputação de lucros leva em consideração a base tributável da empresa estrangeira, pelo período de tributação, e corresponde ao lucro tributável estrangeiro, depois de deduzir o imposto sobre o rendimento estrangeiro sobre esse lucro.

Para este efeito, deve ser submetida prova pelo contribuinte, nomeadamente contas da empresa aprovadas, estrutura de participações e documentação relativa à liquidação e pagamento do imposto estrangeiro.

Esta específica imputação destina-se a contrariar o comportamento abusivo do contribuinte e, como mencionado no parágrafo anterior, pode ser anulada no caso do teste da substância[293] mínima ser satisfeito.

Disposições específicas anti-abuso estão também incluídas nos códigos fiscais principalmente aplicáveis a rendimentos de mais-valias e transferência de património empresarial para a esfera privada do contribuinte ou vice-versa.

5.5. Conclusões

Na UE os governos esforçam-se por conciliar os objetivos do Tratado de Maastricht com os interesses internos em matérias de comércio, investimento e receita pública.

A complexa tarefa de equilíbrio das exigências privadas e públicas nunca foi fácil. Atualmente, a globalização das economias e a liberalização do movimento de capitais exerce uma pressão ainda maior sobre

[292] Um mínimo de 25% de participação direta ou indireta despoleta este regime fiscal e no caso de participações "agregadas" aplica-se um mínimo de 10%. As participações agregadas referem-se a propriedade de 50% ou mais por acionistas residentes.

[293] O teste da substância mínima requer que pelo menos 75% das atividades da sociedade sejam do tipo industrial ou agrícola ou consistam em atividades comerciais dirigidas para esse mercado estrangeiro.
Atividades especulativas ou financeiras automaticamente anulam o teste da substância mínima.

os orçamentos públicos já demasiado sobrecarregados com os défices da segurança social.

Em matéria fiscal, as tendências demonstram que as taxas de imposto sobre o rendimento das pessoas singulares e sobre o rendimento das pessoas coletivas têm vindo a ser progressivamente reduzidas, juntamente com um alargamento concomitante da base tributável, principalmente para atrair ou manter o investimento sem provocar maiores aumentos dos défices públicos.

A ênfase concedida à base fiscal é claramente visível nos Estados da UE que introduziram recentemente legislação contra o planeamento fiscal agressivo.

As disposições para prevenir um planeamento fiscal agressivo, tanto ao nível interno como internacional, foram introduzidas principalmente para permitir aos governos de cada país uma cobrança adequada de receita fiscal junto dos investidores internos e estrangeiros.

Finalmente, será de salientar que uma utilização excessiva de cláusulas que limitem um planeamento fiscal abusivo (*anti-tax avoidance clauses*) poderá comprometer uma implementação efetiva das Diretivas da União ou impedir mesmo a aplicação dos Regulamentos nos Estados-membros.

5.6. As medidas anti-abuso na LGT: sistematização

ANEXO III

- art. 63º-A (Informações relativas a operações financeiras)
- art. 63º-B (Acesso a informações e documentos bancários)
- art. 63º-C (Contas bancárias exclusivamente afectas à atividade empresarial)
- art. 63º-D (Países, territórios ou regiões com um regime fiscal claramente mais favorável)
- art. 63º-E (Proibição de pagamento em numerário)
- art. 87º (Realização da avaliação indirecta)
- art. 88º (Impossibilidade de determinação direta e exata da matéria coletável)
- art. 89º (Indicadores de atividade inferiores aos normais)
- art. 89º-A (Manifestações de fortuna)

6. O sistema de segurança social: considerações fiscais

6.1. Introdução

O sistema português compreende três pilares de segurança social, onde se assiste a uma predominância do sistema público.

O primeiro pilar (ou sistema público) constitui-se como a base do sistema.

De acordo com a Constituição[294], o sistema público é universal[295], abarcando todos os cidadãos e é único, assumindo-se assim a existência de um regime unificado.

O sistema público de segurança social conta com um orçamento autónomo e é financiado pelas contribuições dos empregadores, dos trabalhadores, e ainda pelas transferências do Orçamento de Estado[296].

As contribuições para a segurança social são obrigatórias e são calculadas tendo por base a remuneração dos trabalhadores. O regime financeiro é o da distribuição, organizado na forma de um fundo de estabilização financeira.

O segundo pilar, ou regime complementar de segurança social, não apresenta um grande relevo em Portugal. Trata-se de um pilar opcional, no qual são concedidos benefícios fiscais para os empregadores que criem planos de pensões em benefício dos seus trabalhadores. Os planos são assegurados por fundos geridos por entidades com autonomia em relação aqueles que criam esses esquemas de pensões.

O terceiro pilar, abrangendo os planos individuais de reforma, tem igualmente uma natureza facultativa. Os planos individuais de reforma são de iniciativa do próprio destinatário que escolhe a entidade gestora, o tipo de regime (contribuição definida ou beneficio definido) e o modo de concessão dos benefícios. As contribuições efetuadas pelo sujeito não são deduzidas às contribuições para a segurança social, mas são tidas em conta para efeitos fiscais. O regime financeiro deste fundos é o da capitalização.

[294] *Vide* nº 1 do art. 63º da Constituição da República Portuguesa e MIRANDA, Jorge, MEDEIROS, Rui, *Constituição Portuguesa Anotada*, Coimbra Editora, volumes I e II, 2005, 2007.

[295] *Vide* art. 6 (principio da universalidade) da Lei nº 4/2007 de 16 de janeiro.

[296] Para uma análise estatística e financeira da receita do sistema português de Segurança Social, ver "*Tribunal de Contas, Pareceres sobre as contas da Segurança Social*", publicado anualmente.

6.2. Os três pilares

6.2.1. O Primeiro Pilar

a) Em Geral

O sistema público de segurança social, organizado e gerido pelo Estado, baseia-se no princípio da universalidade, garantindo a todos os cidadãos o direito a uma pensão, independentemente da forma como estes contribuíram para o sistema. Este sistema de pensões divide-se em dois regimes, i.e., o regime geral ou contributivo e o regime não contributivo. De ambos os regimes resultam pensões garantidas por Lei.

b) Regime geral ou contributivo

O regime geral é obrigatório quer para trabalhadores dependentes, quer para trabalhadores independentes. A idade de reforma tem vindo a ser alterada recentemente, em função das alterações demográficas e do *ratio* de sustentabilidade financeira do sistema. No entanto, é possível obter a reforma antecipada nas situações expressamente previstas na Lei.

c) Regime não contributivo

O regime não contributivo compreende todos os cidadãos que não se encontram abrangidos pelo regime geral ou por qualquer outro regime legalmente estabelecido.

d) Regime fiscal dos trabalhadores dependentes

Em Portugal, os trabalhadores dependentes estão sujeitos a IRS (imposto sobre o rendimento das pessoas singulares). No caso de residentes no território português, o imposto tem por base não só o rendimento proveniente do trabalho dependente mas ainda qualquer outro rendimento auferido. Após efetuadas as respetivas deduções específicas são aplicadas taxas progressivas nos termos do CIRS.

No caso dos não residentes, e não estando preenchidos os requisitos do art. 17º-A do CIRS, os rendimentos auferidos em consequência do exercício de uma atividade no território português são tributados na fonte a taxas liberatórias, sem deduções específicas. Isto significa que as contribuições obrigatórias para os sistemas de segurança social, mesmo as que eventualmente sejam devidas à segurança social portuguesa, não são deduzidas para efeitos de determinar o rendimento tributável, ao contrário do que se passa em relação a residentes. O que se acaba de referir em relação às contribuições obrigatórias é igualmente aplicável quanto a contribuições para esquemas complementares de segurança social.

Para os residentes, as contribuições obrigatórias para segurança social pagas quer a entidades nacionais quer a estrangeiras são dedutíveis ao rendimento bruto nos termos do CIRS[297].

Tendo as contribuições para a segurança social como base de incidência as remunerações do trabalho, que são também a base tributável para efeitos de IRS, importará ver em que medida essas bases estão harmonizadas. De acordo com o CIRS consideram-se como rendimentos do trabalho dependente, para efeitos da sua sujeição a este imposto, todas as remunerações pagas ou colocadas à disposição do trabalhador. Estas remunerações incluem "ordenados, salários, vencimentos, gratificações, percentagens, comissões, participações, subsídios ou prémios, senhas de presença, emolumentos, participações em multas e outras remunerações acessórias, ainda que periódicas, fixas ou variáveis, de natureza contratual ou não".

A Lei especifica ainda um conjunto de prestações que considera também como rendimentos do trabalho dependente, nomeadamente "as remunerações acessórias, nelas se compreendendo todos os direitos, benefícios ou regalias não incluídos na remuneração principal que sejam auferidos devido à prestação de trabalho ou em conexão com esta e constituam para o respetivo beneficiário uma vantagem económica".

No que respeita à segurança social a base de incidência encontra-se estabelecida no Código Contributivo e consiste na remuneração ilíquida devida ao trabalhador. Com o Código Contributivo, o legislador procedeu a uma harmonização da base de incidência fiscal com a base de incidência da segurança social, tendo ocorrido um alargamento desta última, com a inclusão de rendimentos até então subtraídos à tributação em sede de segurança social.

Deve ser realçado que para efeitos fiscais é sempre permitida a dedução ao rendimento bruto das contribuições obrigatórias para a segurança social feitas por trabalhadores residentes. Como consequência a tributa-

[297] Este regime encontra-se em concordância com o Regulamento 1408/71 de 14 de junho de 1971 (e sucessivas emendas).

ção desse montante é diferida para o momento em que esse montante é pago ou colocado à disposição sob a forma de pensões.

e) Tributação das pensões[298]

O rendimento proveniente de pensões é tributado de acordo com as regras do CIRS. Para este tipo de rendimento encontra-se prevista uma dedução específica, atualizável anualmente.

O rendimento de pensões atribuído a não residentes, na ausência de CDT, está sujeito a retenção na fonte a título definitivo. O princípio de tributação na fonte é aplicado se a pensão é paga por entidades com residência, sede, direção efetiva ou estabelecimento estável em Portugal.

6.2.2. O Segundo Pilar

a) Em geral

As tendências demográficas indicam um aumento na expetativa de vida sem que haja um aumento da taxa de natalidade. Tal tem influenciado o modelo adotado pelo sistema público de segurança social. A evolução prevista para o índice de dependência (população com menos de 14 anos ou mais de 65 anos a dividir pela população entre os 15 e os 64 anos de idade) levanta preocupações sérias e estimulou um debate nacional sobre a reforma da segurança social (vide Tabela 1)[299].

TABELA 1: **Índice de dependência**

1995	2000	2005	2010	2015	2020	2025	2030	2035	2040	2045	2050
48.0	41.4	49.6	50.7	51.8	52.2	53.0	55.4	59.3	64.6	68.9	69.6

Fonte: Livro Branco da Segurança Social

Esta tendência demográfica pode desafiar a sustentabilidade do sistema e demonstra a importância do desenvolvimento do segundo pilar do sistema de segurança social no âmbito do sistema de segurança social.

Os planos de pensões podem ser regimes profissionais complementares, desde que observem os requisitos exigidos pela legislação relevante.

[298] Este regime aplica-se também às pensões pagas ao abrigo dos segundo e terceiro pilar, à exceção de tratamento diferente previsto em legislação especial.

[299] No contexto comunitário ver a Comunicação da Comissão Europeia de 11 de outubro de 2000 (COM (2000) 622 final).

Os planos podem ser abertos ou fechados e classificar-se, com base no tipo de garantias estabelecidas, em 3 tipos:

- Planos de benefício definido;
- Planos de contribuição definida e
- Planos mistos.

Os regimes profissionais complementares são definidos como os esquemas que "tem por objetivo conceder aos trabalhadores dependentes ou independentes, agrupados no quadro de uma empresa ou de um conjunto de empresas, de um ramo de atividade económica ou de um setor profissional ou interprofissional, prestações pecuniárias complementares das garantidas pelo regime geral de segurança social"[300].

b) Requisitos obrigatórios

Os regimes profissionais complementares que respeitem aos trabalhadores dependentes, devem obedecer cumulativamente aos seguintes requisitos[301]:

- constituição por livre iniciativa das empresas e seus trabalhadores mediante acordo em que sejam definidos os objetivos e o conteúdo do regime profissional complementar;
- a aplicação aos trabalhadores de uma empresa ou de alguma das suas categorias;
- cobertura de eventualidades que caibam no âmbito material do regime de segurança social;
- financiamento a cargo das entidades empregadoras e dos respetivos trabalhadores;
- gestão por entidades juridicamente distintas das respetivas empresas e dotadas de autonomia financeira.

c) Benefícios fiscais

Nos sistemas complementares de segurança social as contribuições da entidade patronal que constituam direitos adquiridos e individualizados

[300] Art. 2º do Decreto-Lei nº 225/89 de 6 de julho.

[301] Nº 1 do art. 3º do Decreto-Lei 225/89 de 6 de julho.

dos respetivos beneficiários são considerados, para efeitos fiscais, como rendimentos do trabalho dependente nos termos do CIRS[302].

Para estes efeitos, constituem direitos adquiridos "aqueles cujo exercício não depende da manutenção do vínculo laboral (...) do beneficiário com a respetiva entidade patronal". Contudo, no sentido de incentivar a constituição desses regimes complementares[303], difere-se o momento da tributação em sede dos beneficiários para aquele em que as importâncias forem pagas ou colocadas à disposição, sempre que esses regimes obedeçam a determinadas condições e as importâncias despendidas pela entidade patronal não ultrapassem uma determinada percentagem da massa salarial (ver Estatuto dos Benefícios Fiscais). Em sede da entidade patronal as importâncias despendidas têm a natureza de gastos a título de remunerações do trabalho dependente nos termos do CIRC.

Nos trabalhadores não residentes, o desajustamento da legislação portuguesa é particularmente grave no caso de importâncias despendidas pela entidade patronal, sendo direitos adquiridos e individualizados dos respetivos beneficiários, serem de imediato consideradas como rendimentos de trabalho por não estarem reunidas as condições que permitem o diferimento da tributação nos termos do Estatuto dos Benefícios Fiscais. Este regime dá lugar à tributação imediata, independentemente do facto de o rendimento se encontrar (ou não) à disposição do trabalhador.

Quando as contribuições não constituam direitos adquiridos e individualizados dos respetivos beneficiários, a sua tributação em sede de imposto pessoal dos respetivos beneficiários é diferida para o momento do seu pagamento ou colocação à disposição. Ocorrida esta, há que distinguir, para efeitos de saber em que categoria de rendimentos se enquadra, conforme o recebimento se faz em capital ou sob a forma de pensões e neste último caso, o momento em que ocorre aquele pagamento ou colocação do rendimento à disposição do beneficiário. Se o recebimento se faz em capital, o rendimento é sempre qualificado como rendimento do trabalho, independentemente do momento em que ocorre, o mesmo

302 As prestações efetuadas pelas entidades patronais para regimes obrigatórios de segurança social, que visem assegurar exclusivamente benefícios em caso de reforma, invalidez ou sobrevivência não constituem rendimento tributável.

303 Ver medidas de incentivo, introduzidas pelos mais recentes orçamentos de Estado.

acontecendo quando é recebido sob a forma de pensão antes de verificados os requisitos exigidos nos regimes obrigatórios de segurança social aplicáveis para a passagem à situação de reforma. No caso de ocorrer sob a forma de pensões, depois de verificados aqueles requisitos, o rendimento é qualificado como pensão.

Em sede da entidade patronal as importâncias despendidas apenas podem ser consideradas como gastos a título de realizações de utilidade social, desde que estejam reunidos os respetivos pressupostos nos termos do CIRC.

Podem surgir certos problemas no que concerne à consideração como gastos, para efeitos fiscais, dos montantes pagos pelas entidades empregadoras para os regimes complementares de segurança social. Para serem aceites como gastos fiscais das empresas essas contribuições devem ser consideradas como rendimentos do trabalho nos termos já indicados e portanto tributadas em sede de IRS ou então como realizações de utilidade social, de acordo com o CIRC. Para as que sejam tributadas imediatamente em IRS como rendimentos do trabalho dependente, nenhuma condição existe quanto à residência da entidade a quem são feitas as contribuições. Nos restantes casos essa condição existe e está estabelecida no CIRC, em que se dispõe, que para serem aceites como gastos, essas importâncias devem ser entregues a empresas de seguros que possuam sede, direção efetiva ou estabelecimento estável em território português ou a fundos de pensões ou equiparáveis que sejam constituídos de acordo com a legislação nacional ou da União Europeia[304].

6.2.3. O Terceiro Pilar

a) Em Geral

O terceiro pilar compreende os fundos de pensões abertos. Num fundo de pensões aberto, a participação no fundo é voluntária dependendo a adesão ao fundo unicamente da aceitação da entidade gestora. Os fundos são supervisionados por empresas de gestão que, na maioria dos casos, estão integradas em grupos financeiros ou seguradores.

[304] Ver Diretiva 2003/41/CE de 3 de junho de 2003 relativa às atividades e à supervisão das instituições de realização de planos de pensões profissionais alterada pela Diretiva 2013/14/UE de 21 de maio de 2013.

b) Benefícios Fiscais
Às contribuições para os fundos abertos de pensões têm sido concedidos benefícios fiscais, benefícios esses que dependem da natureza dos planos.

Benefícios concedidos aos PPR
Os Planos de Poupança Reforma (PPR) foram criados em 1989[305]. Um PPR consiste num certificado nominativo de um fundo poupança-reforma que pode assumir a forma de um fundo de investimento, de um fundo de pensões ou de um outro fundo similar. Estes fundos devem conformar-se com determinadas regras específicas.

Os planos de poupança-reforma não são resgatáveis no curto prazo. O resgate apenas é permitido nos seguintes casos[306]:

- Reforma por velhice, desde que se tenham completado cinco anos desde a data de subscrição;
- Desemprego de longa duração;
- Incapacidade permanente para o trabalho;
- Doença grave; ou
- Aos 60 anos de idade, desde que tenha existido um período mínimo de subscrição de cinco anos.

No sentido de serem abrangidas pelo sistema do IRS, as contribuições respeitantes aos segundo e terceiro pilares não estão expressamente sujeitas à condição de serem pagas a entidades com sede, direção efetiva ou estabelecimento estável em território português[307]. Em alguns casos, contudo, apenas os esquemas constituídos de acordo com a legislação portuguesa são elegíveis para efeitos de benefícios fiscais. É este o caso dos PPR, o que eventualmente pode criar alguns problemas em termos de compatibilidade com a legislação comunitária. A única justificação para esta restrição seria o facto de esta ser necessária para manter a coerência do sistema fiscal.

O rendimento resultante dos PPR está isento de IRC nos termos do EBF (art. 21º), sendo dedutíveis à coleta do IRS 20% dos valores aplicados

305 Decreto-Lei 205/89 de 27 de junho.

306 Portaria 872-A/89 de 9 de outubro.

307 Lei 87-B/98 de 31 de dezembro, substituindo o art. 55º, nº 8 do CIRS que incluía esta restrição.

no respetivo ano, com os limites máximos estabelecidos no nº 2 do art. 21º do EBF.

c) Tratamento das pensões de acordo com as Convenções sobre Dupla Tributação

É comum, de acordo com as disposições das convenções sobre dupla tributação, tributar estes rendimentos exclusivamente no país da residência do contribuinte[308]. Também é sabido que grande parte dos Estados segue o chamado sistema EET (Exempted Contribution/ Exempted Pension Fund/Taxable Pension) na tributação das pensões, que sumariamente implica a dedutibilidade de contribuições no presente e tributação do rendimento de pensões no futuro, geralmente quando o contribuinte atinge a idade de reforma[309]. Não obstante os méritos do funcionamento do sistema ao nível interno, no contexto internacional de crescente mobilidade, o diferimento da tributação pode resultar numa isenção total de tributação, caso o contribuinte mude a sua residência para um Estado que isente este tipo de rendimentos, ou inversamente gerar situações de dupla tributação ou não dedutibilidade de contribuições ou custos associados, impedindo a mobilidade dos trabalhadores ou pensionistas. Algumas convenções sobre dupla tributação[310], têm vindo a alterar esta regra de exclusividade em favor do Estado da residência, atribuindo também competência fiscal ao Estado da fonte, ou permitindo nomeadamente, com base no princípio da reciprocidade, a dedutibilidade de contribuições, efetuadas a entidades residentes no outro Estado contratante[311].

308 Ver artigo 18º da Convenção Modelo da OCDE.

309 Para mais desenvolvimentos nesta matéria, ver Freitas Pereira, Teixeira, Glória, *Taxation of Cross-Border Pensions, Portugal*, European Taxation, vol. 41, sup. 1, International Bureau of Fiscal Documentation, 2001.

310 Ver, por exemplo, a convenção sobre dupla tributação holandesa e tratamento jurídico-fiscal concedido ao rendimento de pensões.

311 Ver convenção sobre dupla tributação celebrada entre o Reino Unido e EUA (entrou em vigor nos EUA a 1/1/2004) e a preocupação de resolver problemas relacionados com dupla tributação ou não dedutibilidade de contribuições, com o objetivo de promover a mobilidade e investimento entre os dois países (ver Oringer, Andrew L., Mackenzie-Smith, Roderick, *Pensions and Compensation Aspects of the U.K.-U.S. Tax Treaty*, Tax Notes International, vol. 34, nº 5, 3 May 2004).

Este modo de tributação desafia diretamente o argumento da coerência acima referido e aplicável a não residentes na ausência de convenção sobre dupla tributação. Por outras palavras, se um tratamento fiscal discriminatório poderia ser aceite de modo a assegurar a coerência do sistema (e.g. a não dedutibilidade dos pagamentos efetuados por não residentes ou a aceitação como gasto fiscal sujeita à condição de o sujeito ser residente no território português), este tratamento não pode mais ser aceite quando os Estados contratantes voluntariamente concordam em abrir mão dos seus poderes jurisdicionais de tributação ao abrigo de uma convenção sobre dupla tributação[312].

Neste contexto é interessante realçar o modo como alguns destes problemas têm sido solucionados, nomeadamente na convenção celebrada entre Portugal e a Holanda (ver art. 18º, nº 2). De acordo com esta disposição os dois Estados-membros concordam na manutenção parcial da coerência dos seus sistemas internos ao nível internacional.

O problema na União Europeia

Esta não dedutibilidade assume-se como um dos principais problemas de compatibilidade entre as diversas legislações fiscais, quer dos países da União Europeia, quer noutros ordenamentos jurídicos. Tal surge devido ao custo imediato causado para os cofres dos Estados ao admitir a dedução das pensões e ainda devido ao facto destas deduções serem consideradas originalmente como diferimentos da tributação, levando a que as pensões sejam tributadas no momento do seu pagamento. Além disso, as autoridades nacionais têm fomentado um controlo apertado das atividades dos fundos de pensões e do uso do benefício da isenção fiscal como modo de assegurar a coerência fiscal. No momento presente não existe coordenação ao nível internacional e portanto, subsistem fortes razões para limitar as isenções fiscais a esquemas nacionais[313].

d) Conclusões finais

Em resumo, e na linha da terminologia da União Europeia, o sistema português de pensões encontra-se assente em duas estruturas básicas, i.e.:

[312] *Vide Wielockx* (caso C-80/94).

[313] *Vide* Teixeira, Glória, *Taxing Corporate Profits in the EU*, Series on International Taxation, 17, Kluwer, 1997, pp. 197-201 (tese de doutoramento).

- uma estrutura EET – Isenção da contribuição/Isenção do fundo de pensões/Tributação das pensões ("EET – *Exempted contributions/ Exempted pension fund/Taxable pension*);
- uma estrutura TER – Tributação da contribuição/Isenção do fundo de pensões/Redução da tributação da pensão ("TER – *Taxable Contribution/Exempted pension fund/Reduced taxation of pension*).

A primeira estrutura implica que, quer as contribuições dos trabalhadores quer os fundos de pensões, estejam isentos de tributação uma vez que as pensões serão, posteriormente, tributadas. No caso de se aplicar uma convenção sobre dupla tributação, o rendimento das pensões é, em regra, exclusivamente tributado no estado de residência.

A segunda estrutura estabelece que as contribuições dos trabalhadores são tributadas como rendimentos dos trabalhadores. Os fundos de pensões estão isentos e no momento da reforma, apenas o valor acumulado da pensão é tributado (redução da tributação ao nível do pensionista).

A segunda estrutura deveria ser considerada ao nível da União Europeia se se quiser alcançar no futuro uma maior coordenação neste domínio. Tributando à entrada (tributação das contribuições dos trabalhadores) e parcialmente isentando à saída (tributação reduzida ao nível do pensionista), conseguir-se-ia resolver os conflitos inter-estaduais relativos à distribuição das receitas fiscais, uma vez que as receitas seriam partilhadas entre o Estado da fonte ("local de trabalho") e o Estado da residência ("local da reforma"), sem comprometer a liberdade de circulação quer dos trabalhadores, quer dos fundos de pensões, dentro da União Europeia. Como consequência, os princípios comunitários aqui aplicáveis, i.e. a livre circulação de trabalhadores[314] e de capital e a liberdade de estabelecimento seriam alcançados, ou pelo menos não seriam

[314] Atualmente, intensificam-se também os movimentos de trabalhadores qualificados, não só no seio da União Europeia mas também ao nível internacional (ver Liebig, Thomas, and Sousa-Poza, Alfonzo, *Taxation, Ethnic Ties and the Location Choice of Highly Skilled Immigrants*, OECD, 24, July 2005). Vários países, nomeadamente Canadá, Alemanha, Suiça, EUA, Reino Unido, Holanda, Finlândia, Suécia, Dinamarca e Espanha, criaram regimes fiscais especiais para atrair trabalhadores qualificados estrangeiros. Mais recentemente, ver também experiência portuguesa.

prejudicados como ocorre com os atuais enquadramentos normativos fiscais internos e comunitário.

6.3. As contribuições obrigatórias para a segurança social e a sua natureza

Fora do âmbito jurídico existe um certo consenso em torno do tratamento das contribuições obrigatórias como impostos. Veja-se FREITAS PEREIRA, ao afirmar que, no plano económico-financeiro, "nenhuma dúvida subsiste quanto ao seu tratamento como impostos"[315], dado que quer para o trabalhador quer para a entidade patronal, as contribuições obrigatórias têm o mesmo efeito económico que o imposto: i) quanto ao trabalhador, este apenas vê chegar à sua esfera patrimonial o montante do rendimento líquido de retenções na fonte de IRS e das contribuições obrigatórias; ii) quanto ao empregador, existe um determinado montante suportado como "custo do factor trabalho"[316] que não é entregue diretamente ao trabalhador, mas a um ente público, tal como sucede com as retenções na fonte, mas inerentemente interligado com a contribuição obrigatória efetuada pelo trabalhador.

Nestes termos, e no regime geral, existe uma carga fiscal global de 34,75% que se reparte entre a entidade patronal (taxa de 23,75%) e o trabalhador (taxa de 11%).

No plano internacional chama-se ainda atenção para as classificações utilizadas por várias organizações internacionais que, ao analisarem a estrutura fiscal dos Estados, incluem as contribuições obrigatórias na rubrica dos impostos.

> *É este o tratamento dado pela OCDE, ao integrar na rubrica "receitas fiscais" as contribuições para a segurança social que tenham natureza obrigatória, pagas a entidades públicas. Tais receitas incluem as prestações obrigatórias: i) efetuadas a favor de entidades públicas que forneçam prestações sociais; ii) calculadas com base em remunerações, salários ou em número de trabalhadores; iii) afetas à cobertura de prestações de segurança social; iv) efetuadas pelas pessoas seguras ou pelos seus*

[315] FREITAS PEREIRA, H., *Fiscalidade cit.*, p. 23. Este autor, não ignorando as objeções habitualmente tecidas, considera que "o facto de as respetivas receitas estarem consignadas a determinados fins específicos não parece decisivo para, nesta perspetiva [económico-financeira] lhes atribuir natureza diferente dos impostos".

[316] Este custo qualifica como gasto fiscal nos termos do artigo 23º do CIRC.

empregadores[317]. *Esta é, ainda, a opção adoptada pelo Sistema Europeu de Contas (SEC95) a qual classifica os impostos em: i) impostos correntes sobre o rendimento, património, etc; ii) contribuições sociais; iii) impostos sobre a produção e a importação, e; iv) impostos de capital. A rubrica "contribuições sociais" abrange além das contribuições sociais imputadas, as efetivas que incluem as contribuições sociais efetivas dos trabalhadores, as efetivas dos empregadores e as contribuições sociais dos trabalhadores por conta própria e dos não empregados*[318].

Numa perspetiva jurídica, a primeira observação vai para a concreta configuração do facto tributário. Determina-se que estarão sujeitos ao pagamento das contribuições obrigatórias todos os que dêem emprego (contribuições dos empregadores) ou que prestem trabalho (contribuições dos trabalhadores). Fixa-se ainda que o montante que uns e outros deverão pagar é dado pelo valor da remuneração mensal do trabalhador.

Assim, e contrariamente à posição da doutrina tradicional, a dicotomia de tratamento jurídico entre as prestações da entidade patronal e do trabalhador é meramente artificial, não tendo qualquer justificação nos dias de hoje. As contribuições obrigatórias para a segurança social efetuadas quer por trabalhadores quer pelos entes patronais apresentam uma mesma natureza, unitária, que é a do imposto (a uma taxa global de 34,75%).

Por último cumpre referir algumas das reservas apontadas no âmbito da qualificação das contribuições obrigatórias efetuadas pelos trabalhadores. O principal argumento utilizado era o da bilateralidade. Ora o certo é que essa correspetividade, *de facto*, já não se verifica.

O fenómeno da segurança social não pode ser perspetivado como um conjunto de sistemas herméticos e fechados, conseguindo-se assim isolar um campo – o previdencial – em que se tenta a todo o custo manter

[317] Dentro destas (referência 2000) encontramos contribuições: 2100 – a cargo dos trabalhadores por conta de outrem; 2200 – a cargo das entidades patronais; 2300 – a cargo dos trabalhadores independentes ou de pessoas não empregadas; 2400 – não ventilado entre as rubricas 2100, 2200 e 2300.

[318] Ver FREITAS PEREIRA, *Fiscalidade cit.*, p. 24, 55 a 57. Tal estruturação, independente das classificações doutrinais vigentes em cada país, tem como objetivo principal possibilitar a comparação internacional dos níveis de fiscalidade.

a correspetividade. A "proteção social" que um sujeito hoje beneficia é o resultado de um "todo", em que cada uma das partes se interliga entre si. As prestações que um sujeito vai receber são o resultado de um *output* geral – é dada pelo conjunto dos subsistemas –, sendo para ele irrelevante, quando recebe uma prestação, saber de que subsistema a mesma provém. Por outro lado, com a universalização do sistema, ganham cada vez maior peso as prestações de subsistemas diversos do previdencial e cuja génese em nada se relaciona com o pagamento de uma prestação.

Mesmo isolando o subsistema previdencial é fácil afirmar que, nos dias de hoje, essa correspetividade já não subsiste. Assim:

i) a existência de um orçamento autónomo, que se autofinanciaria deixou de ser uma realidade;

ii) as receitas provenientes das contribuições obrigatórias não são suficientes para o pagamento de todas as prestações aos beneficiários, sendo que uma parte cada vez maior destas prestações são asseguradas por transferências de outras rubricas orçamentais[319];

iii) tendo em conta a evolução da situação demográfica do nosso país, o sistema será cada vez mais financiado pelas receitas fiscais;

iv) às prestações recebidas hoje pelos beneficiários são aplicadas regras novas as quais, como é óbvio, não eram tidas em conta no momento em que esse beneficiário pagou as suas contribuições obrigatórias;

v) o atual beneficiário é hoje protegido em eventualidades novas, as quais não eram tidas em conta durante a sua carreira contributiva. Perspetivando sob o ponto de vista do atual contribuinte:

vi) a correspetividade cronológica quebra-se dado que as contribuições obrigatórias que hoje efetua não são penhor de benefícios a receber no futuro;

vii) essa correspetividade cronológica também falha dado não ser seguro (e assim o têm demonstrado as várias reformas) que a eventual pensão a receber no futuro tenha em conta as contribuições obrigatórias efetuadas pelo sujeito durante a totalidade ou parte da carreira contributiva (isto dada a universalização objetiva, ainda em curso). Por último, note-se que (e ainda dentro do subsistema pre-

[319] O que é explicado e justificado não só pelo crescente desequilíbrio das contas previdenciais, mas ainda pelo alargamento da base objetiva dos *outputs* não suportados pelas contribuições dos que dela beneficiam.

videncial) existem vários "regimes especiais" em que as contribuições obrigatórias efetuadas não são de todo suscetíveis de suportar os benefícios a receber no futuro, pelo que as prestações desses sujeitos, ainda que enquadradas no subsistema previdencial, são inelutavelmente suportadas pelo esforço financeiro de outros, ou do orçamento geral do Estado.

Estas razões indicam que as contribuições obrigatórias para a segurança social se devem ter por verdadeiros impostos. A esta posição têm vindo a aderir, recentemente, vários autores de ordenamentos com sistemas previdenciais que apresentam um processo de evolução histórica semelhante ao nosso[320].

Assim, deve ser adotada uma postura unitária no que concerne às contribuições obrigatórias, sejam estas efetuadas pelos trabalhadores, sejam efetuadas pelos empregadores. Sob o ponto de vista da metodologia fiscal estamos perante um verdadeiro imposto, ainda que continuemos a encontrar algumas especificidades no que respeita à liquidação e cobrança do imposto.

De facto, existe uma unicidade no que respeita à incidência real do imposto: em ambos os casos esta é dada pelo rendimento do sujeito passivo.

Ao nível da liquidação, a principal especificidade encontra-se ao nível das taxas. No regime geral aplicam-se à base fiscal: i) uma taxa de 11% para determinar o montante a ser entregue pelo trabalhador e; ii) uma taxa de 23,75% para determinar o montante a ser entregue pela entidade

[320] De acordo com López Díaz "...las cotizaciones constituyen impuestos que recaen sobre las rentas de trabajo que se pagan – cotización a cargo del empresario – o que se perciben – cotizaciones a cargo de los trabajadores –, sin perjuicio de que concurran determinadas circunstancias que nos lleven al terreno de la parafiscalidad" – López Díaz, António, "Hacia un tratamiento..." cit., p. 203 e 204. Vicente Arche consider a que "no existe, en términos jurídicos, diferencia entre el impuesto y la cuota de seguro social, por lo que se refiere a la esencia de ambas as figuras" – cfr. Vicente-Arche Domingo, "En torno de la naturaleza jurídica de las cuotas de Seguridad Social", in: *Revista de Derecho financiero e Hacienda Pública*, nº 44, 1961, p. 1249. No mesmo sentido veja-se ainda Vanoni, *Naturaleza e interpretación de las Leyes Tributárias*, Madrid, Instituto de Estudios Fiscales, 1973, p. 170 e Fernández Pavés, María José, *Las cotizaciones a la Seguridad Social – Análisis jurídico tributario*, Madrid, Marcial Pons, 1996.

patronal. Constata-se que o que efetivamente está em causa é a aplicação de uma taxa global efetiva de 34,75%, a qual vai incidir sobre uma mesma base fiscal: o rendimento do trabalhador.

Ao nível da cobrança, o empregador desempenha um papel fundamental dado lhe ser imposta a entrega da totalidade das contribuições obrigatórias: i) a contribuição obrigatória que lhe é imposta, à taxa de 23,75%, e que qualifica na sua esfera jurídica como gasto fiscal nos termos do artigo 23º CIRC; ii) a do trabalhador, a título de retenção na fonte à taxa de 11%, no momento do pagamento do salário do trabalhador.

6.4. O Código Contributivo da Segurança Social[321]

6.4.1. Introdução

A criação de um Código Contributivo relativo à segurança social[322] surge após várias décadas de dispersão das leis de segurança social, que se têm mantido arredadas dos desenvolvimentos tributários, tanto ao nível da técnica tributária como da modernização administrativa e tecnológica em curso no país.

Surge assim um Código que, e de acordo com o seu preâmbulo, visa condensar e sistematizar a legislação existente e cumprir o dispositivo constitucional de tributação dos rendimentos reais obtidos pelos contribuintes.

Este objetivo é claramente enunciado no preâmbulo do diploma: "*Assegura-se aos trabalhadores que as prestações substitutivas do rendimento do trabalho são calculadas a partir daquele que é efetivamente o rendimento do seu trabalho, garantindo-se-lhes mais proteção social...*". No Código Contributivo, no entanto, este objetivo é afastado em alguns regimes contributivos, não se encontrando explicação legal nem técnica para a manutenção destes regimes convencionais excecionais.

[321] A GDA, CRL, solicitou à coordenadora do Centro de Investigação Jurídico-Económica (CIJE) da Faculdade de Direito da Universidade do Porto (FDUP) uma apreciação preliminar da Proposta de Lei nº 270/X/4ª, com particular atenção a dedicar aos regimes contributivos especiais, que possam, de alguma forma, vir a afetar os direitos e obrigações dos seus associados.
Este estudo teve por objetivo apresentar aperfeiçoamentos à referida proposta, tendo sido apreciado na Assembleia da República em julho de 2009.

[322] Ver Lei nº 110/2009 de 16 de setembro.

O legislador remete-se ao silêncio, não justificando a diferenciação de tratamento dos contribuintes: uns, são tributados com base nos rendimentos efetivamente auferidos e outros, são tributados com base em rendimentos convencionais ou presumidos legalmente.

Conforme estudos comparados já publicados e traduzidos para a língua portuguesa[323], a definição da base de incidência alicerçada em remunerações convencionais ou presumidas já não se aplica em ordenamentos jurídicos dotados de sistemas de segurança social modernos e eficientes (e.g. vejam-se os casos Holandês, Belga, etc.).

6.4.2. A Qualificação Jurídica do Código Contributivo da Segurança Social

Do Código aprovado, relevam contradições legais que denunciam a indecisão do legislador em matéria da definição jurídica das contribuições obrigatórias para a segurança social.

É indiscutível e correta a adoção no Código dos princípios e técnicas tributárias, visíveis, por exemplo, nos artigos 3º ('Direito Subsidiário', com a aplicação a título supletivo da Lei Geral Tributária), artigo 46º, que introduz um alargamento da base de incidência contributiva em sintonia com a base de incidência fiscal, artigo 162º, nº 2 que harmoniza as bases de incidência tributária dos trabalhadores independentes para efeitos fiscais e de segurança social ("*O rendimento referido no número anterior é apurado pela instituição de segurança social competente com base nos valores declarados para efeitos fiscais*"), artigos 143º, nº 1, 147º, nº 2, 149º, nº 1 ('*Comprovação de elementos e troca de informação com a administração fiscal*') e Parte III do Código Contributivo ('*Incumprimento da obrigação contributiva*').

Esta opção é válida mas as suas consequências têm de ser aplicadas tanto aos contribuintes como ao Estado. Assim, não pode o legislador em matérias de direitos e prerrogativas do Estado aderir aos princípios e técnicas tributárias e, diferentemente, em matéria de direitos dos contribuintes abandonar esta lógica e tributar com base em remunerações convencionais ou presumidas que, em situações de incumprimento, poderão

[323] Ver Teixeira, Glória (coord.), *A Tributação do Trabalho Dependente, Relação com as contribuições para a Segurança Social*, Vida Económica, 2000.

estar sujeitas, nomeadamente às regras de processo de execução fiscal. É manifestamente desproporcional e contrário aos princípios constitucionais e legais do nosso ordenamento jurídico.

Também se apresenta de duvidosa constitucionalidade os regimes jurídicos aplicáveis à 'transformação' das dívidas à segurança social em capital social dos contribuintes, nos termos do artigo 199º do Código Contributivo. Como conciliar esta privatização da dívida pública com os princípios e técnicas tributários, nomeadamente em sede de processo de execução fiscal?

Iguais argumentos se podem aduzir na situação de transmissão de dívidas tributárias a entidades privadas, prevista nos artigos 201º e 202º do Código Contributivo. Esta posição tem sido sufragada pacificamente pela jurisprudência do Supremo Tribunal Administrativo que tem vindo a recusar 'contratos privados' de transmissibilidade de dívidas tributárias, não produzindo estes contratos quaisquer efeitos externos.

6.4.3. Os problemas criados pelos regimes convencionais: a discriminação entre trabalhadores e o incentivo à fraude ou evasão

Refere o artigo 14º do Código Contributivo: "*Considera-se base de incidência contributiva o montante das remunerações reais ou convencionais, sobre as quais incidem as taxas contributivas...*".

Enunciam-se, a seguir, as diferentes bases de incidência aplicáveis a trabalhadores dependentes e a base de incidência aplicável a trabalhadores independentes.

Tanto no caso dos trabalhadores dependentes como no caso dos trabalhadores independentes, o legislador adota as duas bases de incidência contributiva: a real e a convencional. E haverá justificação para o uso das duas bases?

Desde logo, e face aos princípios e técnicas tributários adotados no Código Contributivo – veja-se o artigo 17º e a consagração do princípio da equivalência –, não se vislumbra qualquer razão legal ou técnica para a manutenção de bases de incidência contributivas alicerçadas em remunerações convencionais. O legislador aponta a solução (*vide* artigo 17º) e ignora-a aquando da implementação de alguns regimes especiais de segurança social.

a) Os trabalhadores dependentes

Indica o artigo 44º que para a determinação da base de incidência contributiva deste tipo de trabalhadores se deve tomar em consideração a remuneração ilíquida, sem prejuízo da fixação de bases de incidência convencionais ou a sua sujeição a limites mínimos ou máximos.

Refere ainda o Código a situação dos trabalhadores no domicílio (artigos 71º a 73º), não indicando expressamente o legislador a base de incidência, mas podendo interpretar-se estas disposições à luz do princípio-regra da tributação da 'remuneração efetivamente recebida'. Não estabelece, neste caso, o legislador limites mínimo ou máximo. O mesmo se aplica a outros trabalhadores dependentes, não especificamente contemplados no Código Contributivo.[324]

O mesmo princípio-regra, de adoção de uma base de incidência real ou baseada na remuneração efetiva, aplica-se também aos praticantes desportivos profissionais (ver artigo 77º do Código Contributivo).

A exceção à regra surge no caso dos trabalhadores em regime de contrato de muita curta duração, alicerçando o legislador a base de incidência contributiva numa remuneração convencional[325]. Em nossa opinião, não se encontra qualquer razão para a exceção à regra, devendo estes trabalhadores ser objeto de igual tratamento aos demais e, portanto, não ser objeto de discriminação, incidindo a carga contributiva sobre as remunerações efetivamente recebidas. Reitera-se o argumento da duvidosa constitucionalidade do artigo 82º do Código, este mesmo norteado pelo princípio da incidência real, conforme enunciado no preâmbulo do respetivo Diploma, e de aplicação generalizada aos restantes trabalhadores dependentes.

No caso dos trabalhadores intermitentes, o legislador aderiu ao princípio-regra da remuneração efetivamente auferida pelo trabalhador, complementado pelo princípio da equivalência e em conformidade com a Lei nº 4/2008 de 7/2.

[324] Recentemente, o Código Contributivo (artigos 83-A a 83-D) passou a incluir os jovens trabalhadores estudantes que prestem trabalho durante o período de férias escolares, sendo a taxa contributiva de 26.1% da responsabilidade das entidades empregadoras.

[325] Ver ainda o caso excecional dos trabalhadores de serviço doméstico (artigo 119º do Código Contributivo).

A não uniformização da base de incidência contributiva pode, nomeadamente levantar questões sérias, do tipo qual o regime de segurança social a aplicar a um trabalhador intermitente em regime de contrato de trabalho de muita curta duração?

Aplicar-se-á a este trabalhador uma base de incidência real baseada no artigo 93º do Código Contributivo ou a base de incidência convencional estatuída no artigo 82º do Diploma?

A adoção de uma base de incidência contributiva uniforme, baseada na remuneração efetiva, resolveria este e outros problemas que os serviços de segurança social e tribunais poderão vir a enfrentar.

b) Os trabalhadores independentes

O Código Contributivo determina, para o caso dos trabalhadores independentes, a aplicação de uma base de incidência contributiva real, com base nos rendimentos obtidos nos 3 meses imediatamente anteriores ao mês da declaração trimestral, nos seguintes termos:

a) 70% do valor total da prestação de serviços;
b) 20% dos rendimentos associados à produção e venda de bens.

Nos termos do art. 163º, nº 1, a base de incidência contributiva mensal corresponde a 1/3 do restante rendimento apurado em cada período declarado, produzindo efeitos no próprio mês e nos 2 meses seguintes (ver artigos 162º, 163º e 164º).[326-327]

No capítulo dos trabalhadores independentes, a harmonização com as leis fiscais é notória e constitui um desenvolvimento positivo: abandona-se

[326] Ver art. 163º, nº 3 e regras aplicáveis aos trabalhadores independentes abrangidos pelo regime de contabilidade organizada. Os rendimentos dos trabalhadores independentes abrangidos pelo regime de contabilidade organizada, correspondem ao valor do lucro tributável apurado no ano civil imediatamente anterior.

[327] Cobre ainda o art. 163º, nº 2 as situações de inexistência de rendimentos ou quando o valor das contribuições seja inferior a 20 euros, sendo a base de incidência fixada com base neste valor.
O Código Contributivo consagra ainda no art. 157º, nº 1, alínea d) o direito à isenção da obrigação de contribuir, caso as condições acima descritas se mantenham por um período superior a um ano.
Ver ainda as situações de exclusão estabelecidas no art. 139º, nomeadamente advogados ou solicitadores e rendimentos da categoria B resultantes exclusivamente de contratos de arrendamento e de arrendamento urbano para alojamento local.

o critério da remuneração convencional e opta o legislador pelo princípio da tributação real, flexibilizando-se o cumprimento contributivo em função da real capacidade económica e financeira do trabalhador (ver art. 151º, nº 1 'Obrigação contributiva', art. 157º 'Isenção da obrigação de contribuir' e art. 162º, números 5 e 6 'Determinação do rendimento relevante').

No âmbito das obrigações acessórias, seria menos penoso para o trabalhador independente o pagamento das contribuições obrigatórias numa base trimestral e não mensal, conforme previsto no artigo 155º, nº 2 do Código Contributivo. De igual modo, reduzir-se-iam os custos de gestão para os serviços de segurança social.

Ao nível da definição das taxas[328] é de rejeitar a aplicação de uma taxa contributiva a cargo das entidades contratantes. Esta obrigação vai contra a lógica e princípios subjacentes a qualquer regime de segurança nacional ou estrangeiro. Encontram-se as contradições dentro do próprio Código Contributivo quando estipula no artigo 150º, nº 2 que "*Os trabalhadores independentes são, no que se refere à qualidade de contribuintes, equiparados às entidades empregadoras*".

É, portanto, ilegal dentro do espírito do Código Contributivo e manifestamente desproporcional fazer incidir sobre entidades externas à relação contributiva, obrigações de pagamento que incumbem exclusivamente ao trabalhador independente.

Esta obrigação levanta também problemas sérios ao nível internacional, gerando problemas de dupla ou múltipla incidência contributiva e passível de reprovação pelo Tribunal de Justiça da União Europeia. De facto, esta medida pode consistir num entrave à livre circulação de trabalhadores na União Europeia e mesmo à liberdade de estabelecimento no espaço europeu.

Não obstante a preocupação do legislador em acautelar algumas situações internacionais (ver, neste âmbito, artigo 139º, nº 1, alínea *c*) 'Situações excluídas'), esta previsão cobre apenas os trabalhadores e não as entidades contratantes.

[328] As taxas contributivas estão previstas no art. 168º: no caso dos trabalhadores independentes a taxa é fixada em 21.4%; no caso das empresárias em nome individual e das titulares de estabelecimento individuais de responsabilidade limitada, a taxa é de 25.2% e no caso das entidades contratantes fixa o legislador 2 taxas: 10% e 7%.

No contexto europeu, apresenta-se de duvidosa legalidade exigir a uma entidade contratante não residente (ver o caso do estabelecimento estável) uma obrigação contributiva num contexto de substituição tributária ou mesmo exigir a uma entidade contratante residente que aplique uma taxa contributiva sobre trabalhadores independentes residentes em outro país da União Europeia. Estes já contribuem nos seus próprios países, não estando obrigados a contribuir noutro país, sob pena de dupla tributação internacional e violação do princípio fundamental europeu da não discriminação.

Ainda ao nível da fixação das taxas é criticável a rigidez do legislador no âmbito dos trabalhadores independentes. Não seria de permitir uma modulação de taxas em função das eventualidades cobertas?

Por último, é criticável a presunção estabelecida no artigo 136º do Código Contributivo, que enquadra os trabalhadores intelectuais na categoria de trabalhadores independentes. É de salientar que, neste âmbito, o critério que deve relevar em sede contributiva ou tributária não deve ser a qualidade ou tipo de trabalho exercido mas antes o estatuto jurídico do contribuinte.

6.4.4. A incongruência entre a voluntariedade do regime de seguro social voluntário e a obrigatoriedade da remuneração convencional

A irracionalidade da lógica da remuneração convencional evidencia-se claramente no Título III da Parte II do Código Contributivo, aplicável ao regime do seguro social voluntário.

A necessária flexibilização e caráter facultativo deste regime não se compadecem com a obrigatoriedade e rigidez de uma base contributiva alicerçada em escalões de remunerações convencionais obrigatórias.

6.5. Possíveis soluções para o futuro

Os sistemas fiscais e de segurança social europeus vivem momentos de tensão. As sociedades europeias do século XXI enfrentam novos desafios, sendo os mais dilemáticos o problema do envelhecimento populacional na Europa e o impacto das novas tecnologias de informação nas economias e finanças nacionais.

O problema demográfico tem de ser visualizado numa dupla perspetiva. Não só se assiste a uma alteração significativa no rácio população pensionista/população ativa como também a esperança média de vida destes últimos tem vindo a aumentar (presentemente, 80 anos). Note-se que a tradicional idade legal de reforma (65 anos) não tem acompanhado esta tendência. Na prática, estima-se que a idade média real de reforma na União Europeia é cerca de 61.3 anos (Besseling e Zeeuw). Este problema irá ter também repercussões significativas nas áreas da saúde (aumento da despesa com a doença e assistência médica) e da educação. É já dado como certo que, em resultado destas tendências, os custos sociais irão aumentar significativamente num futuro próximo.

É também facto indiscutível que as cargas fiscais na União Europeia têm vindo a aumentar, sendo uma grande parte das receitas arrecadadas afetas ao financiamento de despesas sociais. Constata-se ainda que, de um modo geral, os trabalhadores dependentes são a classe de contribuintes mais afetados por esta tendência[329].

Este agravamento fiscal é exacerbado pela aplicabilidade de dois sistemas, o fiscal e o da segurança social, nem sempre coordenados ou alinhados, não obstante a opinião jurisprudencial dominante tratar as contribuições obrigatórias para a segurança social como verdadeiros impostos e o facto de estas contribuições caírem na alçada das leis processuais fiscais e do Regime Geral das Infrações Tributárias.

Este tipo de problema aparece solucionado no sistema Holandês, onde ambos os impostos se encontram integrados, tanto para efeitos de aplicabilidade de uma base de incidência única como para efeitos de aplicabilidade de taxas (e.g. as contribuições obrigatórias para a segurança social estão integradas nos impostos que incidem sobre os salários e sujeitos a um sistema unificado de taxas).

Este sistema atribui ainda uma grande importância à troca de informações entre as autoridades fiscais e as de segurança social. Para evitar fraudes, a administração fiscal tem de prestar informações referentes a rendimentos, às várias instituições de assistência e segurança social. A introdução de um 'número fiscal social' (SOFI) ilustra bem este fenómeno de colaboração entre diferentes organismos estaduais.

A articulação entre os dois sistemas assume também particular relevância nos casos apelidados de "armadilha da pobreza". Os governos reconhecem este problema (e.g. Portugal, Reino Unido e Holanda) e

[329] Ver estatísticas da OCDE e FMI neste domínio.

tentam fazer com que seja financeiramente mais atrativa a transição de uma situação de desemprego comparticipado para uma outra em que se possui trabalho (*vide*, a introdução no sistema Holandês da chamada 'taxa líquida de reposição' (NRR)). Um modelo administrativo mais coordenado não só evitará muitas das situações de fraude ou 'desencorajamento laboral' relativas aos beneficiários da segurança social como também exercerá uma vigilância mais apertada sobre as entidades empregadoras. Este último aspeto é de relevância fundamental no sistema fiscal Português onde a dívida das empresas à segurança social atinge proporções preocupantes.

Pretende-se deste modo evitar situações de abuso ou fraude tanto na área dos impostos como na área da segurança social. Para a prossecução de tais objetivos, alguns países têm vindo a desenvolver esforços consideráveis, nomeadamente modernização das suas estruturas jurídicas, organizacionais e informáticas.

Parte-se da premissa válida que não deverá haver separação entre os orçamentos sociais e os orçamentos gerais. A tendência é para que seja adotada uma perspetiva global de todos os orçamentos públicos, seja qual for a forma como são administrados[330].

A questão da administração dos sistemas fiscal e de segurança social não poderá deixar de fora as entidades empregadoras (*vide* aspetos acima citados de responsabilidade pelo pagamento das contribuições obrigatórias dos trabalhadores numa situação de substituição fiscal) e o custo associado com a responsabilidade de calcular as contribuições e o IRS e de coletar ambos. Uma visão coerente reduziria substancialmente estes custos administrativos.

Para as entidades públicas, para além da facilitação da tarefa de controle e evitar a fraude, uma administração conjunta do IRS e das contribuições obrigatórias para a segurança social resolveria muitos dos problemas com que se debatem os governos na atualidade (e.g. a armadilha da pobreza, incentivo ao trabalho, situações discriminatórias em função do tipo de rendimento, etc.).

Note-se no entanto que, para atingir tal estádio, os sistemas fiscais tiveram de atravessar fases de maturação tais como: a) introdução

[330] Ver WILLIAMS, David, em a *Tributação do Trabalho Dependente, Relação com as contribuições para a Segurança Social*, Vida Económica, maio 2000.

de um sistema de autoliquidação e b) tributação separada dos indivíduos e o abandono das famílias como unidades singulares em termos de IRS. Este último aperfeiçoamento deveu-se essencialmente à introdução de novos equipamentos informáticos nas administrações fiscais.

Ainda, tem-se assistido em alguns países (*vide* o caso Holandês e as experiências da América Latina) a uma tendência de privatização da segurança social, sem todavia descurar a proteção social devida aos mais pobres ou marginalizados (e.g. o chamado 'mínimo social' holandês). Valores como o da autonomia privada e liberdade contratual tendem a prevalecer sobre os valores inerentes ao Estado providencial. Confrontados com a incapacidade dos Estados de proceder a uma eficaz redistribuição da riqueza, constata-se uma crescente responsabilização dos cidadãos, extensível também às áreas sociais. Fala-se agora de igualdade de oportunidades e iguais possibilidades de acesso, nomeadamente em domínios vitais como os da informação, mercado de trabalho, mercados financeiros, etc. É neste novo contexto de valores que se colocam questões sobre o modo de financiamento ou sustentabilidade do atual sistema de segurança social.

A maioria dos sistemas de segurança social não têm fundos investidos a suportá-los. Todavia, alguns países (caso Inglês) têm vindo a superar ao longo de décadas este problema, possuindo já um elevado nível de fundos investidos a suportar os seus sistemas de pensões.

Em outros países, a situação poderá ser mais dramática exigindo mais e maiores recursos afetos a estas despesas. O resultado inelutável será o aumento dos impostos essencialmente ao nível do trabalho dependente e património imobiliário (situações com uma base fiscal fixa ou dificilmente transferível).

Ao nível internacional, os dois sistemas ainda são olhados separadamente. Existem convenções sobre dupla tributação que cobrem os impostos sobre o rendimento e por outro lado, regulamentos ou convenções especificamente aplicáveis às contribuições para a segurança social. No entanto, os problemas de interação ao nível internacional entre os dois sistemas são claramente indicados por Freitas Pereira, na obra acima citada, nomeadamente a questão fundamental dos contornos do principio da não discriminação no seio da União Europeia e a sua implementação pelos Estados-membros.

Em Portugal, são já visíveis os passos dados no sentido da modernização e aperfeiçoamento dos sistemas fiscal e de segurança social, designadamente introdução do 'rendimento social de inserção', ações fomentadoras do emprego e da integração social, criação de um instituto de gestão de fundos de capitalização da segurança social com competência, nomeadamente para gerir a carteira do fundo de estabilização financeira da segurança social e de outros fundos e disponibilidades financeiras que lhe sejam afetadas e progressiva implementação de um sistema eficiente de troca de informações. No entanto, e conforme ilustrado pelas experiências Holandesa e Inglesa acima referidas, o processo de transformação é lento e complexo.

São necessárias décadas de trabalho consistente, persistente e, acima de tudo, coerente.

Capítulo V
Os Impostos sobre o Consumo

1. Os Impostos Aduaneiros
1.1. A perspetiva histórica

No processo de integração europeia cumpre referir dois marcos históricos fundamentais: a criação de uma união aduaneira e mais recentemente a introdução de uma moeda única no espaço europeu[331].

No âmbito dos impostos aduaneiros, a partir dos séculos XVIII e XIX, na Europa, cresceram as preocupações com a multiplicidade de impostos, taxas e complexidade dos sistemas então vigentes. Iniciou-se um processo de simplificação, com a eliminação ou integração de alguns sistemas aduaneiros europeus, inicialmente numa base bilateral, mas gradualmente extensível a países com afinidades geográficas, comerciais ou económicas. Fundaram-se os alicerces para que em 1944 surgisse uma Convenção Aduaneira dentro da União Económica do Benelux, sendo abolidos em 1948 os impostos aduaneiros nas transações de bens efetuadas entre os Estados-membros da União e introduzida uma pauta aduaneira comum[332]. O sistema foi preservado nas diferentes versões dos

[331] Ao nível internacional cumpre referir o GATT/OMC e os objetivos de liberalização do comércio e progressiva redução de barreiras aduaneiras. Estes objetivos estão expressos nos sucessivos acordos multilaterais, nomeadamente SCM (*Subsidies and Countervailing Measures*), TRIMs (*Trade-Related Investment Measures*), AoA (*Agreement on Agriculture*) e GATS (*General Agreement on Trade in Services*)

[332] Lyons, Timothy, *EC Customs Law*, Third edition, Oxford EC Law Library, Oxford University Press, 2018.

Tratados Europeus, aparecendo o Código Aduaneiro Europeu[333] como expoente máximo não só ao nível de técnica legislativa mas também de um bem sucedido exemplo de integração fiscal no espaço europeu. No entanto, conforme salientam alguns autores, o sucesso alia-se ao resultado obtido: a eliminação de impostos. É questionável se o processo de integração alcançará o mesmo êxito na situação inversa: imposição de novos impostos[334].

Um novo Código Aduaneiro Comunitário Modernizado foi aprovado e publicado a 4/06/2008 (Regulamento (CE) nº 450/2008), mas nunca chegou a ser implementado. Posteriormente, a 9 de outubro de 2013 é publicado no Regulamento nº 952/2013 o Código Aduaneiro da União, tendo já entrado em vigor ao abrigo do seu art. 287º.

1.2. Conceitos fundamentais do Código Aduaneiro da União[335]

O Código Aduaneiro da União representa, com as suas Disposições de Aplicação[336], o resultado de um trabalho de codificação da legislação aduaneira comunitária, antes disperso por uma pluralidade de diplomas.

Nas normas contidas no Título I, respeitante às **Disposições Gerais**, é de salientar o art. 4º, que define o território aduaneiro da União. Esse território aduaneiro coincide em larga medida, mas não inteiramente, com os territórios políticos dos Estados-membros, havendo regiões que, integrando embora os territórios nacionais, não se incluem no território aduaneiro (por exemplo, as Ilhas Faroé e a Gronelândia, que fazem parte do território da Dinamarca) e outras, que fazem parte do território aduaneiro da União, apesar de não corresponderem ao território de nenhum

[333] WILLIAMS, David, *Taxation in the European Union*, in Teixeira (coord.), *Business Taxation in the European Union*, Wiley Chancery, 1995.

[334] Para mais desenvolvimentos, ver BRIGAS AFONSO, A., *Noções Gerais de Direito Aduaneiro*, Ciência e Técnica Fiscal, Centro de Estudos Fiscais, 422, julho-dezembro 2008, Direção-Geral dos Impostos, julho 2009.

[335] Note-se que o Código Aduaneiro da União deverá também ser analisado no contexto do direito internacional e respetivos tratados comerciais internacionais que estipulam regimes específicos (e.g. os acordos preferenciais, a convenção TIR, a convenção de Istambul, o acordo de Florença, a convenção de Quioto, o acordo sobre 'TRIPS', etc.). Para maiores desenvolvimentos sobre a matéria, ver LUX, Michael, *EU Customs Law and International Law*, World Customs Journal, vol. 1, number 1, March 2007.

[336] Ver Regulamento Delegado (UE) 2015/2446 da Comissão de 28/07/15 e Regulamento de Execução (UE) 2015/2447 da Comissão de 24/11/15.

Estado-membro (caso do território do Mónaco, por força de uma Convenção celebrada com a França).

Também no Título I, o art. 5º apresenta algumas definições relevantes para efeitos de sua aplicação, nomeadamente os conceitos de

- mercadorias da União, que são as inteiramente obtidas no território aduaneiro, as importadas de países ou territórios que não façam parte do território da União, mas tenham sido introduzidas em livre prática (mediante o cumprimento das formalidades de importação e aplicação dos direitos por esta devidos) e as obtidas no território aduaneiro a partir de mercadorias introduzidas em livre prática, ou a partir destas e de mercadorias inteiramente obtidas na União;
- mercadorias não-UE que se definem por exclusão relativamente às anteriores ou que tenham perdido o estatuto aduaneiro de mercadorias da União;
- direitos de importação, que são os direitos aduaneiros devidos aquando da importação de mercadorias;
- direitos de exportação, que são os direitos aduaneiros devidos aquando da exportação de mercadorias.

O Título II é consagrado aos elementos com base nos quais são aplicados os direitos de importação ou de exportação e as outras medidas previstas no âmbito das trocas de mercadorias, elementos esses que são essencialmente três: a classificação pautal, a origem e o valor aduaneiro.

1.2.1. Classificação pautal

O tratamento unificado, na União Europeia, das trocas com países terceiros, é fundamentalmente assegurado pela adoção de uma pauta aduaneira comum, a Pauta Aduaneira Comum, prevista no art. 56º do Código Aduaneiro da União.

A fixação dos direitos autónomos e convencionais aplicáveis às importações e exportações é feita de acordo com a classificação dos vários tipos de mercadorias nos códigos numéricos (códigos pautais) da chamada Nomenclatura Combinada, que inclui oito dígitos. Para abranger todos os elementos relevantes para o tratamento dos diversos produtos, em função das várias origens, é ainda elaborada e mantida atualizada pela Comissão a Pauta Integrada das Comunidades Europeias, denominada

"Taric", cujos códigos incluem em regra mais dois dígitos, portanto um total de dez, e que não tem em si mesma força jurídica, destinando-se a proporcionar um quadro completo e atualizado do tratamento aplicável à importação e exportação das mercadorias em resultado de acordos bilaterais, da concessão unilateral de benefícios (taxas preferenciais) e da adoção de medidas pautais (de que são exemplo as suspensões e os contingentes, os direitos *anti-dumping* e compensadores, as taxas compensatórias e os elementos agrícolas, as proibições e restrições à importação e à exportação e as medidas de vigilância)[337].

1.2.2. Origem das mercadorias

As regras de origem constituem um instrumento essencial da política de tratamento diversificado das trocas de mercadorias entre a União Europeia e países terceiros. A determinação da origem interessa sobretudo nas relações com os países ou territórios terceiros preferenciais, que são aqueles cujos produtos beneficiam de direitos reduzidos ou nulos na importação na União, seja em aplicação de acordos bilaterais ou plurilaterais (preferências convencionais), seja por concessão unilateral da União Europeia (preferências autónomas).

1.2.3. Valor aduaneiro

A determinação do valor aduaneiro das mercadorias reveste grande importância na aplicação da Pauta Aduaneira da União Europeia, pelo facto de a maioria dos direitos nesta estabelecidos serem fixados numa percentagem do valor, sendo por isso chamados direitos *ad valorem* (quando fixados em função de unidades, que podem ser físicas ou técnicas, os direitos designam-se por *específicos*).

As regras de determinação do valor aduaneiro estão previstas nos arts. 69º a 76º do Código Aduaneiro da União.

Por aplicação dessas regras, o valor aduaneiro das mercadorias corresponde, na grande maioria das situações, ao seu valor transacional, ou seja, ao preço efetivamente pago ou a pagar pelas mesmas, quando são vendidas para exportação com destino ao território aduaneiro da União. Esse preço compreende todos os pagamentos efetuados ou a efetuar, como condição

[337] Ver Regulamento (CEE) nº 2658/87 do Conselho de 23/07/87 e Regulamento de Execução (UE) nº 927/2012 da Comissão de 9/10/12.

de venda das mercadorias, pelo comprador ao vendedor ou em seu benefício. Na medida em que nele não estejam já incluídos, deverão ser-lhe adicionados, para cálculo do valor aduaneiro, nomeadamente as despesas de transporte, seguro, carga e manutenção conexas com o transporte até ao local de entrada das mercadorias no território aduaneiro da União[338].

A existência de certas limitações quanto à cessão ou utilização das mercadorias pelo comprador, a subordinação da venda ou do preço a condições ou prestações cujo valor não possa ser determinado, a entrega ao vendedor do produto de revenda, cessão ou utilização das mercadorias posteriormente à aquisição pelo comprador, bem como a existência de relações especiais entre o vendedor e o comprador, podem determinar a inaplicabilidade do "método transacional", baseado no preço efetivamente pago ou a pagar pelas mercadorias, recorrendo-se então para determinação do valor aduaneiro, sucessivamente, a outros métodos chamados "substitutivos", que são o do valor transacional de mercadorias idênticas, o do valor transacional de mercadorias similares, o "dedutivo", o do "valor calculado" e o "do último recurso".

Os métodos substitutivos poderão também ser utilizados pelas autoridades aduaneiras quando considerarem que o valor aduaneiro declarado se baseia num preço simulado, que não corresponde ao efetivamente pago ou a pagar e não houver possibilidade de determinação deste último.

1.2.4. Destinos aduaneiros

O Título IV do Código Aduaneiro da União contém as disposições aplicáveis às mercadorias introduzidas no território aduaneiro da União que devem ser cobertas por uma declaração sumária de entrada (art. 127º).

Cumpre ainda referir o Título VI do Código Aduaneiro da União relativo aos destinos aduaneiros que devem ser atribuídos às mercadorias não comunitárias introduzidas no território aduaneiro da União. Neste contexto, indicam-se sumariamente os seguintes regimes aduaneiros: a introdução em livre prática, que se traduz na atribuição do estatuto comunitário às mercadorias não comunitárias, correspondendo ao conceito comum de "importação", o trânsito comunitário externo, o entreposto aduaneiro, o regime suspensivo de armazenagem, que permite a permanência em depó-

[338] Neste contexto, ver Caso C-529/16 (Hamamatsu Photonics Deutschland GmbH) relativo à relação entre ajustamentos feitos à posteriori em sede de preços de transferência e valor aduaneiro.

sito, dentro do território da União, de mercadorias não comunitárias, também sem sujeição aos direitos de importação (nem a medidas de carácter comercial) e o aperfeiçoamento ativo, que na sua forma de sistema suspensivo permite a utilização no território aduaneiro da União, nomeadamente em operações de complemento de fabrico, transformação ou reparação, sem sujeição a direitos de importação (nem a medidas de política comercial), de mercadorias não comunitárias destinadas a posterior reexportação.

1.3. Desenvolvimentos recentes

A UE e os Estados têm vindo a desenvolver consideráveis esforços no contexto da simplificação e eliminação de entraves administrativos e documentais ao comércio comunitário e internacional.

Novos sistemas automáticos de importação e exportação têm vindo a ser implementados, através, nomeadamente de um novo sistema informatizado de trânsito comunitário, estabelecendo-se um único ponto de entrada ou acesso ('single window') e criação de um sistema de registo unificado de importadores e exportadores.

Paralelamente, assistiu-se a um melhoramento significativo da atividade dos agentes portuários, nomeadamente imprimindo-se maior transparência às empresas administradoras dos portos, criando-se bases de dados unificadas ao nível nacional e instituindo-se mecanismos mais rigorosos de prevenção da fraude ou criminalidade organizada (e.g. o sistema SCENT/AFIS e a iniciativa 'Container Security').

1.4. Alfândegas: Do passado ao futuro

1.4.1. Perspetiva geral

Os direitos aduaneiros e os impostos especiais sobre o consumo são os impostos mais antigos quer ao nível nacional[339] quer internacional[340] e as administrações fiscais aduaneiras costumam ter um papel de liderança aquando da implementação de políticas e técnicas fiscais[341].

[339] O primeiro regulamento aduaneiro aparece em 1179, aquando da fixação das fronteiras territoriais portuguesas, com os portos portugueses a desempenhar um papel importante tanto a nível político como económico.

[340] Para maior análise, ver NYE, John War, *Wine and Taxes: The Political Economy of the Anglo-French Trade*, 1689-1900, Princeton University Press, 2007.

[341] Ver LUX, Michael, *EU Customs Law and International Law*, World Customs Journal, Volume 1, número 1, Março de 2007.

Princípios fiscais importantes e indispensáveis – ver, por exemplo, o princípio da independência em matéria de preços de transferência – foram estabelecidos primeiramente no Código Aduaneiro Comunitário e só depois importados para os códigos fiscais sobre o rendimento e o consumo[342].

Hoje em dia, o papel desempenhado pelas administrações fiscais aduaneiras estende-se para além das suas fonteiras territoriais e foca-se não só no objetivo essencial de cobrança de receitas fiscais mas também em prosseguir objetivos de segurança e de eficiência[343].

O comércio internacional deveria desenvolver-se num ambiente seguro e simples, eliminando-se os custos fiscais e administrativos desnecessários.

Antes da Revolução de Abril de 1974, Portugal era uma economia fechada e só com a adesão à Comunidade Europeia, nos tardios anos oitenta (1986), o país começou a modernizar-se e a abrir as suas fronteiras à Europa e a países terceiros.

Uma das consequências da adesão foi que Portugal importou tanto a legislação da CE como as práticas das administrações fiscais da CE em matéria de tributação aduaneira e de consumo e o seu impacto nos setores económicos e financeiros não pode ser subestimado.

Hoje, Portugal é uma economia desenvolvida e tenta arduamente competir num mundo integrado. Leis e regulamentos devem ser bem concebidos e elaborados mas também necessitam de ser implementados e a sua aplicação continuamente supervisionada pelas autoridades competentes.

Contudo, só recentemente, nos tardios anos noventa, Portugal tem vindo a abordar estes problemas de supervisão e efetiva implementação de quadros legais e administrativos, através da colaboração de associações nacionais comerciais e industriais[344] e também através da Autoridade Tributária e Aduaneira.

[342] A definição de preço (ou avaliação do ativo ou transação) é uma questão essencial tanto na tributação direta como indireta.

[343] Ver, na China, os incentivos fiscais à importação para reanimar a indústria de produção de equipamentos e recentemente os incentivos fiscais para o setor digital.

[344] No contexto internacional, ver o importante papel desempenhado no Zimbabwe pela *World Association of Newspapers (WAN) e pela World Editors Forum (WEF)* que apelaram

O impacto das decisões da OMC e do Tribunal de Justiça também vale a pena ser considerado porque elas têm também modelado a experiência fiscal portuguesa.

1.4.2. Desafios e objetivos atuais

Portugal tem vindo a concentrar sérios esforços em matéria de troca de informações, aplicando os Regulamentos da União, implementando as suas Diretivas e concluindo acordos bilaterais com o objetivo de eliminar a fraude e o planeamento fiscal abusivo. As investigações criminais estão agora na agenda política, com um aumento de recursos humanos e financeiros alocados a específicas operações de risco económico ou setores determinados[345].

O novo ambiente eletrónico está agora bem implementado em Portugal, tendo o objetivo da simplificação sido perseguido não só pela introdução de novos meios eletrónicos mas também pela implementação de novas práticas administrativas baseadas na análise de risco.

Ao nível da gestão, novas regras foram introduzidas, aplicáveis a funcionários públicos, com o objetivo de melhorar a eficiência e produtividade dos diferentes departamentos fiscais, podendo as remunerações ser fixas ou variáveis, dependendo do desempenho do trabalhador.

Em conjunto, os objetivos acima mencionados visam aumentar e facilitar o comércio internacional e criar um ambiente amigável para as empresas e departamentos fiscais[346].

Por último, convém referir que o Tribunal de Justiça terá um papel importante a desempenhar no processo de uma aplicação coerente e não discriminatória do Código Aduaneiro da União.

ao governo para acabar com um imposto de luxo, sobre jornais importados, instituído naquele país.

[345] Internacionalmente, no Brasil, pôs-se a descoberto um esquema, no qual a filial brasileira de um fabricante de automóveis estrangeiro, alegadamente, evitou o imposto especial de consumo federal sobre vendas de carros importados de luxo, ao abrigo de uma específica isenção fiscal brasileira na importação, ao oferecer descontos aos compradores que concordassem em esperar 12 meses para transferir o registo dos carros para os seus nomes (ver *Tax Notes International*, volume 51, número 9, setembro 1, 2008).

[346] Ver a legislação fiscal canadiana e a extensão dos benefícios fiscais aos operadores portuários de forma a exponenciar a sua competitividade internacional.

Paralelamente, os Estados membros ou operadores económicos quando lidem com práticas abusivas ou discriminatórias, praticadas por outras administrações fiscais, deverão apresentar os seus pedidos nos tribunais nacionais, solicitando, simultaneamente e se aplicável, os reenvios prejudiciais ao Tribunal de Justiça, de forma a fazer cumprir os princípios fundamentais da União Europeia.

1.5. Como classificar mercadorias ao abrigo da Pauta Aduaneira Comum

1.5.1. Introdução

Estamos a viver uma profunda crise económica e financeira e, como medida compensatória, os países podem sentir-se tentados a levantar barreiras ao comércio internacional para proteger interesses nacionais e a receita pública.

Apesar desta crise, não podemos esquecer que tem havido um crescimento contínuo no comércio de 1982 a 2008, com um declínio nos direitos aduaneiros de uma média mundial de 26% em 1986 para 8,8% em 2007. Também importante, os países em desenvolvimento quase dobraram a sua quota de exportações mundiais entre 2000 e 2007[347].

Contudo, nas condições económicas e financeiras atuais, há uma ameaça real de aumento de direitos aduaneiros que pode levar a uma descida do comércio global de 7,7% se todos os países subissem os direitos aduaneiros para o máximo permitido ao abrigo dos limites acordados pelos membros da OMC. Esta ameaça tem vindo a concretizar-se recentemente, infelizmente.

Outras medidas protecionistas relacionadas com a saúde, segurança e *standards* técnicos podem ser usadas e abusadas podendo funcionar como barreiras indiretas ao comércio (ver caso Comissão contra Espanha de 5 de março de 2009). O uso de subvenções e descontos de exportação podem também funcionar como medidas protecionistas (ver recente aumento dos descontos de exportação realizados pela China).

[347] Ver *The Economist*, Barriers to entry, 20 de dezembro de 2008.

Além disso, deficientes sistemas judiciais podem criar problemas difíceis às empresas, tais como a aplicação de normas procedimentais ineficientes ou desatualizadas, negando-lhes um julgamento justo[348].

As implicações práticas no comércio, da classificação de mercadorias para efeitos de aplicação de direitos aduaneiros, devem ser salientadas novamente: uma classificação incorreta ou inadequada pode impor uma pesada carga tributária às empresas e, como resultado, originar barreiras ao comércio ou levar a tratamentos fiscais discriminatórios entre os países ou contribuintes.

O papel do Tribunal de Justiça e da sua jurisprudência que ajuda a clarificar e consolidar as regras de classificação da Nomenclatura Combinada da Pauta Aduaneira Comum, não pode ser subestimado não só no contexto da União Europeia mas também internacionalmente.

De facto, diferentes critérios de interpretação podem levar a tratamentos comerciais discriminatórios ou tratamentos ficais discricionários em razão da diferente qualificação jurídica das mercadorias sujeitas a direitos aduaneiros.

1.5.2. O quadro legal aplicável à classificação de mercadorias

A classificação de mercadorias para efeitos de tributação aduaneira é regulada pelo Sistema Harmonizado de Designação e de Codificação de Mercadorias, geralmente referido como o "Sistema Harmonizado" ou simplesmente "SH". É administrado pela Organização Mundial das Alfândegas e cobre cerca de 5.000 grupos de mercadorias. As suas regras de interpretação estão contidas na Convenção Internacional sobre o Sistema Harmonizado de Designação e de Codificação de Mercadorias[349].

[348] No processo nº 264/07 de 27 de junho de 2007, sobre descontos de exportação, a secção fiscal do Supremo Tribunal Administrativo português recusou o recurso do apelante, afirmando que estes casos devem ser submetidos aos tribunais administrativos e não aos tribunais fiscais, porque o ato foi realizado pela Administração Pública. Este tipo de decisão judicial teve impacto negativo no comércio e na economia e casos recentes poderão trazer esperança de que esta linha de raciocínio esteja a mudar gradualmente.

[349] A interpretação oficial do "SH" é dada em cinco volumes de notas explicativas publicadas pela Organização Mundial das Alfândegas.

A classificação do "SH" é a base jurídica e fundadora de outras classificações específicas como a Nomenclatura Combinada da UE ("NC")[350], pela Pauta Aduaneira dos Estados Unidos ("PAEU") ou pela Pauta Aduaneira da Nova Zelândia. Como base legal para outras classificações mais específicas, as regras de interpretação mencionadas no parágrafo acima devem ser totalmente tomadas em consideração pelo intérprete. É portanto ilegal e contrário aos princípios legais internacionais desprezar esses critérios de interpretação, aquando da aplicação, por exemplo, quer da "NC", quer da "PAEU". Diferentemente, os critérios de classificação específicos criados ao abrigo da "NC" ou da "PAEU" devem ser sujeitos às regras de interpretação legais da UE e dos EUA, na medida em que não contradigam os princípios gerais e critérios estabelecidos pela Convenção Internacional sobre o Sistema Harmonizado de Designação e de Codificação de Mercadorias[351].

Esta interpretação da "NC" está sujeita a uma ordem hierárquica que implica que a regra subsequente apenas se aplica se a anterior não resultar em classificação. Em caso de conflitos de classificação, o título que forneça a descrição mais específica é o preferível[352].

Além disso, em matéria de direito fiscal da União Europeia, ambos os princípios de certeza jurídica e proporcionalidade devem ser aplicáveis, evitando custos excessivos de cumprimento fiscal ao contribuinte.

O contribuinte pode também solicitar à administração tributária informação vinculativa aduaneira para determinação da classificação das mercadorias.

[350] O Sistema Harmonizado foi adotado pelo Regulamento (CEE) nº 2658/87 que introduziu a Nomenclatura Combinada.

[351] Na prática, surgem conflitos entre as normas de classificação de mercadorias da Organização Mundial das Alfandegas e da Organização Mundial do Comércio (ver casos CE – *Equipamento de computadores (WT/DS62,67,68/AB/R, de 22 de junho de 1998) ou CE – Classificação de frangos*) e seria uma evolução positiva se os países em causa cumprissem os princípios e regras de interpretação internacionalmente acordados e aplicáveis aos casos.

[352] Para maior desenvolvimento, ver Lyons, Timothy, *EC Customs Law*, Third edition, Oxford EC Law Library, Oxford University Press, 2018.

1.5.3. A interpretação da Nomenclatura Combinada ('NC') feita pelo Tribunal de Justiça

O Tribunal de Justiça segue o quadro jurídico explicado acima e tem vindo a produzir jurisprudência sólida e consistente ao interpretar e aplicar a "NC".

Tradicionalmente, as mercadorias são classificadas ao abrigo de dois testes fundamentais:

- O teste das características da mercadoria ou teste 'material' e
- O teste funcional ou 'da utilidade' da mercadoria.

Ao interpretar a Nomenclatura Combinada, o Tribunal de Justiça tem seguido esses testes, dando também prevalência à principal função do ativo sobre as suas funções acessórias ou complementares.

Mais recentemente, e no contexto de "bens multifuncionais" ou "híbridos", o Tribunal de Justiça tem aplicado um terceiro teste, o chamado teste do 'carácter', que parece querer combinar os dois testes acima mencionados: o teste das características da mercadoria ou teste 'material' e o teste funcional ou 'da utilidade[353].

Contudo, nesta fase, o teste do 'carácter' é ainda um conceito legal e jurisprudencial em construção e, portanto, temos de seguir atentamente os desenvolvimentos futuros nesta matéria.

O tratamento fiscal da classificação de lacunas é também uma questão em aberto. Nestes casos, a administração tributária e os tribunais estão "vinculados" a seguir a declaração do contribuinte, eventualmente complementada por uma inspeção e avaliação do ativo.

1.5.4. Problemas atuais e possíveis melhorias na classificação aduaneira

Aceita-se que a tributação aduaneira é uma área complexa principalmente por causa do seu carater multidisciplinar e pesados custos de cumprimento fiscal, tanto para as administrações tributárias como para os contribuintes.

[353] Ver processos apensos Kip Europe SA (Processo C-362/07) e Hewlett Packard (Processo C-363/07) e Kamino BV (Processo C-376/07 de 19/02/2009).

Este último problema tem sido enfrentado pelo Código Aduaneiro da União que visa simplificar procedimentos e combater a fraude, usando meios eletrónicos e diferenciando os contribuintes de acordo com o seu nível de cumprimento.

Mas, será que podemos ultrapassar o problema anterior: por outras palavras, e no campo da classificação, aderir a uma classificação mais simples e menos técnica? De facto, é um dilema que os legisladores estão, hoje em dia, a enfrentar: leis mais especializadas e atualizadas são geralmente aquelas que ficam desatualizadas ou se tornam obsoletas mais facilmente.

Podemos atingir simultaneamente simplicidade e objetividade ou são tais objetivos intrinsecamente contraditórios?

A história da tributação aduaneira mostra-nos que é possível ter um sistema fiscal mais eficiente, como demonstrado na União Europeia com a introdução de um único código de tributação aduaneira e com a redução de 20.000 itens da pauta aduaneira nacional para 3.000 itens de pauta aduaneira comum[354].

Simplificar a classificação, ao reduzir ou eliminar itens, é desejável e irá evitar custos públicos maiores relacionados com a criação de tribunais fiscais mais especializados para lidar com o número crescente de casos que envolvem questões de classificação.

A simplificação em matéria de classificação aduaneira tem também sido adotada pela jurisprudência recente do Tribunal de Justiça que introduziu novos testes que partindo das propriedades 'materiais' ou físicas das mercadorias se concentram mais nas funções ou 'carácter' de tais bens.

É realista começar a substituir listas exaustivas de produtos, com a sua extensa lista de componentes, por categorias de produtos classificados com base nas suas funções ou 'carácter'. Pode-se argumentar que eventualmente a incerteza irá aumentar mas tal inconveniente poderia ser ultrapassado com um maior refinamento dos métodos para determinação do valor aduaneiro e melhoria das técnicas de inspeção. Por exemplo, os métodos gerais sobre preços de transferência, definidos no Código Aduaneiro da União, poderiam ser expandidos para cobrir os diferentes

[354] Ver Lyons, Timothy, *EC Customs Law*, Third edition, Oxford EC Law Library, Oxford University Press, 2018.

aspetos ou características das mercadorias: a origem geográfica, métodos de fabrico, avanços científicos, inovação tecnológica, etc.. Como consequência, poderia ser alcançada uma forma de tributação mais eficiente e precisa sem comprometer a simplicidade da classificação. Em última análise, ao refinar os métodos de determinação do valor aduaneiro, uma mudança no sentido das taxas *ad valorem* prevaleceria, levando eventualmente à eliminação das taxas específicas.

Finalmente, e na perspetiva das finanças públicas, a redução de itens classificados para efeitos aduaneiros não prejudicaria ou afetaria a arrecadação de receita se tomarmos em consideração que, atualmente, o processo de negociação da pauta aduaneira não é baseado numa abordagem 'produto-a-produto' mas antes na chamada abordagem 'transversal' que, depois de várias modificações, está a tornar-se uma 'fórmula geral abrangente' que tende a refletir o valor total envolvido no processo de negociação[355].

1.6. A relevância do conceito 'operador económico' na tributação do consumo

O contribuinte ou sujeito passivo é definido no Código Aduaneiro da UE como 'operador económico'.

Refere o art. 9º, nº 1 deste Código que os operadores económicos estabelecidos no território aduaneiro da União devem registar-se junto das autoridades aduaneiras responsáveis pelo lugar onde estão estabelecidas.

O Código integra também a figura do representante aduaneiro (art. 18º), devendo este estar estabelecido no território aduaneiro da União.

O Código Aduaneiro da UE tem também por missão garantir um comércio célere, desburocratizado e, neste sentido, institui a figura do 'operador económico autorizado'. Este operador, caso cumpra os requisitos estabelecidos no art. 39º (e.g. ausência de infrações graves, solvabilidade financeira, etc.) beneficia de um tratamento mais favorável do que os outros operadores económicos no que respeita aos controlos aduaneiros, nomeadamente menos controlos físicos e documentais (art. 38º, nº 6).

[355] Ver LESTER, Simon e MERCURIO, Bryan, com DAVIES, Arwel, e LEITNER, Kara, *World Trade Law*, Text, Materials and Commentary, Hart Publishing, 2008.

2. Os IEC(s)

2.1. Introdução

Os impostos especiais de consumo (IEC(s)) são impostos comunitários, cuja base tributável e taxas são coordenadas ao nível comunitário, conforme disposto na Diretiva 2008/118/CE de 16 de dezembro de 2008.

A Diretiva 2008/118/CE estabelece o enquadramento jurídico geral destes impostos, indicando desde logo no seu art. 1º, nº 2 que os IEC não são incompatíveis com a aplicação do IVA, devendo os IEC incidir direta ou indiretamente sobre o consumo desses produtos, com exclusão do IVA.

No seu art. 1º, nº 1 menciona os produtos sujeitos a IEC: produtos energéticos e eletricidade, álcool e bebidas alcoólicas e tabacos manufaturados.

Os regimes fiscais aplicáveis a estas 3 categorias de produtos constam nas seguintes Diretivas fundamentais: Diretiva 2003/96/CE (produtos energéticos e eletricidade) de 27/10/03, Diretiva 2011/64/UE de 21 de junho de 2011 (tabacos manufaturados) e Diretiva 92/83/CEE de 19/10/1992 (álcool e bebidas alcoólicas), implementadas no Código dos IEC (DL nº 73/2010 de 21/06).

A Diretiva, no art. 1º, nº 3, permite que os Estados-membros possam sujeitar a IEC outros produtos, para além dos enunciados na diretiva, desde que essa tributação não dê origem a "formalidades na passagem das fronteiras nas trocas comerciais entre Estados-membros". Veja-se, no caso português a introdução recente de um novo IEC sobre as bebidas adicionadas de açúcar ou outos edulcorantes (IABA).[356]

Refere Brigas Afonso no seu artigo "*Noções Gerais sobre Impostos Especiais de Consumo*", Revista da FDUP, 2007: "Assim, a título de exemplo, para além dos três produtos referidos, na Bélgica são também tributados com IEC... as embalagens não reutilizáveis e outros produtos descartáveis;... na Itália os fósforos, os sacos de plástico e certos aparelhos de som... na Dinamarca... as pastilhas elásticas...".

Da perspetiva comparada acima indicada resulta que o legislador nacional possui ainda margem de manobra, ao nível das finanças públi-

[356] Ver art. 1º, alínea a) do CIEC.

cas, para introduzir novos IEC, possibilitando deste modo uma descida em outros impostos, nomeadamente IVA e IRS.

Note-se que os IEC são impostos especiais de consumo, de fácil gestão e geradores de receitas fiscais elevadas. Para além dos objetivos fiscais visam influenciar o comportamento dos contribuintes, nomeadamente redução do consumo, utilização mais eficiente de recursos naturais, etc.[357] São impostos 'políticos' e sujeitos a alterações periódicas, o que traduz a sua flexibilidade e adaptabilidade às circunstâncias económicas e sociais[358].

2.2. Incidência subjetiva

A diretiva indica no art. 4º as principais definições, nomeadamente a de 'depositário autorizado', a de 'entreposto fiscal' e a de 'regime de suspensão'.

O artigo 4º da Diretiva foi transposto parcialmente para o ordenamento jurídico português no art. 4º do CIEC.

Este último artigo, no entanto, não inclui as definições de sujeitos passivos, à semelhança do que acontece na Diretiva, sendo criticável, de um ponto de vista de sistematização legal, a ausência de definições organizadas no particular e especializado contexto dos IEC[359].

De facto, a técnica das definições, muito utilizada por países de tradição anglo-saxónica, é frequentemente adotada pelo legislador comunitário e reflete o são equilíbrio entre aquela tradição jurídica e a tradição civilista, permitindo uma aplicação célere e segura de leis especializadas.

A inserção, no início ou fim dos respetivos diplomas legais, tem um objetivo útil e necessário: o de ajudar o intérprete e aplicador da norma e garantir a coerência e certeza jurídicas.

[357] Vários países têm introduzido IEC(s) sobre adubos e fertilizantes químicos, penalizando produtos nocivos ao ambiente e simultaneamente concedendo benefícios fiscais a adubos, fertilizantes e pesticidas orgânicos.

[358] Para uma compreensão histórica, económica e social dos IEC, ver VASQUES, Sérgio, *Os Impostos do Pecado*, Almedina, 1999.

[359] Note-se que as diferentes definições de sujeitos passivos são retiradas da Diretiva e encontram-se dispersas em diferentes capítulos do CIEC.

São assim indicadas pela Diretiva:

- A definição de **depositário autorizado** como tratando-se de uma pessoa singular ou coletiva autorizada pelas entidades competentes de um Estado-membro a, no exercício da sua profissão, produzir, transformar, deter, receber e expedir, num entreposto fiscal, produtos sujeitos ao imposto especial de consumo em regime de suspensão do imposto[360].

Para a compreensão da definição de depositário autorizado, concorrem as definições de entreposto fiscal e de regime de suspensão do imposto.

O legislador comunitário, no art. 4º da Diretiva, define entreposto fiscal todo e qualquer local onde sejam produzidas, transformadas, detidas, recebidas ou expedidas pelo depositário autorizado, no exercício da sua profissão, em regime de suspensão do imposto especial de consumo, mercadorias sujeitas ao referido imposto, sob certas condições fixadas pelas autoridades competentes do Estado-membro em que se situa esse entreposto fiscal[361].

O regime de suspensão[362], aparece definido no art. 4º, nº 7 da Diretiva, sendo aplicável à produção, transformação, detenção e circulação dos produtos sujeitos ao imposto especial de consumo não abrangidos por um procedimento ou regime aduaneiro suspensivo, em que a cobrança do imposto especial de consumo é suspensa.

Para além do depositário autorizado, indica a Diretiva e o art. 28º, nº 1 do CIEC como sujeito passivo a figura do destinatário registado, tratando-se de uma pessoa singular ou coletiva autorizada pela autoridade aduaneira, no exercício da sua profissão e nas condições estabelecidas no CIEC, a receber, não podendo deter nem expedir, produtos sujeitos a impostos especiais de consumo que circulem em regime de suspensão do imposto.

360 Ver art. 22º (Estatuto do depositário autorizado) do CIEC.

361 O CIEC não apresenta uma definição substantiva de entreposto fiscal, limitando-se a indicar os requisitos formais da sua constituição e funcionamento nos artigos 24º a 27º. Deve, portanto, o intérprete auxiliar-se no texto da Diretiva – art. 4º – para uma legal e correta aplicação da lei.

362 O CIEC indica uma definição de regime de suspensão no nº 2 do artigo 21º.

A figura do destinatário registado temporário distingue-se do destinatário registado, pelo facto de o primeiro se encontrar apenas habilitado a receber a título ocasional os respetivos produtos (ver art. 30º do CIEC).

Por seu turno, o expedidor registado é definido no artigo 31º do CIEC como a pessoa singular ou coletiva autorizada pela autoridade aduaneira, no exercício da sua profissão e nas condições estabelecidas no CIEC, a expedir produtos sujeitos a impostos especiais de consumo em regime de suspensão do imposto, do local da sua importação e na sequência da introdução em livre prática.

2.3. Facto gerador e exigibilidade

Os produtos referidos no CIEC ficam sujeitos a imposto a partir da sua produção ou importação em território nacional ou no de outros Estados-membros, desde que, neste último caso, sejam expedidos para território nacional. Quando à entrada na Comunidade esse produto for colocado sob um regime aduaneiro, considera-se que a importação tem lugar no momento em que o produto sair do referido regime.

Nos termos do art. 7º da Diretiva e art. 8º do CIEC, o imposto é exigível em território nacional no momento da introdução em consumo ou da constatação de perdas que devam ser tributadas em conformidade com o CIEC.

Consideram-se introdução no consumo de produtos sujeitos a imposto os vários factos elencados nos nºs 1 e 6 do art. 9º do CIEC.

O imposto é também exigível:

a) No momento da cessação ou violação dos pressupostos da isen-ção;

b) No momento da receção, quando o destinatário dos produtos seja um operador registado, um operador não registado ou um representante fiscal.

Constata-se das disposições legais acima indicadas que o regime de suspensão de imposto afasta a exigibilidade do pagamento de IEC, determinando ainda a Diretiva que qualquer entrega, detenção com vista à entrega ou afetação às necessidades de um operador que exerça de forma independente uma atividade económica ou às necessidades de uma entidade de direito público que tenha lugar num Estado-membro que não seja o da introdução do consumo, dará lugar à exigibilidade do IEC nesse Estado-membro (artigos 7º a 10º da Diretiva).

No caso de produtos sujeitos a IEC(s) adquiridos por particulares, para fins pessoais e transportados pelos próprios, devem ser tributados no Estado-membro onde esses produtos foram adquiridos (princípio da tributação na origem)[363].

No entanto, à semelhança do IVA, também nos IEC(s) vigora, via de regra, o princípio do destino que fixa a tributação no local do consumo do bem.

2.4. Isenções comuns

Nos termos do art. 12º da Diretiva e art. 6º do CIEC, os produtos sujeitos a impostos especiais de consumo estão destes isentos sempre que se destinem:

a) A serem fornecidos no âmbito das relações diplomáticas ou consulares;
b) A organismos internacionais reconhecidos como tal pela República Portuguesa, bem como aos membros desses organismos, dentro dos limites e nas condições fixadas pelas convenções internacionais que criam esses organismos ou pelos acordos de sede;
c) Às forças de qualquer Estado parte no Tratado do Atlântico Norte para uso dessas forças ou dos civis que as acompanhem ou para o abastecimento das suas messes ou cantinas, com exclusão das forças armadas nacionais;
d) A serem consumidos no âmbito de um acordo concluído com países terceiros ou com organismos internacionais, desde que esse acordo seja admitido ou autorizado em matéria de isenção do Imposto Sobre o Valor Acrescentado;
e) A serem consumidos como provisões de bordo, nos termos e limites fixados no CIEC;
f) A serem expedidos ou exportados.

[363] Ver artigo 32º da Diretiva e art. 61º do CIEC.

2.5. Taxas

A taxa de imposto a aplicar em território nacional é a que estiver em vigor na data da exigibilidade e pode ser de dois tipos: *ad valorem* ou específica. A primeira incide sobre o valor do bem ou produto a segunda sobre a sua quantidade.

A taxa pode ainda ser mista, sendo neste caso calculada simultaneamente sobre o valor e quantidade do bem.

2.6. As obrigações fiscais

Conforme já referido neste manual, a obrigação principal do sujeito passivo consiste no pagamento do imposto.

Em sede de IEC, as obrigações acessórias assumem também uma importância fundamental, possibilitando o controlo efetivo das operações e evitando, na medida do possível, a fraude ou abuso fiscais.

Entre outros, os conceitos de 'garantia', 'documento administrativo eletrónico' ou 'certificado de isenção' são essenciais para o normal exercício de uma atividade económica sujeita a IEC.

Desde logo, nos termos do art. 18º da Diretiva e do art. 22º do CIEC, deve o depositário autorizado prestar uma garantia, no caso dos entrepostos fiscais de armazenagem, destinada a cobrir os riscos inerentes à introdução no consumo de produtos no estado de poderem ser utilizados como produtos sujeitos a impostos especiais de consumo. Deverá ainda manter uma contabilidade das existências e dos movimentos de produtos por entreposto fiscal, disponibilizando-se para todos os controlos ou inventários, em conformidade com os princípios da proporcionalidade e da não discriminação[364].

Os produtos que circulem em regime de suspensão deverão ser acompanhados pelo documento administrativo eletrónico nos termos do Regulamento (CE) nº 684/2009 de 24 de julho de 2009 (ver art. 21º da Diretiva e art. 36º do CIEC), podendo este ser dispensado, no caso de os produtos circularem exclusivamente no território nacional, segundo um procedimento simplificado, nos termos do artigo 30º da Diretiva.

A Diretiva prevê também no art. 17º que sempre que os produtos sujeitos a IEC circulem em regime de suspensão, no território da Comunidade, deve o depositário autorizado apresentar um relatório de rece-

[364] Ver capítulo deste manual respeitante aos princípios fiscais.

ção, nos termos do artigo 24º da Diretiva, podendo os Estados-membros, mediante acordo, estabelecer um procedimento simplificado nos casos de circulação frequente e regular entre os dois territórios ou mais Estados-membros (ver art. 31º da Diretiva).

Convém referir que os produtos sujeitos a IEC introduzidos no consumo podem, em casos adequados e a pedido de um operador no exercício da sua profissão, ser objeto de reembolso desse imposto pelas autoridades fiscais do Estado-membro onde se efetuar a introdução no consumo, nos termos do art. 11º da Diretiva.

O CIEC prevê ainda situações especiais de reembolso, nomeadamente o reembolso por erro, deterioração, inadequação da embalagem e devolução de produtos (artigos 16º a 20º do CIEC).

Os produtos quando introduzidos no consumo estão sujeitos a formalidades, previstas no art. 10º CIEC, devendo ser apresentada pelo sujeito passivo uma declaração de introdução no consumo até ao final do dia útil seguinte àquele em que ocorreram as introduções no consumo. Recentemente, foi introduzido pelo legislador (art. 10º-A CIEC) as introduções no consumo globalizadas, numa base mensal.

As liquidações dos IEC(s) são feitas pelas autoridades aduaneiras e comunicadas ao sujeito passivo por via eletrónica, nos termos do artº 11º do CIEC ou por via postal simples (art. 11º, números 2 e 3 CIEC).

O imposto deve ser pago até ao último dia útil do mês da liquidação (art. 12º, nº 1 CIEC).

2.7. A importância da política ambiental

Na sequência da ratificação do Protocolo de Quioto, no âmbito da Convenção-Quadro das Nações Unidas, sobre as Alterações Climáticas, a União Europeia vinculou-se à prossecução de objetivos no domínio da tributação dos produtos energéticos e de eletricidade (ver Diretiva 2003/96/CE de 27/10/03).

Refere o legislador comunitário naquela Diretiva que a ausência de disposições comunitárias que sujeitem a uma taxa mínima de tributação da eletricidade e dos produtos energéticos que não os óleos minerais poderá ser prejudicial ao bom funcionamento do mercado interno.

A Diretiva estabeleceu níveis mínimos de tributação para maioria dos produtos energéticos, incluindo a eletricidade, o gás natural e o carvão, a partir de 1 de janeiro de 2004.

A entrada em vigor desta Diretiva esteve sujeita a um período transitório até 2010, para alguns casos de tributação em especial (ver art. 7º da Diretiva) e, no capítulo das isenções na tributação da eletricidade, Portugal pôde aplicar isenções totais ou parciais até 1 de janeiro de 2010[365].

A Diretiva prevê a concessão pelos Estados de benefícios fiscais do tipo isenções (totais ou parciais) e reduções de taxa, fundamentados em razões de política ambiental, nomeadamente a promoção da utilização de fontes de energia alternativas e da utilização dos biocombustíveis[366].

O impacto da ratificação do Protocolo de Quioto e a introdução de legislação comunitária levou o legislador português, logo no OE de 2006, a introduzir medidas fiscais específicas de impacto ambiental (ver art. 90º do CIEC 'Isenção para os biocombustíveis').

As consequências do protocolo de Quioto na União Europeia evidenciam-se também na Diretiva 2003/87/CE de 13 de outubro, com as alterações introduzidas pela Diretiva 2009/29/CE de 23 de abril de 2009, Diretiva 2018/410 de 14 de março de 2018 e na Diretiva 2008/1/EC que introduzem o sistema de emissões na União Europeia, segundo uma lógica de mercado, fazendo repercutir diretamente sobre as indústrias poluentes os custos ambientais.

De acordo com estas Diretivas, os custos ambientais passam a integrar os preços de mercado, podendo ser transferidos ou comercializados pelos agentes económicos.

Estes direitos de emissão são concedidos às empresas poluentes (e.g. empresas de produção de energia, de processamento de metais pesados, cimenteiras, cerâmicas, vidreiras, empresas químicas ou de produção de papel) pelos Estados, em conformidade com os critérios e limites definidos ao nível da UE. Estes direitos permitem a este tipo de empresas emitir, dentro dos limites concedidos, emissões poluentes, tipo dióxido de carbono (CO2), metano (CH4), etc.

As empresas deverão comunicar as quantidades de emissões e correspondentes direitos de emissão usados. Assim, no final do exercício, as empresas poderão ser devedoras ou credoras de direitos, permitindo

[365] Pôde também aplicar aos produtos energéticos e à eletricidade consumidos nos Açores e na Madeira níveis de tributação inferiores aos níveis mínimos previstos na Diretiva.

[366] Ver art. 15º da Diretiva.

o novo enquadramento jurídico a negociação no mercado (europeu e internacional)[367] destes créditos e débitos entre agentes económicos, individuais ou coletivos, ou a sua compensação, nos casos permitidos pela diretiva, nas situações de grupos de sociedades[368]. Permite ainda a Diretiva o reporte, para o passado e futuro, de direitos de emissão ainda não utilizados.

No caso de incumprimento das metas fixadas para a emissão de gases poluentes, fixadas nas autorizações concedidas pelos Estados aos agentes económicos, ficam estes também sujeitos ao pagamento de multas, nos termos da Diretiva[369].

3. O IVA[370]

3.1. Breve perspetiva histórica

Os impostos de transações têm revestido ao longo do século passado formas múltiplas que começaram com o tipo cumulativo, assumindo atualmente, como forma mais perfeita, o modelo de Imposto sobre o Valor Acrescentado. Assim, como modelos possíveis para a tributação das transações ou do consumo surgem:

Impostos monofásicos:

- sobre o produtor;
- sobre o grossista;
- sobre o retalhista.

Impostos plurifásicos:

- sobre o valor total da transação (impostos cumulativos);
- sobre o valor acrescentado.

[367] Os direitos de emissão são transacionados no mercado sob a forma de instrumentos financeiros (e.g. unidades em fundos, instrumentos derivados do tipo opções, *swaps*, etc.).

[368] Note-se que a Diretiva atribui também créditos aos investimentos em matéria ambiental, permitindo a compensação pelos agentes económicos dos custos em investimento ambiental.

[369] Para maiores desenvolvimentos sobre o tema, ver relatório apresentado por Richelle, Isabelle, *Emission Trading: Accounting and Tax Aspects*, May 2007, em www.eatlp.org.

[370] A matéria aqui apresentada baseia-se no capítulo de David Williams, sobre IVA, em Thuronyi, Victor (coord), *Tax Law Design and Drafting*, IMF, 1998.

Os impostos monofásicos incidem sobre uma única fase ou estádio do processo de produção/distribuição dos bens, podendo concluir-se que mantendo-se o nível da taxa, a receita aumenta à medida que a tributação se aproxima do último estádio, sendo máxima quando incide sobre o comércio de retalho.

Em qualquer dos casos são impostos de administração mais fácil visto limitarem o número de sujeitos passivos aos operadores económicos de um só estádio do processo de produção/distribuição. No entanto, constituem um estímulo à evasão e fraude fiscal por incremento de transações em circuito paralelo e ainda pelo facto de apresentando-se como adquirentes os consumidores finais, em geral particulares, que não têm por hábito a exigência de fatura[371] ou documento equivalente em relação às transações que efetuam, o estímulo à não faturação e consequente não liquidação de imposto resulta muito incrementado.

Os impostos de tipo cumulativo incidem sobre todas as fases ou estádios do processo de produção e distribuição dos bens, operando em cada uma delas sobre o valor pleno da transação. Como facilmente se pode constatar verificam-se, ao longo do circuito, fenómenos de cumulação de tributação, desde logo expressos no próprio nome do imposto.

A constatação desta realidade cedo levou os operadores económicos a minorarem os seus efeitos via integração dos circuitos. Conclui-se então pela não neutralidade dum imposto deste tipo no comércio interno, já que a carga fiscal final do bem depende diretamente da extensão do circuito por que passou, desde a respetiva produção até à comercialização final, estando o encargo fiscal dependente do modo como estão repartidos pelas várias fases os aumentos de valor dos bens, sendo maior se os bens aumentarem de valor nos primeiros estádios, ocorrendo efeito oposto se o acréscimo se verificar, fundamentalmente, no último deles.

Por outro lado, se esta é a situação em termos de transações de bens, já quanto aos serviços a tributação beneficia-os comparativamente, acentuando o seu carácter regressivo. É que, em geral, os serviços, normalmente prestados a pessoas de maior nível de rendimento, materializam-se frequentemente numa só transação com o consumidor final, implicando um

[371] Veja-se a experiência recente da 'fatura da sorte' no sistema fiscal português.

encargo fiscal menor. Também no plano internacional a estrutura dum imposto cumulativo acarreta consequências indesejáveis.

Tal facto conduziu a formas tecnicamente mais perfeitas de tributação que culminaram no seio da UE, na adoção do IVA.

O processo de coordenação fiscal na UE

A Diretiva 2006/112/CE do Conselho de 28/11/2006, relativa ao sistema comum do IVA, estabelece o novo regime do imposto, com objetivos de clareza e racionalidade.

O IVA, imposto comunitário, pressupõe a sua aplicação nos Estados-membros, em condições de concorrência e em consonância com os princípios ou liberdades fundamentais da UE.

Um sistema de IVA deverá ainda ser simples e ser aplicado do modo mais abrangente possível, de forma a cobrir todas as fases da produção e da distribuição de bens e serviços.

Presentemente, não obstante a estrutura fundamental do imposto ser comum a todos os Estados-membros, as taxas e isenções ainda não se encontram completamente harmonizadas, potenciando distorções de concorrência no mercado na UE.

A importância do imposto no contexto comunitário ao nível financeiro ou orçamental deverá também ser referenciada, dado que o orçamento da União é também financiado por recursos provenientes do IVA, mediante a aplicação de uma taxa comum a um valor tributável determinado de modo uniforme, de acordo com as normas comunitárias.

3.2. Objeto e âmbito de aplicação

O princípio do sistema comum do IVA, estabelecido no artigo 1º, nº 2 da Diretiva, consiste em aplicar aos bens e serviços um imposto geral sobre o consumo exatamente proporcional ao preço dos bens e serviços, seja qual for o número de operações ocorridas no processo de produção e de distribuição anterior ao estádio de tributação.

Estabelece portanto o legislador comunitário em sede de IVA o princípio da proporcionalidade, sendo este princípio compatível com a existência de mais uma ou duas taxas proporcionais reduzidas, para determinados bens ou serviços, nos termos do artigo 98º da Diretiva.

O IVA incide sobre cada operação realizada e é calculado sobre o preço do bem ou serviço à taxa aplicável ao referido bem ou serviço, sendo exigível com prévia dedução do montante do imposto que tenha incidido diretamente sobre o custo dos diversos elementos constitutivos do preço.

A definição de preço afigura-se portanto central para o apuramento do imposto exigível, remetendo o leitor para as nossas obras "*Preços de Transferência, O Caso Português*" e "*Preços de Transferência, Casos Práticos*", editora Vida Económica, onde se incluem vastas referências jurisprudenciais e se dá a conhecer a posição do TJUE na interpretação e aplicação do conceito de preço. Questões do tipo: constituirá um abatimento um elemento constitutivo do preço? E uma comissão? E um subsídio público?

A resposta a estas e outras questões pelo TJUE tem passado invariavelmente por aplicar o teste do nexo de causalidade direto entre o facto a considerar e o preço a pagar pelo comprador ou pelo destinatário do bem ou serviço[372].

Estão sujeitas a IVA, nos termos do CIVA (artigos 3º e 4º) e do artigo 2º da Diretiva as transmissões de bens e as prestações de serviços, prevendo ainda a Diretiva no mesmo artigo, a sujeição a IVA das transações intracomunitárias.

No sistema fiscal português, o regime do IVA nas transações intracomunitárias aparece regulado em diploma autónomo (ver Regime do IVA nas Transações Intracomunitárias).

As transmissões de bens e as prestações de serviços deverão ser efetuadas a título oneroso no território de um Estado-membro por um sujeito passivo agindo nessa qualidade (art. 2º, nº 1, al. a) da Diretiva e artigos 3º e 4º do CIVA).

Casos práticos selecionados do TJUE
Partes: Harnas & Helm CV e Financien (processo C-80/95)

"O artigo 4º, nº 2, da Sexta Diretiva 77/388, relativa à harmonização das legislações dos Estados-membros respeitantes aos impostos sobre o volume de negócios, deve ser interpretado no sentido de que a simples aquisição e detenção de obrigações que não sirvam outra atividade empresarial, bem como a fruição de rendimentos delas resultante, não devem ser consideradas atividades económicas que conferem ao autor de tais operações a qualidade de sujeito passivo.

Com efeito, a atividade de um detentor de obrigações pode ser definida como uma forma de colocação que se inscreve na simples gestão de um património, e, se

[372] Ver, entre outros, casos 'Freemans' e 'Office des Produits Wallons ASBL', na nossa obra "Preços de Transferência, o Caso Português", Vida Económica.

gera um rendimento sob a forma de juros, estes decorrem da simples detenção das obrigações, não podendo ser considerados a contrapartida de uma operação ou atividade económica praticada por quem os recebe."

3.3. Sujeitos passivos

Qualificam como sujeitos passivos de imposto, nos termos do art. 9º da Diretiva, art. 2º do CIVA e art. 2º do Regime do IVA nas Transações Intracomunitárias, qualquer pessoa que exerça de modo independente e em qualquer lugar uma atividade económica, seja qual for o fim ou o resultado dessa atividade.

Define ainda o legislador comunitário o conceito de atividade económica como sendo "qualquer atividade de produção, de comercialização ou de prestação de serviços, incluindo as atividades extrativas, agrícolas e as das profissões liberais ou equiparadas. É em especial considerada atividade económica a exploração de um bem tangível ou intangível com o fim de auferir receitas com carácter de permanência".

Inclui também no conceito de sujeito passivo de imposto, qualquer pessoa que proceda a título ocasional à entrega de um meio de transporte novo expedido ou transportado com destino ao adquirente, pelo vendedor, pelo adquirente ou por conta destas, para fora do território de um Estado-membro mas no território da Comunidade.

Não obstante a exigência do requisito geral da permanência ou habitualidade no exercício da atividade, para a sujeição pessoal a imposto, e para além da exceção acima indicada, o legislador comunitário concedeu a opção aos Estados-membros de poder tributar operações ocasionais ou isoladas relacionadas com atividades económicas definidas no art. 9º, nº 1 da Diretiva.

Ainda, nos termos do art. 11º da Diretiva podem os Estados-membros ficcionar como um único sujeito passivo, entidades que, embora juridicamente independentes, se encontrem estritamente ligadas entre si nos planos financeiro, económico e de organização[373].

[373] Diferentemente são os casos dos Agrupamentos Complementares de Empresas (ACE), (assumindo estes a qualidade de sujeitos passivos de IVA, para além da qualidade de sujeitos passivos autónomos dos seus membros) e os casos de contrato de consórcio (não existindo no caso dos consórcios a obrigação de se registarem em IVA).

Por último, convém referir, nos termos do art. 13º da Diretiva, que os Estados, as regiões, as autarquias locais e outros organismos de direito público não são considerados sujeitos passivos relativamente às atividades ou operações que exerçam na qualidade de autoridades públicas, mesmo quando no âmbito dessas atividades ou operações, cobrem direitos, taxas, quotizações ou remunerações. No entanto, se efetuarem essas atividades ou operações em condições de produzirem distorções de concorrência significativas passam a qualificar como sujeitos passivos de imposto.

Qualificam também como sujeitos passivos quando exerçam as atividades referidas no Anexo I da Diretiva.

Os artigos 9º a 13º da Diretiva encontram-se parcialmente transpostos no ordenamento jurídico português no art. 2º do CIVA e do art. 2º do Regime do IVA nas Transações Intracomunitárias, sendo criticável a sistematização adotada pelo legislador nacional de incluir no âmbito da incidência pessoal a matéria da localização das operações tributáveis em sede de IVA.

Não se questionando que as matérias se encontram interligadas, por razões de sistematização e certeza jurídica, a melhor via seria seguir a estrutura da Diretiva que autonomiza o capítulo da localização das operações tributáveis, evitando deste modo remissões exageradas e salvaguardando-se o equilíbrio e coerência jurídicas.

Casos práticos selecionados do TJUE

Partes: Intercommunale voor zeewaterontzilting (Inzo), em liquidação e Belgische Staat (processo C-110/94)

"Mesmo as primeiras despesas de investimento efetuadas para a formação de uma empresa podem ser consideradas atividades económicas na acepção do artigo 4. da Sexta Diretiva 77/388 relativa à harmonização das legislações dos Estados-membros respeitantes aos impostos sobre o volume de negócios, e, nesse contexto, a administração fiscal deve ter em conta a intenção declarada da empresa de se dedicar às atividades sujeitas ao Imposto sobre o Valor Acrescentado.

Quando a administração fiscal admitiu a qualidade de sujeito passivo do imposto de uma sociedade que declarou a sua intenção de iniciar uma atividade económica que dá origem a operações tributáveis, a encomenda de um estudo de

Ainda neste contexto, alguns países permitem que um grupo de sociedades, coligadas entre si, se registem como um único sujeito passivo para efeitos de IVA, não se tributando as transações dentro do grupo.

rentabilidade para a atividade económica projetada pode ser considerada uma atividade económica na acepção da referida disposição, mesmo que esse estudo tenha por objetivo analisar em que medida a atividade projetada é rentável. Tendo em conta os princípios da segurança jurídica e da neutralidade do Imposto sobre o Valor Acrescentado quanto à carga fiscal da empresa, e salvo no caso de situações fraudulentas ou abusivas, a qualidade de sujeito passivo do imposto não pode ser retirada à sociedade em causa com efeitos retroativos, quando, perante os resultados desse estudo, foi decidido não passar à fase operacional e colocá-la em liquidação, de modo que a atividade económica projetada não deu origem a operações tributáveis."

Casos práticos selecionados do STA (secção do contencioso tributário)
Partes: Câmara Municipal do Porto e Estado (processo 22676)

"Para efeitos do disposto no art. 2º, nº 2, do CIVA, entende-se por exercício de poderes de autoridade a atividade de um organismo público no exercício de funções efetuadas na qualidade de autoridade pública. Esta qualidade de autoridade pública dá-se ou verifica-se quando o organismo público atua no âmbito de um regime de direito público e utiliza prerrogativas de autoridade pública. É no exercício destas prerrogativas que uma câmara municipal explora os parques de estacionamento nas vias públicas e os parcómetros existentes junto aos estacionamentos."

3.4. A base tributável

A base tributável do IVA é constituída pela transmissão, a título oneroso de um bem tangível, na qualidade de proprietário (art. 14º da Diretiva e art. 3º, nº 1 do CIVA).

São equiparadas a esta transmissão, nomeadamente a transmissão da propriedade de um bem mediante pagamento de uma indemnização e a locação ou contrato de venda a prestações com transferência de propriedade, aquando do pagamento da última prestação.

São equiparados a bens tangíveis pelo legislador comunitário (art. 15º da Diretiva), e transposto para o código do IVA no art. 3º, nº 2, a eletricidade, o gás, o calor, o frio e similares.

A base tributável é constituída também pelas prestações de serviços efetuadas a título oneroso bem como pelas aquisições intracomunitárias de bens, nos termos dos artigos 20º e 24º da Diretiva, art. 4º, nº 1 do CIVA e art. 1º do Regime do IVA nas Transações Intracomunitárias.

Refere o legislador comunitário, no art. 25º da Diretiva, que uma prestação de serviços pode consistir, designadamente, numa das seguintes operações: a cessão de um bem intangível representado ou não por um título, a obrigação de não fazer ou tolerar um ato ou uma situação e a prestação de serviços públicos.

São ainda equiparadas a prestações de serviços as situações descritas nos números 2 e 3 do art. 4º do CIVA.

As aquisições intracomunitárias de bens aparecem definidas no art. 20º da Diretiva como sendo as expedições de bens tangíveis móveis, pelo seu proprietário dentro do espaço comunitário[374], sendo ainda equiparadas a aquisições intracomunitárias as previstas no art. 21º da Diretiva e art. 4º do Regime do IVA nas Transações Intracomunitárias.

Casos práticos selecionados do TJUE
Partes: Renate Enkler e Finanzamt Homburg (processo C-230/94)

"A locação de bens corpóreos constitui uma forma de exploração desses bens, que deve ser qualificada como "atividade económica", na acepção do artigo 4º, nº 2, da Sexta Diretiva 77/388 relativa à harmonização das legislações dos Estados-membros sobre o volume de negócios, se essa atividade for exercida com o fim de auferir receitas com carácter de permanência. Se, como no caso de uma autocaravana, o bem, devido à sua natureza, é susceptível de ser utilizado tanto para fins económicos como para fins privados, há que analisar o conjunto das condições da sua exploração para determinar se é utilizado efetivamente com o fim de auferir receitas com carácter de permanência. Para este efeito, pode ser efetuada a comparação entre as condições em que o interessado explora efetivamente o bem e aquelas em que habitualmente se exerce a atividade económica correspondente e, embora os resultados obtidos pelo empresário não permitam, por si sós, determinar se a atividade é exercida com o fim de auferir receitas com carácter de permanência, é adequado tomar em conta a duração efetiva da locação, a importância da clientela e o montante das receitas.

O artigo 11º, A), nº 1, alínea c), da Sexta Diretiva deve ser interpretado no sentido de que devem ser incluídas na matéria coletável do imposto sobre o volume de negócios sobre as operações equiparadas a prestações de serviços por força do artigo 6º, nº 2, alínea a), da mesma Diretiva as despesas suportadas durante o período em que o bem se encontra à disposição do sujeito passivo, de modo a que este o possa efe-

[374] Ver art. 3º do Regime do IVA nas Transações Intracomunitárias.

tivamente utilizar a qualquer momento para fins estranhos à empresa, e que digam respeito ao próprio bem ou que tenham conferido ao sujeito passivo o direito a dedução do Imposto sobre o Valor Acrescentado. A parte destas despesas a incluir deve ser proporcional à relação existente entre a duração total da utilização efetiva do bem e a duração da utilização efetiva do bem para fins alheios à empresa."

Partes: Wellcome Trust Ltd e Commissioners of Customs & Excise (processo C-155/94)

"O conceito de atividades económicas, na acepção do artigo 4º, nº 2, da Sexta Diretiva 77/388 relativa à harmonização das legislações dos Estados-membros respeitantes aos impostos sobre o volume de negócios, deve ser interpretado no sentido de que não inclui uma atividade que consiste na compra e venda de ações e outros títulos no âmbito da gestão dos bens de um 'trust' de beneficência.

Com efeito, embora a circunstância de esse 'trust' não ter a qualidade de profissional de negociação de títulos não exclua necessariamente que uma atividade como a que está em causa possa, eventualmente, ser qualificada de atividade económica, dado que o artigo 4º confere um âmbito de aplicação muito lato ao Imposto sobre o Valor Acrescentado, não constitui tal atividade o simples exercício do direito de propriedade em que se traduzem as aquisições e cessões de participações financeiras noutras empresas por um trust que gere o património que detém, da mesma forma que um investidor privado, e cujas atividades de investimento consistem essencialmente nas operações referidas tendo em vista maximizar os dividendos ou os rendimentos do capital que se destinam a fornecer os meios para a realização do seu objetivo não comercial."

Partes: Faaborg-Gelting Linien A/S e Finanzamt Flensburg (processo C-231/94)

"As operações de restauração consistentes no serviço de pratos destinados a ser consumidos no local do fornecimento não constituem entregas de bens, na acepção do artigo 5º da Sexta Diretiva 77/388, mas devem ser consideradas como prestações de serviços, na acepção do artigo 6º, nº 1, dessa diretiva. Essas operações caracterizam-se por serem um conjunto de elementos e de atos, dos quais o fornecimento de comida é apenas um componente e, nesse conjunto, os serviços predominam largamente.

Relativamente aos serviços de restauração a bordo de ferry-boats, o lugar onde se entende que estes são prestados é o lugar onde o prestador tem a sede da sua atividade económica, na acepção da primeira hipótese do artigo 9º, nº 1, da mesma Diretiva."

Partes: R. J. Tolsma e Inspecteur der Omzetbelasting, Leeuwarden (processo C-16/93)

"Uma prestação de serviços só é efetuada "a título oneroso", na acepção do artigo 2º ponto nº 1, da Sexta Diretiva 77/388, relativa à harmonização das legislações dos Estados-membros respeitantes aos impostos sobre o volume de negócios, e só é assim tributável, se existir entre o prestador e o beneficiário uma relação jurídica durante a qual são transaccionadas prestações recíprocas, constituindo a retribuição recebida pelo prestador o contravalor efetivo do serviço fornecido ao beneficiário.

Estas condições não se encontram satisfeitas no caso de uma atividade que consiste em tocar música na via pública, relativamente à qual não se encontra estipulada qualquer remuneração, mesmo se o interessado solicita uma contribuição em dinheiro e recebe certas quantias, sob a forma de esmolas, cujo montante não é, todavia, nem determinado nem determinável."

3.5. A localização das operações tributáveis

O legislador comunitário estabeleceu critérios objetivos para fixar a localização das operações tributáveis em sede de IVA, nos artigos 31º e ss. da Diretiva.

Desde logo, e caso os bens não sejam expedidos ou transportados, considera-se lugar da entrega o lugar onde se encontram os bens no momento da entrega.

Se os bens forem expedidos ou transportados pelo fornecedor, pelo adquirente ou por um terceiro, considera-se lugar da entrega o lugar onde se encontram os bens no momento em que se inicia a expedição ou o transporte com destino ao adquirente (art. 32º da Diretiva), com as exceções previstas no art. 33º da Diretiva.

Caso os bens expedidos ou transportados pelo fornecedor, pelo adquirente ou por terceiro devam ser instalados ou montados, com ou sem ensaio de funcionamento, pelo fornecedor ou por sua conta, considera-se lugar da entrega o lugar onde se efetua a instalação ou a montagem (art. 36º da Diretiva).

Estas disposições foram transpostas para o código do IVA bem como as regras especiais de localização das operações tributáveis no caso de entregas de bens através dos sistemas de distribuição (e.g. gás e eletricidade). Nestes casos, o critério de localização é o da sede ou estabelecimento estável do revendedor, nos termos do art. 38º da Diretiva. Nos casos não abrangidos por este artigo, considera-se o lugar da entrega, o lugar onde o adquirente utiliza e consome efetivamente os bens (art. 39º da Diretiva).

No caso das aquisições intracomunitárias de bens, considera-se que o lugar de uma aquisição intracomunitária de bens é o lugar onde se encontram os bens no momento da chegada da expedição ou do transporte com destino ao adquirente (art. 40º da Diretiva).

Por último, no caso dos serviços, o legislador comunitário estipulou, em sede geral, como sendo o lugar da prestação de serviços, o lugar onde o prestador tem a sede da sua atividade económica ou estabelecimento estável a partir do qual é efetuada a prestação de serviços (art. 44º da Diretiva). Existem ainda disposições específicas aplicáveis, nomeadamente às prestações de serviços efetuadas por intermediários, prestações de serviços relacionadas com bens imóveis (aplicação da *lex situs*), prestações de serviços de transporte, prestações de serviços culturais e similares (critério do local da execução material do serviço) e determinadas prestações de serviços efetuadas a destinatários estabelecidos fora da Comunidade ou a sujeitos passivos estabelecidos na Comunidade mas fora do país do prestador, incluindo aqui os serviços de comunicações, de televisão e de gás e eletricidade (aplicação do critério de lugar da sede ou estabelecimento estável do adquirente)[375].

Note-se que a definição clara e objetiva da localização das operações tributáveis em sede de IVA, é essencial pois determina não só a responsabilidade tributária do sujeito passivo como também os custos de cumprimento associados ao funcionamento e aplicação do imposto.

Casos práticos selecionados do TJUE

Partes: Maatschap M. J. M. Linthorst, K. G. P. Pouwels en J. Scheres c.s. e Inspecteur derBelastingdienst/Ondernemingen Roermond (processo C-167/95)

"O artigo 9º da Sexta Diretiva 77/388 relativa à harmonização das legislações dos Estados-membros respeitantes ao imposto sobre o volume de negócios, que visa evitar, por um lado, os conflitos de competência susceptíveis de conduzir a dupla tributação e, por outro, a não tributação das receitas, deve ser interpretado no sentido

[375] Ver ainda artigos 58º e 59º (prestações de serviços a pessoas que não sejam sujeitos passivos) e art. 59º-A da Diretiva que tem por objetivo evitar, nestas situações, os casos de dupla ou não-tributação.

de que se considera que o lugar da prestação dos serviços principal e habitualmente efetuados por veterinários se situa no lugar onde o prestador tem a sede da sua atividade económica ou um estabelecimento estável a partir do qual a prestação de serviços é efetuada ou, na falta de tal sede ou de tal estabelecimento estável, no lugar do seu domicílio ou da sua residência habitual.

Com efeito, dado que a função principal dum veterinário consiste numa apreciação científica relativa à saúde dos animais, numa ação de prevenção médica, num diagnóstico e na prestação de cuidados terapêuticos aos animais doentes, a prestação por si efetuada não é abrangida por nenhuma das operações enumeradas no artigo 9º, nº 2, da Diretiva com vista a estabelecer a conexão de determinadas prestações de serviços com o lugar da sua execução material ou da sede ou do estabelecimento estável do destinatário da prestação."

3.6. A exigibilidade do imposto

A Diretiva, no art. 63º e o código do IVA, no art. 7º, indicam que o imposto se torna exigível no momento da transmissibilidade ou colocação à disposição dos bens[376] ou da prestação dos serviços.

Nos casos dos contratos duradouros ou de prestação sucessiva ou continuada, o bem ou serviço considera-se transmitido ou prestado no termo do período a que se refere cada pagamento, sendo o imposto exigível pelo respetivo montante[377].

Nos contratos de instalação ou montagem, o imposto torna-se exigível no momento em que essa instalação ou montagem estiver concluída.

Nas situações de pagamentos efetuados antes da transmissão dos bens ou da prestação dos serviços, o imposto torna-se exigível no momento da cobrança e incide sobre o montante recebido (art. 65º da Diretiva e art. 8º do CIVA).

[376] Sobre o conceito 'colocação à disposição' ver capítulo IV deste manual.

[377] A Diretiva e o código do IVA estabelecem uma presunção que, em determinados casos de transmissões de bens e prestações de serviços de natureza duradoura ou continuada em que não seja fixada a periodicidade do pagamento, o imposto se torna exigível após o decurso de um ano, pelo montante correspondente (CIVA, art. 7º, nº 9 e Diretiva, art. 64º, nº 2).

O legislador comunitário estabelece também no art. 66º, transposto para o art. 8º do CIVA, que o imposto se torna exigível no momento da emissão da fatura ou no momento em que o pagamento é recebido[378].

Nos casos de aquisições intracomunitárias de bens, o imposto é exigível no momento em que é efetuada a aquisição, considerando-se que esta ocorre no momento em que se considera efetuada a entrega de bens similares no território do Estado-membro (art. 68º da Diretiva).

O legislador nacional, nos artigos 12º e 13º do Regime do IVA nas Transações Intracomunitárias, introduziu uma remissão para o regime interno previsto no CIVA – artigos 7º e 8º – transpondo deste modo para o ordenamento jurídico nacional os artigos 68º e 69º da Diretiva.

Casos práticos selecionados do TJUE
Partes: Ufficio IVA di Trapani e Italittica SpA (processo C-144/94)

"O artigo 10º, nº 2, terceiro parágrafo, da Sexta Diretiva 77/388, relativa à harmonização das legislações dos Estados-membros respeitantes aos impostos sobre o volume de negócios, prevê que, em derrogação da regra estabelecida no primeiro parágrafo, e segundo a qual o facto gerador do imposto ocorre e o imposto se torna exigível no momento da entrega de bens ou da prestação de serviços, os Estados--membros têm a faculdade de diferirem a data da exigibilidade "em relação a certas operações ou certas categorias de sujeitos passivos:

- *quer, o mais tardar, no momento da emissão da fatura ou do documento que a substitua;*
- *quer, o mais tardar, no momento do recebimento do preço;*
- *quer, no caso em que a fatura ou o documento que a substitua não é emitido ou é emitido tardiamente, dentro de um prazo fixado a contar da data do facto gerador".*

Esta disposição permite aos Estados-membros preverem que o recebimento do preço é o facto que, relativamente a todas as prestações de serviços, torna o imposto exigível.

Um Estado-membro que faça uso da derrogação prevista nessa disposição não é obrigado nem a estabelecer "um prazo fixado a contar da data do facto gerador", prazo esse durante o qual a fatura ou o documento que a substitua deve ser emitido,

[378] Neste contexto, ver regime de IVA de caixa, introduzido recentemente no sistema fiscal português, sendo, neste caso, o imposto exigível no momento do recebimento total ou parcial do preço.

mesmo quando o recebimento do preço ainda não se verificou, nem a adoptar disposições que prevejam a elaboração de documentos ou registos respeitantes à prestação concluída e ao montante devido como contrapartida, sempre que não tenha sido emitida a fatura ou o documento que a substitua ou não tenha havido recebimento do preço."

3.7. O valor tributável

O conceito de valor ou preço é um conceito central e fundamental no âmbito do Direito Fiscal.

Este conceito, desenvolvido neste manual no capítulo subordinado aos preços de transferência, aparece sempre presente em qualquer imposto, passando pelos impostos sobre o rendimento (ver artigos 63º e ss. do CIRC), impostos aduaneiros (ver conceito de valor aduaneiro introduzido no Código Aduaneiro da União), impostos sobre o património e impostos transacionais onde se incluem o IVA, os IEC(s) e o Imposto de Selo. À semelhança da importância que assume na doutrina internacional, este conceito juntamente com o conceito de sistema fiscal e o regime de tributação dos lucros ou rendimentos, constituem a "coluna vertebral" de qualquer sistema fiscal desenvolvido, afetando toda a estrutura fiscal de um país.

Remetemos, portanto, o leitor para a secção deste manual dedicada ao regime dos preços de transferência bem como para as obras da autora sobre a matéria.

A título indicativo importa referir os artigos 78º e 79º da Diretiva, transpostos para o ordenamento jurídico nacional nos artigos 16º e 17º do CIVA, que incluem no valor tributável os seguintes elementos:

a) os impostos, direitos aduaneiros, taxas e demais encargos, com exceção do próprio IVA e
b) as despesas acessórias, tais como as despesas de comissão, embalagem, transporte e seguro exigidas pelo fornecedor ao adquirente ou ao destinatário.

Refere ainda o art. 79º da Diretiva que no valor tributável não se incluem:

a) as reduções de preço resultantes de desconto por pagamento antecipado;

b) os abatimentos e bónus concedidos ao adquirente ou ao destinatário, no momento em que a operação se realiza;
c) as quantias que um sujeito passivo receba do adquirente ou do destinatário a título de reembolso de despesas efetuadas em nome e por conta destes últimos, e que sejam registadas na sua contabilidade.

O valor tributável para as aquisições intracomunitárias obedece ao regime estabelecido em sede do CIVA para as transações internas (ver art. 17º do Regime do IVA nas Transações Intracomunitárias e art. 83º da Diretiva).

A Diretiva estabelece, por último, no capítulo do valor tributável, disposições diversas (artigos 90º e ss.) que contemplam as situações de anulação, rescisão, resolução ou não pagamento total ou parcial ou redução do preço depois de efetuada a operação, sendo o valor tributável reduzido nos termos das legislações internas dos Estados-membros.

Casos práticos selecionados do TJUE
Partes: Empire Stores Ltd e Commissioners of Customs and Excise (processo C-33/93)

"A contrapartida de uma entrega de bens e, consequentemente, a sua matéria coletável na acepção do artigo 11º-A, nº 1, alínea a), da Sexta Diretiva 77/388, pode consistir numa prestação de serviços se existir um vínculo direto entre a entrega de bens e a prestação de serviços e se o valor desta última puder ser expresso em dinheiro. Esse valor, que é um valor subjetivo, e não o valor estimado segundo critérios objetivos, não consistindo numa soma em dinheiro acordada entre as partes, deve ser o que o beneficiário da prestação de serviços, que constitui a contrapartida da entrega de bens, atribui aos serviços que pretende obter e corresponder à soma que está disposto a gastar para esse fim.

O artigo 11º-A, nº 1, alínea a), deve, por este facto, ser interpretado no sentido de que a matéria coletável do artigo que um fornecedor entrega sem despesas suplementares a uma pessoa que se apresenta ela própria ou apresenta uma outra pessoa a título de potencial nova cliente é distinta da matéria coletável dos bens comprados ao mesmo fornecedor pela nova cliente e corresponde ao preço de compra pago pelo fornecedor para a aquisição do referido artigo."

Partes: H. J. Glawe Spiel- und Unterhaltungsgeraete Aufstellungsgesellschaft mbH & Co. KG e Finanzamt Hamburg Barmbek-Uhlenhorst (processo C-38/93)

"A base de tributação de uma prestação de serviços, na acepção do artigo 11º, parte A, nº 1, alínea a), da Sexta Diretiva 77/388, é constituída pela contrapartida realmente recebida pelo serviço prestado. No caso das máquinas automáticas de jogos a dinheiro com possibilidade de prémios (slot-machines) que, por força das obrigações imperativamente prescritas pela lei, são concebidas de maneira a que uma determinada percentagem das importâncias apostadas pelos jogadores lhes sejam distribuídas a título de prémios, a contrapartida realmente recebida pelo explorador pela colocação à disposição das máquinas é apenas constituída pela quota-parte das importâncias apostadas de que este pode efetivamente dispor por sua conta.

A disposição já referida deve, por isso, ser interpretada no sentido de que a base de tributação para as referidas máquinas não compreende a quota-parte, obrigatoriamente fixada pela lei, do total das importâncias apostadas que corresponde aos prémios pagos aos jogadores."

Partes: Muys' en De Winter' s Bouw– en Aannemingsbedrijf BV e Staatssecretaris van Financiën (processo C-281/91)

"O artigo 13º, parte B, alínea d), nº 1, da Sexta Diretiva 77/388, relativa à harmonização das legislações dos Estados-membros respeitantes aos impostos sobre o volume de negócios, deve ser interpretado no sentido de que um fornecedor de bens ou um prestador de serviços que autoriza o seu cliente a diferir o pagamento do preço, mediante o pagamento de juros, concede, em princípio, um crédito isento de imposto, na acepção desta disposição. Todavia, quando um fornecedor de bens ou um prestador de serviços concede ao seu cliente o diferimento do pagamento do preço, mediante o pagamento de juros, unicamente até à entrega, estes juros não constituem a remuneração de um crédito, mas sim um elemento da contrapartida recebida pela entrega dos bens ou pelas prestações de serviços, na acepção do artigo 11º, parte A, nº 1, alínea a), da Sexta Diretiva."

Partes: Chaussures Bally SA e État belge (processo C-18/92)

"O artigo 11º, letra A, nº 1, alínea a), da Sexta Diretiva 77/388, relativa à harmonização das legislações dos Estados-membros respeitantes aos impostos sobre o volume de negócios, deve ser interpretado no sentido de que, no caso de, numa operação de venda, o preço da mercadoria for pago pelo comprador mediante cartão de

crédito e entregue ao fornecedor pelo emissor do cartão, após retenção de uma percentagem como comissão remuneradora de uma prestação de serviço deste último ao fornecedor da mercadoria, esta retenção deve ser incluída na matéria coletável do imposto que o fornecedor sujeito passivo deve pagar ao fisco."

***Partes*: Argos Distributors Ltd e Commissioners (processo C-288/94)**
"O artigo 11º, parte A, nº 1, alínea a), da Sexta Diretiva 77/388, relativa à harmonização das legislações dos Estados-membros respeitantes aos impostos sobre o volume de negócios, deve ser interpretado no sentido de que, quando um fornecedor vende a um adquirente, com desconto, um vale com a promessa de o aceitar posteriormente pelo seu valor nominal para pagamento da totalidade ou de parte do preço de um produto comprado por um cliente que não é o adquirente do vale e que não conhece, em princípio, o preço real de venda desse vale pelo fornecedor, a contrapartida representada pelo vale é o montante realmente recebido pelo fornecedor pela venda do vale. É, portanto, este montante, e não o valor nominal do vale, que, por força do referido artigo, deverá constituir a matéria coletável para aplicação do Imposto sobre o Valor Acrescentado na venda por ocasião da qual o vale foi aceite em pagamento."

3.8. As taxas

O IVA, imposto dotado de características de simplicidade e eficiência, assenta numa estrutura de taxas proporcionais, aplicáveis no momento em que o imposto se torna exigível (art. 93º da Diretiva).

A estrutura comunitária de taxas em sede de IVA pressupõe a aplicação de uma taxa normal, fixada por cada Estado-membro numa percentagem do valor tributável, e que a partir de julho de 2018, não pode ser inferior a 15% (ver Diretiva 2018/912 de 22 de junho de 2018).

No caso português, a atual taxa normal está fixada em 23%, nos termos do art. 18º, nº 1, al. c) do CIVA e art. 18º do Regime do IVA nas Transações Intracomunitárias[379].

O legislador comunitário permite também a adoção pelos Estados-membros de uma ou duas taxas reduzidas (ver art. 98º da Diretiva) para determinados bens ou serviços constantes em Anexo à Diretiva.

Estas taxas reduzidas não poderão ser inferiores a 5%, nos termos do art. 99º da Diretiva, e deverão ser fixadas de modo a que o montante do

[379] Note-se que para as Regiões Autónomas dos Açores e da Madeira, e no âmbito de certas operações, a taxa normal é atualmente de 18% e 22%, respetivamente.

IVA resultante da aplicação dessa taxa permita normalmente deduzir a totalidade do imposto relativamente ao qual é concedido o direito à dedução (art. 99º, nº 2 da Diretiva).

O legislador nacional estabeleceu duas taxas reduzidas, atualmente de 6% e 13%, nos termos do art. 18º do CIVA e art. 18º do Regime do IVA nas Transações Intracomunitárias[380].

3.9. As isenções

O legislador comunitário ressalva expressamente no art. 131º da Diretiva, a prevalência das normas fiscais anti-abuso ou normas penais fiscais sobre o direito à isenção.

As isenções em sede de IVA subordinam-se, portanto, ao princípio da prevalência da substância sobre a forma e princípio da transparência, podendo ser negadas em caso de manifesto abuso ou fraude fiscal.

A Diretiva lista dois tipos de isenções principais:

a. isenções de interesse geral e
b. isenções de interesse específico.

A lista de isenções é extensa, remetendo-se o leitor para os artigos 132º e ss. da Diretiva e artigos 9º a 15º do CIVA.

A concessão de isenções em sede de IVA deverá ainda respeitar os princípios da concorrência, tanto no espaço interno como no espaço comunitário.

No capítulo das isenções, convém mencionar a possibilidade ou direito que é dado ao contribuinte de optar pela tributação, nas situações de isenção previstas pelo legislador comunitário no art. 137º da Diretiva.

Este direito de opção está circunscrito às operações referenciadas pelo legislador comunitário (e.g. determinadas operações financeiras, locação

[380] Portugal pode aplicar às operações efetuadas nas Regiões Autónomas dos Açores e da Madeira e às importações efetuadas diretamente nestas regiões, taxas de montante inferior às aplicadas no Continente (ver art. 105º da Diretiva e artigos 18º do CIVA e do Regime de IVA nas Transações Intracomunitárias – taxas de 5%, 10% e 12% respetivamente).

de bens imóveis, etc.), não podendo os legisladores nacionais alargar o âmbito deste direito[381].

Afirma-se, portanto, de duvidosa legalidade o disposto no art. 12º do CIVA, recomendando-se também que este direito de opção seja alargado às operações financeiras, conforme estipulado na Diretiva.

Nas operações intracomunitárias aplica-se o princípio do destino, isentando os Estados-membros as entregas de bens expedidos ou transportados, com as exceções previstas nos artigos 138º, 139º e ss. da Diretiva[382].

Note-se que, em sede de IVA, a tributação poderia efetuar-se no país de origem ou no país de destino. No primeiro caso, a tributação ocorre no país de produção dos bens ou da prestação do serviço, enquanto que no segundo caso, a tributação ocorre no país de consumo do bem ou serviço. É esta segunda modalidade de tributação que tem vindo a ser adotada na UE.

O reflexo deste princípio é visível desde logo no modo de tributação das exportações e importações: assim, no país de origem (país exportador) isenta-se ou restitui-se o imposto relativo a bens exportados e no país de destino tributam-se as importações (país importador ou 'país consumidor').

No entanto, conforme acima mencionado, este princípio sofre algumas derrogações, nomeadamente no caso da tributação da prestação de serviços internacionais. De acordo com a Diretiva, é de aplicar, em sede geral, o princípio da tributação no país de origem, utilizando-se o critério da localização da sede do prestador. No entanto, esta derrogação está sujeita a várias exceções, e como tal somos remetidos novamente para o princípio da tributação no país de destino, como por exemplo, no caso da tributação do comércio eletrónico.

O aumento exponencial do comércio eletrónico, em combinação com uma maior mobilidade dos agentes económicos internacionais, possibilitou um planeamento fiscal mais eficiente, utilizando-se nomeadamente 'paraísos fiscais' ou 'país com regimes fiscais preferenciais', e levando

[381] Note-se que o legislador comunitário, no entender da autora, permite apenas aos Estados-membros determinar as regras de exercício do direito de opção, estando este direito clara e objetivamente delimitado no art. 137º, nº 1 da Diretiva.

[382] Ver artigos 14º e 15º do Regime do IVA nas Transações Intracomunitárias.

concomitantemente a uma não aplicação prática e efetiva do princípio da tributação no país de origem. Houve necessidade, portanto, de inverter a regra, remetendo o poder jurisdicional fiscal para o país de destino ou país de consumo do serviço.

Casos práticos selecionados do TJUE

Partes: Étienne Debouche e Inspecteur der Invoerrechten en Accijnzen (processo C-302/93)

"O artigo 3º, alínea b), da Oitava Diretiva relativa à harmonização das legislações dos Estados-membros respeitantes aos impostos sobre o volume de negócios deve ser interpretado no sentido de que um advogado que beneficie, por força do artigo 28º, nº 3, alínea b), e do Anexo F da Sexta Diretiva, de uma isenção, no Estado-membro em que está estabelecido, não tem, por esse facto, o direito de solicitar à administração competente desse Estado-membro a passagem do certificado aí referido e não tem, portanto, direito ao reembolso do imposto que incide sobre serviços que lhe foram prestados num Estado-membro no qual não está estabelecido e no qual as prestações efetuadas por advogados não estão isentas. Com efeito, resulta tanto do artigo 3º, alínea b), da Oitava Diretiva como do sistema posto em prática pela Sexta Diretiva que um sujeito passivo que beneficie de uma isenção e que, em consequência, não tenha direito à dedução do imposto pago a montante dentro do país, também não tem, atenta a finalidade do sistema das diretivas relativas ao imposto sobre o valor acrescentado, direito ao reembolso do imposto pago noutro Estado-membro, nem, por conseguinte, à passagem de um certificado na acepção desta disposição."

Partes: Elisabeth Blasi e Finanzamt (processo C-346/95)

"O artigo 13º, parte B, alínea b), nº 1, da Sexta Diretiva 77/388 relativa à harmonização das legislações dos Estados-membros respeitantes aos impostos sobre o volume de negócios pode ser interpretado no sentido de que são tributáveis, a título de operações de alojamento realizadas no âmbito de setores com funções análogas às do setor hoteleiro, as operações de alojamento por curta duração de pessoas que não sejam familiares ou amigos.

A este respeito, o artigo 13º, parte B, alínea b), nº 1, não se opõe a que a tributação seja aplicada aos contratos celebrados por uma duração inferior a seis meses, quando esta duração traduza a intenção das partes. Compete, no entanto, ao órgão jurisdicional nacional verificar se, no processo que lhe está submetido, determinados elementos (como a prorrogação automática do contrato de arrendamento) tendem a demonstrar que a duração constante do contrato de arrendamento não reflete a verdadeira intenção das partes, caso em que se deverá ter em consideração a duração efetiva total do alojamento, em vez da duração constante do contrato de arrendamento.

Com efeito, o facto de os Estados-membros, que nesta matéria gozam de uma certa margem de apreciação, distinguirem entre o alojamento no setor hoteleiro e a locação de quartos para habitação em função da duração do alojamento constitui um critério de distinção apropriado, na medida em que o alojamento hoteleiro se distingue da locação de um quarto para habitação precisamente pela duração da estadia, entre outros critérios, e a utilização para este fim do critério do fornecimento de alojamento de curta duração, sendo esta definida como uma duração inferior a seis meses, parece um meio razoável para garantir que as operações efetuadas pelos sujeitos passivos que exerçam uma atividade similar à função essencial exercida por um hotel, que é a de fornecer alojamento temporário no âmbito de uma relação comercial, sejam tributadas."

3.10. As deduções

Diz o art. 167º da Diretiva que o direito à dedução surge no momento em que o imposto dedutível se torna exigível.[383]

No ordenamento jurídico nacional as regras de dedutibilidade do IVA encontram-se nos artigos 19º a 26º do CIVA e artigos 19º e 20º do Regime do IVA nas Transações Intracomunitárias.

Nos termos legais, o sujeito passivo tem direito a deduzir do montante do imposto de que é devedor, os seguintes montantes:

a) o IVA devido ou pago em relação aos bens que lhe tenham sido ou venham a ser transmitidos e em relação aos serviços que lhe tenham sido ou venham a ser prestados por outro sujeito passivo;
b) o IVA devido em relação às aquisições intracomunitárias de bens e
c) o IVA devido ou pago em relação a bens importados[384].

383 Ver ainda art. 167º-A da Diretiva que permite aos Estados membros estabelecer um regime facultativo que permite o adiamento da dedução até ao momento do recebimento do IVA que incida sobre os bens e serviços prestados, nas condições referidas neste artigo.

384 Ver artigos 168º, 168º-A e 169º da Diretiva.

As regras relativas ao reembolso do imposto vêm previstas nos artigos 170º e ss. da Diretiva e no artigo 22º do CIVA.

O legislador comunitário, no capítulo das deduções, inclui também o método *pro rata* (art. 173º da Diretiva), referenciado no CIVA no art. 23º sob o título 'atividades mistas'. Seria talvez mais rigoroso, ao nível formal, ter mantido a expressão utilizada na Diretiva de 'dedução *pro rata*', em lugar de 'atividades mistas', cujo sentido é muito geral e pouco concretizável.

No caso da utilização do método *pro rata* de dedução, encontramos o sujeito passivo a realizar operações tributáveis e operações isentas, sendo que a dedução só é admitida relativamente à parte do IVA proporcional ao montante respeitante às operações tributáveis.

O *pro rata* de dedução é determinado para o conjunto das operações efetuadas pelo sujeito passivo.

A Diretiva concede algumas opções aos Estados-membros para aplicação do método *pro rata*, dependendo do tipo de atividade exercida, contabilidade específica adotada, etc.. Define ainda as regras de cálculo para aplicação deste método nos artigos 174º e 175º da Diretiva.

A Diretiva autoriza também os Estados-membros a utilizar o método de dedução com base na afetação da totalidade ou de parte dos bens e dos serviços.

Por último, são reguladas no art. 176º da Diretiva, as limitações do direito à dedução (ver art. 21º do CIVA), determinando-se que não são dedutíveis as despesas que não tenham carácter estritamente comercial, tais como as despesas sumptuárias, recreativas ou de representação.

Para a efetivação do direito à dedução deverá o sujeito passivo cumprir as respetivas obrigações de faturação, obrigações contabilísticas e de escrituração.

Nos termos do art. 179º da Diretiva, o sujeito passivo efetua a dedução, subtraindo do montante total do imposto devido relativamente ao período de tributação, o montante do IVA suportado ou dedutível durante o mesmo período.

Quando o montante das deduções exceder o montante do IVA devido relativamente a um período de tributação, os Estados-membros podem permitir o reporte do excedente para o período seguinte ou proceder ao respetivo reembolso, nos termos do art. 183º da Diretiva.

Ambas as opções de reporte e de reembolso estão incluídas no CIVA, nos termos previstos no art. 22º[385].

Casos práticos selecionados do TJUE

Partes: BLP Group plc e Commissioners of Customs & Excise (processo C-4/94)

"O artigo 2º da Primeira Diretiva 67/227 e o artigo 17º da Sexta Diretiva 77/388 em matéria de harmonização das legislações dos Estados-membros respeitantes aos impostos sobre o volume de negócios devem ser interpretados no sentido de que, com exceção dos casos expressamente previstos nestas Diretivas, quando um sujeito passivo presta serviços a outro sujeito passivo, que os utiliza para efetuar uma operação isenta, este último não tem o direito de deduzir o IVA pago a montante, mesmo quando o objetivo final da operação isenta é efetuar uma operação sujeita a imposto. Efetivamente, resulta dos termos utilizados nas citadas disposições que, para conferirem direito à dedução, os bens ou serviços em causa devem apresentar uma relação direta e imediata com as operações sujeitas a imposto e que, para este efeito, o objetivo final prosseguido pelo sujeito passivo é indiferente."

Partes: Sofitam SA (anteriormente Satam SA) e Ministro encarregado do Orçamento (processo C-333/91)

"Nos termos do artigo 19º, nº 1, da Sexta Diretiva 77/338 relativa à harmonização das legislações dos Estados-membros respeitantes aos impostos sobre o volume de negócios, uma empresa que não é sujeito passivo do Imposto sobre o Valor Acrescentado quanto ao conjunto das suas operações pode deduzir do montante do imposto de que é devedora o montante do imposto que pagou, no limite do pro rata que resulta duma fração que inclui no denominador o montante total do volume de negócios relativo às operações que conferem direito a dedução e às que não conferem esse direito. Esta disposição deve ser interpretada no sentido de que os dividendos de ações recebidos por essa empresa devem ser excluídos do referido denominador. Com efeito, não constituindo a contrapartida de qualquer atividade económica, na aceção da Sexta Diretiva, a perceção de dividendos não entra no âmbito de aplicação do Imposto sobre o Valor Acrescentado, de forma que os dividendos, que resultam da detenção de participações, são estranhos ao sistema dos direitos à dedução."

[385] As deduções também podem ser regularizadas nos termos previstos nos artigos 184º e ss. da Diretiva e artigos 24º a 26º do CIVA.

Partes: Garage Molenheide BVBA (C-286/94), Peter Schepens (C-340/ /95), Bureau Rik Decan-Business Research & Development NV (BRD) (C-401/95), Sanders BVBA (C-47/96) e Belgische Staat (processo apensos C-286/94, C-340/95, C-401/95 e C-47/96)

"O artigo 18º, nº 4, da Sexta Diretiva 77/388 relativa à harmonização das legislações dos Estados-membros respeitantes aos impostos sobre o volume de negócios, que autoriza os Estados-membros, quando o montante das deduções do Imposto sobre o Valor Acrescentado pago a montante excede o do imposto devido, ou a transportar o excedente para o período de declaração seguinte ou a proceder ao seu reembolso, não se opõe, em princípio, a medidas nacionais que permitem às autoridades fiscais competentes reter, a título preventivo, montantes de imposto restituíveis, quando existam indícios de fraude fiscal ou quando essas autoridades invocam um crédito de Imposto sobre o Valor Acrescentado que não resulta das declarações do sujeito passivo e que este último contesta.

Todavia, o princípio da proporcionalidade é aplicável a esse tipo de medidas, adoptadas por um Estado-membro no exercício da sua competência em matéria de Imposto sobre o Valor Acrescentado, na medida em que, se excederem o necessário para alcançar o seu objetivo, violam os princípios do sistema comum do referido imposto, designadamente, o regime das deduções, que constitui um elemento essencial desse sistema.

Cabe ao órgão jurisdicional nacional apreciar o carácter proporcionado ou não das medidas em causa e da aplicação que delas faz a administração competente. No âmbito dessa apreciação, importa afastar as disposições nacionais ou uma interpretação destas que impeçam um controlo jurisdicional efetivo, e designadamente o controlo da urgência e da necessidade da retenção do saldo do imposto restituível, bem como a possibilidade de o sujeito passivo do imposto solicitar, sob controlo de um juiz, a substituição da retenção por outra garantia suficiente para proteger os interesses do Tesouro mas menos onerosa para o sujeito passivo do imposto, ou que impeçam que possa ser ordenado, em todas as fases do processo, um levantamento, total ou parcial, da retenção. Além disso, em caso de levantamento da retenção, um cálculo dos juros devidos pelo Tesouro, que não aceite, como ponto de partida, o dia a partir do qual o saldo do imposto em questão devia, normalmente, ter sido restituído, é contrário ao princípio da proporcionalidade."

3.11. As obrigações fiscais

Nos termos do art. 192º-A e ss. da Diretiva, o IVA é devido por sujeitos passivos que efetuem transmissões de bens ou prestações de serviços tributáveis, com exceção dos seguintes casos: quando as transmissões de bens ou prestações de serviços tributáveis forem efetuadas por sujeitos passivos que não se encontrem estabelecidos no Estado-membro em que o IVA é devido, qualificando como sujeito passivo de imposto, o destinatário da transmissão dos bens ou da prestação de serviços e ainda nas situações previstas nos artigos 199º e 202º da Diretiva (e.g. prestação de serviços de construção, reparação, manutenção de bens imóveis).

O IVA é devido pelas pessoas registadas para efeito de IVA no Estado-membro em que o imposto é exigido; pelos sujeitos passivos destinatários de serviços, nos termos previstos na Diretiva; pelas pessoas que efetuem aquisições intracomunitárias de bens tributáveis e ainda por todas as pessoas que mencionem o imposto numa fatura.

As regras de pagamento, bem como as obrigações declarativas e contabilísticas, vêm previstas nos artigos 27º a 52º do CIVA e artigos 22º a 32º do Regime do IVA nas Transações Intracomunitárias (ver ainda artigos 206º e ss. da Diretiva).

Casos práticos selecionados do TJUE

Partes: John Reisdorf e Finanzamt (processo C-85/95)

"Quando um sujeito passivo do Imposto sobre o Valor Acrescentado invoca o direito à dedução do Imposto pago a montante ao imposto de que é devedor, os artigos 18º, nº 1, alínea a), e 22º, nº 3, da Sexta Diretiva 77/388, relativa à harmonização das legislações dos Estados-membros respeitantes aos impostos sobre o volume de negócios, autorizam os Estados-membros, aos quais é reconhecido o poder de determinarem as regras relativas à fiscalização do exercício do direito à dedução e, designadamente, o modo como o sujeito passivo deve fazer prova desse direito, a entenderem por "fatura" não apenas o original, mas também qualquer outro documento que o substitua, que obedeça aos critérios estabelecidos por esses Estados-membros, e conferem-lhes o poder de exigirem a apresentação do original da fatura para justificar o direito à dedução, bem como o de admitirem, quando o sujeito passivo já não esteja de posse do original, outros meios de prova que demonstrem que existiu efetivamente a transação que é objeto do pedido de dedução."

Partes: Finanzamt Osnabrück-Land e Bernhard Langhorst (processo C-141/96)

"O artigo 22º, nº 3, alínea c), da Sexta Diretiva 77/388, relativa à harmonização das legislações dos Estados-membros respeitantes aos impostos sobre o volume de negócios, autoriza os Estados-membros a considerarem como «documento que subs-

titui a fatura» uma nota de crédito emitida pelo destinatário dos bens e dos serviços, desde que a mesma contenha as menções prescritas para as faturas pela referida diretiva, seja elaborada de acordo com o sujeito passivo que entrega os bens ou presta os serviços, e este último possa contestar o montante do Imposto sobre o Valor Acrescentado que consta da mesma. Com efeito, em tal hipótese, uma vez que está investido desse poder de controlo, o sujeito passivo pode ser considerado como o autor da nota de crédito, mesmo que tenha sido elaborada pelo destinatário dos bens ou dos serviços.

Por outro lado, o sujeito passivo que não contestou a menção, numa nota de crédito dessa natureza, do montante de Imposto sobre o Valor Acrescentado superior ao devido em razão das operações tributáveis, pode ser considerado como a pessoa que mencionou esse montante e, por conseguinte, é devedor do referido montante, para efeitos do artigo 21º, nº 1, alínea c), da Sexta Diretiva. Uma interpretação diferente favoreceria eventuais fraudes ou conluios contrários ao bom funcionamento do sistema comum de Imposto sobre o Valor Acrescentado instituído pela Sexta Diretiva e ao objetivo que esse sistema prossegue de assegurar a cobrança do imposto e o seu controlo pela administração fiscal."

3.12. Os regimes especiais

A Diretiva prevê os seguintes regimes especiais:

a) Regime especial das pequenas empresas, instituindo regras simplificadas de tributação e de cobrança para este tipo de contribuintes[386]. Prevê também a Diretiva que os Estados-membros possam conceder uma isenção aos sujeitos passivos cujo volume de negócios anual não exceda, no caso português, 10.000,00 euros, podendo estes sujeitos optar pelo regime normal de IVA ou pelo regime simplificado[387];

b) Regime comum forfetário dos produtores agrícolas (artigos 295º a 305º da Diretiva);

c) Regime especial das agências de viagens (artigos 306º a 310º da Diretiva);

d) Regimes especiais aplicáveis aos bens em segunda mão, aos objetos de arte e de coleção e às antiguidades. Prevê a Diretiva no art. 313º

[386] Ver artigos 60º a 68º do CIVA (regime dos pequenos retalhistas).

[387] Ver artigos 53º a 59º do CIVA (regime de isenção em função do volume de negócios). Nestes casos, os sujeitos passivos que beneficiem da isenção do imposto não têm direito a deduzir o IVA, nem a fazê-lo constar das suas faturas (art. 289º da Diretiva).

que nestes casos se aplique um regime especial de tributação baseadonamargemdelucrorealizadapelosujeitopassivorevendedor[388]. Constituirá valor tributável para efeitos de IVA, a margem de lucro realizada pelo sujeito passivo revendedor, deduzido o montante do IVA correspondente à própria margem de lucro[389];

e) Regime especial aplicável ao ouro para investimento (artigos 344º a 356º da Diretiva) e

f) Regimes especiais aplicáveis aos serviços de telecomunicações, de radiodifusão e televisão ou serviços electrónicos (artigos 357º a 369º da Diretiva).

O CIVA inclui, no âmbito dos regimes especiais e para além dos regimes de isenção e dos pequenos retalhistas, o regime de tributação dos combustíveis líquidos aplicável aos revendedores, nos termos dos artigos 69º a 75º do CIVA.

Nestes casos, o imposto devido pelas transmissões de combustíveis líquidos efetuadas por revendedores é liquidado com base na margem efetiva de vendas, nos termos do art. 69º do CIVA.

É criticável, de um ponto vista de sistematização legal, a inclusão no CIVA de apenas alguns regimes especiais – acima indicados –, deixando para legislação avulsa a regulação de outros regimes especiais[390]. O facto é ainda mais incompreensível à luz da sistematização jurídica da Diretiva que inclui, e bem, todos os regimes especiais, no título respetivo[391].

[388] O legislador comunitário inclui também no art. 311º as definições de bens em segunda mão – como sendo bens móveis tangíveis suscetíveis de serem reutilizados no estado em que se encontram ou após reparação, que não sejam objetos de arte e de coleção ou antiguidades, nem metais preciosos ou pedras preciosas –, a definição de sujeito passivo revendedor e de organizador de vendas em leilão.

[389] Nos termos do art. 315º, 2ª parte, da Diretiva, a margem de lucro do sujeito passivo revendedor é igual à diferença entre o preço de venda solicitado pelo sujeito passivo revendedor para os bens e o seu preço de compra.

[390] Ver DL nº 199/96 relativo aos bens em segunda mão, objetos de arte, de coleção e antiguidades, DL nº 221/85 relativo às agências de viagens e operadores de circuitos turísticos, DL nº 346/85 relativo ao tabaco manufaturado, DL nº 362/99 relativo ao ouro para investimento, DL nº 204/97 relativo às empreitadas e subempreitadas de obras públicas, DL nº 418/99 relativo às cooperativas agrícolas e DL nº 130/2003 relativo ao comércio eletrónico.

[391] O Regime do IVA nas Transações Intracomunitárias prevê ainda os seguintes regimes especiais: o regime das "vendas à distância", aquisições e transmissões de meios de transporte novos e dos bens sujeitos a IEC(s).

Impõe-se, portanto, sistematizar a legislação sobre IVA, consolidando o CIVA com o Regime do IVA nas Transações Intracomunitárias (RITI) e inserir no CIVA todos os regimes especiais de modo a acautelar a certeza, a celeridade e a segurança jurídicas.

Casos práticos selecionados do TJUE

Partes: Van Ginkel Waddinxveen BV, Reis- enPassagebureau Van Ginkel BV e Inspecteur der Omzetbelasting te Utrecht (processo C-163/91)

"O artigo 26º da Sexta Diretiva 77/388, relativo ao regime especial aplicável às agências de viagens em matéria de tributação do Imposto sobre o Valor Acrescentado, deve ser interpretado no sentido de que a circunstância de o transporte do viajante não ser assegurado por uma agência de viagens ou por um organizador de circuitos turísticos e de estes se limitarem a fornecer ao viajante um alojamento de férias não é susceptível de excluir as prestações fornecidas, por estas empresas, do âmbito de aplicação da referida disposição."

Partes: "K" Line Air Service Europe BV e Eulaerts NV, Belgische Staat (processo C-131/91)

"As disposições da Sexta Diretiva relativa à harmonização das legislações dos Estados-membros respeitantes aos impostos sobre o volume de negócios devem ser interpretadas no sentido de que se opõem a uma legislação nacional que institui, para a venda de veículos em segunda mão entre sujeitos passivos do Imposto sobre o Valor Acrescentado, uma matéria coletável mínima para aplicação do imposto diferente da que resulta do artigo 11º daquela diretiva, segundo o qual a matéria coletável é, para as entregas de bens, constituída por tudo o que constitui a contrapartida que o fornecedor recebeu ou deve receber do adquirente.

Uma tal legislação não pode, com efeito, justificar-se, nem ao abrigo do artigo 32º da Diretiva, cujo âmbito de aplicação não engloba as vendas de bens em segunda mão quando, por terem ocorrido entre sujeitos passivos que puderam exercer o direito à dedução a título de bens de investimento, não implicam o risco de dupla tributação, nem ao abrigo do seu artigo 27º, o qual, embora autorize medidas derrogatórias especiais, destinadas a evitar fraudes ou evasões fiscais, não permite uma derrogação global das normas do artigo 11º, como a substituição do preço convencionado pelas partes por uma matéria coletável mínima."

Capítulo VI
Os Impostos sobre o Património

1. Introdução

No sistema fiscal português, os impostos sobre o património remontam ao século XIV (*vide*, a Sisa e mais tarde a Décima), tendo estes permanecido até ao momento atual ainda que com diferentes nomes e sistematizações legais.

Ao nível da incidência material aparece como pilar principal a terra e o correspondente exercício sobre ela de um direito real pleno: direito de propriedade.

A relevância fiscal da terra não passou despercebida a Anthony Trollope quando dizia que "Land is about the only thing that can't fly away".

A definição do seu valor, a sua exploração económica e tipos de tributação tem gerado controvérsias sociais, legais e até à queda de governos.

Não será, portanto, de estranhar que os legisladores adotem uma atitude cautelosa e mesmo conservadora quando em presença dos impostos sobre o património.

2. A noção de património

No Relatório sobre a Reforma Fiscal do Ministério das Finanças (1997), património fiscalmente relevante "*é constituído por toda a manifestação de riqueza exteriorizada quer pela propriedade, quer pelo uso e fruição de certos bens, imóveis ou móveis sujeitos a registo, bem como pelos atos de aquisição onerosa ou gratuita daqueles bens que se encontram igualmente sujeitos a tributação em sede própria.*"

Elenca ainda Nuno Sá Gomes[392], as diferentes noções doutrinárias de património, nomeadamente "*conjunto de relações jurídicas pertencentes a uma pessoa que tem uma utilidade económica e são por isso susceptíveis de avaliação pecuniária*" ou "*o conjunto de relações jurídicas com valor económico, isto é, avaliáveis em dinheiro de que é sujeito ativo e passivo uma dada pessoa singular ou coletiva*".

Subjacente às definições citadas está o conceito de valor patrimonial, pecuniário ou valor de troca. Estão, assim, excluídas do conceito tributário de património bens ou relações jurídicas sem valor pecuniário, inseridos no domínio público ou insuscetíveis de apropriação individual.

3. A noção de valor patrimonial tributário

A determinação do valor patrimonial tributário constitui uma operação complexa, com apelo a vários critérios, conforme se trate de impostos estáticos (os relativos à posse e titularidade) ou impostos dinâmicos (os relativos à transmissão).

No âmbito da tributação estática do património (IMI), um dos critérios utilizado pelo legislador para a determinação do valor patrimonial tributário de prédios urbanos para habitação, comércio, indústria e serviços[393], resulta da ponderação dos seguintes fatores:

a. valor base dos prédios edificados;
b. área;
c. critério da afetação ou utilização;
d. localização;
e. qualidade e conforto e
f. vetustez.

Diferentemente, na tributação dinâmica (IMT), o valor patrimonial tributário resulta do valor do ato ou contrato e se insuficiente,[394] faz o

[392] Em *Tributação do Património, Lições proferidas no 1º Curso de Pós-Graduação em Direito Fiscal da FDUP-2004,* Almedina, 2005.

[393] Ver também fórmula utilizada pelo legislador em sede de 'arrendamento social' para efeitos de determinação da chamada 'renda social'.

[394] No caso de valor patrimonial excessivo, ver art. 30º CIMT que permite às partes, antes da celebração do ato ou contrato, requerer, ao abrigo do CIMI, a avaliação do imóvel.

legislador apelo ao valor patrimonial tributário consoante definido para efeitos da tributação estática.

No contexto da tributação estática, o Código do Imposto Municipal sobre Imóveis, aprovado pelo Decreto-Lei nº 287/2003, de 12 de novembro, entrou em vigor em 1 de dezembro de 2003 (cfr. artigo 32º, nº 1 do citado diploma) e no seu preâmbulo refere que *"Com este Código opera-se uma profunda reforma do sistema de avaliação da propriedade, em especial da propriedade urbana. Pela primeira vez em Portugal, o sistema fiscal passa a ser dotado de um quadro legal de avaliações totalmente assente em fatores objetivos, de grande simplicidade e coerência interna, e sem espaço para a subjetividade e discricionariedade do avaliador. É também um sistema simples e menos oneroso, que permitirá uma rapidez muito maior no procedimento de avaliação...., considerando-se, nomeadamente, a relevância do custo médio de construção, da área bruta de construção e da área não edificada adjacente, preço por metro quadrado, incluindo o valor do terreno, localização, qualidade e conforto da construção, vetustez e características envolventes. (...)"*.

No CIMI, a fórmula de cálculo que deve ser empregue para atingir o valor atualizado do prédio é a fórmula do valor patrimonial tributário, assente nos fatores acima indicados, e está prevista no artigo 38º do CIMI e é desenvolvida nos artigos 39º a 46º do mesmo Código.

Fórmula do valor patrimonial tributário:

Vt = Vc x A x Ca x Cl x Cq x Cv

Em que:
Vt = valor patrimonial tributário
Vc = valor base dos prédios edificados
A = área bruta de construção mais a área excedente à área de implantação;
Ca = Coeficiente de afetação
Cl = Coeficiente de localização
Cq = Coeficiente de qualidade e conforto;
Cv = Coeficiente de vetustez

Esta fórmula possui uma lacuna séria, evidenciada por Mouteira Guerreiro in Temas de Registo e Notariado, Almedina, 2010, p. 414 e ss:

> "Ora, quando se trata da importante matéria da determinação do valor patrimonial dos prédios urbanos, muitos parâmetros e coeficientes foram estabelecidos, mas não vemos que entre eles apareça o da altura....
> Deste modo parece que a altura da construção deveria obrigatoriamente constar das menções do Cadastro – menções cadastrais em sentido amplo, incluindo portanto as matriciais – designadamente para efeitos do cálculo do valor patrimonial daqueles bens....
> Por isso concluo: ao que se me afigura o prédio urbano deve ser encarado não com base na mera definição de uma área, mas sim tridimensionalmente, como um volume edificado ou a edificar".

Outras limitações se podem indicar, nomeadamente na área da habitação social pois não faz realçar elementos essenciais à determinação do valor real do fogo social, como os fatores do estado de conservação e a especial determinação do coeficiente de vetustez no caso de realização de obras de beneficiação.

De facto, não obstante as múltiplas alterações legislativas que têm ocorrido em sede de avaliação de imóveis, no sentido de refinar e tornar mais justos os critérios de avaliação, constata-se que o domínio da habitação social foi insuficientemente tratado, não tendo sido considerados, nomeadamente os critérios de ponderação vigentes ao abrigo do DL nº 329-A/2000 e indispensáveis para uma correta avaliação dos imóveis afetos à habitação social, de acordo com a visão e opções políticas demonstradas.

Com efeito, as lacunas e limitações do CIMI fazem-se também sentir em sede de reabilitação de imóveis, tornando-se necessário suprir as respetivas lacunas, de forma a refletir a mudança operada nos imóveis objeto de reabilitação.

4. Os impostos sobre o património: IMI/IMT/Imposto do Selo (IS)/Derrama/Imposto sobre Veículos (ISV) e Imposto Único de Circulação (IUC)

As bases de incidência

Os impostos sobre o património incidem sobre pessoas singulares e coletivas (incidência pessoal)[395]. Cabem na definição de sujeito passivo para

[395] Ao nível da tributação do património mobiliário contam-se o Imposto sobre Veículos e o Imposto Único de Circulação. Para maior desenvolvimento, ver Brigas Afonso, A.,

efeitos destes impostos, o proprietário, o arrendatário, o possuidor e as situações de domínio ou controle (detenção de imóveis por entes societários).

No tocante à incidência material cumpre distinguir consoante o imposto em questão:

- IMT: o imposto incide sobre as transmissões a título oneroso do direito de propriedade ou de figuras parcelares desse direito, sobre bens imóveis situados no território nacional;
- IMI: o imposto incide sobre o património bruto do contribuinte numa base anual[396] e
- IS[397] ou IRC[398]: o(s) imposto(s) incide(m) sobre as transmissões gratuitas de bens móveis e imóveis.
- Derrama: consiste num adicional até ao limite máximo de 1,5% do lucro tributável de pessoas coletivas que exerçam a título principal uma atividade empresarial e de estabelecimentos estáveis de não residentes[399].
- ISV: estão sujeitos a imposto os seguintes veículos:
  a. automóveis ligeiros de passageiros;
  b. automóveis ligeiros de utilização mista;
  c. automóveis ligeiros de mercadorias;
  d. automóveis de passageiros;
  e. autocaravanas e
  f. motociclos, triciclos e quadriciclos.

Cumpre ainda referir que sobre os imóveis incidem outros impostos ou 'taxas', nomeadamente:

a. IRS/IRC (tributação dos rendimentos prediais e das mais-valias)[400];

Fernandes, Manuel T., *Imposto sobre veículos e Imposto único de circulação*, Códigos Anotados, Coimbra Editora, 2009.

[396] Ver taxas proporcionais aplicáveis em sede de IMI, nos artigos 112º e 112º-A do CIMI.

[397] Aplicável a pessoas singulares, à exceção de cônjuges, descendentes e ascendentes, a uma taxa proporcional de 10%.

[398] Aplicável a pessoas coletivas.

[399] A incidência da derrama não abrange as empresas individuais, pessoas coletivas que não exerçam a título principal atividades empresariais e sociedades sujeitas ao regime de transparência fiscal.

[400] Para atenuar a dupla tributação económica que resulta da dupla incidência de dois impostos (IMI e IRS ou IRC), prevêm as leis fiscais um crédito de imposto relativamente ao IMI (dedução à coleta).

b. IVA e
c. Taxas de urbanismo.

5. A reforma fiscal[401]

Com a reforma fiscal procurou-se atingir vários objetivos, nomeadamente:

1. Aumento da receita fiscal através de uma progressiva atualização dos valores matriciais;
2. Combate à fraude fiscal através do cruzamento de informações, nomeadamente entre o IRC, IMI e IMT e
3. Eliminação do planeamento fiscal abusivo através da tributação a taxas mais gravosas de imóveis sediados em 'paraísos fiscais' ou da utilização de presunções no âmbito do IMI e IMT.

A reforma eliminou o imposto sucessório, desaparecendo também o chamado 'imposto por avença' que incidia sobre os dividendos, estando as transmissões gratuitas reguladas no Código do Imposto do Selo e CIRC.

6. Os impostos sobre o património imobiliário – IMI/IMT/IS – Breve introdução

A. Conceitos fundamentais:

a. o conceito de prédio (art. 2º CIMI);[402]
b. o conceito de valor patrimonial tributário (art. 7º CIMI).

B. **O IMT** incide sobre as transmissões, a título oneroso, do direito de propriedade ou de figuras parcelares desse direito, sobre bens imóveis,

[401] Ver Freitas Pereira, M. H., *A reforma dos impostos sobre o património*, Cadernos de Economia, Out/Dez 2003.

[402] Sobre o conceito de prédio, ver Mouteira Guerreiro, *Questões básicas em torno da descrição dos prédios, in* Teixeira, Glória (coord.), *Direito Rural, Doutrina e Legislação Fundamental*, Vida Económica, 2013, p.330:
"Contudo, pensamos que o prédio deve ser considerado como uma realidade objectiva, independente da sua titularidade, mas sujeita a diversas transformações, visto que a sua autonomia económica e até a inserção, ou não, no comércio jurídico é permanentemente mutável (v.g. através de procedimentos de afetação e desafetação) e, apesar disso, a real "entidade" corpórea que é o prédio as mais das vezes subsiste fisicamente igual".

situados em território nacional (artigos 2º e 12º CIMT), a taxas progressivas (art. 17º CIMT) e é devido, via de regra, pelo transmissário ou adquirente (art. 4º CIMT) que efetua a respetiva liquidação (autoliquidação – art. 19º CIMT)

Alguns exemplos de transmissões imobiliárias onerosas sujeitas a IMT:

a. compra de prédios rústicos, urbanos ou mistos
b. compra de usufruto, uso e habitação ou de nua-propriedade desses prédios
c. constituição ou transmissão de servidão e do direito de superfície
d. dação de bens imóveis em pagamento
e. compra de quinhão hereditário que façam parte bens imóveis
f. resolução, invalidade ou extinção por mútuo consentimento do contrato de compra e venda ou permuta de imóveis
g. permutas (pela diferença de valores)
h. venda ou cessão do direito a determinadas águas
i. entradas dos sócios com bens imóveis para a realização (ou aumento) do capital social bem como a sua transmissão, através de cessão, fusão ou cisão, ou adjudicação na liquidação dessas sociedades
j. divisão e partilha (na parte que excede os respetivos direitos) – remissão para os artigos 23º, 49º, nº 4, alínea c) e 36º CIMT
k. transmissões de benfeitorias
l. aquisição de bens imóveis por acessão ou expropriação por utilidade pública

Integrando ainda:

a. contratos promessa com tradição ou usufruto do bem
b. contratos de arrendamento com cláusula de aquisição de propriedade do bem
c. contratos de arrendamento ou subarrendamento a longo prazo (>30 anos)
d. aquisição de partes sociais ou de quotas quando tais sociedades possuam bens imóveis **titulados por essas participações sociais**

e. contratos promessa relativos a bens imóveis com cessão da posição contratual
f. outorga de procuração (ou substabelecimento) 'irrevogável' que confira poderes de alienação de bem imóvel ou de partes sociais

C. O Imposto do Selo

a. **Alguns exemplos de atos e transmissões imobiliárias onerosos sujeitas a Imposto do Selo (IS):**

1. Arrendamentos e subarrendamentos
2. Trespasses
3. Licitação de bens imóveis
4. Exploração de recursos geológicos do domínio público do Estado
5. Garantias (e.g. hipoteca)
6. Licenças (e.g. estabelecimentos comerciais)
7. Atos notariais (e.g. escrituras, procurações e subestabelecimentos)
8. Publicidade (e.g. cartazes, catálogos e reclamos)

b. O **IS** incide também sobre as transmissões gratuitas, do direito de propriedade ou de figuras parcelares desse direito, sobre bens imóveis, situados em território nacional (art. 1º, nº 3 CIS), bem como as que tenham por objeto estabelecimentos comerciais, industriais ou agrícolas, e é devido pelo transmissário ou adquirente (art. 2º, nº 2 CIS), procedendo a AT à sua liquidação (liquidação oficiosa – art. 25º CIS)

D. As isenções gerais: o Estado, as Regiões Autónomas e qualquer dos seus serviços, estabelecimentos e organismos, ainda que personalizados, compreendendo os institutos públicos, que não tenham carácter empresarial, bem como os municípios e freguesias e as suas associações estão isentos de pagamento de IMI e IMT, com exceção da isenção do IMI aos edifícios não afetos a atividades de interesse público[403].

[403] Ver ainda isenção de IMI relativa a prédios de reduzido valor patrimonial de sujeitos passivos de baixos rendimentos (art. 11º-A).

E. **O IMI:**

a. **A tributação dos prédios arrendados**
a. das disposições transitórias (art. 17º do DL que aprova o CIMI)
b. das normas fiscais inseridas no NRAU (artigos 32º, 35º, 36º e 42º)
c. da redução da taxa nos termos do art. 112º, nº 7 CIMI

b. **Casos de tributação agravada em sede de IMI**: os prédios devolutos, degradados ou em situação de abandono e os pertencentes a entidades sediadas em 'paraísos fiscais' (art. 112º CIMI).

c. **Casos de tributação mais favorável em sede de IMI**: áreas territoriais objeto de reabilitação urbana ou inseridas em programas de combate à desertificação (art. 112º, nº 6 CIMI), prédios classificados como de interesse público, de valor municipal ou património cultural (art. 112º, nº 12), prédios de sujeitos passivos com dependentes a cargo (art. 112º-A).

7. A tributação do imobiliário em sede de IVA

a. São tributáveis, independentemente da localização da sede, estabelecimento estável ou domicílio do prestador, as prestações de serviços relacionadas com imóvel situado em território nacional, incluindo as prestações que tenham por objeto preparar ou coordenar a execução de trabalhos imobiliários e as prestações de peritos e agentes imobiliários que atuem em nome próprio e por conta de outrem (art. 6º, nº 6, al. a) CIVA)

b. Estão isentas de IVA a administração ou gestão de fundos de investimento, incluindo os fundos de investimento imobiliários (art. 9º, nº 27, al. g)) e a locação de imóveis nos termos do art. 9º, nº 29, alíneas a) a e)

c. A sujeição a IVA, no caso de renúncia à isenção, da locação de imóveis ou transmissão onerosas de imóveis sujeitas a IMT, nos termos do art. 12º números 4 a 7 CIVA

d. Estão sujeitas a taxa reduzida as empreitadas de construção de imóveis de habitações económicas ou de habitações de custos controlados, as empreitadas de bens imóveis em que são donos da obra autarquias locais, associações de municípios ou associações e corporações de bombeiros, as empreitadas de construção, beneficiação ou conservação de imóveis no âmbito dos regimes RECRIA,

REHABITA, RECRIPH e SOLRH, as empreitadas de reabilitação urbana (SRU) e as realizadas ao abrigo de programas apoiados pelo INA, nos termos da Lista I do CIVA

e. Estão ainda sujeitas a taxa reduzida, nomeadamente as empreitadas de construção de imóveis e os contratos de serviços com elas conexas cujos promotores sejam cooperativas de habitação e construção e as empreitadas de beneficiação ou conservação de imóveis afetos à habitação, nos termos da Lista I do CIVA

8. A tributação do imobiliário em sede de impostos sobre o rendimento (IRC/IRS)

a. O CIRS e a tributação dos rendimentos prediais e de mais-valias (artigos 8º, 10º, 18º, nº 1, al. h), 31º-A, 41º, 43º, 44º, 45º, 46º, 51º, 55º, 72º e 101º do CIRS) e o art. 5º do DL que aprova o CIRS 'Regime transitório da categoria G'
b. O CIRC e a tributação das 'mais-valias imobiliárias' e o regime das depreciações e amortizações (art. 4º, nº 3, alínea f) e artigos 46º a 48º).
c. Os tratados sobre dupla tributação e os rendimentos prediais e de mais-valias. O conceito de estabelecimento estável

9. Dos benefícios fiscais concedidos ao setor imobiliário Isenções automáticas ou dependentes de reconhecimento:

- artigo 6º CIMT (Estado, Regiões Autónomas, Autarquias Locais...)
- artigo 7º CIMT (aquisição de prédios para revenda)[404]
- artigo 8º CIMT (aquisição de imóveis por instituições de crédito)
- artigo 9º CIMT (aquisição de prédios destinados exclusivamente a habitação)
- artigo 10º CIMT (reconhecimento das isenções)
- artigo 11º CIMT e artigo 14 do EBF (caducidade das isenções)
- artigo 44º a 47º e artigo 50º do EBF (isenções e reduções de taxas relativas a imóveis)

[404] Ver Recurso nº 1161/17-30 de 14 de março de 2018 (*Triuno – Invest. Imobiliários e Consultadoria Ltd vs. Fazenda Pública*), tendo concluído a Relatora, Consª Ana Paula Lobo que "Apenas a revenda e não a troca ou permuta de bens, no seu sentido técnico-jurídico, dá lugar à isenção prevista no art. 7º, nº 1 do CIMT".

- artigo 60º do EBF (benefícios à reestruturação empresarial)
- artigo 66º-A do EBF (cooperativas)
- artigo 69º (prédios localizados nas ALE)
- artigo 71º do EBF (incentivos à reabilitação urbana)

Estatuto dos Benefícios Fiscais: regimes especiais

a. O regime fiscal mais favorável aplicável aos **fundos de investimento imobiliário** e titulares de rendimentos respeitantes a unidades de participação nesses fundos (art. 22º, nº 6 e ss do EBF);
b. O regime fiscal mais favorável aplicável aos **fundos de investimento imobiliário em recursos florestais** e titulares de rendimentos respeitantes a unidades de participação nesses fundos (art. 24º do EBF).

10. Alguns casos de duvidosa constitucionalidade:

– a fixação da taxa de conservação de esgotos com base em valores patrimoniais tributários;
– o estabelecimento de uma isenção permanente (não obstante a lei enganadoramente indicar como regime transitório) para os ganhos que não eram sujeitos ao imposto de mais-valias bem como para os rendimentos de mais-valias derivados da alienação a título oneroso de prédios rústicos, adquiridos antes da entrada em vigor do CIRS.

11. Casos práticos: Jurisprudência selecionada do STA

11.1. Sobre o conceito de prédio

O legislador fiscal estabelece uma classificação de prédios que assenta na trilogia: prédios urbanos, rústicos e mistos (artigos 3º a 5º CIMI).

Não obstante a aparente objetividade, a jurisprudência revela situações em que a classificação é discutível, como por exemplo, no caso tratado no Recurso 317/12 de 27/11/12 (*Fazenda Pública vs. Agrepor Agregados – Extração de Inertes, S.A.*) em que o Relator, Cons. Ascensão Lopes, conclui que "a mera não afetação ou não destinação normal de um prédio rústico, situado fora de aglomerado urbano, a uma utilização geradora de rendimentos agrícolas não basta, por si só, para "desclassificar" o prédio como rústico e classificá-lo como urbano, antes se exigindo que, nos casos em que não tenha tal afetação, o prédio não se encontre construído ou disponha apenas de edifícios ou construções de carácter acessório".

Neste contexto, ver refinamento introduzido pelo legislador no conceito de prédio rústico (art. 3º CIMI), precisando-o com apelo aos critérios da afetação e destino normal de utilização.

Ainda, sobre a concreta determinação do conceito de prédio, conclui o mesmo Relator, Cons. Ascensão Lopes, no Recurso 1328/17 de 11 de abril de 2018 (Hidromarão – Sociedade Produtora de Energia, SA vs. AT – Autoridade Tributária e Aduaneira), que "Para efeitos de Imposto Municipal sobre Imóveis, estaremos perante a realidade jurídica "prédio" quando se mostrem simultaneamente existentes os três elementos: físico, jurídico e económico constantes do art. 2º do CIMI. O elemento económico traduz-se na necessidade de a fracção de território em causa possuir, por si só, valor económico, distinto do valor das coisas (dos materiais que o compõem), o que não acontece com cada aerogerador integrante de um parque eólico".

11.2. Sobre o conceito de valor patrimonial tributário: os prédios urbanos

O conceito de valor patrimonial tributário é um critério norteador no processo de avaliação fiscal em sede de IMI, IMT e Imposto de Selo.

No caso dos prédios urbanos, este valor assenta numa fórmula que integra diferentes fatores, exigindo por parte da AT uma fundamentação mais cuidada e elaborada aquando do processo de avaliação destes imóveis.

Neste contexto, ver Recurso 763/15 de 27/04/16 (*Fazenda Pública vs. Eduardo Lopes e outros*), onde o Relator, Cons. Casimiro Gonçalves, conclui que "o dever legal de fundamentação deve responder às necessidades de esclarecimento do destinatário, informando-o do itinerário cognoscitivo e valorativo do respetivo ato e permitindo-lhe conhecer as razões, de facto e de direito que determinaram a sua prática.

Para efeitos de aplicação do coeficiente de qualidade e conforto, sendo variável (até 0,20) o elemento majorativo "moradias unifamiliares" constante da Tabela I constante do nº 1 do art. 43º do CIMI, não basta uma fundamentação decorrente, apenas, da indicação desse específico coeficiente e respetiva referência ao quadro legal aplicável, antes se impondo a indicação das razões da atribuição do concreto coeficiente aplicado (no caso, 1,7)."

No âmbito do imposto de selo, ver Recurso nº 1534/15 de 27/04/16 (*AT vs. Ida Cardoso Leitão*) onde a Relatora, Cons. Isabel Marques da Silva, conclui que "relativamente aos prédios em propriedade vertical, para efeitos de incidência do imposto de selo (Verba 28.1 da TGIS, na redação da Lei nº 55-A/2012, de 29 de Outubro), a sujeição é determinada pela conjugação de dois fatores: a afetação habitacional e o VPT constante da matriz igual ou superior a 1.000.000 euros.

Tratando-se de um prédio constituído em propriedade vertical, a incidência do IS deve ser determinada, não pelo VPT resultante do somatório do VPT de todas as divisões ou andares susceptíveis de utilização independente (individualizadas no artigo matricial), mas pelo VPT atribuído a cada um desses andares ou divisões destinadas a habitação.

12. As matrizes prediais e a importância do cadastro: breve sistematização

As matrizes são inscrições ou registos cuja organização e conservação incubem aos serviços de finanças da área da localização do prédio (artigos 12º[405] e 78º CIMI). Elas identificam os proprietários, usufrutuários ou superficiários bem como os prédios e respetivos direitos que sobre estes incidam (art. 86º 'Matriz rústica' e art. 91º 'Matriz urbana').[406]

As matrizes urbanas e rústicas são organizadas com base na declaração do contribuinte (artigos 13º e 14º CIMI) e, no caso dos prédios rústicos, também com base nos elementos do cadastro, nos termos do art. 20º e do art. 85º CIMI.

Por cada prédio inscrito na matriz é atribuída ao contribuinte uma caderneta predial (ver art. 93º CIMI), documento que condensa a infor-

[405] Ver Recurso nº 1/17-30, de 7 de março de 2018 (*Fazenda Pública e Four Seasons Vilamoura (Estates) Limited vs. Os mesmos*), em que o Relator, Cons. Casimiro Gonçalves, conclui, no âmbito da aplicação dos artigos 7º, nº 2, alínea b) e 12º, nº 3 do CIMI, que "cada andar ou parte do prédio susceptível de utilização independente deve ser «considerado separadamente na inscrição matricial», com discriminação também do «respectivo valor patrimonial tributário» VPT, independentemente, portanto, de os andares ou partes do prédio estarem afectos à mesma utilização".

[406] Os prédios sem titular conhecido são inscritos em nome do Estado nos termos do art. 35º, nº 1 CIMI.

mação respeitante ao prédio, proprietário, usufrutuário ou superficiário.[407]

13. Tendências recentes

Os impostos sobre o património, podendo ser estáticos (IMI) ou dinâmicos (IMT/IS), tradicionalmente, têm incidido sobre uma base objetiva (terrenos, bens ou direitos), imediata ou mediata, sem tomar em consideração elementos subjetivos ou pessoais relativos à situação económica ou tributária dos contribuintes.

No entanto, recentes alterações legislativas têm vindo a alterar esta opção, nomeadamente com a introdução do adicional ao imposto municipal sobre imóveis (artigos 135º-A a 135º-M CIMI), cuja receita reverte em favor do fundo de estabilização financeira da segurança social, a concessão de isenção de IMI a prédios de reduzido valor patrimonial de pessoas de baixos rendimentos (art. 11º-A CIMI) e redução da taxa de IMI a prédios de sujeitos passivos com dependentes a cargo (art. 112º-A CIMI).

[407] Para mais desenvolvimentos sobre a matéria ver Regulamento do Cadastro Predial (DL 172/95), DL 224/2007 (cria o projecto SINERGIC 'sistema nacional de exploração e gestão da informação cadastral' – ver sítio da Direção Geral do Território) e Lei nº 78/2017 (cria o Balcão Único do Prédio).

Capítulo VII
Os Benefícios Fiscais

1. Introdução

Os princípios da neutralidade, simplicidade e transparência fiscal impõem a eliminação ou redução progressiva de incentivos ou benefícios fiscais.

O princípio da neutralidade exige uma base tributária geral, com um reduzido apelo a isenções ou benefícios fiscais. Por outro lado, e em conjunção, os princípios da simplicidade e transparência fiscal pedem a extinção de situações de exceção que comprometem a coerência e operacionalidade do sistema fiscal.

Estatísticas da OCDE demonstram que o custo para os cofres do Estado resultantes da atribuição de benefícios fiscais é relativamente elevado, tendo vindo a aumentar no caso do IRS.

O sistema fiscal Português possui ainda um Estatuto de Benefícios Fiscais, cujos beneficiários diretos são instituições financeiras como bancos e seguradoras, e principais lesados o Estado e indiretamente, os contribuintes.

À semelhança de outros países desenvolvidos, especiais incentivos ou benefícios deverão ser concedidos excecionalmente, apenas, nos âmbitos de atividades industriais ou de investigação e desenvolvimento (I&D) e em áreas de interesse público relevante ou social.

Por estes motivos, estas matérias serão objeto de análise desenvolvida neste capítulo.

2. Os benefícios fiscais: definições[408]

Conforme já referido neste Manual, o sistema fiscal português possui um leque vasto de benefícios fiscais, frequentemente objeto de críticas não só nacionais mas também provenientes de organizações internacionais.

Os benefícios fiscais, tratando-se de medidas excecionais, não deverão ser atribuídos arbitrariamente e sem um controle rigoroso da despesa ou receita fiscal a atribuir a determinado contribuinte ou setor de atividade (art. 2º EBF)[409].

No caso português, encontra-se ainda em vigor um Estatuto dos Benefícios Fiscais. Para além deste diploma, os benefícios fiscais podem ser atribuídos de um modo avulso, (e.g. contratos fiscais, depreciações e amortizações aceleradas e regimes especiais de dedução de gastos ou prejuízos fiscais) ou inseridos em diplomas fiscais especiais (ver caso dos benefícios atribuídos à investigação e desenvolvimento, ao investimento, etc.).

Os benefícios fiscais[410] podem assumir a seguinte forma[411]:

a. isenção;
b. redução de taxa;
c. dedução à matéria coletável e
d. dedução à coleta (crédito de imposto).

As isenções podem ser atribuídas em função do rendimento – isenções objetivas – e/ou em função do contribuinte – isenções subjetivas –.

[408] Para maior desenvolvimento sobre esta matéria, ver Sá Gomes, Nuno, *Teoria Geral dos Benefícios Fiscais*, Cadernos de Ciência e Técnica Fiscal (165), Centro de Estudos Fiscais, Lisboa, 1991.

[409] Ver CRP, art. 106º e d'Oliveira Martins, Guilherme, *Os Benefícios Fiscais: Sistema e Regime*, Almedina, 2006.

[410] O EBF distingue entre os benefícios fiscais automáticos e os dependentes de reconhecimento (art. 5º EBF). Os primeiros resultam direta e imediatamente da lei. Os segundos pressupõem um ou mais atos posteriores de reconhecimento (ver ainda art. 13º EBF que estabelece os impedimentos ao reconhecimento dos benefícios fiscais). Entre outras distinções, indicam-se nomeadamente: benefícios fiscais objetivos (respeitantes ao rendimento) ou subjetivos (tomam em consideração a qualidade do sujeito passivo) e benefícios fiscais de âmbito nacional ou regional e local.

[411] Ver Freitas Pereira, *Fiscalidade*, Almedina, 2017 e art. 2º, nº 2 EBF.

Podem ainda ser totais, se incidirem sobre a totalidade do rendimento ou parciais, se tomarem em consideração apenas uma percentagem do rendimento do contribuinte.

O legislador visa prosseguir determinados objetivos quando atribui benefícios fiscais, nomeadamente aumentar o investimento produtivo ou a investigação e desenvolvimento, proteger o ambiente, incentivar a poupança, fomentar o emprego e formação profissional, preservar a cultura e património cultural ou proteger os mais carenciados.

3. A 'causa social' e o papel das entidades não lucrativas[412]

3.1. As Organizações Não-Governamentais (ONG(s))

Traçar a história das organizações não-governamentais ou indicar a data ou período do seu aparecimento seria sem dúvida tarefa difícil dado tratarem-se de organizações sociais que, provavelmente, surgiram logo com as primeiras formas de organização social humana.

Desde o momento em que se inicia o processo de socialização humana podemos, sem grandes dúvidas, vislumbrar a existência deste tipo de organização social.

Sob uma perspetiva filosófica, a existência de ideais assumidos por uma coletividade quando combinados com uma vontade de realização de 'projetos sociais' levou a sociedade civil a organizar-se, nomeadamente sob a forma de organizações não-governamentais (ONG(s)).

Se me pedissem apenas uma palavra para precisar o objeto deste estudo, responderia simplesmente: voluntariado. De facto, estas organizações cresceram e desenvolvem-se apoiadas nesta determinante que considero indispensável em qualquer sociedade civilizada: a ideia de voluntariado.

Esta ideia deu origem à criação do chamado 'terceiro setor', não compreendido, portanto nos setores tradicionais da atividade humana (setor público e setor privado).

[412] A autora tem sérias dúvidas relativamente à valia do recente benefício fiscal introduzido pelo art. 19º-A EBF (*deduções no âmbito de parcerias de impacto social*) bem como do seu impacto no setor social.

De realçar, desde já, que a doutrina internacional é unânime em defender que as organizações compreendidas neste 'terceiro setor' são de natureza não-lucrativa[413].

Esta consideração é relevante se tomarmos em consideração o caso particular das cooperativas no sistema jurídico Português e respetiva influência na sociedade civil. Em consonância com as experiências jurídicas de países desenvolvidos, o setor cooperativo não aparece incluído neste 'terceiro setor', nem muito menos aparecem estas entidades no elenco das organizações não-governamentais. Tratando-se de entidades de natureza 'quase-capitalista', pressupondo sempre um núcleo definido de beneficiários ('cooperantes'), há o risco de desvirtuar os fins públicos e sociais que pretendem prosseguir com as necessidades ou interesses específicos dos seus cooperantes.

Na atualidade as organizações não-governamentais (ONG(s)) aparecem sob formas jurídicas próprias, atingindo já um elevado e complexo nível económico e organizacional (e.g. organizações não-governamentais internacionais).

É pois neste contexto que aparece a fiscalidade. Tratando-se de organizações que movimentam riqueza, não pode o Estado ou, mais especificamente, as administrações fiscais dos Estados, alhear-se do seu funcionamento e atuação na sociedade civil.

A intervenção estadual na grande maioria dos países resume-se a uma supervisão efetiva das atividades das organizações (e.g., impedir prossecução de atividades lucrativas que beneficiem diretamente pessoas singulares ou coletivas) e a um controlo contabilístico e fiscal.

3.2. As Formas Jurídicas Adoptadas pelas Organizações Não-Governamentais

Na grande maioria dos países europeus, as ONG(s) podem assumir duas formas jurídicas:

a) Associações ou
b) Fundações.

[413] GLIKSBERG, *General Report, Taxation of non-profit organizations*, Cahiers de droit fiscal international, IFA, 1999 Eliat Congress, Kluwer, 1999.

Será de salientar que estas organizações não podem exercer (pelo menos de um modo continuado) atividades de caráter lucrativo, assumindo estas organizações, necessária e obrigatoriamente, uma dimensão social' ou de 'interesse público'.

As atividades desenvolvidas pelas ONG(s) podem ser enquadradas em dois tipos fundamentais:

a) Beneficência ou
b) Religiosa.

Nos países analisados, as atividades de beneficência cobrem as seguintes áreas:

a) promoção das artes, ciências e saúde pública;
b) assistência a crianças, jovens e família;
c) assistência a idosos, inválidos e doentes;
d) apoio nos setores da habitação, educação e desporto;
e) proteção do ambiente;
f) manutenção dos monumentos;
g) prevenção e auxílio em caso de desastres naturais ou industriais;
h) apoio a países do 'terceiro mundo';
i) apoio aos desempregados e
j) proteção dos direitos humanos.

As atividades de natureza religiosa enquadram os seguintes casos:

a) construção e manutenção de igrejas;
b) serviços religiosos;
c) formação religiosa;
d) educação religiosa,
e) administração do património da igreja e
f) processamento de salários aos funcionários da igreja bem como pagamento de impostos para a segurança social.

À relativa simplicidade de qualificação jurídica das ONG(s), assim como de enumeração das suas atividades, contrapõe-se a complexidade e especificidade dos regimes fiscais aplicáveis a estas organizações nos países analisados. Esta complexidade, patente nas leis fiscais dos diferentes países, aparece intrinsecamente ligada a fatores culturais, sociais e religiosos, bem como às diferentes formas de interação entre os diferentes setores da sociedade (público, privado e 'social').

3.3. O Tratamento Jurídico-Fiscal das ONG(s) no Contexto Europeu

Uma breve nota de introdução é devida ao iniciar o estudo jurídico-fiscal comparado das ONG(s). Na generalidade dos países os regimes jurídico-fiscais aplicáveis a estas organizações estão sujeitos a dois tipos de modelos de aplicação cumulativa:

a) o modelo que proíbe a distribuição de lucros e
b) o modelo de sujeição ao interesse público.

A essência destas organizações é, assim, determinada por estes dois modelos. Em conjunção, permitem uma separação clara e objetiva entre as atividades lucrativas das ONG(s) e as suas atividades de natureza não-lucrativa.

Esta distinção fundamental entre atividades lucrativas e não-lucrativas permite, ainda, autonomizar jurídico-fiscalmente o setor privado do 'setor social', com a concomitante atribuição de diferentes estatutos jurídico-fiscais a estes setores da sociedade.

De um ponto de vista jurídico-fiscal, as ONG(s) aparecem, assim, como entidades que desenvolvem atividades não-lucrativas e têm por objetivo a prossecução de interesses públicos[414].

Na generalidade das jurisdições analisadas, as ONG(s) não estão sujeitas ao pagamento de impostos, se cumpridos determinados requisitos[415]. Deste modo, para além da satisfação das premissas básicas acima assinaladas, os sistemas fiscais exigem que estas organizações exerçam de um modo exclusivo as suas atividades[416]. O conceito jurídico-fiscal de 'exclusividade' está sujeito ao preenchimento de determinados pressupostos, nomeadamente:

[414] Para uma definição jurídico-fiscal de ONG(s), ver *International Tax Glossary*, IBFD, 2015:
"*A non-governmental, **non-profit organization** for the public benefit. Organization that, although its accounts for a year show a surplus, is precluded from distributing that surplus and must retain it for its own prescribed purposes.*"

[415] No sistema fiscal Português não existe uma definição jurídico-fiscal expressa de ONG.

[416] Estes critérios impedem, nomeadamente, o exercício de atividades conjuntas com outras entidades que não qualifiquem como ONG(s).

a) prossecução das atividades específicas das ONG(s);
b) caráter não lucrativo dessas atividades;
c) proibição de distribuição de resultados (inclusive, no caso de dissolução ou extinção da ONG) e
d) conformidade com os princípios da razoabilidade e proporcionalidade no pagamento de salários aos membros ou representantes das ONG(s).

Alguns sistemas jurídicos vão ainda mais longe, exigindo o preenchimento cumulativo dos seguintes critérios: as atividades deverão ser exercidas diretamente e de um modo imediato pela ONG(s).

Esta situação de 'favorecimento fiscal' das ONG(s) é cuidadosamente analisada pelas administrações fiscais, nomeadamente nas seguintes vertentes:

a) a potencial perda de receita fiscal (e concomitante assumção de despesa fiscal);
b) a eficácia do 'efeito substitutivo' alocado ao 'setor social' e finalmente;
c) os aspetos de organização da máquina fiscal diretamente relacionados com a supervisão deste tipo de organizações.

No respeitante ao primeiro ponto a maioria das administrações fiscais dispõe já de informações atualizadas, produzidas anualmente e apresentadas nos respetivos Relatórios Fiscais[417].

Importa reconhecer que, ao conceder as referidas isenções fiscais, os Estados escolhem deliberadamente a via da 'perda da receita fiscal' em lugar da atribuição direta de subsídios ou subvenções. É ainda de salientar, que para o cômputo da despesa fiscal neste setor concorrem não só as despesas fiscais associadas com os regimes de isenção fiscal aplicáveis

[417] Para maiores desenvolvimentos ver Relatórios Fiscais produzidos pelas administrações fiscais Inglesa e Holandesa. No caso Português, ver as disposições constitucionais em vigor neste domínio (CRP, art. 106º, nº 3, alínea *g*)) e ainda, Ministério das Finanças, *Estruturar o Sistema Fiscal do Portugal Desenvolvido*, Almedina, 1998, p. 219-221 e 228. Cumpre igualmente indicar as deficiências atuais do sistema fiscal Português, especialmente a ausência de informação atualizada e produzida atempadamente pelas instâncias competentes.

às ONG(s) mas, também, as despesas fiscais relacionadas com possíveis deduções atribuídas em sede de impostos sobre o rendimento (pessoas coletivas e singulares)[418].

Neste domínio e para fomentar o 'hábito de dar', a maioria dos sistemas fiscais prevêem também situações de 'favorecimento fiscal' de contribuintes singulares e coletivos. Note-se que, em regra, este 'favorecimento fiscal' aplica-se apenas a 'contribuições monetárias', deixando de fora as chamadas 'contribuições em espécie'. Em consonância com a doutrina fiscal internacional[419], existe claramente nesta área uma ausência de neutralidade fiscal (veja-se, por exemplo, o caso da prestação de serviço gratuito ou o serviço voluntário).

Em dois países, Áustria e Suécia, salvo raras exceções, não são concedidos qualquer tipo de deduções em sede de impostos sobre o rendimento.

Este tratamento fiscal mais favorável é defensável, devido fundamentalmente ao facto de se aceitar e reconhecer o contributo social e económico prestado pelas ONG(s) à sociedade civil. Por outras palavras, estas organizações 'defendem' também o interesse público e como tal merecem o apoio do Estado ('o efeito substitutivo do setor social').

Têm-se colocado várias questões neste domínio, nomeadamente ao nível da eficácia de atuação das ONG(s) e eventual intervenção do Estado em áreas até então 'alocadas' ao setor social.

No estádio atual da investigação jurídico-fiscal comparada, não existem ainda respostas satisfatórias a estas questões[420]. Igualmente, não existem ainda resultados concludentes quanto à maior valia da atual

[418] No sistema fiscal Português, as 'contribuições' de pessoas coletivas que caiam na alçada do conceito *'Realizações de utilidade social'* são consideradas como gastos do exercício (CIRC), bem como aquelas previstas no EBF relativas ao Mecenato (*'Dedução para efeitos da determinação do lucro tributável das empresas', 'Mecenato científico', 'Mecenato cultural'*), (artigos 62º a 62º-B EBF).
Os donativos em dinheiro de pessoas singulares podem ser dedutíveis à coleta de IRS nos termos do art. 63º EBF (*'Deduções à coleta do imposto sobre o rendimento das pessoas singulares'*).

[419] GLIKSBERG, *General Report, Taxation of non-profit organizations*, Cahiers de droit fiscal international, IFA, 1999 Eliat Congress, Kluwer, 1999, p. 50-52.

[420] É ainda discutível, em sede de doutrina fiscal comparada, a legitimidade e eficácia de diferentes limites aplicáveis às deduções fiscais em função do tipo de ONG.

opção dos legisladores fiscais (atribuição de isenções e deduções fiscais em vez de atribuição de incentivos financeiros diretos a estas organizações).

Finalmente, uma breve referência é devida às exigências que são feitas tanto aos legisladores como às administrações fiscais, especialmente, nas áreas de fiscalização ou supervisão das atividades das ONG(s). O facto de estas organizações não estarem obrigadas ao pagamento de impostos não implica que os Estados (administrações fiscais) se abstenham de supervisionar as suas atividades ou as dispensem do cumprimento de determinadas obrigações fiscais (e.g. a apresentação de declaração de rendimentos, bem como a existência de uma contabilidade organizada e auditada anualmente). Neste contexto, é de sublinhar que as administrações fiscais de países como os EUA, Inglaterra, Holanda ou Espanha, obrigam as ONG(s) a entregar, anualmente, para além da declaração de rendimento, os respetivos livros contabilísticos e relatórios financeiros.

Em sede de direito comparado os principais problemas levantam-se quando estas organizações exercem, de modo esporádico ou indiretamente, atividades de natureza lucrativa. Os sistemas fiscais tentam encontrar respostas satisfatórias para este tipo de problemas de modo a não impedir ou limitar, desnecessariamente, o normal funcionamento das ONG(s).

Por exemplo, em França, estas organizações podem prosseguir *ocasionalmente* atividades de natureza lucrativa, se os lucros forem 'moderados' e estas atividades visarem a satisfação de necessidades específicas das ONG(s). Assim, não são considerados de natureza lucrativa os rendimentos derivados das seguintes operações:

a) organização de feiras, exposições, lotarias, rifas ou competições desportivas;
b) venda de boletins ou publicações relacionadas diretamente com as atividades da ONG;
c) venda de postais ou objetos similares e ainda,
d) venda de objetos ou serviços em hospitais, lares, prisões e instituições similares e aí produzidos no âmbito de atividades educacionais ou recreativas.

Cumpre, no entanto salientar, que na generalidade das jurisdições há lugar ao pagamento de imposto(s), sob a forma de retenção na fonte, caso a ONG aufira rendimentos de capital (e.g. dividendos, juros ou mais-valias) ou rendimentos provenientes de bens imóveis.

O trabalho das administrações fiscais consiste, assim, não só em analisar formalmente as atividades das ONG(s) (e.g. análise dos estatutos, documentos públicos, contabilidade, etc.) mas, também, numa análise 'substantiva' dessas atividades (e.g. tipo e frequência de operações efetuadas, quantitativos envolvidos, razoabilidade das despesas efetuadas, etc.).[421]

Também são objeto de particular supervisão, por parte das administrações fiscais, as remunerações (em dinheiro ou espécie) feitas pelas ONG(s) aos seus membros ou representantes. Na generalidade dos países as leis fiscais proíbem expressamente a distribuição de resultados (em dinheiro ou espécie) das ONG(s), bem como o pagamento de salários exagerados aos seus membros ou representantes.

Estas medidas são qualificadas na doutrina internacional comparada como 'medidas anti-abuso' (*anti-avoidance provisions*)[422].

3.4. Breves Considerações de Direito Fiscal Internacional

O tratamento jurídico-fiscal internacional das ONG(s) é complexo e os instrumentos legislativos internacionais, presentemente em vigor (caso das convenções sobre dupla tributação internacional), não tomam em consideração a natureza e objeto específico destas organizações.

Em regra e em conformidade com o princípio da residência, o tratamento fiscal preferencial concedido pelos legisladores nacionais está confinado às ONG(s) residentes em território nacional. No entanto, alguns países, no âmbito das suas convenções sobre dupla tributação interna-

[421] As obrigações acessórias estabelecidas no art. 66º EBF que se aplicam às entidades beneficiárias de donativos afiguram-se como insuficientes, devendo o legislador refinar e ampliar o leque de obrigações declarativas, escriturais ou contabilísticas destas entidades.

[422] Neste domínio, ver Cooper, Graeme S. (ed.), *Tax Avoidance and the Rule of Law*, IBFD, 1997 e Essers, Peter, de Bont, G., Kemmeren, Eric, *The Compatibility of Anti-Abuse Provisions in Tax Treaties with EC Law*, Eucotax, Kluwer Law International, 1998.

cional, prevêem um regime fiscal preferencial, aplicável a ONG(s) não residentes em território nacional[423].

Em sede de direito fiscal internacional, é ainda de referir neste contexto dois princípios fundamentais:

1) o princípio da não-discriminação e
2) o princípio da reciprocidade.

Este último, fazendo parte integrante, ou 'conformando' na generalidade, o acordo jurídico-económico firmado nas convenções sobre dupla tributação internacional, logra também aplicação no caso particular das ONG(s).

Deste modo, e em alguns casos, os Estados contratantes comprometem-se a 'estender' as 'vantagens fiscais', negociadas em convenções (em vigor), a ONG(s) residentes no outro Estado contratante. Em termos formais (especialmente tomando em consideração: a) a importância crescente nas sociedades civis das ONG(s); b) o facto de este tipo de convenções terem sido celebradas no passado e c) o processo relativamente moroso de negociação, aprovação e publicação de novos textos de convenção), os Estados, pela via de 'Protocolos', vão atualizando e acrescentando à convenção original as necessárias disposições jurídico-fiscais, nomeadamente, no domínio das ONG(s). É de salientar que este problema de atualização das convenções é de particular relevância no caso Português.

O segundo princípio, o princípio da não-discriminação[424], assume particular relevância no contexto da União Europeia.

Aqui, várias questões se colocam, especialmente, no que respeita ao tratamento jurídico-fiscal das doações efetuadas no espaço da União Europeia. Implicará o tratamento fiscal diferenciado de residentes e não-

[423] Ver, por exemplo, as convenções sobre dupla tributação internacional celebradas entre a Áustria e alguns países, nomeadamente Luxemburgo, Alemanha, Reino Unido e também as convenções sobre dupla tributação internacional celebradas entre a Dinamarca e os EUA; a França e a Alemanha; o Reino Unido e a Irlanda e os EUA e Holanda.

[424] Para uma definição do princípio da não-discriminação ver XAVIER, Alberto, *Direito Tributário Internacional, Tributação das Operações Internacionais*, Almedina, Coimbra, 1977, BAKER, Philip, *Double Taxation Conventions and International Tax Law*, SWEET & MAXWELL, Londres, 1994 e VAN RAAD, K., *Nondiscrimination in International Tax Law*, Kluwer Law International, 1986.

-residentes, que aliás a maioria dos Estados da União Europeia prevê, uma violação do princípio da não-discriminação?[425]

Serão os Estados-membros obrigados a conceder ou 'estender' as deduções fiscais internas, aplicáveis apenas a contribuintes singulares ou coletivos residentes em território nacional, a contribuintes residentes na União Europeia?[426]

Será atentar contra o princípio da não discriminação, ao diferenciar fiscalmente, consoante a doação reverta em favor de uma ONG residente ou ONG não residente em território nacional?

As respostas não são fáceis, conforme se extrai da jurisprudência do Tribunal de Justiça Europeu[427]. Poderá, no entanto, visualizar-se uma tendência para o reforço ou afirmação do princípio da não discriminação. Em sentido inverso, todavia, surgem as resistências dos Estados-membros, fortalecidos pela aplicação do princípio da unanimidade, aplicável em matéria fiscal.

3.5. Conclusões

Conforme ilustrado neste estudo a análise das ONG(s) é tarefa complexa e multifacetada. Influenciam o seu tratamento jurídico-fiscal não só considerações sociais, culturais ou religiosas, mas também fatores de natureza económica e supervisão administrativa.

A complexidade do tema aumenta quando estas organizações expandem as suas atividades a outras jurisdições ficando sujeitas, muitas vezes,

[425] No caso Português, e ao nível de contribuintes individuais, o EBF prevê apenas a dedutibilidade à coleta de doações efetuadas por residentes em território nacional (art. 63º EBF).
No caso de pessoas coletivas, este Estatuto não distingue expressamente a situação de residente e não-residente. É no entanto defensável admitir que as pessoas coletivas não residentes em território nacional possam incluir nos seus gastos de exercício, as doações atribuídas a ONG(s) com residência em Portugal.

[426] É de salientar, que alguns países, com o objetivo de incentivar e fortalecer as ONG(s) nacionais, concedem a não-residentes o mesmo tipo de deduções aplicáveis aos seus residentes, caso a doação reverta em favor de uma ONG residente em território nacional.

[427] Ver Casos *Royal Bank of Scotland* (C-311/97, 29/9/99), *Baxter* (C-254/97, 8/07/99), *Schumacker* (C-279/93, 14/02/95), *Wielock* (C-80/94, 11/08/95), *Bachman* (C-204/90, 28/01/92), *Avoir Fiscal* (C-270/83, 28/01/86), *ICI* (C-294/96, 16/07/98), *Commerzbank* (C-330/91, 13/07/93) e *Compagnie de Saint Gobain* (C-307/97, 21/09/99).

a tratamentos fiscais 'discriminatórios', ou que não tomam em consideração a especificidade do seu objeto.

Ao nível nacional, na generalidade dos países, as ONG(s) estão sujeitas a um tratamento fiscal mais favorável. Esta situação de 'favorecimento fiscal' não deixa todavia de estar sujeita a uma contínua supervisão ou fiscalização por parte das administrações fiscais.

De igual modo, concedem os Estados deduções a contribuintes singulares ou coletivos que efetuem doações a este tipo de organizações.

Em termos de política fiscal é assim de salientar as opções feitas pelos legisladores na atribuição de 'benefícios fiscais' às ONG(s) ou concessão de deduções aos contribuintes, em lugar da atribuição de subsídios.

Ao nível internacional, o regime jurídico-fiscal das ONG(s) ainda se encontra em fase de maturação. Na generalidade dos países analisados, as convenções internacionais vigentes ainda não contemplam o caso específico das ONG(s). É de salientar, no entanto, a atenção dedicada pela doutrina internacional a esta matéria.

Não obstante o atual estádio de desenvolvimento jurídico-fiscal nesta matéria, os Estados reconhecem o contributo sério e indispensável (pelo menos em algumas jurisdições, e.g. experiências anglo-saxónicas) prestado pelas ONG(s). O chamado 'terceiro setor' impõe-se na sociedade civil pela especificidade do seu objeto (a natureza não lucrativa das suas atividades e a prossecução de interesses gerais) e o especial modo de organização jurídica (Associações ou Fundações).

4. I&D (Investigação e Desenvolvimento) – Regime fiscal

4.1. Em geral

A Investigação e Desenvolvimento assumem um lugar de destaque nas economias modernas. Como é por todos reconhecido o potencial de crescimento de uma economia depende de vários fatores, constituindo um deles, talvez um dos mais importantes, a Investigação e Desenvolvimento. Em especial neste *item*, a economia portuguesa não constitui exceção, podendo-se mesmo afirmar que, tendo em conta os particularismos da nossa economia, a Investigação e Desenvolvimento assumem um papel decisivo.

Torna-se assim fácil compreender os esforços empreendidos, nas últimas décadas pelos diferentes governos, no sentido de melhorar o panorama da Investigação e Desenvolvimento em Portugal, apresentando-se os benefícios fiscais como uma das formas mais precisas de atingir esse objetivo.

4.2. Abordagem histórica

Portugal não tem tradição histórica na concessão de benefícios fiscais para as atividades de Investigação e Desenvolvimento e vários fatores podem ser apontados como justificativos desta situação: a inexistência, durante largos anos, de importantes centros de investigação científica, o facto de a grande maioria dos centros de pesquisa serem propriedade do Estado e consequentemente serem isentos de impostos, etc.

Incentivos fiscais propriamente ditos surgem apenas há cerca de quatro décadas, aparecendo, no início, a maioria desses incentivos como atos isolados, isentando-se de impostos as doações para centros de Investigação e Desenvolvimento[428].

Um dos primeiros exemplos conhecidos de intervenção a nível fiscal é a Lei do Fomento Industrial[429]. De acordo com a alínea f), base IX da Lei, podiam ser deduzidas, total ou parcialmente, as despesas de investimento para a implementação de novos procedimentos de produção, para reduzir custos ou para melhorar a qualidade dos produtos.

Apesar disto, a economia portuguesa continuava a apresentar-se como uma economia fechada, sendo as trocas científicas e tecnológicas com outros países pouco encorajadas, como pode ser observado no Código de Investimento Estrangeiro[430]. Em conformidade com o art. 25º, a celebração de contratos de transferência de tecnologia entre residentes em Portugal e residentes no estrangeiro dependia, em todos os casos, de autorização especial e prévia da entidade competente, a qual era recorrível para o Ministério do Plano e Coordenação Económica.

Atualmente, as circunstâncias políticas e sociais são diferentes. Portugal é um país desenvolvido e membro de pleno direito da União Europeia, refletindo-se tais circunstâncias também nas suas políticas fiscais.

[428] Exemplo disto é o Decreto-lei nº 10/84 de 7 de Janeiro que isenta de tributação os equipamentos e materiais oferecidos ao Laboratório Nacional de Engenharia e Tecnologia Industrial, à Direção Geral de Minas, ao Laboratório Nacional de Engenharia Civil e ao Instituto Nacional de Meteorologia e Geofísica por entidades estrangeiras ou importados por essa entidades.

[429] Lei nº 3/72 de 27 de Maio.

[430] Decreto-lei nº 348/77 de 24 de Agosto.

4.3. Incentivos Fiscais para as Pessoas Coletivas: Incentivos para a I&D no CIRC

Um dos primeiros esforços legislativos no sentido da promoção da investigação e desenvolvimento teve lugar durante a reforma do sistema fiscal português no final da década de 80. De acordo com o CIRC, as despesas de Investigação e Desenvolvimento podem ser consideradas como gasto do ano fiscal em que sejam suportadas.

Contudo, durante vários anos, Portugal perdurou como um dos poucos países da OCDE que não possuía um enquadramento legal compreensivo promovendo a Investigação e Desenvolvimento.

A primeira medida legislativa deste tipo surge em 1997 com o Decreto-Lei nº 292/97 de 22 de Outubro, sendo o objetivo deste diploma o de conceder benefícios fiscais a empresas que participassem nos esforços de I&D. A princípio (tal como vem expresso no próprio diploma) tinha-se em vista que o benefício apenas se aplicasse às despesas realizadas naquele ano, mas face aos resultados obtidos o benefício foi estendido até ao ano fiscal de 2003[431].

As estatísticas oficiais demonstram o impacto desta lei na economia portuguesa e ainda que os esforços de I&D não se limitam às grandes empresas ou mesmo às multinacionais. De facto, 65% dos beneficiários deste normativo são PME's[432].

Posteriormente foi introduzido o Estatuto do Mecenato Científico (Lei nº 26/2004 de 8 de Julho) que regulava os incentivos fiscais a atribuir a pessoas coletivas e singulares que concedam apoios ao mecenato científico. Este regime aparece agora integrado no Estatuto dos Benefícios Fiscais.

4.3.1. Amortizações

O sistema fiscal português estabelece um regime específico para a amortização de despesas em investigação e desenvolvimento. Para além do CIRC é particularmente relevante nesta matéria o Decreto Regulamentar nº 25/2009 de 14 de Setembro.

[431] Primeiro com a Lei 127-B/97 de 20 de Dezembro (art. 45º), que estendeu o benefício até ao ano 2000, e posteriormente com a Lei 3-B/2000 de 14 de Abril, que estendeu o benefício até 2003.

[432] Pequenas e Médias Empresas.

O referido Decreto Regulamentar apesar de estabelecer que os ativos intangíveis apenas são amortizáveis quando sujeitos a deperecimento, claramente, elenca os gastos de Investigação e Desenvolvimento como um ativo intangível amortizável.

De acordo com o diploma, os gastos em I&D podem ser considerados como gastos fiscais no exercício em que sejam suportados.

4.3.2. Gastos de investigação e desenvolvimento como gastos fiscais

Quanto aos gastos de I&D, refere o CIRC, que estes podem ser considerados como gasto fiscal no período de tributação em que sejam suportados.

Seguindo o elemento histórico de interpretação e aplicação das leis, indica ainda que são gastos de investigação os realizados pela empresa com vista à aquisição de novos conhecimentos científicos ou técnicos e quanto aos gastos de desenvolvimento, o Código define-os como "os realizados pelo sujeito passivo através da exploração de resultados de trabalhos de investigação ou de outros conhecimentos científicos ou técnicos com vista à descoberta ou melhoria substancial de matérias-primas, produtos, serviços ou processos de produção".

Deve ainda ser salientado que os donativos concedidos ao Estado e a outras entidades públicas (ver EBF, 'Benefícios fiscais relativos ao mecenato') são considerados como gastos do exercício.

4.4. Incentivos Fiscais para as Pessoas Singulares: Incentivos para a I&D no CIRS

4.4.1. Base fiscal

O IRS incide sobre o valor anual dos rendimentos de seis categorias: rendimentos do trabalho dependente, rendimentos empresariais e profissionais, rendimentos de capitais, rendimentos prediais, incrementos patrimoniais e pensões.

Para efeitos do presente estudo afirmam-se como relevantes as seguintes observações:

Na primeira categoria (rendimentos do trabalho dependente) não constituem rendimento tributável as prestações exclusivamente relacionadas com ações de formação profissional dos trabalhadores, ministradas quer pelo empregador quer por outra entidade reconhecida pelo ministério competente;

Na segunda categoria tributam-se, através da imputação aos rendimentos empresariais e profissionais, os rendimentos provenientes da propriedade intelectual ou industrial ou da prestação de informações respeitantes a uma experiência adquirida no setor industrial, comercial ou científico, quando auferidos pelo seu titular originário;

Na terceira categoria são considerados como rendimentos tributáveis os rendimentos provenientes de contratos que tenham por objeto a cessão ou utilização temporária de direitos da propriedade intelectual ou industrial ou a prestação de informações respeitantes a uma experiência adquirida no setor industrial, comercial ou científico, quando não auferidos pelo respetivo autor ou titular originário, bem como os derivados da assistência técnica;

Na quinta categoria tributam-se os ganhos resultantes de alienação onerosa da propriedade inteletual ou industrial ou de experiência adquirida no setor comercial, industrial ou científico, quando o transmitente não seja o titular originário;

É ainda relevante notar que de acordo com o CIRS, o IRS não incide sobre os prémios literários, artísticos ou científicos, que não envolvam a cedência dos respetivos direitos de autor, desde que atribuído em concurso.

Ainda em relação à base fiscal deve-se realçar que o Estatuto dos Benefícios Fiscais permite, com limitações, que apenas sejam tomados por 50% do seu valor, os rendimentos provenientes da propriedade literária, artística e científica.

4.4.2. Deduções

Não existem deduções específicas diretamente relacionadas com as atividades de investigação e desenvolvimento, mas já em termos de deduções à coleta, é possível deduzir as despesas de educação e de formação profissional do sujeito passivo e dos seus dependentes dentro do limite indicado no CIRS.

Ainda, nos termos do EBF, os donativos atribuídos por pessoas singulares ao Estado e outras entidades públicas, cooperativas culturais, institutos, fundações e associações que prossigam atividades de investigação ou instituições que se dediquem à atividade científica ou tecnológica, podem ser deduzidos à coleta do respetivo sujeito passivo. Existem, no entanto, regras e limites específicos para esta dedução.

4.5. Incentivos Fiscais no Imposto sobre o Valor Acrescentado

Não se encontram descritas, direta e especificamente, quaisquer deduções relativas às despesas efetuadas em investigação e desenvolvimento. Contudo o Código do Imposto sobre o Valor Acrescentado apresenta um conjunto de benefícios relacionados com essas atividades, nomeadamente estão isentas do imposto as prestações de serviços e as transmissões de bens com elas conexas efetuadas por entidades públicas e organismos sem fim lucrativo, se referentes a congressos, colóquios, conferências, seminários, cursos e manifestações análogas de natureza científica, cultural, educativa ou técnica.

Encontram-se igualmente isentas de IVA a transmissão do direito de autor e a autorização para a utilização da obra inteletual ou a transmissão de exemplares de qualquer obra literária, científica, técnica ou artística, editada em forma bibliográfica quando tal for feito pelo autor ou pelos seus herdeiros ou representantes legais.

4.6. Outros Benefícios

4.6.1. Benefícios especiais para as zonas francas da Madeira e da ilha de Santa Maria

De acordo com o Estatuto dos Benefícios Fiscais encontram-se isentos de IRS e de IRC os rendimentos resultantes da concessão ou cedência temporária, por entidades não residentes em território português, de patentes de invenção, licenças de exploração, modelos de utilidade, desenhos e modelos industriais, processos de fabrico ou conservação de produtos e direitos análogos bem como os derivados da assistência técnica e da prestação de informações relativas a uma dada experiência no setor industrial, comercial ou científico, desde que respeitantes a atividade desenvolvida no âmbito da respetiva zona franca.

4.6.2. Benefícios fiscais contratuais

Os benefícios fiscais podem ser concedidos por meios de contrato a celebrar entre o Governo Português e uma entidade que pretenda desenvolver um programa de investimento.

Este benefício é concedido aos projetos de investimento que sejam relevantes para o desenvolvimento dos setores considerados de interesse estratégico para a economia nacional, nomeadamente para impulsionar a inovação tecnológica e investigação científica nacional.

Neste âmbito, existem diversos tipos de benefícios: um crédito fiscal, de valor percentual variável, das aplicações relevantes do projeto efetivamente realizadas; isenção ou redução do IMI; isenção ou redução do IMT e isenção ou redução do Imposto de Selo.

Estes incentivos não podem ser cumulados com outros atribuíveis ao mesmo investimento.

4.6.3. Incentivos fiscais ao desenvolvimento da propriedade industrial

Ao CIRC, recentemente, foi aditado um novo regime fiscal que permite a dedutibilidade como gasto fiscal, em partes iguais e por um período de 20 anos, do custo de aquisição de alguns ativos intangíveis, nomeadamente marcas, processos de produção e modelos. Não obstante não abranger a propriedade intelectual é certamente uma medida que visa promover a I&D.

Neste contexto, ver também a isenção parcial concedida aos rendimentos de patentes e outros direitos da propriedade industrial nos termos do art. 50º-A CIRC.

4.7. Incentivos Fiscais nas Convenções sobre Dupla Tributação

Entre os preceitos das convenções sobre dupla tributação celebradas por Portugal com outros países não se conta uma disposição específica sobre as atividades de investigação e desenvolvimento. Contudo, o regime estabelecido no art. 12º da maioria das convenções poderá ser de relevância neste contexto[433].

Importa assim notar que as convenções definem desde logo o que pode ser entendido por "royalties": a expressão "royalties" refere-se aos meios de pagamento recebidos pelo uso ou concessão de uso de direitos de autor relativos a obras literárias, artísticas ou científicas, incluindo filmes, patentes, marcas, desenhos ou modelos, planos, fórmulas secretas ou processos, ou ainda, pela prestação de informações respeitantes a uma experiência adquirida no setor industrial, comercial ou científico. Em algumas convenções é ainda especificado que se encontram abrangidas

[433] Excetua-se a convenção celebrada entre Portugal e os Estados Unidos da América, na qual a tributação dos *royalties* aparece no art. 13º.

outras realidades como "software", rendimentos derivados da locação de equipamento industrial, comercial ou científico, etc.

Estabelecem as convenções que *royalties* com origem num Estado e recebidos por um residente num outro Estado-contratante podem ser tributados nesse outro Estado. Todavia, esses *royalties* podem ser igualmente tributados no Estado da fonte ainda que sujeitos a taxas de retenção na fonte mais reduzidas.

Tal regime não se aplicará nos casos em que os beneficiários desses "royalties", sendo residentes no outro Estado contratante, desenvolvam atividade empresarial no Estado fonte dos rendimentos e esses rendimentos sejam imputáveis a estabelecimento estável seu aí situado.

Ainda, nas convenções sobre dupla tributação celebradas por Portugal, o rendimento auferido por estudantes recebe um tratamento fiscal específico: estabelece-se que os pagamentos feitos do exterior a estudantes ou estagiários que são ou foram, imediatamente antes de visitarem o Estado contratante, residentes do outro Estado contratante e que se encontram naquele Estado apenas para efeitos de educação ou de formação profissional não serão tributados naquele Estado.

A situação de isenção está sujeita a requisitos temporais (e.g. não exceder determinado período de tempo) e materiais (e.g. rendimento auferido não ultrapassar limites estabelecidos nas convenções).

Finalmente, cumpre salientar que o mesmo regime é igualmente aplicável (ou, em alguns casos, uma completa isenção de tributação ocorre em ambos os Estados) no caso de académicos, se bem que condicionado a estadias máximas de dois ou três anos (cfr. art. 20º das convenções).

5. O Código Fiscal do Investimento, o Regime dos Benefícios Fiscais Contratuais concedidos ao Investimento Direto no estrangeiro por empresas nacionais e o novo Código Fiscal do Investimento – breves considerações

O Código Fiscal do Investimento surgiu como um instrumento de racionalização na atribuição e gestão de benefícios fiscais contratuais, definindo o estatuto do investidor bem como os projetos de investimento produtivo ou projetos de internacionalização relevantes.

Ao abrigo deste diploma foram concedidos benefícios fiscais em sede de impostos sobre o rendimento, impostos sobre o património e imposto de selo.

Introduziu-se, ainda, em sede de IRS, a figura do investidor com residência não habitual em território português que exerce atividades de elevado valor acrescentado, nos termos da Portaria nº 12/2010 de 7 de Janeiro, sendo tributado a uma taxa proporcional de 20%.

As preocupações de modernização e aumento de produtividade nacional motivaram o legislador a introduzir estas medidas fiscais, aplicáveis tanto a investidores estrangeiros que podem contribuir para o aumento da competitividade nacional como a investidores nacionais que desenvolvam projetos de investimento produtivo relevante ao nível interno ou internacional.

O incentivo fiscal à internacionalização é bem-vindo, contrariando a lógica do passado que se limitava a atribuir benefícios fiscais às empresas estrangeiras, descurando os incentivos aos produtores nacionais.

O novo regime de benefícios fiscais contratuais concedidos ao investimento direto no estrangeiro por empresas nacionais vigora até 2020, constatando-se que os benefícios fiscais concedidos ao abrigo deste regime são relativamente modestos, quando comparados com aqueles que têm vindo a ser concedidos a empresas multinacionais estrangeiras. O legislador limitou-se à atribuição de benefícios fiscais em sede de IRC, deixando de lado importantes impostos (e.g. imposto de selo), não tendo introduzido medidas de simplificação fiscal ao nível aduaneiro e dos IEC(s) (e.g. dispensa de prestação de garantia no caso dos IEC(s), dispensa de apresentação de documentos ou relatórios, etc.).

Recentemente foi introduzido o novo Código Fiscal de Investimento (Decreto-Lei nº 162/2014 de 31 de Outubro) que procedeu à revisão dos regimes de benefícios fiscais ao investimento produtivo e respetiva regulamentação, estabelecendo tal diploma:

- O regime dos benefícios fiscais contratuais ao investimento produtivo;
- O Regime Fiscal de Apoio ao Investimento (RFAI);
- O Sistema de incentivos fiscais em investigação e desenvolvimento empresarial II (SIFIDE II) e
- O regime de dedução por lucros retidos e reinvestidos (DLRR).

6. O património cultural: Benefícios e incentivos fiscais

No âmbito do direito fiscal é possível verificar a existência de uma tutela ou, de alguma forma, de uma proteção conferida a temáticas conexionadas com o Património Cultural.

Nesta medida começamos por destacar o disposto no artigo 44º, nº 1, alínea n) do Estatuto dos Benefícios Fiscais, no qual se estabelece que "*Estão isentos de imposto municipal sobre imóveis (...) os prédios classificados como monumentos nacionais e os prédios individualmente classificados como de interesse público ou de interesse municipal, nos termos da legislação aplicável.*".

Este normativo estabelece, desta forma, um benefício fiscal que é muito relevante em sede de tributação na medida em que constitui um incentivo à conservação e manutenção dos imóveis por parte dos seus proprietários. Atendendo ao (mau) estado de conservação de muito imóveis, constituindo alguns deles bens integrantes do nosso património, esta medida surge-nos como um estímulo à prossecução, pelos particulares e pelas próprias entidades públicas, dos objetivos traçados na Lei de Bases do Património Cultural.

Para que possam beneficiar da referida isenção os imóveis têm de ter sido, previamente, classificados como monumento nacional ou, no caso de se tratar de um prédio individual, como de interesse público ou de interesse municipal.

De igual modo, estabelece o nº 1, alínea q) deste artigo uma isenção para os prédios ou parte dos prédios afetos a lojas com história, reconhecidos pelo Município como estabelecimento de interesse histórico e cultural ou social local e que integrem o inventário nacional dos estabelecimentos e entidades de interesse histórico e cultural ou social local, nos termos previstos na Lei nº 42/2017 de 14 de junho.[434]

No que se refere aos procedimentos a seguir para que seja possível beneficiar destas isenções, ver o nº 5 do mesmo artigo 44º. A isenção tem início, nos termos do nº 2, alínea d), no ano em que se verifique a classifi-

[434] Neste contexto, ver art. 59º-H do EBF e a majoração aí prevista relativamente aos gastos com obras de conservação e manutenção destes imóveis.

cação do prédio[435], sendo que, se o prédio for desclassificado, o benefício fiscal cessa[436].

Para além destas isenções acima referidas realce-se o estatuído no artigo 6º, alínea g) do Código do Imposto Municipal sobre as Transmissões Onerosas de Imóveis (CIMT), nos termos do qual "*Ficam isentos de IMT (...) As aquisições de prédios individualmente classificados como de interesse nacional, de interesse público ou de interesse municipal, nos termos da legislação aplicável*".

Também aqui é clara a intenção do legislador: incentivar a transmissão dos prédios, promovendo a sua conservação e preservação.

Existe uma grande similitude entre os procedimentos estabelecidos para o reconhecimento e aplicação desta isenção e da isenção concedida no âmbito do EBF. Desta forma, a isenção do pagamento do IMT é reconhecida a requerimento do interessado, devendo ser apresentada antes do ato que esteve na origem da transmissão do prédio e sempre antes da liquidação que deveria ter sido efetuada[437]: "*em princípio, a isenção de IMT conferida às aquisições onerosas de prédios classificados depende de ter sido requerida antes da celebração do ato ou contrato que origine a transmissão e, em qualquer caso, antes da liquidação, pelo que não sendo assim, não será reconhecido o benefício fiscal respetivo*"[438].

De salientar o facto de o pedido de isenção ter de ser acompanhado de documentos, nomeadamente do documento emitido pelo serviço competente para a classificação, atestando, por esta via, que o prédio foi clas-

[435] "2 – *As isenções a que se refere o número anterior iniciam-se: (...) d) Relativamente às situações previstas na alínea n), no ano, inclusive, em que ocorra a classificação.*"

[436] "10 – *Os benefícios (...) constantes da alínea n) cessam no ano, inclusive, em que os prédios venham a ser desclassificados.*"

[437] "Artigo 10º – Reconhecimento das isenções

1 – As isenções são reconhecidas a requerimento dos interessados, a apresentar antes do ato ou contrato que originou a transmissão junto dos serviços competentes para a decisão, mas sempre antes da liquidação que seria de efetuar."

[438] GOMES, Nuno Sá, *Os incentivos fiscais na tributação do património cultural*, in Revista da Faculdade de Direito da Universidade do Porto, Ano 3, pág. 609.

sificado e permitindo ao adquirente beneficiar da isenção.[439] Se o bem for objeto de desclassificação a isenção caduca.[440]

Estas isenções mais não são do que uma decorrência do estabelecido na Lei do Património Cultural, mais concretamente no seu artigo 97º *"A definição e estruturação do regime de benefícios e incentivos fiscais relativos à proteção e valorização do património cultural são objeto de lei autónoma."*.

7. A proteção do ambiente: Benefícios e incentivos fiscais – breve referência

A proteção do ambiente hoje em dia assume particular importância como objetivo consagrado pelo legislador na concessão de benefícios e incentivos fiscais. Neste sentido, veja-se a Lei nº 82-D/2014 de 31 de Dezembro, comummente conhecida como reforma da fiscalidade verde, que aditou vários benefícios fiscais destinados à proteção ambiental (cf. artigos 44º-A, 44º-B, 59ª-A, 59ª-B, 59º-D e 59º-E do EBF), entre outras alterações.

8. Conclusões

O legislador Português tem tido por objetivos incentivar a poupança e aumentar o investimento no país e no estrangeiro (internacionalização). Através da concessão de particulares incentivos ou benefícios, o Estado visa influenciar o comportamento dos contribuintes, com o fim de prosseguir os objetivos acima indicados.

A isenção total ou parcial de imposto sobre dividendos ou a tributação a taxas mais reduzidas de juros, mais-valias e de rendimentos de fundos de investimento ou fundos de poupança-reforma constituem alguns exemplos da implementação da política fiscal eleita pelo legislador Português.

[439] "2 – *O pedido a que se refere o nº 1 deve, quando for caso disso, conter a identificação e descrição dos bens, bem como o fim a que se destinam, e ser acompanhado dos documentos para demonstrar os pressupostos da isenção, designadamente: (...) c) No caso a que se refere a alínea g) do artigo 6º, de documento emitido pelas entidades competentes.*"

[440] "Artigo 11º – Caducidade das isenções

(...)

4 – As isenções concedidas ao abrigo do disposto na alínea g) do artigo 6º ficarão sem efeito se os bens forem desclassificados do património cultural."

Importa, no futuro, proceder a uma maior e melhor coordenação entre os diferentes impostos, para garantir uma correta e eficiente aplicação dos benefícios fiscais, não descurando a simplificação administrativa e eliminando ónus acrescidos para os operadores económicos cumpridores (e.g. prestação de garantias excessivas ou de montante desproporcional).

Capítulo VIII
O Direito Fiscal Internacional

1. Introdução

No passado as reformas fiscais levadas a cabo pelo legislador Portguês confinaram-se aos aspetos nacionais, descurando assuntos internacionais, tais como por exemplo, o uso de medidas unilaterais ou bilaterais para eliminar a dupla tributação jurídica ou económica internacional.

Apenas em 1968 entrou em vigor a primeira convenção sobre dupla tributação: a convenção entre Portugal e o Reino Unido. Posteriormente e no período compreendido entre 1968 e 1974, foi concluído um número considerável de convenções, devido fundamentalmente à nossa adesão à European Free Trade Association (EFTA) e consequente abertura do país ao exterior após a morte de Salazar. No entanto, após este período, seguiu-se um período de estagnação, resultado direto da instabilidade política e económica existente no país.

Só durante a década de oitenta se reiniciou o processo de negociação de convenções e de uma forma muito moderada; apenas duas convenções foram assinadas nesta década: convenções com a Alemanha e Itália.

A adesão de Portugal à Comunidade Económica Europeia (1986), obrigou o país à 'convivência' com o exterior. Internacionalização tornou-se a palavra chave na década de noventa. Durante esta década foram celebradas várias convenções sobre dupla tributação. Nos anos mais recentes verificou-se um dinamismo acentuado na celebração e negociação de novas convenções.[441]

[441] Ver quadro em anexo com a lista de convenções sobre dupla tributação celebradas por Portugal.

2. As convenções sobre dupla tributação

No âmbito dos impostos sobre o rendimento e capital, Portugal segue o modelo da OCDE. Esta convenção modelo, elaborada para prosseguir os objetivos fiscais de países desenvolvidos, é baseada no *princípio da residência*. A tributação na fonte apenas é permitida em situações excepcionais, com a aplicação de taxas 'reduzidas' de imposto sobre determinados rendimentos (retenções na fonte). É de salientar que o princípio da territorialidade, presentemente adotado também ao nível da OCDE, tem sido defendido pela Convenção Modelo das Nações Unidas (2017), no sentido de atribuir maior competência jurisdicional fiscal aos países onde é gerado o rendimento ou criado valor.

Igualmente, têm surgido críticas aos limites máximos das taxas de retenção indicados no modelo, especialmente, tomando em consideração a progressiva redução das taxas de imposto sobre o rendimento. Argumenta-se que tais limites máximos deveriam ser reduzidos de modo a refletir a orientação geral de descida de taxas.

Tal crítica assume particular relevância dada a crescente transformação dos países desenvolvidos ao nível do comércio internacional. Tradicionalmente, estes países eram essencialmente exportadores de capital mas, recentemente, têm vindo a recorrer de um modo crescente às importações de capital. Portugal enquadra-se no grupo de países importadores de capital.

As convenções sobre dupla tributação internacional visam eliminar ou atenuar situações de dupla tributação: jurídica ou económica.

A dupla, ou múltipla, tributação *jurídica* internacional ocorre quando o rendimento de um contribuinte é sujeito a imposto em duas ou mais jurisdições fiscais. Diferentemente, a dupla, ou múltipla, tributação *económica* internacional ocorre quando apenas o mesmo rendimento é tributado em mais que um Estado (e.g. tributação de lucros distribuídos).

Através de mecanismos, tais como, aplicação de taxas reduzidas de retenção na fonte, isenções (método da isenção) e concessão de créditos (método do crédito), os Estados signatários da convenção atenuam ou eliminam situações de dupla tributação internacional.

Convêm salientar, que ao negociar uma convenção sobre dupla tributação internacional, os Estados abdicam parcialmente de algumas receitas fiscais em favor do outro Estado contratante (princípio da reciprocidade).

3. Os princípios interpretativos

Portugal é membro da OCDE, consequentemente, as convenções portuguesas sobre dupla tributação baseiam-se na Convenção Modelo da OCDE, de 1963, 1977 (e subsequentes atualizações), 2003 (e subsequente atualização) 2008, 2014 e 2017 sobre o rendimento e capital.

No contexto da interpretação destas convenções é indispensável a referência a Philip Baker, *Double Taxation Agreements and International Tax Law*[442]:

> 'O problema de uma abordagem correta na interpretação das convenções sobre dupla tributação é analisado pelo Dr. Raoul Lenz, Relator Geral, em 1960, da Associação Fiscal Internacional:
>
> 'As convenções internacionais para evitar a dupla tributação são tratados bilaterais e como tal, pertencem à legislação das nações do mesmo modo que qualquer outro tratado político ou económico. Se o significado de uma cláusula do tratado não for evidente então o problema deverá ser resolvido, em primeiro lugar, pela aplicação da legislação habitual que governa a interpretação do direito internacional público...'.

Neste domínio é importante ainda mencionar os Artigos 31º, 32º e 33º da Convenção de Viena sobre o Direito dos Tratados, de 1969, que contêm a legislação interpretativa aplicável às convenções internacionais e como consequência, igualmente, aplicável a convenções sobre dupla tributação.

No caso de uma convenção ser aplicada em Portugal a legislação interna só é aplicável a um nível secundário e de acordo com o Artigo 3º (2) da Convenção Modelo da OCDE. Segundo este artigo a legislação fiscal interna só é aplicável se:

1. o termo não estiver definido na convenção ou
2. a convenção no seu todo não impedir a sua utilização.

Vários termos estão expressamente definidos nas convenções sobre dupla tributação, nomeadamente 'Portugal' que compreende o território do continente e os arquipélagos dos Açores e da Madeira e 'nacional'

[442] BAKER, Philip, *Double Taxation Agreements and International Tax Law*, Sweet and Maxwell, Londres, 1994.

(CDT Moçambique/Portugal). Poderão ser apresentados outros exemplos, como o Artigo 10º (3)[443] da CDT Bélgica/Portugal, Artigo 11º (3)[444] da CDT Áustria/Portugal e Artigo 12º (3)[445] da CDT Venezuela/Portugal. Se o termo não estiver definido e as circunstâncias assim o exigirem, o termo em análise ficará sujeito a regras de interpretação interna[446].

[443] Este parágrafo define o termo 'dividendos', de acordo com a definição da Convenção Modelo da OCDE e, inclui igualmente o seguinte:
(a) os rendimentos, ainda que atribuídos sob a forma de juros, tributáveis como rendimentos de capitais investidos pelos sócios nas sociedades, que não sejam as sociedades por ações, residentes da Bélgica e,
(b) os lucros atribuídos por um residente de Portugal ao partícipe, em regime de conta em participação.

É interessante comparar esta definição com a que é usada na Convenção sobre Dupla Tributação Reino Unido/Portugal que segue igualmente a definição da convenção modelo da OCDE, acrescentando o seguinte a essa definição:

> '*...no caso do Reino Unido, inclui todos os elementos do rendimento (com exceção dos juros ou royalties que beneficiem de uma redução do imposto do Reino Unido, de acordo com o Artigo 11º ou do Artigo 12º dessa Convenção) que, segundo a legislação do Reino Unido, sejam considerados como distribuição de uma sociedade e, no caso de Portugal, inclui, além dos lucros atribuídos aos sócios das sociedades de pessoas (partnerships), os lucros auferidos pela partícipe, em regime de conta em participação.*'

[444] Nesta convenção, os juros são definidos como 'os rendimentos de dívida pública, de obrigações com ou sem garantia hipotecária e com direito ou não a participar nos lucros e de créditos de qualquer natureza, bem como de quaisquer outros rendimentos assimilados aos rendimentos de importâncias emprestadas pela legislação fiscal do Estado de que provêm os rendimentos. No caso de Portugal, o termo inclui também as importâncias atribuídas a uma empresa, a título de indemnização pela suspensão ou redução da sua atividade.

[445] O Artigo 12º (3) define os *royalties* como 'as retribuições de qualquer natureza atribuídas ou pagas pelo uso ou pela concessão do uso de um direito de autor sobre uma obra literária, artística ou científica, incluindo os filmes cinematográficos, bem como os filmes e gravações para transmissão pela rádio ou pela televisão, de uma patente, de uma marca de fabrico ou de comércio, de um desenho ou de um modelo, de um plano, de uma fórmula ou de um processo secretos, bem como pelo uso, ou pela concessão do uso de um equipamento industrial, comercial ou científico e por informações respeitantes a uma experiência adquirida no setor industrial, comercial ou científico'.

[446] Ver Avery Jones J. F., no seu artigo '*Article 3 (2) of the OECD Model Convention and the Commentary to It: Treaty Interpretation*' salienta que:

Será ainda de salientar, que segundo os critérios usados na rede portuguesa de convenções sobre dupla tributação[447], o processo de interpretação é dinâmico, especialmente no contexto de convenções internacionais em que ocorrem negociações longas e dispendiosas entre as autoridades fiscais dos países envolvidos.

Finalmente e muito resumidamente, valerá a pena salientar que os Comentários à Convenção Modelo da OCDE são um auxiliar interpretativo bastante útil e recentemente, tem sido defendido que esses comentários deveriam ser inseridos no texto principal das convenções sobre dupla tributação, nomeadamente para lhes conferir um estatuto legal geral obrigatório e internacionalmente aceite[448]. De igual modo, para garantir uma aplicação uniforme das convenções sobre dupla tributação, deveriam ser devidamente examinadas e analisadas as decisões administrativas e judiciais do outro Estado Contratante, para se atingir um padrão comum neste campo particular do direito fiscal internacional.

4. Critérios de Residência

Na rede portuguesa de convenções sobre dupla tributação, os critérios de residência servem de base jurídica à tributação do rendimento e do capital. Os critérios da proveniência dos rendimentos só são aplicáveis em casos específicos, como por exemplo:

> 'Há muitas questões que o Comentário não aborda, entre as quais a mais importante é a questão de qual (ou quais) é a legislação dos dois Estados referida no Artigo 3º (2). Posso ilustrar esta questão através do caso Pierre Boulez... O caso é uma excelente ilustração do problema potencial que existe no caso de cada Estado utilizar a sua própria legislação interna para qualificar um pagamento e não é surpreendente que se chegue a uma resposta diferente.' (European Taxation, I.B.F.D., Agosto de 1993, p. 254).

[447] Como exemplo, *ver* Artigo 2º (4) da convenção sobre dupla tributação Noruega/Portugal:

> 'A Convenção será também aplicável aos impostos futuros de natureza idêntica ou similar que venham a acrescer aos atuais ou a substituí-los. As autoridades competentes dos Estados Contratantes comunicarão uma à outra, no princípio de cada ano, as modificações introduzidas nas respetivas legislações fiscais no ano anterior.'

[448] Ver artigo de Avery Jones, J. F., '*Article 3 (2) of the OECD Model Convention an the Commentary to It: Treaty Interpretation*' e o seu comentário acerca do estatuto jurídico do Comentário:

> '... Pode acrescentar-se que seria bem-vinda uma declaração no Comentário acerca da relação da Convenção Modelo com a Convenção de Viena.'

- estabelecimentos estáveis (ver Artigo 7º (1) e (2), da CDT Finlândia/Portugal);
- bens imobiliários (ver Artigo 6º, da CDT França/Portugal);
- instalações fixas de atividades independentes (ver Artigo 14º – CDT Reino Unido/Portugal);
- emprego local (ver Artigo 15º – CDT Bulgária/Portugal);
- artistas, atletas (ver Artigo 17º – CDT Suíça/Portugal) e responsáveis governamentais (Artigo 19º – CDT Alemanha/Portugal) e
- dividendos, juros e *royalties*.

O conceito 'residência' não aparece definido nas convenções sobre dupla tributação. Na sequência de uma prática comum, as CDT estipulam que é uma questão que deverá ser solucionada ao nível interno pelos Estados Contratantes (Artigo 4º (1) CDT Itália/Portugal).

No entanto, no caso de conflito de competências, as CDT oferecem algumas soluções com recurso à convenção modelo da OCDE – cfr. Artigo 4º, parágrafos 2 e 3.

Algumas convenções sobre dupla tributação (por exemplo, a CDT Austria/Portugal) acrescentam uma outra cláusula relativa ao problema da mudança de residência. O Artigo 4º (4) dessa Convenção estabelece o seguinte:

> 'Sempre que uma pessoa singular tenha transferido a sua residência de um Estado Contratante para o outro Estado Contratante, o direito do primeiro Estado de tributar essa pessoa com base na residência é limitado aos rendimentos relativos ao período anterior à transferência da residência e o direito do outro Estado Contratante de tributar essa pessoa com base na residência é limitado aos rendimentos relativos ao período posterior a essa transferência de residência.'

4.1. Os residentes não habituais

Em 2009, foi introduzido um regime especial de tributação aplicável nos casos em que uma pessoa singular, não tendo sido residente em Portugal nos últimos cinco anos, se torna residente em Portugal[449]. Caso a opção

[449] O conceito de residência para as pessoas singulares é estabelecido no Código do IRS (art. 16º) como respeitando à permanência em território português por mais de 183 dias, seguidos ou interpolados, em qualquer período de 12 meses, com início ou fim no

por este regime especial seja exercida, o estatuto de "residente não habitual" pode ser usufruído por um período total de 10 anos e oferece um tratamento fiscal distinto do rendimento de trabalho e de capitais com origem em Portugal e no estrangeiro.

Os "residentes não habituais" poderão, caso os pressupostos se verifiquem, beneficiar da aplicação de uma isenção sobre os rendimentos do trabalho dependente ("*categoria A*") auferidos fora de Portugal, ao abrigo do art. 81º, nº 4, do Código do IRS. No caso de estar em vigor uma Convenção sobre dupla tributação entre Portugal e esse outro Estado (da fonte do rendimento), exige-se que a Convenção não só permita a esse outro Estado tributar o rendimento, como este o tribute efetivamente. Caso não vigore uma Convenção de dupla tributação, exige-se, também que o rendimento seja efetivamente tributado no Estado da fonte e que rendimento não seja considerado obtido em Portugal nos termos da legislação nacional.

No que se refere a rendimentos de trabalho independente ("*categoria B*") realizado no quadro de atividades de "*elevado valor acrescentado*" e obtido no estrangeiro, também estas podem beneficiar de uma isenção, nos termos do art. 81º, nº 5, do Código do IRS, sendo suficiente, no caso de estar em vigor uma Convenção sobre dupla tributação entre Portugal e esse outro Estado (da fonte do rendimento), que a Convenção de dupla tributação permita a esse outro Estado tributar o rendimento, independentemente de efetivamente sujeitar o rendimento a imposto. No caso de não vigorar uma Convenção de dupla tributação, afere-se tal permissão de acordo com a Convenção Modelo da OCDE, excecionando-se, contudo, rendimentos obtidos a partir de "paraísos fiscais". O leque das referidas atividades é determinado por Portaria do membro do Governo responsável pela área das finanças. A Portaria nº 12/2010, de 7 de janeiro, hoje vigente, aprovou a tabela de atividades ditas de "*elevado valor acrescentado*" para efeitos da aplicação do regime especial de tributação dos "*residentes não habituais*".

Quanto aos rendimentos obtidos em Portugal (ou que não preencham os critérios definidos para a isenção caso sejam obtidos fora de Portugal), os "*residentes não habituais*" poderão beneficiar da aplicação de uma taxa

ano em causa, considerando-se como dia de presença em território português qualquer dia, completo ou parcial, que inclua dormida no mesmo.

de 20%, com opção pelo englobamento e aplicação das taxas progressivas de imposto, sobre os rendimentos do trabalho dependente ("*categoria A*") e independente ("*categoria B*"), auferidos em atividades ditas de "*elevado valor acrescentado*", conforme a tabela acima referida, nos termos do art. 72º, nº 6, do Código do IRS. Estes rendimentos são sujeitos a retenção na fonte a uma taxa de 20%, de acordo com o art. 99º, nº 8 e com o art. 101º, nº 1, al. d), ambos do Código do IRS.

Já no que se refere a rendimentos de capitais ("*categoria E*") com origem no estrangeiro, o regime é idêntico ao acima referido para os rendimentos de trabalho independente ("*categoria B*") realizado no quadro de atividades de "*elevado valor acrescentado*" e obtido no estrangeiro. Isto é, também estes rendimentos podem beneficiar de uma isenção, nos termos do art. 81º, nº 5, do Código do IRS, sendo suficiente, no caso de estar em vigor uma Convenção sobre dupla tributação entre Portugal e esse outro Estado (da fonte do rendimento), que a Convenção de dupla tributação permita a esse outro Estado tributar o rendimento, independentemente de efetivamente sujeitar o rendimento a imposto. No caso de não vigorar uma Convenção de dupla tributação, afere-se tal permissão de acordo com a Convenção Modelo da OCDE, excecionando-se, contudo, rendimentos obtidos a partir de "paraísos fiscais".

O tratamento fiscal de rendimentos de capitais ("*categoria E*") com origem em Portugal auferidos por residentes não habituais seguem o regime normal de tributação. Isto é, serão tributados a uma taxa de 28%, salvo se for expressa a opção pelo englobamento do rendimento, caso em que serão aplicadas as taxas gerais e progressivas, nos termos do art. 71º, nº 1, al. a) e e nºs 6 e 7, do Código do IRS.

4.2. Os trabalhadores dependentes residentes em Portugal deslocados no estrangeiro

Importa referir, brevemente, o regime dos trabalhadores dependentes residentes[450] em Portugal e deslocados no estrangeiro nos termos do art. 39º-A do EBF, introduzido com a reforma do IRS de 2014.

[450] Os trabalhadores deslocados que percam o estatuto de residentes em território português, podem também utilizar este benefício fiscal, dentro de um limite de 3 anos após a data do deslocamento.

Este regime isenta de tributação em sede de Imposto sobre o Rendimento das Pessoas Singulares, as remunerações recebidas por trabalhadores residentes fiscais em Portugal que tenham sido deslocados do seu normal local de trabalho para o estrangeiro por período não inferior a 90 dias, dos quais 60 necessariamente seguidos, a título de compensação pela deslocação e permanência no estrangeiro.

A referida isenção aplica-se, apenas, na porção que exceda os limites legais previstos no Código do IRS, mas o montante anual da compensação isenta, por sujeito passivo, não pode exceder o valor correspondente à diferença entre o montante anual da remuneração do trabalhador sujeita a imposto, incluindo a compensação, e o montante global das remunerações regulares com carácter de retribuição sujeitas a imposto auferidas pelo trabalhador no período de tributação anterior, excluindo qualquer compensação que haja sido paga, durante esse período, em virtude dessa ou outras deslocações ao abrigo deste regime.

O benefício fiscal atribuído mediante esta isenção tem, ainda assim, o limite máximo de 10.000 euros[451] e pode ser usufruído por três anos após a data do deslocamento.

O gozo deste benefício fiscal encontra-se, ainda, dependente de acordo escrito celebrado entre o sujeito passivo e a entidade empregadora, no qual expressamente se identifique o destino e o período da deslocação, bem como a remuneração total a pagar ou a colocar à disposição do sujeito passivo e a compensação pela deslocação e permanência no estrangeiro, devendo o sujeito passivo ficar na posse de uma cópia do documento.

4.3. Os não residentes

Os não residentes em Portugal que obtenham em território português rendimentos do trabalho dependente ("*categoria A*") e todos os rendimentos empresariais e profissionais, ainda que decorrentes de atos isolados ("*categoria B*") encontram-se sujeitos a uma taxa de imposto de 25%, incidindo esta sobre o rendimento ilíquido e cobrada mediante o mecanismo de retenção na fonte a título definitivo, segundo decorre do art. 71º, nº 4, e do art. 71º, nº 5, ambos do Código do IRS.

[451] Esta isenção não é cumulável com outras isenções ou benefícios fiscais aplicáveis aos rendimentos de trabalho dependente.

O tratamento fiscal de rendimentos de capitais ("*categoria E*") obtidos em território português por não residentes, pagos por ou através de entidades que tenham sede, direção efetiva ou estabelecimento estável em Portugal a que deva imputar-se o pagamento e que disponham ou devam dispor de contabilidade organizada consiste na aplicação de uma taxa de imposto de 28%, incidindo esta, também, sobre o rendimento ilíquido e cobrada, identicamente, mediante o mecanismo de retenção na fonte a título definitivo, segundo decorre do art. 71º, nº 1, al. a), e do art. 71º, nº 5, ambos do Código do IRS.

Quando, por força de uma convenção destinada a evitar a dupla tributação celebrada por Portugal, a competência para a tributação dos rendimentos auferidos por um residente do outro Estado contratante não seja atribuída a Portugal ou o seja apenas de forma limitada, a legislação português admite, no art. 101º-C, nºs 1 a 6, do Código do IRS, que o sujeito passivo requeira a dispensa integral ou parcial de retenção na fonte, através da apresentação da Declaração Modelo RFI-21[452], e mediante a prova a verificação dos pressupostos legais perante a entidade obrigada a efetuar a retenção na fonte.

[452] A Declaração Modelo Mod. 21 - RFI destina-se ao pedido de dispensa total ou parcial de retenção na fonte do imposto português efetuado ao abrigo da convenção para evitar a dupla tributação entre Portugal e outro Estado Contratante.
Neste contexto, ver Recurso nº 141/14-30 de 14 de dezembro de 2016 (*Companhia IBM Portuguesa S.A. vs. Fazenda Pública*), onde o Relator, Cons. Fonseca Carvalho conclui que "Existindo convenção destinada a evitar a dupla tributação há, para efeitos de conhecer da dispensa de efectuar a retenção na fonte de IRC, que atender apenas aos pressupostos materiais convencionados. As normas convencionais vinculam os Estados contratantes não podendo ser alteradas por Lei interna de um deles, dada a primazia do direito convencional sobre a Lei interna. Ainda que seja da competência de cada um dos Estados contratantes regular as normas procedimentais para efeitos da aplicação da convenção, não pode aproveitar-se tal facto para em norma procedimental alterar os pressupostos materiais de aplicação da convenção sob pena de violação das normas convencionadas e do disposto no nº 1 do art. 1º da LGT. Resulta da interpretação dos artigos 103 da CRP e 90º do CIRC (*atual art. 98º CIRC*) que os formulários exigidos como prova de dispensa da retenção na fonte de IRC dos rendimentos auferidos por entidades não residentes são meros documentos *ad probationem* pelo que podem ser apresentados "a posteriori" dentro dos prazos legalmente fixados, podendo ser substituídos nos termos do art. 364º, nº 2 do Código Civil".

Caso o referido pedido, acompanhado da necessária prova, não seja formulado antecipadamente, particularmente até ao termo do prazo para a entrega do imposto, nos termos do art. 101º-C, nº 3, do Código do IRS, deverá ser solicitado o reembolso do imposto pago em excesso através da apresentação da Declaração Modelo RFI-22[453], 23[454] ou 24[455], consoantes os casos, a apresentar perante o órgão competente da Administração tributária, segundo decorre do art. 101º-C, nºs 7 a 10, do Código do IRS. O pedido de reembolso deverá ser efetuado no prazo de dois anos a contar do termo do ano em que se verificou o facto gerador do imposto.

Importa também, destacar, um especial grupo de não residentes, designadamente os não residentes em Portugal que sejam residentes noutro Estado-membro da União Europeia ou do Espaço Económico Europeu, neste último caso desde que exista obrigação de cooperação administrativa em matéria fiscal equivalente à estabelecida na União Europeia. Conforme resulta do art. 71º, nº 8, 9 e 10, do Código do IRS.

Estes sujeitos passivos podem solicitar a devolução, total ou parcial, do imposto retido e pago na parte em que seja superior ao que resultaria da aplicação da tabela de taxas gerais e progressivas, aplicáveis a residentes fiscais em Portugal, previstas no Código do IRS, tendo, contudo, em consideração todos os rendimentos, incluindo os obtidos fora de Portugal, mormente para efeitos de determinação da taxa aplicável, nas mesmas condições que são aplicáveis aos residentes. Impõe-se, por isso, uma análise comparativa da carga fiscal concretamente aplicável. Neste âmbito, relevam, ainda, os encargos devidamente comprovados necessários para a obtenção dos rendimentos que estejam direta e exclusivamente relacio-

[453] A Declaração Modelo Mod. 22 - RFI permite formular o pedido de reembolso do imposto português sobre dividendos de ações e juros de valores mobiliários representativos de dívida efetuado ao abrigo da convenção para evitar a Dupla Tributação entre Portugal e o outro Estado Contratante.

[454] A Declaração Modelo Mod. 23 - RFI destina-se ao pedido de reembolso do imposto português sobre *royalties*. dividendos e juros (exceto dividendos de ações e juros de valores mobiliários representativos de dívida) efetuado ao abrigo da convenção para evitar a Dupla Tributação entre Portugal e o outro Estado Contratante.

[455] A Declaração Modelo Mod. 24 - RFI refere-se pedido de reembolso do imposto português sobre outros rendimentos (e.g. de trabalho) efetuado ao abrigo da convenção para evitar a Dupla Tributação entre Portugal e o outro Estado Contratante.

nados com os rendimentos obtidos em território português ou, no caso do trabalho dependente, as deduções previstas e admitidas para residentes, nos termos do art. 25º do Código do IRS.

A devolução do imposto retido e pago neste âmbito deve ser requerida no prazo de dois anos contados do final do ano civil seguinte ao que se verificou o facto tributário, devendo a restituição ser efetuada até ao fim do 3º mês seguinte ao da apresentação dos elementos e informações indispensáveis à comprovação das condições e requisitos legalmente exigidos, acrescendo, em caso de incumprimento desde prazo, juros indemnizatórios.

4.4. Os residentes noutro Estado membro da União Europeia ou do Espaço Económico Europeu

No que se refere, ainda, à tributação dos não residentes, o direito europeu, mediante a evolução da jurisprudência do Tribunal de Justiça da União Europeia, motivou a introdução de um regime especial, opcional, para os residentes fiscais noutro Estado-Membro da União Europeia ou o Espaço Económico Europeu que aufiram uma grande parte dos seus rendimentos num Estado Membro onde não são residentes fiscais.

Assim, sujeitos passivos residentes noutro Estado membro da União Europeia ou do Espaço Económico Europeu com o qual exista troca de informações em matéria fiscal, quando sejam titulares de rendimentos obtidos em território português, que representem, pelo menos, 90% da totalidade dos seus rendimentos relativos ao ano em causa, incluindo os obtidos ora deste território, podem optar pela respetiva tributação de acordo com as regras aplicáveis aos sujeitos passivos não casados (ou, em certas condições, casados) residentes em território português, com certas adaptações legalmente previstas.

Este regime permite, nomeadamente, que seja considerada a situação pessoal dos contribuintes e que estes possam deduzir as suas despesas ou encargos, incluindo as do seu agregado familiar, desde que essas despesas ou encargos não possam ser tidos em consideração no Estado-Membro da residência. Assim, é aplicável a mesma taxa de retenção na fonte de 25%, a mesma que é aplicável a não residentes, o que, apesar da equiparação, esta pode implicar, consoante os casos, uma desvantagem ou vantagem "de tesouraria" até ao ajustamento final.

Em função de o regime ter sido gizado de forma próxima ao âmbito do Acórdão *Gerritse*[456], mormente no que respeita à exigência de que os rendimentos obtidos em território português representem, pelo menos, 90% da totalidade dos seus rendimentos relativos ao ano em causa, segundo nos parece, este elevado limiar legalmente previsto poderá ser, neste momento, desconforme com o direito europeu. Com efeito, recentes decisões do Tribunal de Justiça, tal como o Acórdão *Imfeld and Garcet*[457], *Radgen*[458] e *Bechtel*[459], vêm clarificar as situações em que os Estados-Membros onde residentes em outros Estados-Membros auferem uma parte significativa dos seus rendimentos (mas não necessariamente a obrigação de estes corresponderem, pelo menos, a 90%) devem conceder um tratamento fiscal não discriminatório mediante, particularmente, a consideração das despesas pessoais ou profissionais e a aplicação de taxas de imposto não desfavoráveis.

Esta jurisprudência pode ser relevante tanto para residentes em outros Estados-Membros que auferem em Portugal uma parte significativa dos seus rendimentos, como para residentes em Portugal que auferem uma parte significativa dos seus rendimentos noutro Estado-Membro. As situações devem, contudo, ser analisadas caso-a-caso.

5. Estabelecimento Estável

As sociedades não residentes com um estabelecimento estável no país pagam imposto sobre o rendimento das pessoas coletivas relativamente aos lucros imputados a esse mesmo estabelecimento estável.

A imputação de lucros ao estabelecimento estável de uma sociedade estrangeira baseia-se no princípio da territorialidade. Todos os lucros resultantes do seu funcionamento ou os lucros resultantes de atividades desenvolvidas pelos seus representantes são atribuídos ao estabelecimento estável.

[456] Ver Acórdão do Tribunal de Justiça da União Europeia C-234/01, de 12 de junho de 2003.

[457] Ver Acórdão do Tribunal de Justiça da União Europeia C-303/12, de 12 de dezembro de 2013.

[458] Ver Acórdão do Tribunal de Justiça da União Europeia C-478/15, de 21 de setembro de 2016.

[459] Ver Acórdão do Tribunal de Justiça da União Europeia C-20/16, de 22 de junho de 2017.

Estabelecimento estável é definido no código do imposto sobre o rendimento das pessoas coletivas como qualquer instalação fixa ou representação permanente através das quais seja exercida uma atividade de natureza comercial, industrial ou agrícola. O termo estabelecimento estável inclui: explorações agrícolas, silvícolas ou pecuárias e bem assim, as minas, os poços de petróleo ou de gás, as pedreiras ou quaisquer outros locais de extração de recursos naturais, situados em território português.

Abrange igualmente as atividades de sociedades não residentes, exercidas através de empregados ou de outro pessoal contratado para esse efeito, por período seguido ou interpolado, não inferior a 120 dias, compreendido num intervalo de 12 meses.

As definições internas e também as definições das convenções sobre dupla tributação de 'estabelecimento estável' seguem, regra geral, a definição apresentada pelo Artigo 5º da Convenção Modelo da OCDE. No entanto, Portugal apresentou algumas reservas ao referido artigo, nomeadamente ao afirmar que um local ou estaleiro de construção ou de montagem constituem um estabelecimento estável se se prolongarem por um período de tempo superior a seis meses (ver, por exemplo, as convenções sobre dupla tributação concluídas com a Alemanha, Itália e Moçambique). Portugal reservou igualmente a sua posição ao afirmar que uma sociedade estrangeira possui um estabelecimento estável em Portugal se executar, por intermédio dos seus empregados ou de outro pessoal contratado, atividades com um certo grau de continuidade (ver parágrafo anterior)[460].

Regra geral, os lucros do estabelecimento estável são tributáveis segundo os mesmos critérios de tributação aplicáveis às sociedades residentes. No entanto, poderão ser aplicadas algumas disposições fiscais especiais. Por exemplo, as autoridades fiscais poderão aceitar como gastos fiscais, despesas razoáveis de gestão em que tenha incorrido uma sociedade não residente e atribuídas ao estabelecimento estável ao abrigo

[460] A jurisprudência internacional (Caso *Joint Commissioner of Income Tax v. Hyundai Heavy Industries Co. Ltd*, Tribunal Fiscal Indiano, 3 de Março 2004) exclui do conceito 'estabelecimento estável' atividades de conceção, fabrico, instalação e transporte se, na sua maioria, tiverem sido desenvolvidas fora de território indiano. Deste modo, rendimentos derivados destas atividades não são imputados ao estabelecimento estável situado na Índia.

de um acordo de repartição de custos. Estes acordos devem ser justificados na declaração anual e parte-se do princípio que serão aplicáveis em futuros exercícios económicos. Se as autoridades fiscais não aceitarem tais acordos, são indicados critérios alternativos pelo CIRC, como por exemplo, os critérios do volume de negócios, o dos custos diretos e o do valor do imobilizado corpóreo.

Outros rendimentos imputáveis a sociedades não residentes são determinados pelo CIRS e estão sujeitos ao imposto sobre o rendimento das pessoas coletivas.

Este regime deve ser interpretado em conjugação com os artigos relativos a lucros comerciais, dividendos, juros, *royalties* e mais-valias.

Começando pelo tratamento dos lucros comerciais[461], se a empresa não possuir estabelecimento estável em Portugal os seus lucros são tributáveis apenas no país da sua residência. Se a empresa tiver um estabelecimento estável em Portugal, os seus lucros estão sujeitos ao regime fiscal português, mas apenas se puderem ser imputáveis a esse estabelecimento estável (ver, por exemplo, Artigo 7º, parágrafo 1, da CDT Bélgica/Portugal).

De modo a apurar os lucros do estabelecimento estável, as convenções sobre dupla tributação indicam vários critérios, nomeadamente:

- deve ser respeitado o princípio da independência fiscal;
- de acordo com o Comentário ao Artigo 7º da Convenção Modelo da OCDE[462], as despesas efetuadas na prossecução da atividade principal do estabelecimento estável (após terem sido devidamente

[461] Os lucros comerciais na CDT Reino Unido/Portugal (Artigo 7º, parágrafos 1 e 5) são equivalentes aos lucros industriais, sendo definidos como:

> 'rendimentos obtidos por uma empresa no exercício de uma atividade comercial ou industrial, incluindo os rendimentos obtidos pela prestação de serviços de empregados ou outro pessoal e os dividendos, juros ou *royalties* conexionados efetivamente com a atividade comercial ou industrial exercida por meio de um estabelecimento estável que uma empresa de um Estado Contratante tenha no outro Estado Contratante; todavia, a expressão não inclui os dividendos, juros ou *royalties* não conexionados do modo referido e não inclui igualmente a remuneração por serviços pessoais, incluindo os serviços das profissões liberais.'

[462] Segundo este comentário, os juros e os *royalties* pagos pelo estabelecimento estável à empresa não deverão ser aceites fiscalmente, ainda que este regime esteja sujeito a derrogações (por exemplo, empréstimo bancário, etc.).

alocadas) são dedutíveis fiscalmente, nomeadamente as despesas administrativas de carácter geral e executivo;

- na falta de contabilidade regular, poderão ser usados outros métodos, de acordo com a legislação interna;
- nenhum lucro será imputado a um estabelecimento estável pelo simples facto da compra de mercadorias, por esse estabelecimento estável, para a empresa e
- os lucros atribuídos ao estabelecimento estável deverão ser determinados através do mesmo método, ano após ano, a menos que haja fundamento válido e suficiente para não o fazer.

Em algumas convenções sobre dupla tributação, por exemplo a CDT Alemanha/Portugal (Artigo 7º, parágrafo 4), é incluída uma outra disposição para solucionar o problema da tributação unitária (*'unitary taxation'*).

Em conformidade com a prática comum, as taxas reduzidas de retenção na fonte relativas aos juros ou aos *royalties* na rede portuguesa de convenções sobre dupla tributação não são aplicáveis se o beneficiário dos juros ou dos *royalties*, sendo residente num Estado Contratante, tiver no outro Estado Contratante (Portugal), de onde provêm os juros ou os *royalties*, um estabelecimento estável ao qual esteja efetivamente ligado o crédito que dá origem aos juros ou ao qual esteja ligado o direito originário do pagamento de royalties.

Nestes casos, Portugal como Estado de proveniência dos rendimentos deve tributar os juros ou os *royalties* considerando-os como parte dos ganhos do estabelecimento estável, sujeitando-os às taxas de retenção na fonte internas (ver CIRC).

De igual modo, no caso especial dos dividendos, a taxa reduzida de retenção não é aplicável se o beneficiário dos dividendos, residente de um Estado Contratante, tiver, no outro Estado Contratante (Portugal), de que é residente a sociedade que paga os dividendos, um estabelecimento estável a que estiver efetivamente ligada a participação que dá origem aos dividendos (ver, por exemplo, Artigo 11º, parágrafo 4, da CDT França/Portugal).

Finalmente, os ganhos provenientes da alienação de bens mobiliários que façam parte do ativo de um estabelecimento estável que uma empresa de um Estado Contratante tenha no outro Estado Contratante

(Portugal), incluindo os ganhos provenientes da alienação desse estabelecimento estável, estão ainda sujeitos às leis fiscais nacionais (ver Artigo 13º, parágrafo 2, da CDT Reino Unido/Portugal)[463].

6. Os dividendos: retenções na fonte

Em consonância com a Diretiva Sociedade-mãe/Sociedade afiliada (Diretiva 90/435/CEE e subsequentes atualizações), os dividendos distribuídos por uma afiliada portuguesa a uma sociedade-mãe localizada num país da União Europeia estavam sujeitos às taxas máximas de retenção na fonte de 15 por cento até 1997 e de 10 por cento até Dezembro de 1999. A partir de Janeiro de 2000, os dividendos pagos e cobertos por esta Diretiva deixaram de estar sujeitos a retenção na fonte.

Esta Diretiva foi substituída pela Diretiva 2011/96/UE, tendo esta última sido recentemente alterada pela Diretiva 2014/86/UE.

O Artigo 3º dessa Diretiva, define sociedade-mãe como qualquer sociedade de um Estado-membro que satisfaça as condições enunciadas no Artigo 2º (definição de sociedade)[464] e que detenha no capital de uma

[463] Em algumas convenções sobre dupla tributação (Alemanha, Noruega, Suíça e Áustria) os rendimentos de capital *constituído por bens mobiliários que fazem parte do ativo de um estabelecimento estável que uma empresa de um Estado Contratante tem no outro Estado Contratante (Portugal)...* estão sujeitos à lei fiscal portuguesa (*ver*, por exemplo, Artigo 23º, parágrafo 2, da CDT Alemanha/Portugal).

[464] É interessante comparar a definição geral e abrangente de sociedade ao abrigo das CDT:

> '*o termo* 'sociedade' designa todas as pessoas coletivas ou todas as entidades que sejam consideradas como pessoas coletivas para efeitos fiscais' (*ver*, por exemplo, Artigo 3º, parágrafo 1 e), da CDT Itália/Portugal) com a definição pormenorizada e exaustiva usada na Diretiva Sociedade-mãe/Sociedade afiliada, Artigo 2º):
>
> 'Para efeitos de aplicação da presente diretiva, a expressão 'sociedade de um Estado-membro' designa qualquer sociedade:
>
> (a) que revista uma das formas enumeradas no anexo (sociedades comerciais ou civis sob forma comercial e as cooperativas e empresas públicas constituídas de acordo com a legislação portuguesa);
>
> (b) que, de acordo com a legislação fiscal de um Estado-membro, seja considerada como tendo nele o seu domicílio fiscal e que, nos termos de uma convenção em matéria de dupla tributação celebrada com um Estado terceiro, não seja considerada como tendo domicílio fora da Comunidade;
>
> (c) que, além disso, esteja sujeita, sem possibilidade de opção e sem deles se encontrar isenta, a um dos seguintes impostos:

sociedade de outro Estado-membro, que cumpra as mesmas condições, uma participação mínima, conforme definido na Diretiva.

Os Estados-membros deverão ter a opção de, através de tratado bilateral, substituir o critério de participação no capital pelo critério de direito de voto.

Existe uma convenção sobre dupla tributação em que se faz referência a este critério (direito de voto) é a CDT Reino Unido/Portugal, na qual se afirma:

> 'Os dividendos pagos por uma sociedade residente de um Estado Contratante a um residente do outro Estado Contratante e estando sujeitos a tributação nesse outro Estado, podem ser tributados no Estado primeiramente mencionado e de acordo com a legislação desse Estado, mas o imposto assim estabelecido não excederá:
>
> (a) 10 por cento do montante bruto dos dividendos se:
>
> (i) o beneficiário for uma sociedade residente de Portugal que controla diretamente pelo menos 25 por cento do poder de voto na sociedade que paga os dividendos,...'

Nas outras convenções são usados dois tipos de teste:

- o teste do beneficiário efetivo (ver, por exemplo, Artigo 10º, parágrafo 2, da CDT Itália/Portugal) que só foi introduzido na rede portuguesa de convenções sobre dupla tributação com a convenção modelo da OCDE de 1977 e consequentemente, só tem aplicação nas convenções sobre dupla tributação celebradas após aquela data e
- o teste do capital social mínimo.

No contexto da União Europeia as convenções portuguesas sobre dupla tributação estavam em conformidade com os limites máximos indicados pela Diretiva Sociedade-mãe/Sociedade afiliada.

De facto, em várias convenções sobre dupla tributação era concedido um tratamento fiscal mais favorável aos dividendos, como por exemplo, a taxa de retenção na fonte de 10 por cento aplicável ao abrigo da CDT

(...) – imposto sobre o rendimento das pessoas coletivas, em Portugal, ou a qualquer outro imposto que possa vir a substituir um destes impostos.'

Reino Unido/Portugal. De igual modo, a CDT Espanha/Portugal, estabelece uma taxa de retenção na fonte de 10 por cento se o beneficiário for uma sociedade que detenha diretamente pelo menos 50 por cento no capital da sociedade que paga os dividendos, desde que a sociedade detenha os títulos ou ações que representam a sua participação, pelo menos, um ano antes da distribuição dos dividendos (ver Artigo 10º, parágrafo 1, a)).

Nas restantes convenções sobre dupla tributação da União Europeia e nos casos não abrangidos pela taxa reduzida de retenção na fonte de 10 por cento, aplica-se uma taxa de retenção na fonte de 15 por cento (ver CDT com Bélgica, França, Itália e Alemanha).

Presentemente e após a abolição das taxas de retenção na fonte, as CDT(s) deixaram de ter aplicação nas situações a coberto da Diretiva. Nos restantes casos, veja-se, nomeadamente que face à não verificação de alguns dos requisitos ou pressupostos de aplicação daquela Diretiva, aplicam-se as CDT(s), que estiverem em vigor e que regulem as relações entre os Estados contratantes em questão.

Relativamente aos países situados fora da União Europeia, as taxas de retenção na fonte sobre dividendos mais favoráveis encontram-se nas convenções sobre dupla tributação celebradas, por exemplo, com a Noruega e Suíça:

> 'Esses dividendos podem, no entanto, ser tributados no Estado Contratante de que é residente a sociedade que paga os dividendos e de acordo com a legislação desse Estado, mas o imposto assim estabelecido não deve exceder:
>
> a) 10 por cento do montante bruto dos dividendos, se o seu beneficiário for uma sociedade que detenha diretamente pelo menos 25 por cento do capital da sociedade que paga os dividendos;' (ver Artigo 10º, parágrafo 2 a), da CDT Noruega/Portugal).

Outros países ou casos que não sejam abrangidos pela taxa reduzida de retenção na fonte estão sujeitos à taxa de retenção na fonte de 15 por cento.

O termo 'dividendos'é definido de acordo com a definição padrão da convenção modelo da OCDE, que é alargada para impedir um planeamento fiscal agressivo e assim abranger, por exemplo, os lucros auferidos por um sócio oculto, em regime de conta em participação.

A este propósito, vejam-se as convenções sobre dupla tributação celebradas nomeadamente com a Alemanha, Reino Unido, Bélgica e Suíça:

- na CDT Alemanha/Portugal, distribuições relativas a certificados de fundos de investimento (ver Artigo 10º, parágrafo 3);
- na CDT Suíça/Portugal, lucros resultantes da incorporação de reservas no capital de uma sociedade cuja residência ou direção efetiva estejam situados em Portugal e também os lucros resultantes da emissão de ações de uma sociedade, cuja residência ou direção efetiva estejam situados em Portugal, se os beneficiários tiverem a opção de subscrever essas emissões (ver Artigo 10º, parágrafo 3 a) e b));
- na CDT Bélgica/Portugal, os rendimentos – ainda que sob a forma de juros – tributáveis como rendimentos de capitais investidos pelos sócios nas sociedades, que não sejam as sociedades por ações, residentes da Bélgica e os lucros atribuídos por um residente de Portugal ao partícipe, em regime de conta em participação (ver Artigo 10º, parágrafo 3 a) e b));
- na CDT Reino Unido/Portugal, todos os tipos de rendimento (com exceção dos juros ou *royalties* que beneficiem de uma redução do imposto no Reino Unido, de acordo com o Artigo 11º ou do Artigo 12º dessa Convenção), que segundo a legislação do Reino Unido sejam considerados como distribuição de uma sociedade e no caso de Portugal, podem incluir os lucros atribuídos aos membros de uma sociedade.

Portugal reservou também a sua posição no Artigo 10º da Convenção Modelo da OCDE, de modo a expandir ainda mais o termo dividendos, para poder abranger os pagamentos simulados de juros.

7. Juros e *royalties*

As convenções portugueses sobre dupla tributação estabelecem taxas reduzidas de retenção na fonte sobre os juros e os *royalties* para os residentes dos outros Estados Contratantes e como consequência, sobrepõem-se às disposições internas aplicáveis a estes tipos de rendimento.

De igual modo, em algumas convenções sobre dupla tributação (por exemplo com Itália, Espanha e Moçambique), os juros da dívida pública estão isentos de retenção na fonte. Em 1994 esta isenção foi alargada a todos os não residentes que não fossem abrangidos por uma convenção sobre dupla tributação.

As taxas *standard* de retenção na fonte aplicáveis a juros e a *royalties* na rede portuguesa de convenções sobre dupla tributação são respetivamente de 15 e de 10 por cento.

É de salientar que as convenções sobre dupla tributação celebradas nomeadamente com a Áustria, Suíça, Moçambique, Reino Unido e França aplicam uma taxa de retenção na fonte de 10 por cento sobre os juros e uma taxa de retenção na fonte de apenas 5 por cento sobre os *royalties*, ao abrigo das convenções sobre dupla tributação concluídas, nomeadamente com a França, Reino Unido, Suíça, Bélgica, Áustria e Espanha.

Estas taxas reduzidas de retenção na fonte são limitadas apenas pela aplicação do teste do beneficiário efectivo e pelas definições de juros e de *royalties* inseridas na rede portuguesa de convenções sobre dupla tributação.

Deste modo, o termo 'juros' designa os rendimentos de dívida pública, de obrigações com ou sem garantia hipotecária e com direito ou não a participar nos lucros e de créditos de qualquer natureza, bem como quaisquer outros rendimentos assimilados aos rendimentos de importâncias emprestadas pela legislação fiscal do Estado de que provêm os rendimentos (ver, por exemplo, Artigo 11º, parágrafo 4, da CDT Alemanha/Portugal).

Esta definição é alargada nomeadamente nas CDT celebradas com a Noruega, Suíça e Bélgica, incluindo as importâncias atribuídas pela suspensão ou redução de uma determinada atividade industrial ou comercial que é exercida, ou foi anteriormente exercida, por uma empresa de um Estado Contratante.

No caso especial da Bélgica, o termo juros abrange igualmente os "*lottery bonds*" e definido de uma forma negativa, não inclui os juros incorporados assimilados aos dividendos, os juros de créditos comerciais, incluindo os representados por títulos de crédito resultantes do pagamento a termo de mercadorias, produtos ou serviços fornecidos por uma empresa de um Estado Contratante a um residente do outro Estado Contratante e os juros de contas correntes ou de aberturas de créditos entre entidades bancárias dos dois Estados Contratantes.

No contexto europeu, entrou em vigor nos (Estados-membros) a diretiva da poupança (Diretiva nº 2003/48/CE), que eliminou, com aplicação de medidas transitórias a certos países da União Europeia, a retenção na fonte sobre juros, nas condições previstas na diretiva. Estas disposições prevaleceram sobre regime 'equivalente' previsto nas CDT(s)[465].

Esta Diretiva foi alterada pela Diretiva 2014/48/UE, de 24 de março e revogada pela Diretiva 2015/2060, de 10 novembro de 2015.

Os '*royalties*' são definidos como as retribuições de qualquer natureza atribuídos ou pagos pelo uso ou pela concessão de uso de um direito de autor sobre uma obra literária, artística ou científica, incluindo os filmes cinematográficos, bem como os filmes ou gravações para transmissão, pela rádio ou pela televisão, de uma patente, de uma marca de fabrico ou de comércio, de um desenho ou de um modelo, de um plano, de uma fórmula ou de um processo secretos, bem como pelo uso ou pela concessão do uso de um equipamento industrial, comercial ou científico e por informações respeitantes a uma experiência adquirida no setor industrial, comercial ou científico. Esta definição é alargada por exemplo, na CDT celebrada com o Reino Unido, incluindo os ganhos resultantes da venda ou troca de qualquer direito originário do pagamento de *royalties*.

Neste âmbito, ao nível da União Europeia, existe uma Diretiva (Diretiva nº 2003/49/CE) que estabelece um regime fiscal comum aplicável aos pagamentos de juros e *royalties* efetuados entre sociedades associadas dos Estados-membros. Elimina-se, nos casos previstos na Diretiva, as retenções na fonte que incidiam sobre este tipo de rendimentos. Mais uma vez, nas situações de 'coincidência' ou 'equivalência', prevalecem as disposições da União Europeia sobre o regime estabelecido nas CDT(s), no seio na União Europeia.

8. Pensões

As convenções portuguesas sobre dupla tributação seguem o Artigo 18º da Convenção Modelo da OCDE (Pensões) ao atribuírem competência fiscal exclusiva ao Estado de residência. Este artigo cobre apenas as pensões pagas e relacionadas com um emprego privado antecedente. Cum-

[465] Esta Diretiva foi transposta para o ordenamento jurídico nacional através do DL nº 62/2005 de 11 de Março.

pre notar, que na CDT Reino Unido/Portugal, qualquer renda[466] paga a um residente de um dos Estados Contratantes só é tributada nesse Estado (ver Artigo 17º, parágrafo 1).

A Comissão Europeia tem vindo a desenvolver vários trabalhos relativos à tributação de rendimentos pessoais obtidos por não residentes no interior da União Europeia, abrangendo também o rendimento de pensões, com vista à eliminação de todo e qualquer tratamento discriminatório entre residentes e não residentes.

9. Correções à matéria coletável e a rede portuguesa de convenções sobre dupla tributação

Neste contexto, serão mencionados três artigos da Convenção Modelo da OCDE: o Art. 9º (empresas associadas), Art. 24º (não discriminação) e Art. 25º (procedimento amigável).

No que diz respeito ao Art. 9º[467], na maioria das convenções sobre dupla tributação ('CDT')[468], Portugal não incluiu o parágrafo 2.

De acordo com este enquadramento jurídico as autoridades fiscais não são obrigadas a corrigir os lucros (internacionalmente) de acordo com o princípio da independência. Por outro lado, esta lacuna não deverá impedir a utilização de todas as soluções à disposição do contribuinte ao abrigo do Art. 25º (procedimento amigável)[469].

[466] De acordo com o Artigo 17º, parágrafo 2, da CDT Reino Unido/Portugal, o termo 'renda' significa uma quantia fixa pagável periodicamente, em datas estabelecidas, durante a vida ou durante um prazo determinado ou determinável, em cumprimento de obrigação resultante de entrega adequada de dinheiro ou de valores monetários.

[467] A prova de afiliada determinada no CIRC segue muito de perto a definição de 'empresas associadas' da OCDE, inserida no Art. 9º (1). Como tal, são abrangidas as participações diretas e as participações indiretas e, também foram incluídos o teste alternativo de participação na gestão/controlo e de participação no capital. O Artigo 9º não especifica os limites relativos às participações das sociedades.

[468] Vide por exemplo, CDTs celebradas com a Suíça, Reino Unido, Noruega, França, Alemanha, Áustria, Itália e Bélgica. Algumas CDT recentes incluíram o parágrafo 2 nos respetivos textos (por exemplo, as CDT celebradas com a Irlanda, Espanha, EUA, Bulgária, Marrocos, Hungria, República Checa, Roménia, Venezuela, Macau, India e Moçambique).

[469] Neste contexto, e tendo em conta a relevância do Art. 25º, ver BAKER, Philip, *Double Taxation Conventions and International Tax Law*, A Manual on the OECD Model Tax Convention on Income and on Capital of 1992, (2ª ed., Londres Sweet & Maxwell Ltd.,

O Artigo 25º permite que as autoridades competentes se consultem mutuamente com vista à resolução, no contexto dos problemas de preços de transferência, não só dos problemas de dupla tributação jurídica, mas também dos problemas de dupla tributação económica e especialmente, dos problemas resultantes do ajustamento dos lucros de empresas associadas ao abrigo do parágrafo 1º do Art. 9º[470]. Como consequência, este procedimento também é aplicável, mesmo que as CDT não contenham regras semelhantes às do parágrafo 2º do Art. 9º.

De acordo com o comentário ao Art. 25º, parágrafo 10º, o simples facto de os Estados Contratantes terem inserido na convenção o texto do Art. 9º, limitado ao texto do parágrafo 1º, indica que a intenção era a dupla tributação económica ser abrangida pela convenção.

As implicações práticas para o investidor estrangeiro resultantes da aplicação deste artigo no quadro legal português da subcapitalização não podem ser subestimadas. A principal vantagem situa-se ao nível dos procedimentos, tendo em conta o prazo interno rigoroso imposto pelo CIRC.

Independentemente das soluções concedidas pela legislação interna, o contribuinte pode apresentar o seu caso à autoridade competente do Estado Contratante do qual é residente ou nacional (se o seu caso for abrangido pelo parágrafo 1º do Art. 24º) no período de três anos.

Na sequência da reserva feita pelas autoridades fiscais portuguesas em relação ao prazo estipulado na convenção modelo[471], a maioria das CDT concede um período mais curto de dois anos[472]. As CDT acordadas com a Bulgária, Marrocos, Polónia, República Checa, Roménia, Venezuela,

1994), p. 221: 'Parece apropriado terminar a discussão do Artigo 9º (2) com a questão de saber se o parágrafo é realmente necessário... O argumento neste caso é, que no caso de um estado ter de corrigir os lucros numa base de fixação independente do preço, e outro estado aceitar que esta correção se justifica, o resultado é a dupla tributação económica. Esta tributação não estaria de acordo com o espírito da convenção e, portanto, deveria estar sujeita a acordo amigável ao abrigo do Artigo 25º. Esta perspetiva, no entanto, não é partilhada pelas autoridades fiscais de todos os países...'

[470] Ver comentário ao Art. 25º, parágrafo 9.

[471] Ver reservas ao Art. 25º, parágrafo 98.

[472] Por exemplo, as CDT assinadas com Irlanda, Áustria, Suíça, Noruega, França, Moçambique, Itália, Alemanha, Espanha e Bélgica.

India, Macau e com os EUA estabelecem prazos mais longos, respetivamente, de três e cinco anos.

Neste contexto, e no seio da União Europeia, deve ser prestada uma atenção especial à 'Convenção de Arbitragem'[473].

10. Métodos usados para eliminar ou reduzir a dupla tributação internacional

Os métodos usados para atenuar a dupla tributação internacional são o método de isenção, o método de crédito e o método de dedução.

Poderão ser aplicados unilateralmente no Estado em que o contribuinte é residente ou ao abrigo de uma convenção sobre dupla tributação.

Nas CDT(s) geralmente é seguido o método de crédito, a menos que, por exemplo, esteja em vigor um sistema territorial de tributação ou que seja escolhido o método de isenção.

O método de dedução raramente é usado, tendo em conta o seu impacto reduzido na redução ou na eliminação da dupla tributação internacional.

O método de isenção isenta de tributação interna os rendimentos com proveniência num outro Estado. No entanto, os rendimentos poderão ser tomados em consideração para efeitos da aplicação da taxa de tributação adequada sobre o total dos rendimentos do contribuinte (o método de isenção com progressividade[474]). A França e a Holanda poderão ser mencionados como exemplos de países que usam o método de isenção com progressividade[475].

O método de crédito, por outro lado, permite que todos os impostos pagos no Estado de proveniência dos rendimentos sejam creditados con-

[473] Convenção relativa à eliminação da dupla tributação em caso de correção de lucros entre empresas associadas (90/463/CEE).

[474] Ver BAKER, Philip, *Double Taxation Conventions and International Tax Law*, S&M, Londres, 1994, p. 361: 'O conceito de 'isenção com progressividade' parece extremamente simples à primeira vista; na prática, poderá levar a algumas complicações interessantes. Existe um problema inicial nos casos em que existem prejuízos e não lucros no estrangeiro; será que se deveria tomar em consideração estes prejuízos na determinação da taxa aplicável a outros rendimentos?...'

[475] Os países que seguem o método de isenção com progressividade normalmente não concedem créditos de imposto para impostos estrangeiros pagos no país estrangeiro.

tra impostos a pagar no Estado onde reside o contribuinte. Existem duas variantes deste método. A primeira concede o crédito total aos impostos pagos no Estado da fonte. A segunda limita o montante de crédito do imposto ao imposto interno correspondente que incidiria sobre os rendimentos estrangeiros, determinados de acordo com as leis fiscais do Estado de residência. É conhecido como o 'método de crédito ordinário'.

O método de dedução permite simplesmente que os impostos pagos no estrangeiro sejam aceites como despesas ou gastos fiscais pelo país de residência.

Estes métodos podem ser usados alternativamente ou cumulativamente. A preferência por um dos métodos, em detrimento do outro, depende sobretudo das políticas comerciais ou de distribuição de receita fiscal entre os Estados envolvidos, influenciadas por atitudes históricas e pela perceção da equivalência entre os impostos estrangeiros e os impostos locais.

Tanto o método de isenção como o de crédito foram analisados em diversos artigos e obras, em conjunção com os princípios de neutralidade na importação de capitais (*CIN – capital import neutrality*) e com a neutralidade na exportação de capitais (*CEN – capital export neutrality*).

Tem sido argumentado que os países interessados em atraírem investimentos para os seus territórios (países de importação de capitais) têm tendência a isentar os rendimentos gerados no estrangeiro, já tributados no país de proveniência. O argumento é que, para alcançar CIN, o Estado tem de assegurar que os investidores internos e externos de capitais num mercado nacional obtenham a mesma margem de rentabilidade (após pagamento de impostos) sobre os investimentos que efetuaram nesse mercado.

Por outro lado os países, cujos investidores expandem as respetivas atividades comerciais e industriais ao estrangeiro, permanecem fiéis ao princípio da tributação mundial e atenuam a dupla tributação internacional através do recurso ao método de crédito.

Neste caso o argumento é que todos os rendimentos, quer provenham de investimento local quer estrangeiro, deveriam ser tratados jurídico-fiscalmente do mesmo modo, assegurando assim uma igualdade de cargas fiscais. Este argumento parte da premissa que os rendimentos obtidos no estrangeiro estão sujeitos a taxas de imposto mais reduzidas do que aquelas que são praticadas ao nível local.

Apesar de este facto ter sido verdadeiro durante 'o século dos impérios e das colónias', esse período terminou para países como os EUA e o Reino Unido.

As taxas de imposto praticadas pelos países da fonte dos rendimentos são frequentemente mais elevadas do que as taxas dos países de residência e a consequência é o sistema de crédito poder ter o mesmo efeito que o sistema de isenção para estes estados.

Em termos mais gerais a dicotomia, método de crédito/método de isenção, associada na literatura fiscal com os conceitos económicos de CIN e CEN, está a ser posta em causa pela convergência crescente das taxas de imposto sobre o rendimento das pessoas coletivas com as taxas de retenção na fonte estipuladas nas Convenções sobre Dupla Tributação (que se mantiveram inalteradas não obstante a redução verificada nas taxas dos impostos sobre o rendimento) e pelas mutações significativas ocorridas ao nível do trocas comerciais internacionais.

Em particular, assistimos atualmente a uma alteração significativa dos padrões tradicionais de migração de capitais. Os Estados Unidos, por exemplo, desde há longa data que se considerava como um país exportador de capital. Na realidade, de alguns anos para cá, tem vindo progressivamente a assumir características de um país importador de capitais. Esta inversão pode tornar desadequadas as políticas fiscais tradicionais americanas.

O Reino Unido, na atualidade, assume também características de país importador e exportador. A diversidade de molduras jurídico-fiscais patentes nas suas convenções, reflete de algum modo esta dualidade.

Num período em que a 'importação de capitais' e a 'exportação de capitais' sugerem uma estabilidade nos fluxos de capitais, que afinal já não existe, estas limitações poderão eventualmente constituir o último fator de distorção nos fluxos internacionais de capitais.

O crédito de imposto unilateral

Na ausência de uma convenção sobre dupla tributação ou no caso de o imposto pago no estrangeiro não ser coberto por uma convenção sobre dupla tributação, pode ser utilizado o crédito de imposto unilateral para eliminar ou atenuar a dupla tributação de rendimentos ou de capitais resultante da sobreposição da jurisdição da residência com a jurisdição da fonte.

No entanto, tendo em conta a importância de fatores como a prevenção da evasão fiscal e a garantia de uma coleta mínima de receita fiscal, a maioria dos países mantém algum tipo de limitação quando aplica o crédito de imposto unilateral.

Assim, a maioria dos países sujeita o crédito de imposto unilateral a uma limitação geral: o crédito de imposto unilateral não pode exceder o montante de imposto que seria devido internamente caso o rendimento tivesse sido gerado no país.

Esta limitação geral necessita de implementação, de modo a funcionar de forma efetiva e a proporcionar um enquadramento jurídico-fiscal claro para os contribuintes e para as autoridades fiscais.

Na maioria dos países há disposições fiscais pormenorizadas que explicam o funcionamento desta limitação geral.

Antes de avançar para o âmbito do direito fiscal comparado, cumpre descrever sumáriamente as características principais relativas ao funcionamento do crédito de imposto unilateral.

As principais limitações 'específicas' ao crédito de imposto podem ser descritas da seguinte forma:

a) Limitação Geral
Esta limitação baseia-se no rendimento global do contribuinte no estrangeiro. Ao agregar todos os rendimentos de proveniência externa, a limitação geral cria um limite único para todos os impostos estrangeiros;

b) Limitação Por País
Neste caso, a limitação é calculada de forma separada sobre o rendimento gerado e impostos pagos em cada país estrangeiro. Esta medida é aplicada quer o Estado tenha celebrado, ou não, uma convenção sobre dupla tributação com o Estado estrangeiro;

c) Limitação da "Categoria Separada"
Ao abrigo deste método o rendimento é segregado em diferentes categorias ou 'cestos' de modo que as limitações de crédito são determinadas separadamente por categorias individuais de rendimentos (vide, a experiência dos EUA)[476];

[476] Ver SLEMROD, Joel, *The Impact of the Tax Reform Act of 1986 on Foreign Direct Investment To and From the United States*, in *Do Taxes Matter?*, pp. 168, 176, pp. 192-193 (SLEMROD, Joel, (ed.), 1990), New York University Tax Law Review, Winter, 1993, p. 48, 281, *291, p. 14.

Por exemplo, o *Internal Revenue Code* (EUA) divide o rendimento estrangeiro em várias categorias separadas, nomeadamente:

- rendimentos passivos,
- rendimentos de serviços financeiros,
- rendimentos tributáveis atribuíveis a rendimentos de comércio estrangeiro e uma categoria mais genérica, designada
- 'todos os outros rendimentos' ("*all other income*");

d) Limitação da Fonte do Rendimento

Este método (ver experiência do Reino Unido) é uma combinação dos métodos mencionados nos parágrafos b) e c). Assim, o rendimento é separado tomando em consideração a categoria dos rendimentos e a sua proveniência territorial (por exemplo, rendimento de dividendos provenientes de um Estado da União Europeia).

e) Limitação do 'Item de Rendimento'

O carácter restrito deste método (ver também a experiência do Reino Unido) implica que as limitações de crédito só são aplicáveis a itens específicos de rendimento estrangeiro (por exemplo, dividendos pagos por uma sociedade estrangeira).

O objetivo das limitações específicas mencionadas nos parágrafos b) a e) é principalmente reduzir o potencial para a manipulação de rendimentos no estrangeiro, deduções e créditos a expensas dos tesouros dos países que concedem os créditos.

Por exemplo, ao acrescentarem limitações suplementares ao crédito de imposto unilateral (sob a forma de categorias de rendimentos separadas ou sob a forma de limitações por país), as autoridades fiscais impedem um somatório de créditos que resultaria da mistura de rendimentos isentos ou tributados de uma forma mais favorável com rendimentos sujeitos a tributação mais elevada ou ainda da combinação de jurisdições com regimes fiscais mais favoráveis (ou sem qualquer tipo de tributação no caso de o rendimento ser proveniente de paraísos fiscais) com jurisdições com uma tributação elevada.

Para as economias em desenvolvimento, a necessidade de promover a competitividade das atividades comerciais e industriais internas aconselha a opção por uma limitação geral. Esta limitação diminui a carga fiscal dos contribuintes ao permitir-lhes o livre 'cruzamento de créditos'[477].

Neste contexto, tendo em conta a experiência dos países em desenvolvimento, valerá a pena salientar que os créditos de imposto unilaterais aplicam-se não só às empresas, mas também aos contribuintes individuais.

Os contribuintes vêem a respetiva carga fiscal ser substancialmente reduzida se comparada com o efeito cumulativo da aplicação dos sistemas fiscais dos dois Estados, ao passo que os governos podem obter um aumento da receita fiscal em consequência da diminuição da percentagem de evasão fiscal que eventualmente tenha lugar através da exportação (legal ou ilegal) de poupanças pessoais.

Deverá ser prestada ainda uma atenção especial ao problema do excesso de créditos de imposto (que pode surgir, por exemplo, quando o contribuinte se encontra numa situação de prejuízo) e à possibilidade que é dada ao contribuinte de reportar para o futuro ou para o passado esses créditos de imposto.

Esta possibilidade (ver experiência dos EUA) acaba por beneficiar também os tesouros nacionais. O raciocínio subjacente é que os créditos de imposto unilaterais só podem ser compensados por impostos domésticos, efetivamente pagos durante o período fiscal (não havendo lugar a reembolsos de imposto).

Normalmente, a faculdade de reporte para o futuro ou para o passado só pode ser exercida durante um determinado período de tempo. Após este período, e se o contribuinte individual se encontrar numa posição de excesso de crédito de imposto, perde esse direito ao crédito.

11. Observações Finais

As questões acima analisadas baseiam-se principalmente na dicotomia país da fonte/país da residência, tomando em consideração não só os aspetos de distribuição da receita fiscal entre os países desenvolvidos, mas também olhando a posição do investidor num quadro internacional.

[477] Este resultado poderá ser conseguido através do estabelecimento de '*holdings*' em alguns países como a Holanda. No entanto, as restrições poderão entrar em funcionamento ao abrigo da cláusula de 'limitação dos benefícios' inserida em algumas convenções sobre dupla tributação.

Os objetivos da receita pública devem ser cuidadosamente analisados no contexto internacional, especialmente tendo em conta a crescente 'desmaterialização' dos rendimentos e dos capitais.

Além disso, ao reduzirem-se as taxas dos impostos sobre o rendimento das pessoas coletivas sem alterar as taxas da retenção na fonte aplicadas nas disposições internas ou nas CDT, os países que seguem o método de crédito ordinário (principalmente para salvaguardar o princípio da tributação mundial) têm na prática, um sistema de crédito total ou mesmo um sistema de isenção, em oposição direta ao princípio de tributação mundial.

Em última instância, os tesouros dos países da fonte cobrarão os seus impostos à custa dos tesouros dos países de residência.

A atual tendência da taxa de imposto poderá colocar um ponto final na questão controversa da escolha entre um método de isenção ou de crédito para eliminar a dupla tributação internacional. A aproximação das taxas de imposto por si só, acabará por diluir as diferenças entre ambos os métodos e respetivas variantes. As tendências dos padrões comerciais também poderão contribuir para acabar com esta disputa.

O principal beneficiário será o contribuinte que verá creditados todos os impostos estrangeiros 'admissíveis' a menos que, como é evidente, as limitações ao crédito de imposto não sejam eliminadas ou que se verifiquem divergências na determinação do rendimento nos países de residência e de proveniência.

Com a harmonização progressiva das taxas de imposto sobre o rendimento das pessoas coletivas, acabarão por ser aplicadas taxas de imposto idênticas em quase todos os países. Como consequência, tanto a neutralidade na importação de capitais como a neutralidade na exportação de capitais poderão ser alcançadas tornando obsoleta a controvérsia que atualmente rodeia esta questão.

12. 'Tax Sparing'

De modo a salvaguardar os interesses de receita fiscal portuguesa nas convenções sobre dupla tributação, as reduções ou as isenções especiais concedidas pela legislação fiscal portuguesa, relacionadas com o incentivo a investimentos para o desenvolvimento da economia portuguesa, não são tomadas em consideração pelas autoridades fiscais do outro Estado contratante quando aplicam o respetivo crédito de imposto (ver Artigo 23º, parágrafo 5).

Nas convenções celebradas, por exemplo, com a Suiça ou Noruega, as isenções ou as reduções especiais concedidas pela legislação fiscal portuguesa e aceites pelas autoridades competentes dos respetivos Estados, também não são tomadas em consideração quando se aplica o respetivo crédito de imposto a esses rendimentos ou capitais isentos ou sujeitos a uma tributação mais favorável.

Por outro lado, o rendimento ou os capitais estrangeiros isentos ao abrigo da legislação fiscal portuguesa são tomados em consideração (i.e. são incluídos na base tributável) para efeitos de aplicação da taxa de imposto (ver, por exemplo, Artigo 23º, parágrafo 1 b), da CDT Moçambique/Portugal).

Nos comentários à Convenção Modelo da OCDE sobre o rendimento e capital salientam-se os problemas do possível abuso na utilização deste tipo de disposições, bem como a sua verdadeira eficácia como instrumento de auxílio ou de desenvolvimento económico.

13. Medidas anti-abuso nas convenções sobre dupla tributação

As convenções sobre dupla tributação portuguesas cobrem o problema da imputação do rendimento e abusos fiscais sob dois critérios específicos: o teste do beneficiário efetivo, de acordo com a Convenção Modelo da OCDE e o regime de "treaty shopping" inserido em certas convenções.

O abuso de convenção, teoricamente, é também sujeito à cláusula geral anti-abuso nacional, mas a posição não é inteiramente clara. A Constituição portuguesa estabelece que as convenções devem prevalecer ou sobrepôr-se à legislação nacional e, como consequência, é questionável em que medida a legislação nacional pode ser aplicável para preencher vazios legais da convenção[478].

Em sede de política fiscal, as convenções sobre dupla tributação não contêm uma disposição geral anti-abuso. Diferentemente, abusos que ocorrem na atribuição do rendimento são tratados separadamente ao

[478] Além disso, o sistema não contempla disposições nacionais especificamente concebidas para corrigir abusos das regras de atribuição para efeitos de convenção.

abrigo de disposições específicas do tratado (e.g. beneficiário efetivo e disposições "treaty shopping")[479].

Com a crescente internacionalização da economia portuguesa é esperado que a jurisprudência venha também ajudar a definir as fronteiras e conteúdos das disposições anti-abuso geral e específicas.

13.1. Conflitos na atribuição do rendimento

A aplicação dos regimes anti-abuso ou disposições especiais podem dar origem a conflitos de atribuição de rendimento, resultado direto da aplicação cumulativa de sistemas de tributação na fonte e na residência, acabando a maior parte das vezes em casos de dupla tributação ou dupla não tributação.

Como referido anteriormente, Portugal, na posição de país da fonte ou em situações exclusivamente nacionais, segue também o teste da titularidade económica, para contrariar transações abusivas e sujeitar a tributação transações que de outra maneira seriam isentas de imposto.

Além disso, como país da residência, adere de perto ao teste da titularidade legal, complementado por disposições nacionais específicas anti-abuso, tais como o regime das Controlled Foreign Corporation (CFC) ou regimes de não dedutibilidade de despesas específicas e disposições anti-abuso específicas incluídas nas convenções sobre dupla tributação[480].

[479] Ver, todavia, Recomendação da Comissão de 28/01/2016 relativa à aplicação de medidas contra práticas abusivas em matéria de convenções fiscais (Recomendação (UE) 2016/136).

[480] Mesmo no contexto da UE, regimes nacionais anti-abuso como o regime das CFC ou até disposições especiais internas anti-abuso (exemplo: impostos de saída cobrados na mudança de residência) têm sido desafiados pelo TJUE se discriminatórias ou contrárias às liberdades fundamentais do Tratado da União Europeia.
A posição pode ser diferente no caso de disposições anti-abuso derivadas de legislação da União Europeia, se estiverem de acordo com os princípios da proporcionalidade e não discriminação, ou de convenções sobre dupla tributação.

14. Os acordos sobre trocas de informações fiscais ao serviço das estratégias políticas dos Estados-membros da União Europeia

Introdução

As trocas de informações fiscais entre Estados são uma realidade relativamente recente, cujos instrumentos jurídicos ainda se encontram em fase de implementação.

Os problemas gerados por novas realidades, como por exemplo o terrorismo multinacional e a concorrência fiscal prejudicial, obrigaram os Estados a uma aproximação legal e administrativa no domínio das trocas de informações fiscais.

De facto, tem-se assistido a uma cooperação e harmonização de regimes legais e práticas administrativas sem precedentes e mesmo ao arrepio de tradições enraizadas em alguns ordenamentos jurídicos (e.g. a inviolabilidade do segredo bancário, divulgação na internet de lista de devedores à administração tributária, etc.).

Seguindo o ensinamento popular, de facto, 'a necessidade faz o Homem'.

Foram as necessidades sentidas ao nível de segurança e arrecadação mínima de receita tributária que obrigaram os Estados e as administrações fiscais a comunicarem mais intensamente entre si e harmonizarem alguns regimes tributários.

Esta experiência positiva não se tem estendido a outras áreas tributárias e, portanto, poderá questionar-se a pertinência e tempestividade de determinadas propostas legislativas da Comissão, tendentes a uma maior harmonização fiscal na União Europeia (veja-se, por exemplo, a proposta para a harmonização de uma base tributável das sociedades).

O acervo atual de leis tributárias, por si só, levanta questões ainda não resolvidas e que mereceriam mais e melhor atenção das instâncias comunitárias. Não é, todavia, pretensão da autora analisar estes problemas neste trabalho mas sim concentrar-se nesta nova experiência emergente que é a troca de informações fiscais na União Europeia.

O trabalho e experiência da OCDE foi essencial nesta matéria e tem vindo a nortear as iniciativas legislativas no seio da União Europeia. Com a publicação, em 1998, do relatório 'Harmful Tax Competition, An Emerging Global Issue', esta organização alertou para a necessidade de uma implementação prática e efetiva das trocas de informações fiscais entre os Estados, de forma a combater a fraude e o desvio de capitais para os paraísos ou 'offshores' fiscais[481].

Desde então, tem vindo a suceder-se uma série de iniciativas, não só ao nível bilateral mas também multilateral, com profundo impacto nos sistemas legais da União Europeia, administrações tributárias e vida dos contribuintes.

Princípios aplicáveis

As trocas de informações fiscais são norteadas por princípios fiscais fundamentais, inscritos nos acordos, tratados e diretivas sobre trocas de informações fiscais e comunicação da Comissão de 28 de Abril de 2009 em sede de boa governação em matéria fiscal[482].

Sumariamente, enunciam-se os princípios da proporcionalidade, reciprocidade e da transparência, cuja aplicabilidade se afigura como indispensável, não só ao nível das práticas legislativa e administrativa como também ao nível das instâncias judiciais nacionais e comunitárias.

Esta triologia é bem aceite, em geral, pelos Estados mas a sua precisa concretização ainda levanta dúvidas, especialmente o problema de um justo equilíbrio da distribuição da receita tributária entre os Estados que partilham informações fiscais, no âmbito do princípio da reciprocidade, e defesa da privacidade ou interesses económicos dos contribuintes, no caso do princípio da proporcionalidade[483].

Deverão prevalecer valores de arrecadação de receita tributária na União Europeia em detrimento de um enfraquecimento dos direitos dos contribuintes? Ou, colocando a questão de outro modo: Qual o justo equilíbrio a atribuir ao princípio da proporcionalidade?[484]

[481] Ver OECD, *Harmful Tax Competition, An Emerging Global Issue*, Paris, 1998.

[482] Sobre os princípios da transparência e reciprocidade, ver Teixeira, Glória, *Manual de Direito Fiscal*, 2ª edição revista e ampliada, Almedina, 2010, páginas 63-67.

[483] Para uma análise sobre a conciliação entre os interesses dos Estados e os direitos dos contribuintes, ao nível internacional, nas trocas de informações fiscais, ver Schenk-Geers, Tonny, *International Exchange of Information and the Protection of Taxpayers*, Eucotax, Wolters Kluwer, 2009.

[484] A resposta a este tipo de questões envolve também opções de política fiscal e de valoração social, económica ou mesmo ética.

Para maior desenvolvimento ao nível das escolhas legais, ver obra de Sandel, Michael, *Justice, What's the Right Thing To Do?*, Penguin Books, 2010.

Estas e outras questões foram certamente pensadas pelos legisladores nacionais e comunitário mas a sua resolução integral ainda está por surgir, como veremos mais adiante.

1. O princípio da transparência

O princípio da transparência, expressamente definido na Comunicação da Comissão de 28 de Abril de 2009, impõe uma troca efetiva de informações fiscais e a ausência ou abolição do segredo bancário, de forma a permitir uma tributação justa e efetiva dos rendimentos dos contribuintes.

Conforme acima referido, o fenómeno da concorrência fiscal prejudicial tem vindo a ser analisado pelos Estados, nomeadamente o uso de 'paraísos fiscais' ou adoção dos chamados 'regimes fiscais preferenciais'. Para as definições de paraíso fiscal e regime fiscal preferencial, indicadas no antes referido relatório da OCDE, concorrem a ausência de troca de informações e o sigilo bancário. Tratam-se, portanto, de duas realidades paralelas que têm sido contempladas, nomeadamente no Código Europeu de Conduta (Resolução de 1997), nas disposições relativas às trocas de informações fiscais entre Estados e ajuda na cobrança de impostos no âmbito da Convenção Modelo da OCDE sobre o rendimento e capital[485] e na utilização de medidas defensivas que visam a preservação da base tributável ou evitar a utilização abusiva dos regimes fiscais nacionais.

Tomando como base as definições acima indicadas, a OCDE, conjuntamente com um leque cada vez mais alargado de Estados, tem vindo a identificar jurisdições que não cumprem os requisitos exigidos pelo princípio da transparência, obrigando-as a adoptar acordos sobre trocas de informações fiscais e a eliminar o segredo bancário. Os resultados destes esforços têm-se cifrado num número elevado de denúncias e mesmo até à aplicação de penas de prisão aos infratores em países como os EUA, Alemanha, Bélgica e França.

[485] Ao nível nacional, ver Recurso nº 1361/13, de 23/10/13 (*Centrocar – Centro de Equipamentos Mecânicos, S.A. vs. Diretor Geral da Autoridade Tributária e Aduaneira*).

2. O princípio da reciprocidade

O princípio da reciprocidade é um princípio conformador dos tratados ou acordos fiscais e tem por objetivo a obtenção de um equilíbrio entre os benefícios e os custos fiscais alcançados pelos Estados contratantes.

Este princípio aparece incluído no artigo 26º da Convenção Modelo da OCDE e nos artigos 14º, 18º e 19º da nova Diretiva relativa à cooperação administrativa no domínio da fiscalidade (Diretiva 2011/16/UE complementada pela Diretiva 2014/107/UE, Diretiva 2015/2376/UE e Diretiva 2016/881/UE) e coloca vários problemas cuja resolução, para além de difícil, será, provavelmente, morosa e dependente do nível de integração a alcançar na União Europeia.

Para uma correta aplicação deste princípio, cumpre quantificar os benefícios e custos derivados de uma troca de informações e, por vezes, essa análise não poderá ser feita casuística ou isoladamente para um dado contribuinte mas num contexto de uma interação regular, ou com alguma permanência, entre os Estados. Esta análise dinâmica poderá não ser facilmente compatível com a adoção de fórmulas pré-determinadas de distribuição de receita fiscal entre o Estado que solicita as informações e o Estado que as fornece. No limite, a prática entre os Estados ao nível das trocas de informações fiscais poderá levar a um equilíbrio desejável, ou razoavelmente aceitável, entre os custos de obtenção e tratamento das informações fiscais e a receita resultante do recurso ao expediente da troca de informações.

Note-se que este princípio admite derrogações, designadamente com base em razões de ordem pública. É legalmente admissível, por exemplo, recusar um pedido de informações fiscais de um Estado se estiverem em causa interesses nacionais ou segredos do outro Estado contratante.

Os limites à reciprocidade também podem vir dos próprios ordenamentos jurídicos dos Estados contratantes, nomeadamente a utilização de diferentes meios legais e administrativos para a obtenção das informações.

3. O princípio da proporcionalidade

Este princípio aparece intimamente ligado à proteção do contribuinte, impedindo comportamentos abusivos por parte das administrações fiscais, nomeadamente a utilização de 'fishing expeditions', violação do princípio da colaboração, onerando o contribuinte com pedidos desnecessários, ou preterição de formalidades legais essenciais na obtenção de informações fiscais.

Neste contexto, é útil a referência à Convenção Europeia para a Proteção dos Direitos Humanos bem como à Carta Social Europeia que incluem no elenco dos direitos fundamentais, nomeadamente o direito à proteção da propriedade, o direito à privacidade e o direito a um julgamento justo e imparcial.

A maioria dos ordenamentos jurídicos nacionais dispõe de regimes procedimentais ou processuais que obrigam, por exemplo, as administrações fiscais a um dever de notificação, exceptuando-se as situações de crime ou risco de fuga, a um dever de audição, etc., quando em presença de uma situação de troca de informações fiscais que envolvam contribuintes residentes.

A aplicação destes diferentes regimes procedimentais e processuais, criados com o objetivo de proteção dos direitos dos contribuintes, pode levar a uma maior facilitação ou, diferentemente, criar mais obstáculos à troca de informações, podendo 'desequilibrar' o princípio da reciprocidade. De facto, se um Estado não estiver obrigado, ao abrigo da sua legislação interna, a notificar ou ouvir o contribuinte no caso de trocas de informações, não só a comunicação ao outro Estado será feita de forma mais célere como, possivelmente, a troca de informações será processada de um modo mais eficiente.

A compatibilização dos diferentes princípios nem sempre é pacífica, como se retira dos exemplos acima citados, e, em última instância, a preterição ou preferência por um ou outro princípio pautar-se-á por opções de política legislativa adoptadas pelos Estados.

As modalidades de trocas de informações

Os diferentes instrumentos legislativos internacionais e comunitários estabelecem diferentes modalidades de trocas de informações fiscais e permanece ainda por esclarecer qual a modalidade mais válida e eficiente[486].

[486] De acordo com as estatísticas disponíveis, os métodos de troca de informações espontânea e automática são utilizados com mais frequência do que o método de troca

Se a OCDE tem vindo a indicar como método preferencial a troca de informações a pedido, já a União Europeia tem vindo a optar pelo método da troca automática de informações[487]. Esta importância teve reflexos na recentemente publicada Diretiva 2014/107/UE.

Os defensores do método de trocas de informações a pedido argumentam que se trata de um método mais equilibrado e mais em sintonia com o princípio da proporcionalidade e respeito pela privacidade dos contribuintes[488].

Por outro lado, os defensores do método da troca automática de informações elegem o combate à fraude ou planeamento fiscal abusivo como objetivo fundamental e prioritário, deixando para segundo plano os direitos ou limites à intromissão na vida privada dos cidadãos.

Note-se ainda que o método de trocas de informações a pedido tem vindo a ser testado por vários Estados, existindo extensivas orientações da OCDE relativamente à sua aplicação prática[489].

A aplicação dos diferentes métodos depende também da aplicação do instrumento jurídico em questão. Via de regra, e na União Europeia, prevalecem os instrumentos comunitários (e.g. Diretivas e Regulamentos) sobre as convenções ou tratados sobre dupla tributação e apenas serão aplicáveis as disposições dos acordos quando estipularem condições não abrangidas por aqueles instrumentos ou atribuírem direitos aos contribuintes não contemplados naqueles instrumentos.

A maior ou menor eficácia destes métodos depende também do seu objeto, nomeadamente do tipo de impostos abrangidos pelo instrumento legislativo. Geralmente, os acordos bilaterais incidem sobre determinados impostos, contrariamente ao artigo 26º da Convenção Modelo da OCDE ou artigo 2º da Convenção Multilateral sobre Assistência Admi-

de informações a pedido (ver Seer, Roman, (ed.), Gabert, Isabel (ed.), *Mutual Assistance and Information Exchange*, 2009 EATLP Congress, Santiago de Compostela, EATLP International Tax Series, volume 8, 2010.

[487] Ver Diretiva 2003/48/CE relativa à tributação dos rendimentos da poupança sob a forma de juros, art. 9º (Troca automática de informações), alterada pela Diretiva 2014/48/UE.

[488] Ver Owens, Jeffrey, Hay, Richard, *Two OECD Initiatives*, ITPA Journal, Monte-Carlo 16-17 March 2009, International Tax Planning Association.

[489] Ver *Manual on Implementation of Exchange of Information for Tax Purposes*.

nistrativa Mútua (OCDE, 2008, 2011) que cobrem tanto os impostos diretos como os indiretos (com exceção dos impostos aduaneiros).

A utilização de um método não invalida a utilização simultânea ou subsequente de outro, se permitido nos instrumentos legislativos aplicáveis ao caso, e, frequentemente, uma transmissão automática ou espontânea de informações fiscais pode desencadear um procedimento de trocas de informações a pedido.

Tem vindo a ser invocado, no entanto ainda sem comprovação estatística concludente, que o método da troca espontânea de informações apresenta-se como o método mais eficaz, tanto do ponto de vista repressivo como sob a perspetiva preventiva. Por exemplo, o conhecimento, por parte do contribuinte, da utilização deste método pelos Estados pode funcionar como fator dissuasor de condutas ilícitas ou abusivas.

Igualmente, tem vindo a ser referido que a troca espontânea de informações é mais eficiente que a troca automática de informações, devido ao caráter mais circunscrito e especializado daquela modalidade de troca de informações fiscais[490].

A evolução legislativa

Os desafios da globalização e livre movimento de capitais na UE levaram também a um aumento da fraude fiscal e, como tal, houve necessidade de se aperfeiçoarem os regimes legais existentes e acrescentar outros que dessem resposta ao problema da fuga aos impostos ou não declaração dos rendimentos pelos contribuintes.

A primeira necessidade sentida foi na reformulação do artigo 26º da Convenção Modelo da OCDE sobre o rendimento e capital e na eliminação das suas reservas alicerçadas no segredo bancário[491].

[490] Ver SEER, Roman (ed.), GABERT, Isabel (ed.), *Mutual Assistance and Information Exchange*, 2009 EATLP Congress, Santiago de Compostela, EATLP International Tax Series, volume 8, 2010.

[491] Para uma análise dos rápidos desenvolvimentos vividos ao nível internacional, salientando, nomeadamente que em 2009 foram assinados 200 acordos sobre trocas de informações fiscais e revistos ou atualizados 110 tratados sobre dupla tributação, ver MARKOVITZ, Justine, *Tax Information Exchange*, ITPA Journal, Geneva 22-23 March 2010, International Tax Planning Association.

Note-se, no entanto, que este movimento em direção de uma maior transparência aparece acompanhado com uma maior defesa do segredo ou proteção da informação fiscal trocada, com o objetivo de salvaguardar o direito à privacidade do contribuinte e impedir a utilização abusiva ou imprópria destas informações.

Salvaguardou-se também a defesa do segredo profissional ou comercial que poderá ser utilizado também pelos contribuintes como impedimento legítimo à troca de informações fiscais entre Estados.

Para além da reformulação e aperfeiçoamento do artigo 26º da Convenção Modelo da OCDE, houve uma preocupação por incentivar a introdução nos Estados de acordos bilaterais ou multilaterais sobre trocas de informações[492].

Alguns aperfeiçoamentos ao atual artigo 26º da Convenção Modelo da OCDE foram retirados destes acordos bilaterais (ou multilaterais), nomeadamente a alteração da importante definição de 'informação necessária' para 'informação previsivelmente relevante'.

Estes acordos estabelecem uma modalidade mais ampla de troca de informações, permitindo aos Estados trocarem informações fiscais com previsível relevância para a administração e cobrança dos impostos, contrariamente ao caráter mais estrito e rigoroso de troca de informações necessárias, que constava na anterior redação do acima referido artigo 26º.

No entanto, eles cobrem apenas a modalidade de trocas de informações a pedido, contrariamente ao artigo 26º da Convenção Modelo da OCDE, que inclui os diferentes métodos para obtenção de informações fiscais, a saber: informações a pedido, espontâneas e automáticas.

Os acordos multilaterais[493] são igualmente importantes pois permitem a disseminação das informações fiscais a um leque mais alargado de países, possibilitando um maior controlo da fraude ao nível internacional.

A Diretiva (2011/16/UE) relativa à cooperação administrativa no domínio da fiscalidade e que revoga a Diretiva 77/799/CEE segue as

[492] Ver *2002 Model Agreement on Exchange of Information on Tax Matters*, OECD, Paris.

[493] Ver *The Convention on Mutual Administrative Assistance in Tax Matters*, OECD, 2008, 2011. Esta convenção foi aprovada e ratificada pelo estado português a 16 de setembro de 2014 (ver Resolução da Assembleia da República nº 80/2014 e Decreto do Presidente da República nº 68/2014).

acima referidas tendências internacionais, nomeadamente o refinamento do conceito de informações fiscais, adoptando no seu artigo 1º a definição de 'troca de informações previsivelmente relevantes'.

O seu âmbito de aplicação é extenso, excluindo apenas os impostos indiretos abrangidos por outra legislação da União Europeia em matéria de cooperação administrativa entre Estados (ver artigo 2º, nº 1 da Diretiva 2011/16/UE), e inclui os diferentes métodos de troca de informações fiscais (espontânea, automática e a pedido).

Preocupações de eficiência e efetiva implementação da Diretiva levaram à inclusão de prazos limite de comunicação das informações solicitadas, com suficiente flexibilização para contemplar as diferentes situações (ver, por exemplo, artigos 7º e 10º da Diretiva).

A nova Diretiva regulou também os limites às trocas de informações fiscais, em conformidade com os princípios e experiência internacional acima indicados, designadamente o 'esgotamento das fontes habituais de informação', a aplicação do princípio da reciprocidade e o respeito pelo segredo comercial, profissional ou defesa da ordem pública (ver artigo 17º da Diretiva).

A valia das medidas legislativas acima referidas, dependerá igualmente da sua efetiva implementação, designadamente através de um bem desenhado sistema informático, seguro e estandardizado.

A OCDE tem vindo a colaborar com a União Europeia, no sentido de harmonizar práticas na organização das informações, tanto do pedido como da sua forma de comunicação, de forma a evitar também duplicação de trabalho nos Estados[494].

Conclusões

A contínua internacionalização das economias tem colocado novos desafios aos governos e administrações fiscais, desde a escalada de esquemas de planeamento abusivo, a dificuldade de implementar legislação

[494] A Lei nº 7-A/2016, de 30 de março (orçamento de Estado para 2016), no seu art. 188º, confere autorização legislativa ao governo para proceder à transposição da Diretiva 2014/107/UE e a estabelecer o regime para a troca de informações de contas financeiras em conformidade com o *Standard* da OCDE relativo à troca automática de informações financeiras (ver OECD, *Standard for Automatic Exchange of Financial Account Information in Tax Matters,* Paris, 2014).Neste contexto, ver DL nº 64/2016 de 11/10.

e práticas administrativas na União Europeia, não esquecendo os diferentes níveis de desenvolvimento nos sistemas judiciais nos diferentes Estados.

Paralelamente, podem surgir princípios ou interesses nem sempre compatíveis entre si, como os casos da conciliação de uma efetiva e célere troca de informações fiscais e a conformidade com os direitos dos contribuintes, nomeadamente o direito à privacidade ou a proteção do sigilo profissional ou comercial.

Mantém-se ainda em aberto a concreta aplicação do princípio da reciprocidade e a necessidade de uma justa distribuição da receitas e custos fiscais entre Estados. A autora enfatiza os limites de fórmulas pré-estabelecidas de distribuição receita fiscal entre os Estados, preferindo mecanismos de monitorização das atividades das administrações fiscais dos Estados envolvidos nos processos de trocas de informações e resultados alcançados.

Da investigação produzida até ao momento, constata-se que uma multiplicidade de instrumentos legislativos pode ser benéfica, devido aos diferentes objetos ou âmbitos territoriais da sua aplicação.

Potenciais conflitos poderão ser resolvidos através da aplicação de cânones de interpretação ou princípios hierárquicos de aplicação dos normativos legais.

Estes desenvolvimentos legislativos internacionais e europeus têm levado a uma maior aproximação legislativa entre os Estados e, inclusive, eliminado alguns regimes jurídicos 'sagrados ou intocáveis' como o caso do segredo bancário.

Igualmente, permanece ainda em observação e análise as diferentes modalidades de trocas de informações, sendo díspares os resultados alcançados, muito dependentes dos diferentes níveis de experiência ou práticas adotadas pelas administrações fiscais dos Estados. Se para um dado Estado, a troca automática de informações leva a resultados desejáveis, para outro, já as trocas de informações espontânea ou a pedido poderão ser mais eficientes e expeditas.

Tendencialmente, países com administrações fiscais mais desenvolvidas poderão processar com mais eficiência e celeridades informações fiscais recebidas de uma forma automática e, inversamente, administrações fiscais menos apetrechadas tenderão a preferir as trocas de informações espontâneas ou a pedido.

A preferência por um determinado método poderá também influenciar a conduta dos contribuintes e prosseguir objetivos de interesse público ou arrecadação de receita fiscal.

Por último, o sucesso das diferentes medidas aqui enunciadas dependerá da implementação de um válido e eficiente sistema informático, com regras comuns e suficientemente protegido de ataques externos ou abusos que podem comprometer a privacidade e segurança dos contribuintes ou até dos próprios Estados.

15. Tendências recentes no Direito Fiscal Internacional

O século XXI arranca, na arena internacional, sob o signo do combate ao abuso e fraude fiscais.

Tanto ao nível da produção legislativa europeia (vejam-se recentes Diretivas publicadas e referenciadas neste Manual), como das iniciativas da OCDE, nota-se o consenso dos Estados em torno deste importante objetivo.

Ao nível internacional o projeto BEPS da OCDE foi lançado e cumpre concretizá-lo nas ordens internas mas tem já resultados visíveis, nomeadamemente com a recente entrada em vigor da Convenção Multilateral Fiscal (MLI – Multilateral Instrument) a 1 de julho de 2018.

Esta convenção fiscal multilateral foi assinada por Portugal mas com múltiplas reservas e como tal iremos conviver com dois sistemas fiscais paralelos: as atuais convenções sobre dupla tributação e a Convenção Multilateral, com predominância dos regimes fiscais das convenções sobre os novos regimes fiscais da Convenção Multilateral (vide, conceito de estabelecimento estável, regime de transparência fiscal, tributação de dividendos, situações de dupla residência, etc.).

Paralelamente, assiste-se a um esforço por prosseguir a equidade entre países, através de uma justa distribuição da carga/receita fiscal entre os países da fonte e países da residência.

A nova economia digital veio trazer pressões agravadas sobre este problema já antigo, reivindicando os países da fonte a sua jurisdição fiscal sobre as plataformas digitais, transacções ou rendimentos gerados dentro das suas fronteiras.

Alguns países avançaram já com medidas unilaterais como por exemplo, em Espanha, com o refinamento do conceito de estabelecimento estável, de forma a este cobrir também os servidores localizados no país através dos quais sejam celebrados contratos.

Outros países optaram pela tributação das plataformas digitais, sujeitando os não residentes à obrigação de registo junto das administrações fiscais e subsequente cumprimento de obrigações declarativas e contabilísticas e respetivo pagamento de imposto sobre as transacções realizadas.

Ao nível da União Europeia, foram lançadas várias propostas de Diretivas (ver, COM(2018) 148 'Proposta de Diretiva sobre os Serviços Digitais'; COM(2018) 147 e 'Proposta de Diretiva sobre as Atividades Digitais Relevantes em sede de IRC', de 21 de março de 2018) e uma Recomendação aos Estados, em sede de IRC, sobre a tributação de atividades digitais relevantes (ver C(2018) 1650 de 21 de março de 2018).

Estas tendências demonstram a crescente importância do princípio da territorialidade e da alocação do rendimento ou lucros ao país onde as actividades económicas são desenvolvidas ou onde o valor é criado.[495]

16. Conclusões

Presentemente, a rede portuguesa de convenções sobre dupla tributação cobre apenas os impostos sobre rendimentos e capitais. Estas convenções são algo limitadas, deixando de fora questões importantes como o tratamento das organizações não governamentais (ONG(s)) (ver, por exemplo, o Artigo 27º da CDT Alemanha/EUA), a utilização abusiva das convenções ou os reembolsos relativos a retenções na fonte.

Os reembolsos relativos a retenções na fonte são particularmente importantes, tendo em conta que as autoridades fiscais portuguesas aplicam, em certos casos, as taxas internas de retenção na fonte e não, como está determinado ao abrigo das convenções sobre dupla tributação, as taxas ou isenções reduzidas relativas a rendimento ou a capitais. Aplica-se o mesmo mecanismo ao abrigo da legislação fiscal alemã e para oferecer uma resposta adequada a esta divergência o Tribunal Fiscal Federal argumentou que a técnica da retenção na fonte só tem fundamento legal se este procedimento tiver sido estabelecido na conven-

[495] Para maior desenvolvimento, ver Projeto BEPS – Ação 1 de 2014 (*Addressing the Tax Challenges of the Digital Economy*) e, mais recentemente, o Relatório da OCDE de 2018 (*Tax Challenges arising from the Digitalisation – Interim Report*).

ção (BFH, Julgamento de 22 de Outubro de 1986-IR262/82-em BStBI. 1987 II, p. 171 et seq.).

De igual modo, a ausência de disposições que impeçam a utilização abusiva das convenções, poderá vir a minar o âmbito das convenções, abrindo a porta a abusos fiscais perpetrados por países terceiros atraídos, por exemplo, pelas vantagens fiscais oferecidas pelos territórios *offshore* de Santa Maria e da Madeira (regiões abrangidas pela rede portuguesa de convenções sobre dupla tributação).

17. Lista de Convenções sobre Dupla Tributação: 'Royalties'

ANEXO IV
Tabela prática das Convenções sobre Dupla Tributação
'Royalties'

Países	Taxas de Retenção
África do Sul	10%
Alemanha	10%
Andorra	5%
Arábia Saudita	8%
Argélia	10%
Áustria	5%/10%
Barbados	5%
Barém	5%
Bélgica	10%
Brasil	15%
Bulgária	10%
Cabo Verde	10%
Canadá	10%
Chile	5%/10%
China	10%
Chipre	10%
Colômbia	10%
Coreia do Sul	10%
Costa do Marfim	5%
Croácia	10%
Cuba	5%
Dinamarca	10%

Países	Taxas de Retenção
Emirados Árabes Unidos	5%
Eslováquia	10%
Eslovénia	5%
Espanha	5%
EUA	10%
Estónia	10%
Etiópia	5%
França	5%
Geórgia	5%
Grécia	10%
Guiné-Bissau	10%
Holanda	10%
Hong Kong	5%
Hungria	10%
Índia	10%
Indonésia	10%
Irlanda	10%
Islândia	10%
Israel	10%
Itália	12%
Japão	5%
Koweit	10%
Letónia	10%
Lituânia	10%
Luxemburgo	10%
Macau	10%
Malta	10%
Marrocos	10%
México	10%
Moçambique	10%
Moldávia	8%
Montenegro	5%/10%
Noruega	10%
Panamá	10%
Paquistão	10%
Peru	10%/15%
Polónia	10%
Qatar	10%

Países	Taxas de Retenção
Reino Unido	5%
República Checa	10%
Roménia	10%
Rússia	10%
São Marino	10%
S. Tomé e Princípe	10%
Senegal	10%
Singapura	10%
Suécia	10%
Suíça	5%
Sultanato de Omã	8%
Timor-Leste	10%
Tunísia	10%
Turquia	10%
Ucrânia	10%
Uruguai	10%
Venezuela	10%/12%
Vietname	7,5%/10%

Capítulo IX
O Direito Fiscal Europeu

1. Introdução

Desde as fases iniciais do seu desenvolvimento, a União Europeia vem tentando alcançar o objetivo ambicioso de possuir um sistema fiscal comum para as pessoas coletivas.[496] De facto, a fim de criar um verdadeiro mercado único da União Europeia, os movimentos de pessoas, capitais, bens e serviços deveriam processar-se, livremente, sem quaisquer barreiras comerciais, monetárias ou fiscais[497].

Enquanto nos campos comercial e monetário foram conseguidos resultados importantes, o progresso ao nível das questões fiscais tem sido lento e prejudicado pelo princípio da unanimidade expresso no Tratado de Roma e mais recentemente no Tratado da União Europeia[498]. Não obstante a adoção de um Código Aduaneiro e de sistema comum de IVA na União Europeia, ainda é necessária a harmonização na área da tributação indireta, tal como o nivelamento de taxas, isenções, etc. Na área da tributação direta, apesar de diversos esforços no sentido de tentar encontrar uma solução razoável, ainda não foi encontrada uma atitude

[496] Ver a proposta de uma base consolidada comum em sede de IRC que, não obstante a insistência da proposta, não tem tido acolhimento nos Estados membros.

[497] Ver Cnossen, Sijbren, (ed.), *Tax Co-ordination in the European Community*, Series in International Taxation, nº 7, Kluwer, 1987, pp. 3-5.

[498] Farmer, P. e Lyal, R., *EC Tax Law*, Clarendon Press, Oxford, 1994 , Pitta e Cunha, Paulo, *Direito Institucional da União Europeia*, Almedina, 2004 e TERRA, Ben, WATTEL, Peter, European Tax Law, 6th edition, Wolters Kluwer, 2012.

comum[499]. Atualmente, a gradual convergência económica e financeira verificada no seio da União Europeia – resultado direto da implementação progressiva dos critérios estipulados no Tratado de Maastricht – coloca uma pressão crescente sobre os Estados-membros no sentido de coordenarem os seus sistemas fiscais a fim de manter a sua competitividade não só dentro, mas também fora, do mercado único[500].

Espera-se uma maior convergência na tributação indireta e esta tendência não pode ser separada dos sistemas de tributação direta atualmente aplicados nos Estados-membros. Numa perspetiva económica e financeira, o sistema fiscal deve ser encarado no seu conjunto se quisermos avaliar o seu verdadeiro impacto sobre os movimentos internos e externos de capitais, pessoas ou serviços. Partindo deste pressuposto, o exercício da identificação das distorções existentes no seio da União Europeia no campo da tributação direta não pode ser ignorado[501].

As experiências nacionais europeias mostram claramente que os sistemas fiscais, concebidos há várias décadas, já não se enquadram na nova ordem da União Europeia. As estruturas internas e CDTs atuais já se encontram sob pressão. Isto deve-se às mudanças nos padrões comerciais, ao aumento da concorrência fiscal dentro e fora da União Europeia

[499] Ver recomendação do Comité Ruding ao nível das CDTs:

"The Committee recommends action by the Commission in concert with Member States aimed at defining a common attitude with regard to policy on double taxation agreements with respect to each other and also with respect to third countries."

(*Comité de Peritos Independentes sobre Tributação das Sociedades*, Comissão das Comunidades Europeias, Março de 1992, p. 206).

A recentemente aprovada Convenção Multilateral Fiscal (MTI) da OCDE vem concretizar esta ambição de longa data da Comissão.

Se, no passado, restava verificar até que ponto seria possível alcançar esta atitude comum, dado o âmbito muito limitado do artigo 220º do Tratado de Roma, presentemente, e tendo em conta a posição comum já estabelecida sob os auspícios da OCDE nesta área (ver Convenção Modelo da OCDE que fornece o enquadramento geral para as CDTs da UE), a Convenção Multilateral Fiscal (MLI) constitui um marco histórico e de relevância fundamental no processo de coordenação e aproximação das normas de direito fiscal internacional.

[500] Pitta e Cunha, Paulo, *'A harmonização da fiscalidade e as exigências da união monetária na Comunidade Europeia', Integração Europeia, Estudos de Economia, Direito e Política Comunitários 1963-1993,* 2ª edição, Almedina, 2004.

[501] Pitta e Cunha, Paulo, *'Tax Harmonization', A Integração Europeia no Dobrar do Século,* Almedina, 2003.

e à sua compatibilidade com a implementação integral dos princípios da União Europeia definidos nos Tratados europeus. É frequente verificar-se a existência de tratamentos discriminatórios contra outros investidores da União Europeia, seja para salvaguardar as receitas internas, seja para satisfazer objetivos económicos ou financeiros. Os princípios da territorialidade e da residência são ambos aplicáveis, dependendo (se apurado) do coeficiente de importação/exportação aplicável, apoiado sobretudo pelo princípio de reciprocidade implícito nas CDTs.

A magnitude e complexidade dos problemas aumentou com os novos desafios colocados com a introdução da moeda única europeia. Com uma moeda única, os capitais são movimentados de forma muito mais fácil e as diferenças fiscais são examinadas com mais atenção pelos contribuintes da União Europeia. O fator fiscal surge então como o principal elemento determinante na localização e no tipo de investimento. Simultaneamente, o risco de evasão fiscal em certos Estados-membros da União Europeia aumentará consideravelmente e as principais partes perdedoras serão sem dúvida os ministérios das finanças nacionais.

De facto, com a introdução de uma moeda única, os contribuintes estão cada vez mais conscientes das vantagens da inexistência de retenção na fonte sobre rendimentos de dividendos ou de juros, bem como do tratamento equitativo dos dividendos e dos benefícios de um único nível de tributação sobre lucros retidos ou, de forma equivalente, de um regime de isenção aplicável aos rendimentos de mais-valias.

2. O processo de coordenação fiscal na União Europeia

Durante as suas várias décadas de existência, a União Europeia tem dedicado considerável atenção às questões fiscais.

Os esforços e os estudos iniciais foram concentrados na tributação indireta e, especialmente, no imposto sobre o volume de negócios. Foi dada uma grande prioridade à harmonização dos impostos indiretos e dos impostos sobre a compra de um certo bem ou produto de forma a possibilitar a livre circulação de mercadorias dentro do mercado europeu.

A tributação direta não foi, em termos históricos, de importância maior neste contexto. Todavia, atualmente é.

Também foi inevitável o facto de a Comissão Europeia começar a estudar os efeitos económicos da tributação direta, sobretudo os impostos que afetam os movimentos de capital.

Um breve sumário ajudará a focar para o contexto europeu os problemas que surgem a partir da análise comparativa supracitada.

2.1. O relatório ' Newmark'

O primeiro estudo fiscal compreensivo foi efetuado já em 1960 por um comité de peritos fiscais e financeiros sob a presidência do Professor Fritz Newmark.

Este estudo abrangia tanto os impostos diretos como os impostos indiretos e fazia um número de recomendações de grande alcance, dando um peso especial à transparência fiscal e à simplificação de estruturas fiscais[502].

No âmbito da tributação direta, o estudo sugeriu um único imposto sobre o rendimento das pessoas singulares com uma estrutura comum e uma definição uniforme do rendimento tributável e aconselhava a harmonização da tributação das mais-valias.

Recomendou um imposto sobre o rendimento das pessoas coletivas separado e harmonizado mais cautelosamente, integrado com o imposto sobre o rendimento das pessoas singulares no que dizia respeito aos lucros distribuídos.

O estudo defendeu o argumento de que os impostos sobre as pessoas coletivas deveriam ser harmonizados com base na fixação de uma taxa mais baixa sobre os lucros distribuídos. As distribuições de lucros para outra empresa da União Europeia deveriam, no entanto, estar isentas de imposto na fonte.

2.2. O relatório 'Segré'

Seguindo a adoção em 1960 e 1962 das Diretivas do Conselho que eliminam as restrições cambiais em certos tipos de transações[503], tornou-se evidente que o livre movimento de capital originou sérios problemas. Foi pedido a um grupo de peritos coordenado pelo Professor Claudio Segré que estudassem o que é que era necessário fazer para estabelecer um

[502] Ver EEC *Reports on Tax Harmonisation*, 1963 (Relatórios relativos à harmonização fiscal da CEE, 1963).

[503] Primeira Diretiva do Conselho para a implementação do artigo 67º do Tratado de Roma, JO 1960, 921; Segunda Diretiva do Conselho 63/21 de Dezembro de 1962 a adicionar e a emendar a Primeira diretiva, JO 1963, 62.

mercado de capitais europeu e quais seriam as suas consequências para os Estados-membros.

Este foi um exercício especializado e as suas principais recomendações podem ser brevemente sumariadas da seguinte maneira:

- eliminação da dupla tributação de capitais;
- eliminação de barreiras fiscais ao investimento e
- transparência fiscal.

2.3. O programa da Comissão

Em Fevereiro de 1967 a Comissão, aceitando a mesma abordagem subjacente, submeteu ao Conselho um programa de harmonização fiscal contendo medidas relativas, principalmente, à tributação direta, as quais eram necessárias para o estabelecimento ou funcionamento do mercado comum[504].

As medidas mais urgentes foram consideradas a eliminação de obstáculos para os movimentos de capitais (por exemplo, a dupla tributação de dividendos e de juros) e para a reestruturação e concentração de empresas dentro da Comunidade (tratamento fiscal da empresa mãe-filial, fusões) e a realização de condições de concorrência relativas a investimentos (sugeriu-se um imposto harmonizado para as empresas)[505].

Em Janeiro de 1969 a Comissão submeteu ao Conselho projetos de diretivas sobre fusões transnacionais (COM (69) 5 fim) e sobre a tributação de empresas – mães e filiais (COM (69) 6 fim).

A falta de vontade política e a subsequente estagnação económica preveniu avanços posteriores e só 20 anos mais tarde é que estes assuntos foram novamente levados à agenda política da Comunidade.

2.4. O relatório de Van den Tempel

Em 1970 foi submetido um estudo relativo aos impostos sobre o rendimento das pessoas singulares e coletivas na Comunidade.

[504] Bulletin of the European Communities, Supplement 8/1967 (Boletim das Comunidades Europeias, Suplemento 8/1967).

[505] A Comissão também apresentou um projeto para uma "European Double Taxation Convention" – Convenção Europeia sobre Dupla Tributação (Documento 11.414/XIV/68 de 1 de Julho de 1968). No entanto, este projeto nunca foi publicado e depois de ser discutido entre os seis ex-Estados-membros foi arquivado e encerrado.

Este relatório identificou vários sistemas fiscais na União Europeia, nomeadamente o sistema clássico, o sistema de imputação ou o sistema de crédito fiscal.

O Comité recomendou a adoção de um sistema clássico na Comunidade. Não só argumentou que o sistema clássico era mais simples para administrar, como também era neutral ao nível internacional.

Os desenvolvimentos seguintes e o objetivo de encontrar uma solução adequada para evitar a dupla tributação económica do rendimento de dividendos levou que este relatório, efetivamente, não atingisse os objetivos pretendidos.

2.5. O relatório 'Ruding'

Seguindo o seu Programa de Ação de 1 de Agosto de 1975, a Comissão submeteu ao Conselho uma proposta para uma Diretiva relativa à harmonização dos sistemas da tributação dos lucros das empresas[506].

Posteriormente, a proposta da Comissão foi retirada, de acordo com uma Comunicação feita pela Comissão datada de 29 de Abril de 1990.

Na mesma altura, a Comissão anunciou o estabelecimento de um comité de peritos independentes, o Comité Ruding, o qual iria discutir propostas no âmbito da tributação dos lucros das sociedades.

Seguindo a *Communication on the Guidelines of Company Taxation*[507] (Comunicação sobre as Linhas de Orientação da Tributação das Sociedades), a Comissão contratou um grupo de peritos independentes coordenados pelo Sr. Ruding, que publicou o seu relatório em Março de 1992 (Comissão, 1992).

O mandato da Comissão, que era avaliar a necessidade de uma maior harmonização da tributação das sociedades foi, juridicamente, sustentado nos artigos 52, 67, 58, 100, 101, 220 e 221 do Tratado de Roma.

O Comité teve por missão responder a três questões principais:

- as diferenças na tributação entre os Estados-membros causam distorções significativas, principalmente distorções discriminatórias, no mercado interno, especialmente no que respeita a decisões de investimento e concorrência?

[506] JO 1975, C253/2.

[507] SEC 90 (601) fim de 20-4-1990.

- à medida que estas distorções surgem, será que estão a ser igualmente eliminadas simplesmente através das forças do mercado e da concorrência fiscal entre os Estados-membros ou é exigida ação ao nível da União?
- que medidas específicas são exigidas ao nível da União para eliminar ou atenuar estas distorções?

O trabalho de investigação foi apoiado pelas considerações teóricas descritas a seguir:

- a tributação deverá ser neutral nas diferentes estruturas jurídicas;
- deverá ser criado um forte mercado de valores mobiliários europeu;
- os Estados-membros devem garantir uma tributação justa entre o país da fonte e o país da residência;
- praticabilidade administrativa;
- simplicidade;
- transparência das normas fiscais;
- eficiente cobrança fiscal e
- combate à evasão fiscal.

Apoiado neste fundamento teórico, o Comité reconheceu uma necessidade pragmática para a intervenção legislativa europeia com o intuito de eliminar ou atenuar as distorções que as várias diferenças nos regimes fiscais originam no mercado interno.

De acordo com esta conclusão, o Comité decidiu que a Comissão deveria concentrar os seus esforços nas seguintes prioridades:

- fixação de um nível mínimo de imposto sobre as empresas e criação de regras comuns para uma base comum de imposto;
- incentivar a transparência de quaisquer incentivos concedidos pelos Estados-membros.

Concluiu-se que, nesta fase, não se justificava um programa de harmonização total e acreditava-se que a adoção por parte de todos os Estados-membros de um sistema comum de imposto sobre as sociedades era um objetivo desejável a longo prazo.

Para implementar estes objetivos, o Comité sugeriu um pacote de medidas legislativas que deveriam ser postas em prática de acordo com um calendário específico.

Sumariamente, as medidas eram:

- alargar o âmbito da Diretiva-mãe-filial, incluindo todas as entidades sujeitas ao imposto sobre o rendimento das pessoas coletivas, independentemente da sua forma jurídica (Fase I) e, consequentemente, incluindo todas as outras entidades sujeitas ao imposto sobre o rendimento das pessoas singulares (Fase II);
- reduzir substancialmente a percentagem da participação conforme prescrito na Diretiva-mãe-filial (Fase II);
- pressionar os Estados-membros a concluir Tratados sobre dupla tributação (Fase I);
- eliminar a discriminação existente na tributação de dividendos;
- examinar no decurso da Fase I, alternativas para determinar o sistema comum de imposto sobre as sociedades mais adequado para a Comunidade (Fase III).

Apesar da compreensiva investigação realizada, o Comité Ruding fez mais perguntas do que aquelas que respondeu na análise tanto da política como dos aspetos práticos da tributação das empresas na União Europeia.

Além disso, também evitou o estudo aprofundado dos sistemas fiscais de Estados-membros, tais como Portugal.

Foram apresentadas outras críticas, por parte do *Economic and Social Committee* (ESC) (Comité Económico e Social), na sua opinião publicada a 25 de Janeiro de 1993[508].

O ESC manifestou reservas relativas à harmonização geral dos sistemas fiscais mas apoiava o objetivo de eliminar a dupla tributação internacional. Também apresentou reservas sobre o princípio de fixação de uma taxa de imposto mínima para as empresas.

O ESC defendeu, no entanto, a recomendação da Comissão de que o critério da participação na Diretiva deveria ser reduzido de 25 para 10%.

[508] Ver também SEC (92) 1118 de 20-6-1992. Embora, geralmente, aceitando as conclusões e as recomendações do Comité Ruding, a Comissão considera que as recomendações do Comité foram demasiado longe e não eram consistentes com o princípio da harmonização mínima defendidas pelo próprio Comité.

2.6. Os sucessos dos anos 90

Depois de várias décadas de imobilidade foram aprovadas pelo Conselho da União Europeia duas Diretivas importantes: a Diretiva 'mãe-filial'[509] e a Diretiva sobre "fusões"[510].

Subsequentemente, inicia-se o processo de ratificação de outro importante instrumento legislativo: a Convenção de Arbitragem[511].

Em 1995, os Estados-membros estavam ainda na fase inicial da sua implementação. A falta de vontade política e a recessão económica podem ser reconhecidas como fatores importantes que impediram a sua implementação.

Apesar do empasse político, o trabalho do Tribunal de Justiça Europeu no âmbito do cumprimento e aplicação dos princípios fiscais da União Europeia tem-se tornado importante e pode revelar-se decisivo.

Foi, especificamente, durante o período de estagnação económica nos anos 70 que o Tribunal de Justiça Europeu adquiriu um papel importante, ao assegurar que os princípios estabelecidos no Tratado relativos à tributação encontrassem completa expressão e validade.

As propostas mal sucedidas para a harmonização da tributação indireta eram dirigidas, em grande parte, a estruturas fiscais que eram protecionistas nos seus efeitos e foi o TJUE que quebrou muitas dessas barreiras através da aplicação do artigo 95º do Tratado de Roma[512].

A atuação do Tribunal, nos anos 90, no âmbito da tributação direta, revelou-se crucial, nomeadamente através da aplicação do princípio da não-discriminação.

2.7. Reivindicações jurisdicionais: Problemas postos pela dicotomia nacionalidade – residência

O problema fundamental é que a aderência nacional ao princípio da residência como princípio fiscal diretivo pode colidir com o teste da nacionalidade prescrito pelo Tratado da União Europeia, que também se estende ao âmbito fiscal.

509 Diretiva do Conselho 90/435, JO 1990, L225/6.

510 Diretiva do Conselho 90/434, JO 1990, L225/1.

511 Documento do Conselho 90/436, JO 1990 L225/10.

512 E.g. *Comissão da CE v. República Italiana,* Caso C-120/88, (1993) STC 136.

Apesar do uso comum nos Estados-membros da União Europeia do princípio da residência como a base fundamental para o exercício do poder jurisdicional fiscal, tanto a legislação da União Europeia como a jurisprudência do TJUE ainda estão a tentar conciliar as consequências derivadas da atuação de ambos os princípios da nacionalidade e residência dentro da União Europeia.

Deverá o princípio da residência ser substituído pelo princípio da nacionalidade? O princípio da nacionalidade estará melhor equipado para satisfazer as exigências de uma União Europeia cada vez mais integrada? A jurisprudência do TJUE neste âmbito não é linear. Isto reflete o quanto é difícil realizar um compromisso justo entre os objetivos incorporados no Tratado da União Europeia e as exigências provenientes do direito fiscal interno.

2.8. Eliminação da discriminação: em busca da coerência

Aquando da aplicação do princípio da não discriminação, no âmbito da tributação direta, o TJUE foi confrontado com a difícil tarefa de interpretar as disposições fiscais internas e as disposições fiscais comunitárias, cujas implicações podem ir para além de fronteiras bem estabelecidas.

É aceitável discriminar com base na residência?

2.9. TJCE: novamente, altura de decidir

O TJUE tem vindo a desempenhar um papel crucial no processo de integração na União Europeia.

Apesar de expressamente consciente das circunstâncias económicas e políticas, o TJUE tem mantido ativos e em vigor nesta área os princípios fundamentais incorporados no Tratado de Roma, especialmente o princípio da não-discriminação.

No entanto, o Tribunal tem vindo ser submetido a uma forte pressão, aumentada pela utilização do princípio da subsidiariedade por parte dos Estados-membros.

Este dilema está bem documentado no caso *Bachman*[513]. A exceção que foi permitida pelo TJUE neste caso, no âmbito da não-discriminação,

[513] Caso C – 204/90, *H. M. Bachmann v. Belgium* (1992) ECR 1992 – I.

é suficientemente forte para gerar sérias dúvidas acerca do futuro caminho da jurisprudência da União Europeia nesta importante área.

O caso trata o conflito entre pressões nacionais para um sistema fiscal coerente e os direitos dos contribuintes que desejem tirar vantagem plena das suas liberdades de circulação e estabelecimento.

O tribunal tem decidido um número crescente de casos que apontam para um completo reforço do princípio da não-discriminação no âmbito tanto da tributação individual como das empresas[514].

No que tem sido classificado de uma jurisprudência consistente, o tribunal considerou que o princípio da não-discriminação proibia não só a discriminação baseada na nacionalidade, mas também qualquer forma de discriminação dissimulada.

De acordo com esta fundamentação, a discriminação baseada na residência pode levar a uma violação do princípio da não-discriminação tanto para as empresas como para os indivíduos.

O impacto desta última abordagem é perturbador para muitos sistemas fiscais da União Europeia que têm sido alicerçados sobre os princípios da tributação mundial de residentes e da tributação na fonte dos não-residentes.

Tendo presente as alterações introduzidas no Tratado de Roma pelo Tratado de Maastricht[515] e a renumeração feita no Tratado de Lisboa, parece que os Estados-membros quiseram manter viva essa distinção, apesar de não concordarem em discriminar com base na nacionalidade.

[514] Ver Sotgiu (Caso 152/73, Sotgiu v. Deutsche Bundespot (1974) ECR 153), Comissão v. França (Caso 270/83, (1986) ECR 273), Biehl (Caso 175/88, Klaus Biehl v. Administration des Contributions (1990) ECR 1990 – I), Commerzbank (Caso C – 330/91, The Queen v. Inland Revenue Commissioners, ex parte Commerzbank AG (1993) ECR 1-4017, Holliburton (Caso C – 1/93, Halliburton Services BV v. Staatssecretaris van Financen, (1994) ECR I-1137), casos Schumacker (Caso C-279/93, Finannzamt Koln Alstod v. Schumacker, (1995) S.T.C. 306) e Fidelity Funds (C-480/16 de 21 junho 2018).

[515] Ver artigo 73º d que permite o tratamento discriminatório com base na residência ou na localização do investimento, se não constituir um meio de discriminação arbitrária ou uma restrição dissimulada relativa ao livre movimento de capital e de pagamentos, conforme definido no artigo 73º b.

3. Sistemas fiscais e não discriminação na União Europeia

Introdução

Desde as suas fases iniciais, o Tribunal de Justiça tem estado particularmente atento à necessidade de reconciliar os sistemas fiscais nacionais com os princípios fundamentais consagrados no Tratado da União Europeia.

Como a história demonstra, a coordenação ou maior integração em matérias fiscais evoluiu a ritmo lento de acordo com o princípio da unanimidade que se aplica no domínio fiscal.

Não obstante a resistência colocada pelos estados soberanos para coordenar os seus sistemas fiscais ao nível da União Europeia, o Tribunal de Justiça ao usar o princípio da não discriminação, indirectamente, tem forçado os estados membros a adaptar as leis fiscais internas de acordo com tais princípios.

Também podemos observar que a experiência judicial da União Europeia tem vindo a expandir-se a outros organismos internacionais, nomeadamente ao GATT/OMC. Litígios recentes colocados perante a OMC sobre quer questões fiscais indiretas quer diretas (a "foreign sales corporation" dos Estados Unidos e mais recentemente o caso *Boeing*) trouxeram à luz "problemas comuns", já escrutinados pelo Tribunal de Justiça dentro dos quadros legislativos União Europeia/nacionais, tais como inconsistências entre as leis dos estados membros e os acordos GATT/OMC[516].

Se trocar experiências legais[517] e judiciais se tem tornado uma tendência comum nas arenas internacionais e da União Europeia, uma questão diferente é estender e acomodar conceitos internacionais aos sistemas da União Europeia e nacionais[518].

[516] Ver DALY, Michael, *The WTO and Direct Taxation*, WTO, junho, 2005: "O interesse, portanto, da OMC na tributação não está confinado a assegurar o cumprimento pelos seus membros das regras dos seus vários acordos. Independentemente de cumprirem as regras da OMC, as políticas fiscais, práticas e medidas dos membros estão a ser monitoradas muito mais de perto ao abrigo do mecanismo de revisão da política comercial da OMC (MRPC)."

[517] Por exemplo, a similitude dos conceitos legais "tratamento nacional", consagrado no artigo III do GATT, e "não discriminação" (artigo 90º do Tratado da União Europeia que se aplica a impostos indiretos internos, incluindo IVA).

[518] Ver por exemplo a tentativa realizada perante o Tribunal de Justiça, mas sem sucesso, para importar as consequências legais e fiscais do princípio da nação mais favorecida

Apesar do facto de que o GATT/OMC se aplicar tanto a impostos diretos como indiretos, é de particular relevância mencionar que as medidas fiscais que partem da obrigação de tratamento da MFN (*most favoured nation*) são permitidas se resultarem de convenções sobre dupla tributação ou instrumentos internacionais similares[519].

Vai ser também particularmente interessante seguir os desenvolvimentos da OMC na implementação do Acordo Geral de Comércio de Serviços (AGCS). O conceito de tratamento nacional neste acordo é digno de nota porque alarga o conceito de fonte ou residência para efeitos de não discriminação. Esta nova abordagem adapta-se bem ao novo ambiente eletrónico[520].

Identificando 'injustificados' tratamentos fiscais discriminatórios diretos na UE

As "quatro liberdades" fundamentais de circulação inseridas no Tratado da União Europeia (a liberdade de circulação de mercadorias, de serviços, de pessoas e de capitais) têm sido a força motriz por trás da aplicação pelo Tribunal de Justiça do princípio da não discriminação[521].

(MFN) para as redes nacionais de convenções sobre dupla tributação. No caso D v. Belastingdienst (Processo C-376/03), o Tribunal de Justiça subordinou o princípio internacional da "Nação Mais Favorecida" aos princípios consagrados no Tratado da UE aplicável a CDT(s) (Convenções sobre Dupla Tributação). Este raciocínio é também consistente com a experiência legal internacional.

519 A maioria das convenções sobre dupla tributação (CDT(s)), baseadas quer nos modelos da OCDE ou das Nações Unidas, não contém um artigo MFN (*most favoured nation*).

520 Ver, por exemplo, as diretivas recentes do IVA aplicáveis ao comércio eletrónico.

521 A Comissão também tem lutado continuamente contra as medidas fiscais discriminatórias diretas e indiretas dos estados membros, quer remetendo-as para o Tribunal de Justiça ou abrindo casos de infração específicos. Ver, entre outros:

- A discriminação sueca contra o vinho em comparação com a cerveja;
- A não dedutibilidade das contribuições de pensões para fundos de pensões estrangeiros ao abrigo das legislações fiscais belga, italiana, portuguesa, dinamarquesa, sueca, irlandesa, francesa, do Reino Unido e espanhola;
- A taxa de tributação fixa discriminatória finlandesa ou espanhola aplicável a rendimentos do trabalho pagos a não residentes;
- A isenção fiscal discriminatória portuguesa ou sueca aplicável a mais-valias imobiliárias ou regimes de diferimento confinados a propriedade imobiliária localizada em Portugal ou Suécia;
- O regime fiscal mais favorável espanhol para a tributação nacional R&D.

Em muitos casos, envolvendo problemas fiscais indiretos[522] e "muitos anos mais tarde" diretos, o Tribunal de Justiça duma maneira sistemática e coerente aplicou este princípio de forma a alcançar os objetivos fundamentais do Tratado da União Europeia[523].

O primeiro caso sobre tributação direta remonta a 1986, o caso *Avoir Fiscal* (Comissão CE v República Francesa, Processo C-270/83) levantando o problema da liberdade de serviços (e subsequente direito de estabelecimento) na União Europeia. O Tribunal de Justiça considerou que para efeitos fiscais as filiais francesas de empresas estrangeiras deveriam ser tratadas similarmente às nacionais, recusando-se a aplicar disposições nacionais que infringiam o princípio da não discriminação.

Subsequentemente, diferentes casos[524] reafirmaram este princípio e como resultado foram introduzidas alterações legislativas em vários estados membros[525].

Mas, para complicar mais a questão, os estados membros começaram a descobrir "o poder das disposições anti-abuso", e estão a usá-las e por vezes a "abusar" delas, para aplicar tratamentos fiscais diferentes não só nacional como internacionalmente[526].

[522] Ver Weigel and Weigel, caso do Tribunal de Justiça (C-387/01) aplicável à sobretaxa austríaca de consumo de combustível cobrada predominantemente em veículos importados.

[523] Também, no Espaço Económico Europeu, o tribunal da EFTA no caso Fokus Bank (E-1/04) defendeu que o tratamento discriminatório de acionistas estrangeiros não pode ser aceite ao abrigo do referido acordo.

[524] Ver, entre outros, casos *Commerzbank* (Processo C-330/91), *Biehl* (Processo C-175/88), *Danner* (Processo C-136/00), *Skandia/Ramstedt* (Processo C-422/01) e caso *Fournier* (Processo C-39/04), respeitando a um crédito fiscal francês para despesas de investigação, disponível apenas para investigação levada a cabo em França.

[525] Note-se contudo que o trabalho estável e coerente do Tribunal de Justiça pode ser minado pela relutância de alguns estados membros em submeter casos à sua jurisdição e como resultado efetivamente negar aos contribuintes o direito a ser protegido contra tributação discriminatória.

[526] Podemos encontrar, pelo menos, três tipos diferentes de disposições anti-abuso na maior parte dos estados membros: disposições nacionais (gerais e/ou específicas); inseridas específicas ou geralmente ao abrigo de CDT(s) e disposições da UE. Os problemas colocados pela aplicação cumulativa ou alternativa destes níveis diferentes de disposições são tratados por MATTEOTTI, René, *Interpretation of Tax Treaties and Domestic General Anti-Avoidance Rules – A Sceptical Look at the 2003 Update to the OECD Commentary*, *Intertax*, Vol. 33, nºs 8/9, 2005.

Na maioria dos estados membros, as disposições nacionais anti-abuso podem substituir os regimes das convenções sobre dupla tributação (CDT(s)) e, ao nível da União Europeia, as diretivas da União Europeia levam também em conta possíveis derrogações àqueles quadros legislativos se justificados na base de "abuso fiscal".

Permanece por verificar se todos estes regimes anti-abuso são compatíveis com o principio da não discriminação ou, por outras palavras, se eles são "justificados" e não constituem um obstáculo às "quatro liberdades" do Tratado da União Europeia[527].

Similarmente, ao mudar-se desproporcionalmente o ónus da prova para o contribuinte ou impondo custos elevados de cumprimento fiscal (ver, por exemplo, em vários estados membros, o uso de legislação pedindo documentação excessiva ou preenchimento de condições múltiplas em casos de preços de transferência)[528], os legisladores ou a administração fiscal podem anular, direta ou indiretamente, as diretivas ou regulamentos da União Europeia[529].

Como resultado, hoje em dia, enfrentamos duas forças motrizes opostas: de um lado, o Tribunal de Justiça e a implementação das liberdades fundamentais e de outro lado pressões dos sistemas fiscais nacionais para manter ou sustentar as suas estruturas fiscais internas. Nesta batalha não podemos encontrar um vencedor ou perdedor.

De facto, ou os estados membros escolhem cumprir as decisões do Tribunal de Justiça ao estender as disposições ou regimes fiscais nacionais à União Europeia ou num movimento oposto fogem dessas decisões,

[527] Ver, caso C-196/04, *Cadbury Schweppes v Commissioners of Inland Revenue* e casos *Eurowings* (C-249/97), *ICI* (Processo C-294/96) and *Leur-Bloem* (Processo C-28/95) e *Barysch, Katinka, Is Tax Competition in the European Union Bad?*, Tax Notes International, setembro 20, 2004.

[528] Ver, de Hosson, Fred, C., *Single Market, Single Price, Many Data Bases,* Intertax, vol. 33, nº 8/9, 2005, "Não admira então que «representantes das empresas expressem fortemente a opinião de que os requisitos de documentação de preços de transferência na UE criam indevidamente elevados custos de cumprimento fiscal». Na verdade, é seguro dizer que por agora estes sempre crescentes custos de cumprimento fiscal estão a tornar-se um encargo excessivo para as empresas pan-Europeias assim dificultando o desenvolvimento de um verdadeiro Mercado Único."

[529] Ver, Casos *Schumacker, Futura* (Processo C-250/95), *Vestergaard* (Processo C-55/98) e *Carreño, Florentino,* e *Canta, Jorge, New Tax Obligations for Nonresident Financial Services Companies in Spain,* Tax Notes International, 14 junho 2004.

ao "apagar"[530] dos sistemas fiscais internos aspetos discriminatórios reais ou potenciais[531].

Mais uma vez somos confrontados com o dilema de "coordenar" a maior integração com os princípios da unanimidade, subsidiariedade e, como também recentemente reconhecido pelo Tribunal de Justiça, da reciprocidade.

Definindo as fronteiras entre as jurisdições fiscais diretas nacionais e da União Europeia

Os princípios da não discriminação e da reciprocidade

Não obstante a introdução recente da Convenção Fiscal Multilateral (MLI), os estados membros podem fazer reservas à Convenção (veja-se o caso Português) e como tal permanecem relativamente livres para negociar, numa base bilateral, medidas fiscais que melhor se coadunem com os seus próprios objetivos económicos ou sociais, sujeitos contudo às limitações ou regimes das diretivas ou regulamentos da União Europeia[532].

É comum encontrar nas convenções sobre dupla tributação referências expressas ou implícitas à legislação da União Europeia e vice-versa.

As convenções sobre dupla tributação são o resultado de (por vezes) longas negociações e refletem um equilíbrio geral ou especifico, chamado "global" ou "reciprocidade específica". Se este pode ser facilmente rastreado e fiável, analisando as disposições específicas da convenção, o anterior é mais difícil de determinar e quantificar.

530 Ver o problema colocado pelos "impostos de saída" e o caso Hughes de Lasteyrie du Saillant v. Ministère de l'Économie, des Finances e de l'Industrie (Processo C-9/02). Seguindo a experiência dos Estados Unidos, que alarga o conceito de residência mesmo quando ocorre a mudança de residência (residência ficcionada), os estados membros podem ser tentados a substituir os "impostos de saída" pelo conceito de 'residente ficcionado', acabando com o mesmo resultado ao nível de receitas fiscais e evitando simultaneamente as potenciais consequências discriminatórias da dicotomia residente/não residente.

531 Ver "efeitos opostos" nos sistemas fiscais nacionais da União Europeia também criados pelo caso *Lankhorst* (Lankhorst-Hohorst GmbH v. Finanzamt Steinfurt, C-324/00). No Reino Unido ou na Alemanha, por exemplo, "o regime discriminatório sob ataque", aplicável no campo da subcapitalização aos não residentes, foi também estendido aos residentes.

532 Ver artigo 293º do Tratado da UE e a Convenção Modelo da OCDE.

A jurisprudência recente do Tribunal de Justiça ilustra claramente esta dificuldade e especialmente o desafio legal de subordinar as convenções sobre dupla tributação aos requisitos do princípio da não discriminação[533].

Em teoria, pode-se argumentar que se as disposições fiscais internas devem passar o teste da não discriminação da União Europeia, dentro das fronteiras da União Europeia, então as convenções sobre dupla tributação devem também sujeitar-se a esse teste, quer qualifiquem como legislação ordinária ou até supranacional[534].

Na prática, contudo, enfrentamos uma enorme tarefa de compreender e identificar os sistemas fiscais nacionais e respetivas redes de convenções sobre dupla tributação e só no fim confirmar se um tratamento discriminatório (ou não discriminatório) ocorreu.

Na fase atual de desenvolvimento de estudos fiscais comparados na União Europeia[535], é um objetivo irrealista e, como resultado, o princípio da reciprocidade continua a prevalecer sobre o princípio da não discriminação.

A relevância do conceito 'Sistema Fiscal Nacional'

Dentro da União Europeia, presentemente, a reciprocidade sobrepõe-se à discriminação principalmente por causa das largas diferenças nos sistemas fiscais diretos dos estados membros[536].

533 Para uma análise mais abrangente do problema ver casos *Gilly* (C-336/96), *De Groot* (C-385/00) e *Schumaker* (Processo C-279/93).

534 Ver, Williams, David, *European Union Overview*, in Teixeira (ed.), *Business Taxation in the European Union*, Wiley Chancery, 1995, "Na perspetiva do autor, as convenções sobre dupla tributação estão tão sujeitas à legislação da UE como à legislação fiscal nacional... No limite, uma convenção sobre dupla tributação poderia claramente discriminar de uma maneira que violasse a legislação da UE. Contudo, poderia, nessa fase, também violar disposições sobre não discriminação da própria convenção. Esta discussão não é auxiliada pela falta de clareza da maior parte das disposições não discriminatórias dos tratados. O que ainda está por decidir é como devem ser desenhados os limites da legislação da UE."

535 Sobre doutrina fiscal comparada na UE ver, Cyrille, David & Greerten Michielse (ed.), *Tax Treatment of Financial Instruments*, 14, Kluwer, *Law International* e Teixeira, Glória, *Taxing Corporate Profits in the EU, A Comparative Study of the Portuguese, British and Dutch Systems*, Series on International Taxation, 17, Kluwer Law International.

536 "... a tributação na União Europeia é um fascinante complexo, com uma estrutura fiscal federal ao nível da união aduaneira e outras totalmente divergentes entre si como

A eliminação da dupla ou múltipla tributação internacional e a aplicação efetiva da tributação nacional requer bilateralismo e também algum grau de discriminação entre estados membros[537].

A importância de coordenar os sistemas fiscais nacionais diretos pode ser encontrada nas origens da União mas o progresso acontece a um ritmo lento e sobretudo evitando perturbar o equilíbrio interno europeu prevalecente nas questões fiscais diretas[538].

Para compreender o funcionamento dos sistemas fiscais nacionais parece hoje em dia vital se mais passos puderem ser adicionados ao reforço dos princípios fundamentais da União Europeia. Contudo, deve-se notar que "*a União Europeia, é claro, não tem um único sistema fiscal. Nem deveríamos esperar um. Nenhum grande estado tem um sistema fiscal totalmente uniforme dentro de si, a não ser que seja um estado totalmente unitário gerido completamente de uma fonte central de poder político. Mesmo o Reino Unido tem diferentes impostos locais. Os lander alemães tem diferentes níveis de imposto, e variações regionais na tributação. Os impostos e o nível de tributação variam largamente entre os estados nos Estados Unidos da América*"[539].

Com base neste pressuposto subjacente, uma análise posterior pode ser realizada de modo a determinar, tanto quanto possível, e dentro desses princípios acima mencionados, as fronteiras ou limites dos poderes fiscais nacionais relativamente aos princípios ou legislação fiscal da União Europeia.

Começando pela definição do conceito "sistema nacional", este pode referir-se simplesmente à estrutura global da tributação nacional, cobrindo quer os impostos diretos quer os indiretos, incluindo os impostos da segurança social[540], ou, seguindo uma abordagem mais restrita, às caraterísticas específicas ou estruturais do sistema.

a dos impostos sobre o património" (Williams, David, *European Union Overview*, in Teixeira (ed.), *Business Taxation in the European Union*, Wiley Chancery, 1995).

[537] Daly, Michael, *The WTO and Direct Taxation*, WTO, junho, 2005.

[538] Ver, por exemplo, as diretivas mãe-filha ou relativa a fusões, com um claro compromisso entre os objetivos nacionais e os da UE (por exemplo, o uso alternativo quer de isenção ou métodos de crédito para atenuar a dupla tributação internacional, etc.).

[539] Williams, David, *European Union Overview*, in Teixeira (ed.), *Business Taxation in the European Union*, Wiley Chancery, 1995.

[540] Ver Freitas Pereira, *Fiscalidade*, Almedina, 2017 e Freitas Pereira, Williams, David, Pleijsier, Arthur, *Tributação do Trabalho Dependente, Relação com as Contribuições para a Segurança Social*, Vida Económica, 2000.

Por exemplo, em matéria de tributação do rendimento, uma variedade de sistemas pode ser encontrada, nomeadamente o sistema de imputação *versus* sistemas clássicos ou de isenção ou territorialidade *versus* residência ou sistema de tributação mundial.

A análise pode concentrar-se também em regimes específicos, adaptados a categorias particulares de contribuintes ou factos tributáveis (por exemplo, regimes fiscais aplicáveis a empresas do grupo ou holdings, SPVs ('special purpose vehicles'), etc.).

No entanto, pode ser argumentado que independentemente da definição selecionada, a questão crucial para enfrentar o problema de definir os limites entre as esferas nacionais e da União Europeia, ou, por outras palavras, o de dar prevalência ao princípio da reciprocidade ou ao princípio da não discriminação, é a de verificar as interconexões, ligações ou regimes fiscais internos subordinados, relacionados com o regime nacional geral ou específico sob escrutínio e subsequentemente sujeitá-lo ao teste de não discriminação da União Europeia[541].

Neste momento, na União Europeia, é importante avaliar ou talvez diferenciar entre um tratamento fiscal "relativo ou justificado" e um "absoluto ou injustificado". O Tribunal de Justiça aceita o primeiro[542] mas rejeita o último.

De facto, se os tratamentos discriminatórios 'relativos ou justificados' podem ser aceites em razão da 'coerência do sistema fiscal'[543], da "política sobre convenções sobre dupla tributação"[544] ou possivelmente da

[541] O Tribunal de Justiça no caso *Gerritse* (C-234/01) seguiu uma "abordagem global" concentrando-se em diferentes mas interconexas características fiscais do sistema nacional, para determinar a carga fiscal efetiva do contribuinte. Também, neste contexto, ver a crítica de David Williams ao caso Asscher no qual deveria ter sido tomado em consideração o sistema de tributação integrado, em vigor na Holanda. Ver ainda o caso Blanckaert (C-512/03) no qual a questão da comparabilidade, cobrindo tanto as disposições fiscais de rendimento como as de segurança social, na Holanda, foi tratada pelo Tribunal de Justiça.

[542] Ver caso *Bachmann* (Processo C- 204/90), envolvendo a tributação de rendimento de pensões e a dedutibilidade de contribuições, no qual o Tribunal de Justiça decidiu que a discriminação pode ser aceite para preservar a coerência do sistema fiscal do estado membro.

[543] Para uma análise mais abrangente do conceito ver casos *Bachmann, Manninen e Baars* (Processo C-251/98).

[544] Ver caso *D v. Belastingdienst* (Processo C-376/03).

'manutenção de regimes fiscais particulares concebidos exclusivamente para funcionar a nível nacional ou internacional'[545], os tratamentos discriminatórios 'absolutos ou injustificados', geralmente, estão confinados a disposições específicas ou regimes, quando um exercício comparado[546] entre residente *versus* não residente pode ser realizado e as consequências fiscais total ou até parcialmente[547] determinadas, tanto ao nível nacional como da União Europeia[548].

Deve contudo ser salientado que quando o Tribunal de Justiça escrutina, para efeitos de não discriminação, um tratamento fiscal particular ou regime específico, podem surgir graves consequências, levando a altera-

[545] Por exemplo, alguns países sujeitam a regimes fiscais específicos, grupos de empresas nacionais ou internacionais ("regimes fiscais consolidados", "dedução de grupo", "tributação de grupo", etc.), determinando conjuntamente os lucros e /ou perdas de acordo com as suas definições nacionais de custos ou proveitos, fixando disposições específicas anti-abuso ou exigindo o cumprimento de condições particulares (por exemplo, período mínimo de detenção, categorias de acionistas, etc.).
Claro que podemos encontrar na UE diferentes variações de "regimes fiscais consolidados" ou "dedução de grupo" com diferentes consequências fiscais diretas ou até indiretas (por exemplo, alguns estados incluem o reconhecimento de um único registo para grupos de empresas).
Neste contexto, vale a pena mencionar os desenvolvimentos em matéria de legislação empresarial da UE, nomeadamente a Sociedade Europeia (SE) e a Cooperativa Europeia (CE). Contudo e apesar da experiência anterior adotada no Regulamento sobre Agrupamento Europeu de Interesse Económico com o seu artigo 40º ("Os lucros ou perdas resultantes das atividades de um agrupamento só são tributáveis ao nível dos seus membros"), nenhuma referência fiscal expressa ou implícita é feita nestes Regulamentos, sendo tais entidades comerciais da UE exclusivamente sujeitas às regras fiscais nacionais.

[546] Este exercício comparado é expresso na redação do artigo 24º do Modelo da OCDE: "Os nacionais de um Estado contratante não ficarão sujeitos no outro Estado contratante a nenhuma tributação ou obrigação com ela conexa diferente ou mais gravosa do que aquela a que estejam ou possam estar sujeitos os nacionais desse outro Estado que se encontrem na mesma situação, em especial no que refere à residência".

[547] O Tribunal de Justiça aceita que onde "não exista diferença objetiva" entre a posição de um não residente e a de um residente, pode existir discriminação 'absoluta ou injustificada' (ver caso *Asscher* – Processo C-107/94, relativo a diferenças nas taxas de retenção na fonte aplicáveis ao mesmo tipo de rendimento de contribuintes residentes e não residentes.

[548] Ver Caso C-28/17 (NN) de 4/07/2018 e dedutibilidade de gastos de estabelecimento estável no estrangeiro.

ções fundamentais nos sistemas fiscais nacionais[549] (ver, por exemplo, as 'conversões' de sistemas nacionais de imputação ou taxa dupla para 'sistemas fiscais menos distorcivos ou discriminatórios')[550].

Paralelo ao trabalho do Tribunal de Justiça, alguma legislação da União Europeia, até ao momento adotada (Sociedade Europeia e Cooperativa Europeia), e os *standards* comuns financeiros e contabilísticos (IFRS), têm ajudado, indiretamente, a aproximar as leis fiscais nacionais ou, pelo menos, a eliminar as disposições fiscais internas discriminatórias[551].

Contudo, as experiências legais e judiciais passadas e presentes, quer ao nível nacional ou da União Europeia, estão a conduzir-nos para sistemas fiscais mais simples e neutrais, que tendem a aderir mais fortemente a uma base territorial de tributação ou a uma tributação mais eficiente centrada num único estádio.

4. Planeamento fiscal e não discriminação na União Europeia

Casos selecionados do Tribunal de Justiça

No processo C-28/95 (*A. Leur-Bloem v. Inspecteur der Belastingdienst/Ondernemingen Amsterdam 2*), o Tribunal de Justiça teve a oportunidade de, através do processo de reenvio prejudicial, avaliar a compatibilidade de disposições anti-abuso nacionais com o regime específico anti-abuso da União Europeia estabelecido pela 'Diretiva relativa às Fusões'.

Esta decisão é particularmente interessante porque toca não só em aspetos processuais relacionados com o mecanismo do reenvio prejudicial mas também na interconexão das disposições internas com a legislação da União Europeia.

Neste processo, a única acionista e administradora de duas sociedades privadas holandesas estava a planear adquirir ações numa terceira sociedade privada, uma sociedade *holding*, pagamento a ser feito através da

[549] Ver casos *Manninen* (Processo C-319/02) que trouxe à luz a discriminação e características distorcionárias dos sistemas de imputação num contexto internacional e *Hoechst* (Processo C-410/98) levando à substituição no Reino Unido do *ACT* (Advance Corporation Tax).

[550] Ver Teixeira, Glória, *Taxing Corporate Profits in the EU, A Comparative Study of the Portuguese*, British and Dutch Systems, Series on International Taxation, 17, Kluwer Law International, 1997.

[551] Por exemplo, o problema do "imposto de saída" pode ser resolvido colocando em vigor um sistema centralizado de operações de empresas.

permuta de ações das duas primeiras sociedades. Depois da transação, ela seria, não já direta mas apenas indiretamente, a única acionista nas outras duas sociedades.

A contribuinte foi sujeita à Lei fiscal holandesa que estabelecia, no caso de uma fusão por permuta de ações, um sistema de diferimento de tributação.

A contribuinte queria retirar vantagens deste regime, nomeadamente a possibilidade de imputar eventuais prejuízos à entidade fiscal criada, mas tal foi negado pelas autoridades tributárias holandesas com base no facto de que o objetivo da operação proposta, de forma permanente sob um ponto de vista económico e financeiro, não seria a de fundir as duas sociedades, levando à criação de uma empresa de maior dimensão. Alegam ainda que tal entidade já existe, de um ponto de vista económico e financeiro, já que ambas as sociedades têm a mesma administradora e única acionista.

Não obstante os factos serem exclusivamente nacionais, o tribunal holandês, levando em consideração que as disposições nacionais aplicáveis a este caso resultam da implementação do quadro normativo introduzido na Holanda para a Diretiva relativa às Fusões, submeteram o caso, ao abrigo do processo de reenvio prejudicial, ao Tribunal de Justiça.

No aspeto processual do caso, o Tribunal de Justiça chegou à conclusão de que, de acordo com jurisprudência consolidada, o mecanismo de reenvio prejudicial é um meio de cooperação entre o Tribunal de Justiça e os tribunais nacionais e cabe apenas aos tribunais nacionais determinar, tendo em conta as especiais caraterísticas de cada caso, tanto a necessidade de um reenvio prejudicial como a relevância das questões que submetem ao Tribunal. Também salientou que o mecanismo de reenvio prejudicial pode ser legalmente exercido pelos tribunais nacionais no caso de interpretação de disposições da União Europeia quando a legislação nacional de um estado membro se refere, quer direta quer indiretamente, a tais disposições da União Europeia[552].

[552] O Tribunal de Justiça tem repetidamente decidido que tem jurisdição para produzir decisões prejudiciais em questões relativas a disposições da UE em situações em que os factos dos casos a serem considerados pelos tribunais nacionais estivessem fora do âmbito do Direito da UE mas em que tais disposições tenham sido tornadas aplicáveis quer pela legislação nacional quer meramente em virtude dos termos de um contrato (Processo C-28/95, paragrafo 27).

A questão jurídica controversa, diretamente ligada com a questão processual acima mencionada, era determinar o conceito de "fusão por permuta de ações" e a compatibilidade das disposições específicas anti-abuso nacionais com o quadro normativo da União Europeia.

Depois de resolver a questão processual afirmativamente, o Tribunal de Justiça, primeiramente, considerou que com o processo de implementação, e como confirmado pelo tribunal holandês, a legislação holandesa não faz distinção entre fusões relativas apenas a sociedades sediadas na Holanda e fusões relativas àquelas sediadas noutros estados membros e, como resultado, a legislação holandesa procurou tratar fusões entre sociedades sediadas na Holanda da mesma forma que as fusões envolvendo sociedades de diferentes estados membros.

A segunda questão, também relevante para definir o conceito de "fusão por permuta de ações", está relacionada com o problema anti-abuso e com a compatibilidade dos regimes nacionais[553] vs. regimes da União Europeia[554].

O Tribunal de Justiça constatou que a disposição anti-abuso holandesa está baseada no regime anti-abuso inserido na 'Diretiva relativa a Fusões' adicionando-lhe mais condições, nomeadamente "**fundindo a atividade de duas sociedades permanentemente numa única unidade sob um ponto de vista económico e financeiro**". Observa que é claro, tanto das

[553] O artigo 14º(b) (2) (a) da Lei fiscal holandesa de 1964 dispõe:
"2. As seguintes situações devem ser tratadas como fusões de sociedades:
(a) Uma sociedade sediada na Holanda adquire, em troca da transferência de um número das suas ações em combinação, em alguns casos, com um pagamento adicional, a posse de um número de ações de uma outra sociedade sediada na Holanda permitindo-lhe exercer mais de metade dos direitos de voto na última sociedade, com o objetivo de combinar numa única unidade, de forma permanente e de um ponto de vista económico e financeiro, o capital social da sociedade adquirente e o de outra pessoa."

[554] O artigo 11º (1) da Diretiva relativa às Fusões prevê: "Um Estado-Membro pode recusar-se a aplicar ou retirar os benefícios de todas ou parte das disposições dos títulos II, III e IV, onde parecer que a fusão, cisão, transferência de ativos ou troca de ações:
(a) Tem como principal objetivo ou como um dos seus principais objetivos a evasão ou fraude fiscal; o facto de que uma das operações referidas no artigo 1º não é realizada por razões económicas válidas, tais como a reestruturação ou a racionalização das atividades das sociedades que participam na operação pode constituir uma presunção de que a operação tem a evasão ou fraude fiscal como seu principal objetivo ou como um dos seus principais objetivos".

disposições específicas como do esquema geral da Diretiva, que as regras fiscais comuns que estabelece se aplicam sem distinção a todas as fusões, cisões, transferência de ativos ou permuta de ações independentemente das razões, quer financeiras, económicas ou apenas fiscais, de tais operações. Consequentemente, o facto de que a sociedade adquirente por si só não exercer uma atividade ou que a mesma pessoa física, que era a única acionista e administradora das sociedades adquiridas, se torne a única acionista e administradora da sociedade adquirente não impede que a operação seja tratada como uma permuta de ações, na aceção da Diretiva. Também, acrescenta, não ser necessário, para a operação ser tratada como uma permuta de ações, ser uma fusão permanente da atividade de duas sociedades em uma única sociedade.

O Tribunal de Justiça conclui afirmando que os critérios estabelecidos pelas disposições nacionais anti-abuso não são conformes com os requisitos impostos pelo regime anti-abuso estabelecido na 'Diretiva relativa às Fusões', nomeadamente o "objetivo económico válido"[555]. Por outras palavras, a **aplicação cumulativa** dos testes nacionais de "objetivo económico ou financeiro" e "permanência" não eram compatíveis com a disposição anti-abuso da União Europeia e consequentemente não deveriam ser aplicáveis aos factos do caso[556].

Seria interessante explorar mais o raciocínio subjacente a esta decisão, especialmente levando em consideração o tipo de reorganização que ocorreu neste caso e a difícil tarefa de definir o conceito de "objetivo económico válido".

[555] Deve notar-se contudo que na questão da "compensação horizontal de prejuízos" entre sociedades participantes na operação, o Tribunal de Justiça conclui que o conceito de "objetivo económico válido" envolve mais do que a procura de um benefício puramente fiscal.

[556] Ver parágrafo 42 do caso em que o Tribunal de Justiça afirma que "uma fusão ou uma reestruturação feita sob a forma de uma permuta de ações que implica a criação de uma nova sociedade *holding*, que não possui assim nenhuma atividade, pode ser considerada como tendo sido efetuada por razões economicamente válidas. Do mesmo modo, tais fundamentos podem tornar necessária a reestruturação jurídica das sociedades que formam já uma entidade de um ponto de vista económico e financeiro. Também não se pode excluir, mesmo que isso possa constituir um indício de fraude fiscal, que uma fusão por permuta de ações que se destina a criar uma estrutura determinada por um período limitado, e não de modo duradouro, possa ter sido efetuada por razões economicamente válidas".

Como confirmado pelo Tribunal de Justiça, uma operação levada a cabo exclusivamente para efeitos fiscais e sem outra razão económica ou financeira claramente não cumpre o teste do "objetivo económico válido". Contudo, hoje em dia, as operações "puramente motivadas por efeitos fiscais" tomam sempre em consideração alguma motivação comercial ou financeira[557].

De facto, se é certo que quando surgem conflitos entre disposições nacionais e da União Europeia, dentro do contexto da União Europeia, as últimas irão prevalecer, pode ainda ser acrescentado que o processo de implementar legislação anti-abuso da União Europeia deve ser efetuado com especial cuidado e em conformidade com os princípios fundamentais da União Europeia, tais como os princípios da não discriminação e proporcionalidade, e evitando restringir desproporcional ou desrazoavelmente as liberdades fundamentais da União.

O processo C-264/96 (*Imperial Chemical Industries plc (ICI) v. Kenneth Hall Colmer (Her Majesty's Inspetor of Taxes*) trata de ambas as questões de planeamento fiscal e não discriminação na União Europeia.

Os contribuintes, ICI e Wellcome Foundation Ltd. (Holdings), eram empresas residentes no Reino Unido e juntas formavam um consórcio através do qual efetivamente detinham 49% e 51%, respetivamente, da Coopers Animal Health Ltd (CAH). A única atividade das Holdings era deter ações em cerca de 23 sociedades comerciais que eram suas filiais e que operavam em muitos países. Dessas 23 filiais, 4 – incluindo a CAH eram residentes no Reino Unido, 6 em outros estados membros e 13 em países não membros.

A CAH teve prejuízos no Reino Unido nos períodos contabilísticos que terminaram em 1985, 1986 e 1987. A ICI quis, de acordo com as secções 258 a 264 do Income and Corporation Taxes Act de 1970 (ICTA),

[557] Sobre este tema, é útil visitar o sítio do IRS (www.irs.gov/businesses) que, para orientação dos contribuintes, fornece uma lista de esquemas de planeamento fiscal abusivos, nomeadamente esquemas anti-legislação fiscal, esquemas de negócios domésticos abusivos, esquemas de *trust* abusivos, esquemas de *offshore* abusivos, transações fiscais abusivas com planos de trabalhadores e transações abusivas com entidades isentas.
Ainda, para doutrina fiscal dos Estados Unidos ver Slemrod, Joel, *The Economics of Corporate Tax Selfishness*, National Tax Journal, Vol. LVII, nº 4, dezembro de 2004 e na UE, ver Baker, Philip, Avoidance, Evasion & Mitigation, *ITPA Journal*, volume 1, número 1, International Tax Planning Association, 2000.

deduzir 49% dos prejuízos da CAH nesses períodos aos seus lucros tributáveis pelos períodos correspondentes.

O Inland Revenue (IR) recusou o pedido, primeiramente com base no argumento que a *Holding* não era verdadeiramente uma empresa *holding* na aceção das secções 258 (5)[558] e 258 (7)[559], interpretados conjuntamente. Apesar o facto da atividade única das Holdings ser deter ações ou valores mobiliários de empresas que eram suas filiais a 90%, e que eram sociedades comerciais, a maioria das suas filiais (19 de 23) não eram pessoas coletivas residentes no Reino Unido como exigido pela secção 258 (7) do ICTA de 1970 e, como resultado, a atividade principal das *Holdings* não podia ser reconhecida como a atividade de uma empresa *holding* na aceção da subsecção 5(b). Em segundo lugar, defendeu que, para os efeitos da tributação direta, as situações de empresas residentes e não residentes não eram, regra geral, comparáveis e apresentou dois tipos de argumentos:

- Primeiro, a legislação em questão foi concebida para reduzir o risco de abuso fiscal sendo o objetivo desta legislação evitar a criação de filiais estrangeiras que possam ser usadas como meios de privar o Reino Unido de receitas tributáveis e;
- Segundo, a impossibilidade de levar em consideração lucros estrangeiros, necessários para compensar os prejuízos incorridos pelas filiais residentes.

[558] Esta disposição dispõe o seguinte: "Para os efeitos desta secção e das secções seguintes deste capítulo –
(a) Duas sociedades são consideradas membros do mesmo grupo de sociedades se uma for filial da outra a 75% ou se ambas forem filiais de uma terceira a 75%,
(b) "sociedade holding" é uma sociedade cuja atividade consiste, no todo ou principalmente, na detenção de ações ou obrigações de sociedades que sejam suas filiais a 90% e que sejam sociedades comerciais,...".

[559] A secção 258 (7) estipulava que "Para efeito desta secção e das seguintes do presente capítulo, por sociedade entende-se apenas uma pessoa coletiva com sede no Reino Unido; ao determinar, para os efeitos desta secção e das seguintes do presente capítulo, se uma sociedade é uma subsidiária a 75% de outra sociedade, a primeira será considerada como não sendo detentora –
...c) De qualquer parte do capital de que seja proprietária, direta ou indiretamente, numa pessoa coletiva com sede fora do Reino Unido."

Os contribuintes contestaram a interpretação do Inland Revenue e ganharam o caso tanto no High Court como no Court of Appeal. Em recurso, a House of Lords concluiu que a recusa do Inland Revenue estava justificada nos termos do ICTA mas levou também em conta os argumentos apresentados pelas Holdings, baseados no direito da União Europeia, nomeadamente que o requisito de que a atividade da empresa *holding* consista unicamente ou principalmente na detenção de ações ou valores mobiliários residentes no Reino Unido equivalia a uma restrição, na forma de regime fiscal discriminatório, à liberdade de estabelecimento para empresas e sociedades, e portanto infringia os artigos 52º e 58º do Tratado CE.

O reclamante manteve que, confrontado com tal discriminação, era dever do tribunal nacional, mesmo num caso como aquele perante a House of Lords, no qual a empresa holding controlava 23 filiais, das quais apenas 10 eram residentes no Reino Unido ou outro estado membro, deixar de lado o requisito da residência estabelecido pelo ICTA por ser contrário ao direito comunitário.

A House of Lords aceitou que uma interpretação de Direito Comunitário seria necessária e remeteu o processo para o Tribunal de Justiça[560].

O Tribunal de Justiça, após indicar os fundamentos jurídicos comunitários, nomeadamente a interpretação dos acima mencionados artigos 52º e 58º[561], concluiu que a legislação fiscal do Reino Unido (ICTA) aplicou o teste da sede das filiais para estabelecer "tratamento fiscal diferenciado de empresas consorciadas estabelecidas no Reino Unido" e, como conse-

[560] O IR contestou este pedido com base no facto de que mesmo que se considerasse que o ICTA continha uma restrição à liberdade de estabelecimento, isto não teria consequências fiscais na decisão final. Ao contribuinte seria em todo o caso recusado o benefício fiscal previsto ao abrigo do ICTA, já que a maioria das empresas controladas por Holdings (13 de 23) eram residentes, não em outros estados membros, mas em países não membros.

[561] Ver parágrafo 21 do caso: "Deve também ser salientado, além disso, que, embora, de acordo com o seu teor, as disposições relativas à liberdade de estabelecimento visem nomeadamente assegurar o benefício do tratamento nacional no Estado-Membro de acolhimento, impedem igualmente que o Estado de origem levante obstáculos ao estabelecimento noutro Estado-Membro dos seus nacionais ou de uma sociedade constituída em conformidade com a sua legislação e que, além disso, corresponda à definição do artigo 58º do Tratado (Processo 81/87, *Daily Mail and General Trust*, Colect., p. 5483, parágrafo 16)."

quência, o benefício fiscal aplicável a consórcios estava apenas disponível a empresas que controlassem, total ou principalmente, filiais cujas sedes estivessem localizadas em território nacional.

Além disso, chegou à conclusão de que os argumentos jurídicos, de prevenção do abuso fiscal e preservação da coerência do sistema fiscal do Reino Unido[562], apresentados pelo IR para diferenciar entre contribuintes residentes e não residentes, não eram aceitáveis ao abrigo da legislação da União Europeia.

Novamente, como no caso *Leur-Bloem*, o Tribunal de Justiça deu prioridade à total aplicação das liberdades ou direitos fundamentais estabelecidos no Tratado da União Europeia sobre as disposições fiscais anti-abuso domésticas ou até da União Europeia[563].

Além disso, no último caso (ver caso *Leur-Bloem*), o Tribunal declarou especificamente que as disposições anti-abuso domésticas devem ser alinhadas com qualquer medida anti-abuso da União Europeia também aplicável ao caso[564].

[562] O Tribunal de Justiça não aceitou o argumento da "coerência" que prevaleceu nos casos *Bachmann* (Processo C- 204/90) e *Comissão contra Bélgica* (Processo C-300/90), argumentando que não existia nenhuma ligação direta entre o benefício de consórcio concedido aos prejuízos sofridos por uma filial residente e a tributação dos lucros obtidos por filiais não residentes.

[563] O Tribunal de Justiça mencionou que "o estabelecimento de uma sociedade fora do Reino Unido não implica, por si só, necessariamente abuso fiscal, já que a sociedade irá em qualquer caso ser sujeita à legislação fiscal do estado de estabelecimento."
É de salientar que o Tribunal de Justiça não desenvolveu o importante tema do "nível" ou "estrutura fiscal" aplicável nesse estado membro de modo a avaliar a compatibilidade das disposições anti-abuso nacionais com o direito da UE. Deveria o Tribunal de Justiça ser recetivo a restringir os direitos ou liberdades fundamentais da UE de modo a impôr um nível mínimo de tributação direta na UE? Os processos pendentes e futuros fornecer-nos-ão a resposta.

[564] Ao nível de tributação indireta, o Tribunal de Justiça no processo C- 110/99 (*Emsland-Starke GmbH v. Hauptzollamt Hamburg-Jonas*) estabeleceu nos parágrafos 52 e 53 que:

> "A conclusão de que se trata de uma prática abusiva necessita, por um lado, de um conjunto de circunstâncias objetivas das quais resulte que, apesar do respeito formal das condições previstas na legislação comunitária, o objetivo pretendido por essa legislação não foi alcançado.

O resultado dos casos *van Hilten* (Processo C-513/03) e *Lasertec* (Processo C-492/04) é também particularmente importante nas áreas de planeamento e abuso fiscais.

O caso *van Hilten* refere-se a uma transferência de residência de nacional holandesa e a questão da responsabilidade fiscal relacionada com herança baseada em "disposições de residência ficcionadas" (ficções legais) estabelecidas na legislação fiscal holandesa.

As disposições consideradas ou impostos de saída têm sido usadas por Estados Membros para impedir esquemas de abuso fiscal, diferimento de tributação e preservação das bases nacionais de receita fiscal. Contudo, a sua aceitabilidade tem sido contestada, nomeadamente no caso *Hughes de Lasteyrie du Saillant v. Ministère de l'Économie, des Finances et de l'Industrie* (Processo C-9/92) que considerou como discriminatórios impostos de saída, impostos pelos estados membros, restringindo os direitos ou liberdades fundamentais da UE, nomeadamente a liberdade de circulação de capitais e pessoas.

Mais uma vez, no último caso, o Tribunal de Justiça aplicou plenamente as liberdades e princípios fundamentais em detrimento de considerações quer de coerência quer de receita fiscal.

Por outro lado, requer um elemento subjetivo que consiste na vontade de obter um benefício que resulta da legislação comunitária, criando artificialmente as condições exigidas para a sua obtenção."

Capítulo X
As Infrações Tributárias[565]

1. Introdução

A evasão ou fraude fiscal tem sido objeto de preocupação crescente não só nacional mas também internacional. São conhecidas as iniciativas desenvolvidas ao nível da União Europeia no âmbito da criminalidade económica e o reforço das medidas no domínio dos impostos indiretos.

Recentemente, e como consequência do trabalho desencadeado pela OCDE, instituíram-se mecanismos para a troca de informações entre as administrações fiscais no âmbito dos impostos sobre o rendimento e implementação das Diretivas sobre a poupança.

É consensual entre os especialistas fiscais que as leis fiscais ou sobre segurança social deverão ser coerentes e não potenciar comportamentos fraudulentos.

No sistema fiscal português, a separação estanque entre leis fiscais e leis de segurança social bem como a ausência de coordenação entre os serviços fiscais e de segurança social acarretam ónus exagerados para os contribuintes ao nível de cumprimento de obrigações declarativas e geram mesmo comportamentos fraudulentos com o objetivo de minorar a burocracia e repetição de procedimentos.

É sabida também a importância do cruzamento de informações dentro da administração fiscal, já a ser implementado na prática pelos servi-

[565] Este tema foi tratado nesta obra de um modo sumário, estando neste momento a ser desenvolvido, na sequência de projetos de docência e investigação, em parceria com a Escola de Criminologia da FDUP e da Faculdade de Economia da UP.

ços fiscais, mas este deverá ser alargado a outras áreas, nomeadamente impostos indiretos, específicos e segurança social.

Noutros países desenvolvidos existe já uma integração plena de todos os serviços da administração fiscal e também dos da segurança social.

A aplicação prática das leis fiscais e da segurança social deverá ser analisada, identificando-se os problemas, e monitorizada no sentido do seu aperfeiçoamento e adequação às situações concretas.

Ainda no âmbito da técnica legislativa, deveria evitar-se a introdução de regimes fiscais novos e quase sempre incompletos ou a aguardar diplomas posteriores que os venham complementar. A sua publicação 'precoce' gera incerteza e potencia igualmente a fraude fiscal.

É também conhecida a importância de um regular e atempado funcionamento dos serviços públicos: dilações exageradas desacreditam o sistema. Neste contexto, deveria ser instituído um sistema de penalidades interno e incentivada a mobilidade dos funcionários.

Ao nível judicial, especial atenção e prioridade deveria ser atribuída aos processos indiciadores de fraude ou corrupção económica.

Por último cumpre referir as iniciativas que já foram lançadas e testadas (ver legislação fiscal inglesa), que passam pela colaboração de profissionais – contabilistas, auditores e também consultores fiscais – e comunicação à administração fiscal de informações relativas aos seus clientes no âmbito de operações de planeamento fiscal ou utilização de 'paraísos fiscais'.

A autora teve a oportunidade de acompanhar o processo legislativo inglês, há alguns anos atrás, tendo participado desde então em várias conferências, onde se têm vindo a analisar os pontos fortes e fracos do novo regime legal.

2. Classificações

De acordo com o RGIT (Regime Geral das Infrações Tributárias), as infrações tributárias dividem-se em dois grandes grupos: os crimes e as contra-ordenações.

No elenco dos crimes tributários, encontramos:

a. Os crimes tributários comuns;
b. Os crimes aduaneiros;
c. Os crimes fiscais e
d. Os crimes contra a segurança social.

O intérprete e aplicador do RGIT deverá enquadrar este normativo no âmbito do Código Penal, nomeadamente considerando os princípios penais subjacentes e principais regimes penais.

No elenco das contra-ordenações tributárias, temos as contra-ordenações aduaneiras e as contra-ordenações fiscais. Vale também aqui, referir a remissão para o regime geral das contra-ordenações que servirá de guia e corretor no âmbito contra-ordenacional tributário.

3. Breve perspetiva comparada

De uma forma muito breve, a experiência comparada indica prazos de prescrição bem mais alargados que os previstos nas leis fiscais portuguesas. Por exemplo, um prazo de prescrição de 20 anos aplica-se, via de regra, aos crimes fiscais mais graves, como aqueles praticados com dolo ou negligência grave.

Note-se, no entanto, que no que respeita ao prazo para efetuar liquidações de impostos, o nosso sistema aparece alinhado com outras jurisdições, onde os prazos de caducidade são curtos, chegando mesmo aos dois anos[566]. A redução do prazo tem vindo a justificar-se com base em razões de praticabilidade (e.g. não é razoável esperar de um contribuinte 'recordar' factos e situações que ocorreram 3 ou 4 anos atrás) e maior eficiência dos serviços tributários[567].

4. A fraude fiscal e o princípio da transparência[568]

O passado

O sistema jurídico Português nunca tratou de um modo coerente e sistemático a temática da fraude fiscal[569]. Embora se possa usar o argu-

[566] A LGT estipula o prazo normal de 4 anos para a liquidação dos tributos, que pode ser prolongado até 12 anos em situações de fraude ou planeamento fiscal abusivo, e o prazo normal de 8 anos aplicável à prescrição das dívidas tributárias mas prorrogável a 15 anos também nas situações de fraude ou planeamento fiscal abusivo.

[567] Em Inglaterra, o prazo de caducidade é, presentemente, de 6 anos. No entanto, os tribunais 'recusam-se' a aplicar este prazo, exigindo à administração fiscal a notificação da liquidação ao contribuinte no prazo máximo de 1 ano, 'desculpando', com base na lei ou princípios fiscais (e.g. princípio da proporcionalidade aplicado ao nível da apresentação do material probatório, etc.) situações que caiam para além deste período razoável de tempo.

[568] Esta matéria foi objeto de uma publicação na revista Ciência e Técnica Fiscal, Centro de Estudos Fiscais, Direção-Geral dos Impostos, nº 422, Julho-Dezembro 2008.

[569] Sobre a evolução histórica do direito fiscal criminal português, ver Marques da Silva, Isabel, *Regime Geral das Infrações Tributárias,* Cadernos IDEFF, nº 5, 2ª edição, Almedina, 2007.

mento da criação recente da grande maioria dos impostos (séculos XVIII e XIX)[570] para justificar este silêncio legislativo, este não é suficiente para desculpabilizar a irresponsabilidade do legislador nacional ao longo de quase três séculos e ao arrepio da melhor experiência comparada.

De facto, desde o início do século passado que países como a Inglaterra e os EUA incluíram na sua legislação criminal disposições coerentes e sistemáticas que tinham por objetivo prevenir e punir, não só com multa mas também com pena de prisão, comportamentos de fraude fiscal[571].

Ainda, e atendendo à importância crescente da segurança social ao longo do século XX e também do século XXI, houve a preocupação de incluir no crime de fraude fiscal os comportamentos fraudulentos que tivessem por finalidade a não entrega das prestações obrigatórias devidas ao Estado em sede de segurança social[572].

Em Portugal, o primeiro instrumento legislativo coerente em sede de infrações fiscais – O Regime Geral das Infrações Tributárias (RGIT) – é publicado apenas em 2001 e funda as suas raízes no direito fiscal criminal espanhol.

[570] Os impostos compreensivos sobre o rendimento surgiram nesta altura para cobrirem as despesas militares.

[571] Ver, no caso inglês, Parry, Jacques, (ed.), *Arlidge and Parry on Fraud*, 3rd edition, Sweet & Maxwell, 2007, páginas 407 e ss. Em Inglaterra, o Perjury Act de 1911 cobria já as seguintes situações de crime de fraude fiscal: falsificação da contabilidade, furto ou falsas declarações com o objetivo de não pagamento do imposto devido.
No caso americano, ver Watson, Camilla, *Tax Procedure and Tax Fraud*, Thomson West, 2006 e a sofisticação das sentenças judiciais americanas que desde 1933, no caso *United States vs. Murdoch* (S.Ct. 1933), têm perseguido a fraude fiscal, refinando ao longo do século passado o conceito de intenção ou voluntariedade, conceito central a todo o direito criminal.
Para análise da evolução da interpretação e aplicação do conceito 'intenção', ver as seguintes sentenças: *Spies vs. United States* (S.Ct.1943), *United States vs. Bishop* (S.Ct.1973), *Cheek vs. United States* (S.Ct.1991). Esta problemática seria um excelente tema para investigação de doutoramento.

[572] Em Inglaterra, desde 1992, o infrator poderia ser punido com pena de prisão até 3 meses (pena aplicável a pequenas fraudes). Subsequentemente, foi introduzida legislação criminal específica para este tipo de ofensas: *Social Security Fraud Act de 1997.*

À semelhança da lei espanhola, aparecem agora no elenco das infrações tributárias não só o crime de fraude fiscal *stricto sensu*, aplicável aos impostos, mas também a fraude fiscal associada à segurança social.

Anteriormente a este diploma, encontramos uma variedade de instrumentos legislativos que, pela sua especificidade e falta de coerência ou sistemática jurídica, criavam conflitos ou indesejáveis vazios legais e apenas após 1989, com a Lei nº 89/89, o legislador contemplou o crime de fraude fiscal, cuja pena poderia ir até 5 anos de prisão[573].

Da perspetiva histórica acima enunciada, no caso português, constata-se uma ausência de estabilidade legislativa, com avanços e recuos ao nível da criminalização dos ilícitos fiscais graves ou dolosos, sendo que, apenas a partir de 2001, se tem vindo a operar uma consolidação legislativa em matéria de infrações tributárias[574].

Estas incoerências legislativas são graves em matéria criminal e não se verificam em países dotados de sistemas jurídicos válidos e eficientes como são, por exemplo, os casos inglês, canadiano ou americano. Nestes, não se verificam estas contradições manifestas e rápidas, sob pena de desacreditar os sistemas jurídico e judicial e porem em causa a certeza e segurança jurídica dos cidadãos relativamente ao Estado[575].

[573] O Código Penal de 1886 previa apenas os crimes aduaneiros, cominando penas de prisão que poderiam ir até aos 8 anos. A pena de prisão foi posteriormente abandonada pelo legislador português com a reforma fiscal de 1958. Os códigos fiscais subsequentes classificavam os crimes como transgressões sujeitas ao pagamento de multa, tendo sido abolidos os anteriores crimes fiscais como a falsificação e a fraude. A partir de 1976, retomou-se, mas apenas casuisticamente e para certo tipo de crimes, o processo de criminalização dos 'comportamentos desviantes fiscais'.
Para maior desenvolvimentos, ver VAZ ANTUNES, Francisco, *A Evasão Fiscal e o Crime de Fraude Fiscal no Sistema Legal Português*, em TEIXEIRA, Glória (coord.), *Estudos de Direito Fiscal, Teses Selecionadas do 1º Curso de Pós-Graduação em Direito Fiscal*, FDUP/CIJE, Almedina, 2006.

[574] Ver SÁ GOMES, Nuno, *Evasão fiscal, Infração fiscal e Processo penal fiscal*, Editora Rei dos Livros, 2000.

[575] Nestes países, incentivam-se os contribuintes a corrigirem as suas declarações fiscais e, portanto, sanarem voluntariamente a infração fiscal, através da mediação com as administrações fiscais ('Voluntary Disclosure Programs').

O presente no contexto internacional: futuro incerto, no caso português?

A fraude fiscal tem sido objeto de vários estudos sob a égide da OCDE, FMI e da Comissão Europeia[576]. Também o Ministério das Finanças português, desde 2006, tem vindo a elaborar relatórios anuais sobre a fraude fiscal, disponíveis no respetivo sítio.

Estamos perante uma realidade recente e portanto os dados estatísticos disponíveis ao nível nacional ainda não permitem retirar conclusões válidas, tanto no contexto interno como no contexto internacional.

No entanto, algumas organizações internacionais (OCDE e FMI) têm produzido alguns trabalhos de investigação, onde se encontra quantificado, ao nível comparado internacional e de um modo aproximado, os índices ou taxas de fraude fiscal em sede de IVA ('VAT') em alguns países selecionados, incluindo Portugal·

No domínio específico da fraude fiscal, as iniciativas legislativas e administrativas ao nível da União Europeia são ainda diminutas e circunscritas especialmente aos impostos aduaneiros e impostos específicos sobre o consumo.

Recentemente, e devido à escalada da fraude fiscal em sede de IVA ('fraude carrossel'), novas medidas foram tomadas, nomeadamente através do alargamento a novas situações da técnica fiscal apelidada de 'reverse charge', responsabilizando-se em várias situações o próprio consumidor ou destinatário do bem ou serviço pelo pagamento do imposto. Também através do alargamento da responsabilidade fiscal a outros agentes, que não o agente principal responsável pelo pagamento do imposto, se pretende evitar a fraude fiscal e a concomitante perda de receita fiscal[577].

[576] Comissão Europeia, *Communication from the Commission to the Council Concerning the Need to Develop a Co-ordinated Strategy to Improve the Fight Against Fiscal Fraud*, COM (2006) 254 final, Maio 2006. Este documento alerta para a necessidade de uma maior cooperação entre os Estados-membros no combate à fraude fiscal, com especial destaque para as áreas da fiscalização, exigindo-se maior prova documental a contribuintes de risco e aumentando a eficiência dos sistemas informáticos ao nível das trocas de informações entre Estados.

[577] Ver ainda Decisão 98/527/CE de 24/07/1998 e as indicações dadas aos Estados-membros para efeitos de cálculo do montante de fraude em matéria de IVA.

Igualmente, e não obstante a existência de Diretivas e Regulamentos aplicáveis às trocas de informações entre as administrações fiscais dos Estados-membros, estes têm celebrado convenções bilaterais, a um ritmo crescente, com o objetivo de minorar comportamentos fraudulentos e detetar situações de não declaração de rendimentos ou obtenção indevida de benefícios fiscais[578]. Portugal tem acompanhado esta tendência, nomeadamente através do aumento de trocas de informações com outras administrações fiscais[579].

No entanto, tem sido a OCDE que mais se tem batido pela causa 'transparência fiscal', combatendo ferozmente e sem tréguas, desde 1998, a fraude fiscal e alguns dos seus aliados preferenciais, os chamados 'paraísos fiscais'.

A OCDE, com base em critérios previamente fixados (e.g. segredo bancário, ausência de trocas de informações e nula ou reduzida carga fiscal), identificou em 2000, quarenta paraísos fiscais e, após sucessivas e bem sucedidas rondas negociais, conseguiu convencer 37 destas jurisdições a pautar-se por critérios de transparência (e.g. derrogação de sigilo bancário e troca de informações).

Note-se, que o último escândalo fiscal envolveu um banco sediado no Liechtenstein e tem levado a um número elevado de acusações por fraude fiscal não só na Alemanha mas também na Inglaterra, França, Áustria, Itália, Austrália, Espanha, Bélgica e EUA. Neste caso, as informações foram compradas pela administração fiscal alemã a um ex-funcionário da instituição financeira que revelou a lista de clientes e respetivos rendimentos, tendo vindo a ser vendida posteriormente pelo fisco alemão a outras administrações fiscais[580]. Não há conhecimento oficial, até ao momento,

[578] Para um conhecimento da legislação da União Europeia em matéria de fraude, incluindo a fraude fiscal, ver Pereira, Ricardo Rodrigues, *Direito Fiscal Europeu*, Coletânea de Legislação, Vida Económica, atualizável periodicamente.

[579] Para conhecimento das convenções bilaterais concluídas por Portugal com outros Estados-membros, consultar, com periodicidade, os Cadernos de Ciência e Técnica Fiscal, Centro de Estudos Fiscais, Ministério das Finanças.

[580] Sobre os dilemas e conflitos de interesses na questão da divulgação de informação bancária, ver Isenring, Giang, *La délinquance économique: la perception du phénomène par les employés dês banques suisses*, Revue internationale de Criminologie et de Police technique et scientifique, volume LX, nº 1 2007, Janvier-Mars.

que a administração fiscal portuguesa tenha também adquirido estas informações financeiras.

Vários anos volvidos, e apesar das inúmeras resistências levantadas ao trabalho do Prof. Hugh Ault, Professor na Faculdade de Direito da Universidade de Boston[581], nomeadamente pela administração George Bush, comprovam que o mentor deste movimento tinha razão, conforme, infelizmente, os acontecimentos financeiros recentes têm demonstrado.

Recuando a 1988, vemos surgir, de uma parceria entre a OCDE e os Estados-membros do Conselho da Europa, uma convenção multilateral relativa à assistência administrativa mútua em matéria fiscal, que já ultrapassou, com sucesso, mais de um quarto de século de existência. Esta convenção, que cobre todos os impostos[582], tem por missão não só facilitar a troca de informações entre Estados mas também facilitar a cobrança dos impostos ao nível internacional.

Portugal ratificou esta convenção, a 17 de novembro de 2014. Esperamos que esta venha a trazer os benefícios esperados ao Estado português[583].

Ao nível da troca de informações, os esforços da OCDE têm vindo a ser compensados com a assinatura de diversas convenções bilaterais entre Estados-membros da OCDE e conhecidos paraísos fiscais como Jersey, Guernsey, Isle of Man, Bermuda, Chipre e Malta[584].

[581] Tive o gosto e privilégio de trabalhar com este académico brilhante e reputado, durante Outubro de 1998, na Faculdade de Direito da Universidade de Boston.

[582] Compare-se com as iniciativas mais setoriais ou aplicáveis a certos tipos de impostos, no âmbito da União Europeia. Esta fragmentação não facilita a tarefa das administrações fiscais e entidades fiscalizadoras europeias.

[583] Esta convenção foi ratificada e encontra-se em vigor, nomeadamente na Bélgica, Canadá, Dinamarca, Finlândia, França, Holanda, Polónia, Suécia, Reino Unido e EUA.

[584] Os escândalos financeiros, alguns deles alicerçados em fraudes fiscais, obrigaram mesmo os países asiáticos e do médio oriente a implementar os *standards* de transparência exigidos pela OCDE (e.g. derrogação do segredo bancário, troca de informações entre Estados, etc.).
Ver, neste contexto, as experiências dos Emiratos Árabes Unidos e da China relativamente à situação de Hong Kong.

Esta abertura dos paraísos fiscais tem levado a uma maior transparência e conhecimento dos montantes de rendimentos neles investidos, que se estima entre 5 e 7 triliões de dólares americanos[585].

O impacto dos critérios de transparência da OCDE fez-se sentir com mais intensidade no caso português em matéria de derrogação do segredo bancário. De um país com uma tradição de secretismo[586], obrigam-se agora as instituições financeiras a pautarem-se por melhor 'standards' fiscais, podendo tanto a administração fiscal como os tribunais aceder às contas dos contribuintes em situações de fraude ou abuso fiscal, nos casos previstos na lei. Paralelamente, uma aplicação mais efetiva, no futuro, da norma da Lei Geral Tributária que fixa os sinais exteriores de riqueza poderá contribuir para reduzir ou desencorajar as situações de fraude ou abuso fiscal[587].

Para além do importante aspeto acima referido, o legislador português tentou implementar em 2008 medidas apelidadas de anti-abuso, que visassem obrigar as entidades envolvidas em aconselhamento e gestão de rendimentos, situados em paraísos fiscais, a informar a administração fiscal das transações efetuadas em nome dos seus clientes. Esta Lei, ao arrepio das melhores experiências legislativas europeias (e.g. Inglaterra, Holanda, etc.), deixou de fora, e incompreensivelmente, determinados profissionais. Esta Lei deverá ser revista num futuro próximo, em consonância com a nova Diretiva aplicável sobre a matéria que deverá ser transposta na ordem jurídica interna até final de 2019,[588] e com respeito pelos princípios da legalidade, igualdade e proporcionalidade e, tal como nos países acima mencionados, sempre com respeito da privacidade e direitos fundamentais dos cidadãos.

Das perspetivas histórica e internacional acima referidas, desde logo se constata que o Estado português iniciou apenas recentemente a sua

[585] Ver no sítio da OCDE (www.oecd.org), discurso proferido pelo seu secretário-geral, Angel Gurría, em 21 de Outubro de 2008.

[586] Sobre esta matéria, veja-se SALDANHA SANCHES, *Segredo bancário, segredo fiscal: uma perspetiva funcional, Medidas de Combate à Criminalidade Organizada e Económico-Financeira*, Centro de Estudos Judiciários, Coimbra Editora, 2004.

[587] Vejam-se as alterações introduzidas pelo OE de 2009, levando a um ampliar da derrogação do segredo bancário, que passa a aplicar-se também a situações de abuso fiscal.

[588] Ver Diretiva 2018/822 de 25 de maio de 2018.

luta contra a fraude fiscal e, mesmo assim, de uma forma lenta e 'cautelosa'[589].

Neste domínio, várias iniciativas têm sido desenvolvidas pelos sucessivos governos, nomeadamente a publicação na internet da lista dos devedores de impostos e mais recentemente dos devedores à segurança social, a utilização de amnistias fiscais no caso de rendimentos não declarados situados em paraísos fiscais, a consideração dos 'sinais exteriores de riqueza' como critério corretor, através do acesso às informações bancárias do contribuinte, e a derrogação do sigilo bancário em casos de fraude fiscal. São claramente instrumentos úteis que deverão ser utilizados sempre em conformidade com os princípios da legalidade, proporcionalidade e respeito pelos direitos fundamentais dos cidadãos[590].

Em Portugal, o impacto de algumas destas medidas fez-se ou far-se-á sentir (e.g. publicação das listas dos devedores[591] e pensamos que igualmente a importante medida inserida no OE de 2009 relativa aos sinais exteriores de riqueza e acesso às informações bancárias do contribuinte) mas o problema da fraude fiscal com a utilização de paraísos fiscais ainda não foi resolvida. De facto, as atuais medidas (vejam-se as acima mencionadas, nomeadamente a utilização de amnistias e as obrigações de informação sobre planeamento fiscal abusivo) são ineficazes e desprovidas de

[589] Só em 2006, a DGCI iniciou o seu trabalho de sistematização e análise da fraude fiscal que tem levado, desde então, à publicação de relatórios anuais – 'Combate à fraude e evasão fiscais em Portugal' – disponíveis no sítio do Ministério das Finanças.

[590] Note-se que na Holanda, as preocupações atuais da administração fiscal já se concentram na progressiva redução da burocracia e custos de cumprimento para o contribuinte que, quando excessivos, poderão levar a comportamentos de fraude. Deveríamos prosseguir na mesma direção, começando por coordenar não só as leis fiscais com as leis da segurança social como também unificando os respetivos serviços (ver Pleijsier, Arthur, *in Trabalho Dependente, A relação com as contribuições obrigatórias para a segurança social – A perspetiva holandesa*, Vida Económica, 2000).

[591] Conforme as informações estatísticas fornecidas pelo Ministério das Finanças, a publicação destas listas levou a um maior cumprimento fiscal, bem como sanação de dívidas fiscais anteriores, originando receita fiscal adicional no montante de 417 milhões de euros (ver sítio do Ministério das Finanças, informações de 11 de Junho de 2008). Deste valor, metade foi pago voluntariamente pelos contribuintes e após notificação da AT informando que o não cumprimento levaria à publicação dos seus nomes na internet.

efeito útil, conforme demonstram os recentes escândalos financeiros da banca portuguesa, em fase de investigação criminal.

Conforme acima descrito na esfera internacional, novas medidas são necessárias, nomeadamente para atacar a fraude financeira[592] também alicerçada em motivações fiscais. Assistimos agora ao desempenho rápido das administrações fiscais (ver casos espanhóis, inglês, belga, etc., acima citados) na busca dos infratores, solicitando, contra pagamento, informações de contribuintes e rendimentos relacionados ou situados em paraísos fiscais[593]. Em resultado desta atuação das administrações fiscais, as acusações pelos diferentes tribunais nacionais tem sido em crescendo e já se contam condenações com penas de prisão pesadas[594]. Vejamos o que irá acontecer em Portugal e como vai proceder o sistema judiciário português[595].

No âmbito judiciário, as sentenças dos tribunais fiscais portugueses têm revelado uma preocupação crescente pelo fenómeno criminal fiscal e atingido um razoável nível substantivo, levando também à aplicação de sanções que, se espera, desincentivem as atuações fraudulentas. Vejam-se, entre outros:

a. Caso *Quintino Costa Velho vs. Diretor Geral dos Impostos*: o STA negou a pretensão do contribuinte, permitindo à DGCI aceder às informações bancárias daquele por impossibilidade de comprova-

[592] Para uma definição de criminalidade económica, ver QUELOZ, Nicolas, *Criminalité économique et criminalité organisée: comment les differencier?, Criminalité économique*, Collectin Criminologie, Volume 17, Verlag Ruegger, 1999. Seguindo a posição da autora, consideramos a criminalidade fiscal como uma subcategoria da categoria geral 'criminalidade económica'.

[593] Para uma análise internacional comparada do modo de funcionamento das administrações fiscais, ver OECD, *Tax administration in OECD and Selected Non-OECD Countries: Comparative Information Series (2006)*, October, 2006 e quadro II em anexo a este artigo.

[594] Ver o caso alemão *Elmar Schulte*, em Tax Notes International, 28 July 2008.

[595] Os dados estatísticos fornecidos pela AT sobre o número de condenações e tipos de penas são muito incompletos, não sendo possível extrair tendências ou conclusões seguras relativamente à boa ou má atuação dos tribunais portugueses. Esta análise, de momento, deverá ser elaborada caso a caso, com base nas sentenças produzidas pelos tribunais (ver Ministério das Finanças, *Combate à Fraude e Evasão Fiscais em Portugal*, Junho de 2017).

ção e qualificação direta e exata da matéria coletável (Recurso nº 630/07 de 3 de Outubro de 2007);

b. Caso *Gonçalves & Matias Lda vs. Fazenda Pública*: num caso onde existiam sérias e fundadas dúvidas sobre a veracidade das operações – operações simuladas utilizando faturas falsas em sede de IVA – o STA ponderou o ónus da prova em conformidade com a lei e prova produzida pelas partes, condenando o contribuinte (Recurso nº 479/07 de 24 de Outubro de 2007) e

c. Caso *Ministério Público vs. Telecom – Telecomunicações SA e Fazenda Pública*: o STA não incluiu na previsão do art. 114º, nº 1 do RGIT, que pune como contraordenação fiscal a falta de entrega do imposto, a situação em que o imposto que deve ser entregue não está em poder do sujeito passivo, por não ter sido recebido ou retido (Recurso nº 279/08 de 28 de Maio de 2008).

No entanto, maior investimento deverá ser feito ao nível judiciário através da formação contínua de todos os magistrados em instituições acreditadas[596], se possível internacionalmente, incentivando-se a especialização nas diferentes áreas do direito fiscal, especialmente nas novas áreas do direito fiscal europeu e direito fiscal internacional. São nestas áreas que presentemente se ataca a fraude fiscal nacional bem como a outra associada aos paraísos fiscais[597].

O conhecimento das diferentes convenções, relatórios de organizações internacionais e a comparação com sentenças produzidas em outros Estados-membros é já prática corrente entre os magistrados europeus (vejam-se os casos da França, Bélgica, Inglaterra, Espanha, Itália, etc.). Portugal, na área da justiça e do Direito, permanece ainda fechado, funcionando as leis produzidas internamente e o sistema judicial como entraves à iniciativa e dinamismo da sociedade portuguesa e pouco fazendo em matéria de combate efetivo à fraude fiscal[598].

[596] Esta é obrigatória em quase todos os países membros da União Europeia.

[597] Para um estudo comparado organizativo, ver OECD, *Specialised Anti-Corruption Institutions, Review of Models*, 2008.

[598] Note-se, que os sucessos obtidos neste campo devem-se essencialmente a medidas recentes da administração fiscal portuguesa, nomeadamente publicação de listas de devedores e inspeções mais eficientes, em consonância com os critérios indicados pela

De facto, sumariamente e concentrando-me apenas nas sentenças nacionais[599], a complexidade e sofisticação da fraude fiscal doméstica ou através da utilização dos paraísos fiscais está longe de ser resolvida pelo nossos tribunais.

A título de exemplo, veja-se o caso *Moreira Pinto vs. Fazenda Pública*[600]: o STA, invocando o argumento, em meu entender incorreto, da inconstitucionalidade do art. 146º-B nº 3 do CPPT, que admite apenas prova documental em sede de contencioso relacionado com o acesso direto à informação bancária[601], impediu uma normal aplicação do critério corretor previsto na Lei Geral Tributária, relativo aos sinais exteriores de riqueza, nas situações de união de facto. Estas não existem no vazio e têm de ser demonstradas não por prova testemunhal mas certamente documental. Só desta forma, tal como em matéria financeira, se combatem possíveis fraudes ou abusos fiscais. A experiência fiscal comparada mostra a quase total inutilidade da prova testemunhal, sendo admitida em casos estritamente excecionais.

Se válidas críticas se podem fazer ao legislador e sistema judicial atuais[602], convém louvar o esforço que tem sido feito ao nível da administração fiscal para reduzir a fraude e o abuso fiscais[603].

Começando pelo nível legislativo criminal, as nossas leis fiscais criminais e contraordenacionais estão hoje sistematizadas no RGTI (Regime Geral das Infrações Tributárias) e estão alinhadas, em termos gerais, com as restantes congéneres europeias, nomeadamente quanto à aplicação de pena de prisão para a fraude mais grave e descriminalização de pequenas

OCDE (ver OECD, *Compliance Risk Management: Audit Case Selection Systems*, October, 2004).

599 Sobre o alcance da legislação nacional que pretende atacar a fraude e os paraísos fiscais já se falou acima neste capítulo.

600 Recurso nº 590/07 de 7 de Novembro de 2007.

601 Dificilmente se compreende que a prova testemunhal seja de alguma valia nesta matéria!

602 Para uma análise da sucinta jurisprudência fiscal criminal, produzida pelo Supremo Tribunal de Justiça, em sede de fraude fiscal, ver Lopes de Sousa, Jorge, e Simas Santos, Manuel, *Regime Geral das Infrações Tributárias Anotado*, Áreas Editora, 2010.

603 Veja-se a introdução do sistema informático SINQUER (Sistema de Inquéritos Criminais Fiscais), destinado a ser utilizado pela administração fiscal na gestão e tramitação dos processos de inquérito criminais fiscais, na qualidade de órgão de polícia criminal.

fraudes, que se justifica pela natureza do crime em questão, de pendor marcadamente económico, não obstante as graves consequências sociais que advêm da fraude fiscal ou não pagamento dos impostos[604].

Assim, os ganhos em termos de receita fiscal nos últimos anos, e concomitante redução da fraude fiscal, têm surgido do aumento da eficiência da administração fiscal portuguesa e maior atuação desta ao nível preventivo, nomeadamente através de ações de controlo do 'software' certificado, acompanhamento dos grandes contribuintes e contribuintes singulares de elevada capacidade tributária.

No entanto, e seguindo de perto a experiência internacional e comparada aqui exposta, haverá muito mais a fazer pela administração fiscal portuguesa em sede de combate ao planeamento fiscal abusivo ou agressivo que, em interação com a utilização de paraísos fiscais, poderá conduzir a situações de fraude fiscal bem como outros tipos de criminalidade económica.

Seriam boas notícias, também em Portugal, aquelas que foram divulgadas pela OCDE, relativamente à Irlanda e Reino Unido. Quanto ao primeiro daqueles países, o ministério das finanças irlandês conseguiu arrecadar quase mil milhões de euros em impostos, que resultaram de investigações efetuadas a contas bancárias detidas em paraísos fiscais. No caso inglês, aquele montante cifrou-se em 500 milhões de libras esterlinas[605].

Terminaria por lembrar a definição comum de fraude fiscal, aprovada na OCDE:

> "*Tax fraud is an act, attempted act or failure to act by any person that is **intended** to violate a legal duty concerning the accurate reporting, determination or collection of a tax*"[606].

Partindo desta definição comum, surgem posteriormente os desafios da sua interpretação jurídica e respetiva implementação pelos tribunais e administrações fiscais.

[604] Sobre esta matéria, ver Marques da Silva, Germano, *Imposto, Ética e Crime, Estudos em Homenagem ao Prof. Doutor Pedro Soares Martínez*, Volume II, Almedina, 2000.

[605] Ver, OECD, *Overview of the OECD's work on international tax evasion*, 23 October 2008.

[606] Ver, OECD, *Improving Access to Bank Information for Tax Purposes – the 2003 and 2007 Progress Reports*, 2003 e 2007.

Convém aqui recordar Christian-Nils Robert quando, desafiando os tradicionais sistemas penais da atualidade, coloca em questão a valia e utilidade do conceito nuclear de 'intenção', não só na criminalidade económica como também no direito penal em geral.

Os crimes em geral assentam nesta premissa básica de intencionalidade para a punibilidade do agente, cujas limitações são bem patentes quando analisamos a disparidade de sentenças judiciais internacionais. Conforme acima mencionado, em sede de direito comparado, foram os tribunais americanos que, desde o início do século passado, mais investigaram o conceito de intenção, procurando o seu preenchimento e aperfeiçoamento mas sempre com a consciência de um 'unfinished business'.

Aceitando o desafio do Prof. Christian-Nils Robert, não seria altura para abandonarmos de vez o conceito?[607]

5. Estudo sobre as infrações tributárias

Introdução

A ilicitude tributária aparece autonomizada no sistema jurídico português, com a sua sistematização legal geral plasmada no Regime Geral das Infrações Tributárias (RGIT)[608]. É questionável esta autonomização formal, em sede de direito fiscal comparado, devido aos seus efeitos de sobreposição ou eventual conflito com os regimes legais estruturantes em que se alicerça, nomeadamente o direito penal e direito processual penal. O legislador acautela desde logo no art. 3º do RGIT ('Direito subsidiário') a sua posição, quando refere que são subsidiariamente aplicáveis os seguintes normativos:

- As disposições do Código Penal e Código Processual Penal em matéria de crimes tributários;
- O regime geral do ilícito de mera ordenação social em matéria de contraordenações;
- As disposições do Código Civil (e respetiva legislação complementar) em sede de responsabilidade civil e

[607] Para uma perspetiva histórica e criminológica da criminalidade económica, ver ROBERT, Christian-Nils, *Délinquance d'affaires: L'illusion d'une politique criminelle*, Helbing & Lichtenhahn Verlag AG, Basel, 1985.

[608] Lei nº 15/2001 de 5 de Junho.

– As disposições do Código de Procedimento e de Processo Tributário em sede de execução das coimas.

Não obstante a extensão remissiva deste diploma (RGIT) para outros códigos e legislação estruturante, esta apresenta-se sempre incompleta, devendo o intérprete incluir neste elenco principal, nomeadamente a Lei Geral Tributária.

O caráter fragmentário, cumulativo ou eventualmente conflituante, por vezes, com outros regimes legais, e lacunar do RGIT, poderia ser colmatado com um regime coerente, dotado da sua especificidade, mas integrado no Código Penal.

A distinção entre comportamento ilícito e comportamento abusivo
É fundamental para o cidadão, o contribuinte, consciencializar e conhecer as fronteiras entre comportamentos lícitos e ilícitos, desde logo pelas exigências constitucionais[609] e penais impostas para a aplicação das sanções penais e contraordenacionais[610].

No contexto dos comportamentos lícitos tributários, os legisladores nacionais e internacionais distinguem os comportamentos lícitos, e dentro do espírito da norma, de outros de tipo abusivo, que não obstante formalmente se apresentarem como lícitos, violam a substância ou o fim pretendido pela norma ou regime legal.

A autora defende que por razões de simplicidade e maior interiorização da legitimidade das condutas tributárias, se deverá adotar a distinção planeamento fiscal *vs.* ilicitude fiscal ou tributária, inserindo os comportamentos abusivos no conceito de planeamento fiscal abusivo ou agressivo. Estes comportamentos diferenciam-se da fraude ou outros ilícitos tributários não só por não estar preenchido o requisito da intencionalidade como também por se encontrarem dentro da legalidade tributária, nomeadamente não existindo ocultação ou alteração de factos, ainda que

[609] Ver artigos 27º a 35º da Constituição da República Portuguesa (CRP).

[610] Para maior desenvolvimento, ver TEIXEIRA, Glória (2012), *A fraude fiscal e o princípio da transparência*, in AGRA, Cândido (dir.), *A Criminologia: Um Arquipélago Interdisciplinar*, pp. 297-312, U.Porto editorial.

estes possam assumir uma forma abusiva e não consonante com o espírito ou fim da norma, ou valores[611].

Sumariamente, as consequências que advêm para o contribuinte 'abusador' encontram-se nos códigos tributários, com a aplicação de medidas anti-abuso que consistem em efetuar correções à matéria coletável do sujeito passivo e, em alguns ordenamentos jurídicos, sanções adicionais específicas para determinados regimes fiscais (*vide*, regime de preços de transferência). A doutrina e jurisprudência prevalecentes são claras na integração destes comportamentos abusivos na esfera da licitude, excluindo-os da esfera penal ou contraordenacional.

A ilicitude tributária, e em consonância com os princípios da legalidade e tipicidade, aparece sistematizada no RGIT em dois grandes grupos:

- Os crimes tributários que integram: os crimes tributários comuns, os crimes aduaneiros, os crimes fiscais e os crimes contra a segurança social e
- As contraordenações tributárias que integram: as contraordenações aduaneiras e as contraordenações fiscais, excluindo-se do RGIT as contraordenações relativas à segurança social[612].

Estas infrações assentam no conceito tradicional de culpa que conforma todo o direito penal e contraordenacional. Assim, e nos termos do art. 2º RGIT, "Constitui infração tributária todo o facto típico, ilícito e culposo declarado punível por lei tributária anterior".

[611] Por limitações de espaço e de tempo, não se desenvolve a problemática da simulação que pode ser caracterizada no âmbito das medidas antiabuso (ver cláusula geral antiabuso da LGT, artigos 38º e 39º) como também no âmbito do RGIT (ver art. 103º, nº 1, alínea c)). Para além da questão da prova da intencionalidade (ou culpa) e do limite patrimonial para a criminalização da conduta, deverá o intérprete diferenciar a simulação absoluta da simulação relativa, extraindo as devidas consequências em sede de enquadramento de licitude ou ilicitude tributária.

[612] Com a introdução do Código Contributivo (Lei nº 110/2009 de 16 de Setembro), e concomitante sistematização da legislação sobre segurança social e aproximação deste regime ao regime fiscal, é questionável se a parte inscrita nesta Lei relativa ao regime contraordenacional – artigos 221º ao 248º – não deveria integrar o RGIT, caso se opte pela manutenção deste no futuro.

Se nenhuma dúvida se levanta, em sede de direito interno e de direito comparado, relativamente à aplicação dos princípios da legalidade e da não retroatividade – excecionando-se aqui o critério da norma mais favorável ao agente – [613], pertinentes questões e desafios têm-se vindo a colocar quanto ao preenchimento, no caso concreto, do conceito de culpa. A subjetividade deste conceito pode não ser a mais adequada no âmbito do ilícito económico ou patrimonial, conforme ilustram as alterações legislativas em alguns países (ex. Reino Unido, Holanda, etc.) que têm vindo a preferir normativos mais objetivos, com o abandono da exigência da 'culpabilidade' do infrator. As alterações introduzidas na Lei Geral Tributária (LGT) e no RGIT indiciam também a necessidade de uma maior objetividade das normas anti-abuso, de forma a combater o planeamento abusivo ou agressivo e facilitar o controle e prevenção da ilicitude tributária. Veja-se, nomeadamente a importância do reforço dos poderes de inspeção da autoridade tributária (art. 63º da LGT), a comunicação de informações relativas a operações financeiras (art. 63º-A da LGT), o acesso pela autoridade tributária a informações e documentos bancários (art. 63º-B da LGT), a obrigatoriedade de contas bancárias exclusivamente afetas à atividade empresarial bem como a exigência de todos estes pagamentos, respeitantes a faturas ou documentos equivalentes de valor igual ou superior a 1.000.00 euros, deverem ser efectuados, nomeadamente através de transferência bancária, cheque nominativo ou débito direto (art. 63º-C e art. 63º-E da LGT)[614], a realização de avaliação indireta com base nas manifestações de fortuna (art. 89º-A da LGT) e a qualificação como crime de contrabando no caso de omissão, à entrada ou à saída do território nacional, da declaração de dinheiro líquido, quando

[613] Ver TEIXEIRA, Glória (2009), *La non retroattività nel sistema fiscale portoghese: regola od eccezione?*, Rivista di Diritto Tributario Internazionale, 3, settembre/dicembre, Sapienza Università di Roma, pp. 131-138.

[614] O impacto, em sede de infrações tributárias, verifica-se, por exemplo, no caso do Reino Unido, por punir a título penal ou contraordenacional cidadãos que transportem consigo notas acima de um determinado valor ou montantes em dinheiro elevados, salvo motivo justificável a atendível que o suspeito deverá prestar de imediato perante as autoridades policiais.

No caso português, ver art. 63º-E, nº 1 da LGT onde se estabelece a proibição de pagar ou receber em numerário montantes de valor igual ou superior a 3.000 euros, com as derrogações e exceções dos números 3 e 6 deste artigo.

este montante seja superior a 300.000 euros e não seja justificada a sua origem e destino (ver art. 92º, nº 1, alínea e) do RGIT)[615].

Ao nível internacional, recentemente, as condutas abusivas e ilícitas têm vindo a ser combatidas com a implementação pelos Estados de acordos sobre trocas de informações fiscais[616]. Estes acordos, instituídos com fins preventivos mas igualmente repressivos, têm levado a um aumento de receita fiscal, também no Estado português, e reduzido o abuso e ilícito fiscais.

Os principais ilícitos tributários e a sua dependência do conceito de 'fraude'

O RGIT autonomiza os crimes de burla tributária (art. 87º), frustração de créditos (art. 88º), associação criminosa (art. 89º), contrabando (art. 92º), fraude aduaneira (artigos 95º a 101º) e abuso de confiança (artigos 105º e 107º).

É questionável esta autonomização, por várias razões de natureza formal e substantiva, nomeadamente por alguns destes crimes serem objeto de tratamento específico no Código Penal[617] e também poderem ser eventualmente consumidos pela ampla definição atribuída pelo legislador no RGIT ao crime de fraude tributária.

Em sede de direito comparado[618], o legislador simplificou a tarefa dos tribunais, optando apenas pela autonomização em sede de ilícito tributário do crime de fraude tributária, num aceção também igualmente ampla, sem a criação de ilícitos penais específicos.

De facto, e da leitura dos normativos acima referidos, verifica-se a sobreposição de factualidades que facilmente caberiam na letra ou espírito das normas que regulam a fraude tributária (artigos 103º e 106 do RGIT).

615 No âmbito contraordenacional, ver art. 108º (*Descaminho*), números 6 e 8 do RGIT.

616 Ver Teixeira, Glória (2011), *Os acordos sobre trocas de informações fiscais ao serviço das estratégias políticas dos Estados-membros da União Europeia*, in I Congresso de Direito Fiscal, Vida Económica, pp. 99-108.

617 Ver Código Penal, nomeadamente artigos 205º (abuso de confiança), 217º (burla), 231º (receptação) e 256º (falsificação de documentos).

618 Ver no Reino Unido, o ICTA 2012 e as penas previstas em sede de impostos sobre o rendimento e sobre o consumo e a sua remissão para o Código Penal.

O legislador português, e bem, optou por uma definição ampla de fraude tributária incluindo tanto as ações como omissões do contribuinte tipificadas na Lei que tenham por finalidade a não liquidação ou pagamento do tributo, obtenção indevida de benefícios tributários e pedidos de reembolso ou outras vantagens patrimoniais suscetíveis de causarem diminuição das receitas tributárias.

Esta definição ampla de fraude tributária comporta, nomeadamente a ilicitude prevista na burla tributária, que se apresenta também a coberto dos crimes de burla e de falsificação previstos no Código Penal, bem como a ilicitude relativa ao abuso de confiança tributário que pressupõe a não entrega de prestação tributária.

Em sede geral, os restantes ilícitos tributários acima mencionados são igualmente tratados pelo legislador penal e poderá revelar-se contraproducente a multiplicação de crimes e penas no sistema jurídico português[619].

Igual importância assume no sistema tributário português a delimitação entre ilícitos penais e ilícitos contraordenacionais tributários.

A doutrina penal nacional[620] tem tratado de uma forma abundante a distinção entre estes dois tipos de ilicitude e, por razões de tempo e espaço, a autora desenvolverá a sua análise tomando por referência o caráter patrimonial do bem jurídico protegido.

Nos ilícitos tributários está em causa a proteção de um bem jurídico direto fundamental que é a obtenção de receitas fiscais, necessárias para a cobertura de despesas públicas essenciais: defesa, saúde, educação, proteção social e ambiente, e, como tal, é defensável, sob este prisma, que se coloquem limites económicos à criminalização das condutas.

619 A referência à "hipercriminalização" é feita no estudo de CORREIA, Eduardo (1998), *Introdução ao Direito Penal Económico*, in Direito penal económico e europeu: Textos doutrinários, volume, I, Problemas gerais, Instituto de Direito Penal Económico e Europeu, Faculdade de Direito da Universidade de Coimbra, Coimbra Editora, pp. 293-318.

620 Sobre a problemática, ver, COSTA ANDRADE, Manuel (1998), *Contributo para o conceito de contra-ordenação (a experiência alemã)*, in Direito penal económico e europeu: Textos doutrinários, volume, I, Problemas gerais, Instituto de Direito Penal Económico e Europeu, Faculdade de Direito da Universidade de Coimbra, Coimbra Editora, pp. 75-107.

Este limite é objetivamente definido pelo legislador no RGIT para alguns crimes tributários e, em princípio, não deverá oferecer grandes dificuldades na sua aplicação[621]. Assim, vários ilícitos tributários não constituem crimes e qualificarão como contraordenações devido ao facto de a vantagem patrimonial ilegítima não exceder determinados valores, influenciando também os valores ilegitimamente obtidos a determinação da pena a aplicar ao infrator[622].

Para além da fixação de valores mínimos para a criminalização da conduta do contribuinte, e para efeitos de delimitação entre o ilícito penal e contraordenacional tributários, o legislador estabelece também critérios supletivos em sede de ilicitude contraordenacional tributária: veja-se, por exemplo, a utilização recorrente em diferentes artigos do RGIT, no título dedicado às contraordenações tributárias, da expressão "quando os factos não constituam crime" ou a criação de ilícitos contraordenacionais tributários específicos que poderão excluí-los do âmbito da ilicitude penal tributária. Veja-se, ainda por exemplo, o caso da falta de declarações que para efeitos fiscais devam ser apresentadas e necessárias para efeitos de liquidação do tributo e que, na ausência da norma contraordenacional prevista no RGIT (art. 116º), cairia na alçada da norma penal geral relativa à fraude fiscal (art. 103º RGIT)[623].

Ilicitude tributária: breve reflexão sobre as opções políticas

A criminalização do ilícito tributário tem exercido influência no comportamento dos contribuintes portugueses, no limite impondo mais transparência e consciencialização do cumprimento desse dever cívico fundamental que é o pagamento de impostos, necessários para um normal funcionamento de uma sociedade civilizada.

[621] Ver, entre outros, artigos 103º, nº 2 (fraude fiscal), 105º, nº 1 (abuso de confiança fiscal) e 106º, nº 1 (fraude contra a segurança social) do RGIT.

[622] Ver, entre outros, o agravamento das penas, nos artigos 104º, nº 3 (fraude qualificada), 105º, nº 5 (abuso de confiança fiscal) e 107º, nº 1 (abuso de confiança contra a segurança social) do RGIT.

[623] Sobre os problemas criados pelo legislador nesta sede, ver Costa Andrade, Manuel (2009), *O abuso de confiança fiscal e a insustentável leveza (de um acórdão) do Tribunal Constitucional*, in Direito penal económico e europeu: Textos doutrinários, volume III, Instituto de Direito Penal Económico e Europeu, Faculdade de Direito da Universidade de Coimbra, Coimbra Editora, pp. 229-253.

Igualmente, o agravamento das penas[624], isoladamente ou em conjugação com outras medidas preventivas e repressivas, tem contribuído para um maior nível de cumprimento das obrigações fiscais no país e no estrangeiro[625].

No caso português, para além do agravamento das sanções, foram alargados os prazos de caducidade e prescrição na LGT, em determinadas situações (artigos 45º e 48º, respetivamente para 12 anos, no caso da caducidade, e 15 anos, no caso da prescrição), aumentando o efeito preventivo das normas e desencorajando comportamentos ilícitos que até hoje passavam sem punição nos tribunais devido a manobras dilatórias tendentes a 'lançar mão' dos limites prescricionais aplicáveis aos ilícitos tributários[626].

Os desafios da 'aldeia global', da implementação de 'fronteiras livres' e completa circulação de capitais tem lançado dificuldades muito sérias não só aos legisladores como às administrações tributárias, que têm de se apoiar em novos instrumentos inspetivos e mecanismos legais preventivos e repressivos válidos, em consonância com os direitos fundamentais dos cidadãos (e.g. respeito pela sua privacidade, proporcionalidade no acesso a dados pessoais, etc.).

A valia e eficácia das medidas legislativas e administrativas, que têm vindo a ser adotadas neste domínio, têm de ser perspetivadas em cumulação e não isoladamente. Por outras palavras, cumpre olhar para a dimen-

[624] Ver agravamento recente das penas, nomeadamente a elevação da pena de prisão para 8 anos, no caso de fraude qualificada (art. 104º, nº 3 do RGIT), e a aumento significativo dos montantes das multas e coimas.

[625] Para maior desenvolvimento, ver KUHN, André, AGRA, Cândido (2010), *Somos todos criminosos?*, Casa das Letras, onde os autores salientam a importância do efeito preventivo das penas mas com limites, realçando que "a severidade das penas não permite por si só prevenir a criminalidade, pelo que de nada serve querermos hoje em dia aumentar a severidade do sistema penal".

[626] Ver informações prestadas pelo Secretário de Estado dos Assuntos Fiscais ao Diário Económico (21 junho 2012), SIMÕES, Lígia, *Dinheiro 'escondido' no exterior rende 90 milhões de impostos*, que demonstram a eficácia da aplicação de medidas anti-abuso (celebração de acordos sobre trocas de informações entre os Estados) e de penas de prisão mais gravosas, para os ilícitos tributários mais graves, no combate e prevenção da fraude e ilicitude tributárias.

são preventiva e repressiva do ilícito tributário, combinando as medidas anti-abuso acima mencionadas com as sanções aplicáveis em sede do RGIT e do Código Penal. De facto, uma correta aplicação das medidas antiabuso pode não só prevenir ílícitos tributários como alertar para situações de ilicitude não detetadas pelas autoridades tributárias e policiais.

Igualmente, o apelo às chamadas 'penas acessórias', em cumulação (no presente) ou em alternativa (no futuro e com alteração do atual regime legal) às penas principais, tem-se revelado válido e poderá constituir, com a sua crescente aplicação pelas instâncias judiciais, importante recurso de prevenção e correta reparação do dano patrimonial provocado pela ilicitude tributária, especialmente nos casos de insuficiência económica ou patrimonial do contribuinte[627].

Em Portugal, a variedade de ilícitos e penas em sede tributária, merece certamente mais uma reflexão e atualização, em função das constantes mutações económicas e sociais.

Defende-se uma maior simplificação e coordenação das normas relativas à ilicitude tributárias, concentrando-as no Código Penal mas sem descurar a especificidade que caracteriza este tipo de ilicitude, exigindo-se ainda uma maior clarificação em sede de distinção entre o ilícito penal e contraordenacional tributários.

Alerta-se para a importância de uma equilibrada política de sanções, tanto de tipo preventivo como repressivo, sem extremos, mas orientada para o fim último que é a reparação do prejuízo causado pelo infrator à sociedade e aos contribuintes cumpridores. Por último, prevê-se, no futuro, uma maior aplicação pelos tribunais das penas acessórias, que poderão transformar-se em verdadeiras penas principais, devido ao seu impacto direto e imediato na vida e património do infrator.

As recentes alterações de 2017, no âmbito contra-ordenacional, vêm no sentido de reforçar o cumprimento atempado das obrigações decla-

[627] Ver art. 16º do RGIT e a aplicação, nomeadamente das seguintes sanções ao infrator: interdição temporária do exercício de atividades, privação do direito a receber subsídios ou benefícios fiscais, cassação de licenças ou concessões, perda de mercadorias e a própria dissolução de pessoas coletivas.

rativas, contabilísticas e financeiras, nomeadamente em sede de preços de transferência (art. 117º, nº 6 RGIT), informações comunicadas pelas instituições financeiras (art. 119º-B RGIT), falta ou atraso na apresentação de declarações (art. 116º RGIT), inexistência da contabilidade ou de livros fiscalmente relevantes (art. 120º RGIT), não organização de contabilidade de acordo com as regras de normalização contabilística e atrasos na sua execução (art. 121º RGIT) e falta de designação de representante (art. 124º RGIT).

Capítulo XI
O Direito Contabilístico

1. Introdução

O direito contabilístico pode definir-se como um conjunto de normas específicas[628], que se autonomizam das normas fiscais, embora existam pontos de interseção ou aplicação cumulativa[629].

O problema, no entanto, não está na 'harmonia' entre os dois sistemas normativos – o contabilístico e o fiscal – mas antes na diversidade de regimes aplicáveis à mesma factualidade ou 'facto tributário'[630].

De facto, e não obstante o ponto de partida seja a contabilidade da empresa, que obedece ao princípio do acréscimo, esta está sujeita às correções impostas pela lei fiscal, nomeadamente as decorrentes do conceito 'realização'[631].

Define assim o legislador fiscal, no art. 17º do CIRC, em matéria de determinação do lucro tributável que este é constituído pela soma algébrica do resultado líquido do exercício e das variações patrimoniais posi-

[628] As normas de direito contabilístico, e para além do SNC (Sistema de Normalização Contabilística) e as Normas Internacionais de Relato Financeiro (*International Financial Reporting Standards* – IFRS), encontram-se dispersas por vários diplomas legislativos, nomeadamente Código Comercial, Códigos Fiscais, etc..

[629] Ver SALDANHA SANCHES, *Do Plano Oficial de Contabilidade aos IAS/IFRS, O Direito do Balanço e as Normas Internacionais de Relato Financeiro*, Coimbra Editora, 2007.

[630] Ver SHEPPARD, Lee, *Financial Accounting Conformity for European Corporate Taxation?*, Tax Notes International, 28 June 2004.

[631] O tratamento diferenciado em sede contabilística e fiscal é frequentemente criticado, nomeadamente pelos custos excessivos resultantes de uma dualidade de organização e apresentação da informação e potenciar distorções económicas ou financeiras.

tivas e negativas verificadas no mesmo período e não refletidas naquele resultado, determinados com base na contabilidade e eventualmente corrigidos nos termos daquele código.

O apuramento contabilístico do lucro ou prejuízo da empresa pode ser corrigido ou alterado, fundamentalmente pelas restrições colocadas pela lei fiscal no âmbito da dedutibilidade de gastos. Vejam-se, por exemplo, o requisito material geral da indispensabilidade do gasto e os requisitos específicos em sede de definição de ajudas de custo, provisões, depreciações e amortizações, créditos incobráveis, reporte de prejuízos fiscais e consequências fiscais derivadas da aplicação de determinados princípios fiscais, nomeadamente princípio da especialização dos exercícios, princípio da prevalência da substância sobre a forma e princípio da independência no contexto dos preços de transferência.

Estes princípios, regimes ou disposições fiscais introduzem desvios e derrogações aos princípios e normas contabilísticas de modo a evitar a erosão da base tributável, garantindo uma arrecadação adequada de imposto.

O direito contabilístico possui várias missões, sendo a mais importante, a de fornecer uma visão objetiva e clara da realidade económica ou financeira da empresa. Esta 'visão' é particularmente bem acolhida pelos sócios ou proprietários da empresa mas também pelo mercado em geral[632].

2. Os IFRS

Na União Europeia, e apesar de já serem aplicadas diversas diretivas na área da contabilidade, os Estados-membros ainda seguem diferentes critérios e *standards* contabilísticos, originando distorções e dificuldades acrescidas num contexto internacional.

A introdução das Normas Internacionais de Relato Financeiro (ver Regulamento nº 1606/2002, de 19 de Julho, e www.iasb.org.uk) constitui um desenvolvimento importante, com efeitos desde 1 de Janeiro de 2005, no processo de aproximação contabilística na União Europeia.

[632] Para maior desenvolvimento, ver FERNANDES FERREIRA, Rogério, *Contabilidade para Não Contabilistas*, Cadernos IDEFF, nº 4, 2ª edição, Almedina, 2007.

O impacto desta nova regulamentação far-se-á certamente sentir, simplificando procedimentos e contribuindo para uma maior transparência nas operações internacionais.

3. Princípios fiscais e contabilísticos: o caminho difícil da harmonização fiscal na União Europeia

Na União Europeia, a determinação do lucro das empresas é primariamente baseado em princípios contabilísticos e regras que são subsequentemente ajustados para irem de encontro aos objetivos da legislação fiscal e da necessidade de obtenção de receita fiscal.

No estádio atual do desenvolvimento legislativo na UE, e com exceção do Regulamento 1606/02, cada estado membro é livre para aplicar os *standards* contabilísticos mais adequados, nomeadamente *standards* contabilísticos específicos ou regras para pequenas ou médias empresas. Ainda, os estados membros têm diferentes sistemas fiscais e normativos para determinar o lucro das empresas, a não ser que a legislação da UE entre em operação para regular matérias específicas.

Neste quadro, o objetivo principal é determinar se é realista prosseguir a harmonização fiscal na UE (ver proposta de uma base tributável comum consolidada (BTCC) da Comissão Europeia)[633] baseada em sistemas contabilísticos diferentes e não harmonizados.

Contudo, o problema ainda permanece, mesmo se um sistema ou sistemas contabilísticos da UE completamente harmonizados pudessem ser encontrados, devido à resistência nacional para harmonizar os sistemas fiscais nacionais.

É claro, da doutrina fiscal atual e da investigação fiscal comparada ao nível da UE, que os estados membros querem manter sistemas fiscais e sistemas contabilísticos separados, sobretudo para prevenir mais eficientemente a fraude e o abuso fiscais e preservar a receita pública[634]. Além disso, os princípios e conceitos subjacentes diferem naqueles dois sistemas e permanece por determinar como os conceitos contabilísticos, mais flexíveis e amplos (ver, por exemplo, o conceito de "justo valor", "intan-

[633] Ver COM(2011) 121 final, Bruxelas, 16.3.2011.

[634] Ver Essers, Peter, (*Eucotax*, 2009), Freedman, Judith, (*British Tax Review*, 2004), Schon (*Tax Law Review*, 2005), Venuti, Marco (*British Tax Review*, 2010).

gível", "obras de construção", etc.), se integram com os princípios, definições e regimes legais[635].

Como resultado, o objetivo de harmonizar normas fiscais e contabilísticas não foi contemplado, no momento, na maior parte dos estados membros da UE mas uma maior harmonização dos sistemas contabilísticos nacionais não foi posta de lado ou abandonada e, se implementada, poderia fomentar a harmonização fiscal e reduzir consideravelmente os custos de cumprimento fiscal na UE.

[635] Portugal adaptou algumas das regras de IRC de acordo com regras contabilísticas (IAS/IFRS) e está longe de ser resolvida a interpretação destas disposições fiscais. Em última análise, os tribunais nacionais ou o Tribunal de Justiça da União Europeia virão determinar os direitos e obrigações dos contribuintes.

Capítulo XII
O Procedimento e o Processo Tributário

1. Introdução
1.1. A administração fiscal

A administração fiscal é composta por órgãos locais, regionais e centrais, especializados em função do tipo de imposto ou área de atuação (e.g., inspetores, técnicos superiores e grupos especializados). Aparece ainda, no caso português, assessorada pelo Centro de Estudos Fiscais que elabora documentos legislativos ou técnicos e promove a divulgação de estudos e informações fiscais[636].

Nos termos do CPPT, constituem competências da administração tributária:

a) Liquidar e cobrar tributos;
b) Proceder à revisão oficiosa dos atos tributários;
c) Decidir as petições, reclamações e recursos hierárquicos;
d) Reconhecer isenções ou outros benefícios fiscais;
e) Receber ou remeter para os tribunais tributários competentes documentos ou processos nos termos legais.

No âmbito da organização administrativa fiscal, o governo português tem vindo a efetuar importantes investimentos em equipamentos e *software* informáticos para serem instalados nos serviços de finanças locais e regionais e aumentado o seu quadro de técnicos e inspetores.

[636] Ver Cadernos de Ciência e Técnica Fiscal, Centro de Estudos Fiscais, Ministério das Finanças.

Este esforço traduziu-se, desde logo, num mais fácil acesso à informação fiscal, tendo também facilitado o trabalho de inspeção e de combate à fraude e abuso fiscal.

1.2. A organização judicial

1.2.1. A estrutura judicial

Ao nível judicial, no sistema fiscal português existem tribunais com competência especializada em matéria fiscal:

- tribunais tributários de 1ª instância;
- tribunais centrais administrativos (secção tributária) e
- supremo tribunal administrativo (secção tributária).

Segundo o CPPT, os processos da competência dos tribunais tributários são julgados em 1ª instância pelo tribunal da área do serviço periférico local (*serviço de finanças local*) onde se praticou o ato objeto de impugnação ou onde deva instaurar-se a execução.

Podem ser igualmente competentes, os tribunais da área da residência ou sede do contribuinte, da situação dos bens ou da sua transmissão.

Para o conhecimento dos recursos jurisdicionais interpostos de decisões dos tribunais tributários de 1ª instância é competente a secção tributária do STA quando o recurso tiver por fundamento exclusivamente matéria de direito e é competente a secção tributária dos tribunais centrais administrativos se o fundamento não for exclusivamente de direito.

A Constituição estabelece no art. 212º que o Supremo Tribunal Administrativo (secção de contencioso tributário) é o órgão superior da hierarquia dos tribunais fiscais, sem prejuízo da competência própria do Tribunal Constitucional.

1.2.2. As recomendações das organizações internacionais

Recentemente têm sido publicados vários relatórios de organizações internacionais, nomeadamente OCDE e FMI, destacando a importância de um eficiente e tempestivo funcionamento das administrações fiscais e orgãos judiciários.

No que concerne às administrações fiscais, têm chamado a atenção para os custos de cumprimento das obrigações acessórias e respetiva fiscalização.

A análise do risco de ganho ou perda de receita fiscal é um elemento importante a tomar em consideração no contexto da arrecadação das receitas fiscais. Dada a escassez de recursos públicos e uma crescente sofisticação dos contribuintes, cumpre selecionar os casos objeto de fiscalização e analisar os resultados obtidos com o processo inspetivo[637].

Igual raciocínio deverá ser aplicado na fase judicial, recomendando-se uma maior especialização das normas processuais fiscais, estabelecendo-se regras específicas para processos mais complexos, e um aumento substancial das custas judiciais, à semelhança de outros sistemas jurídicos eficientes da UE.

A comunidade internacional tece também forte críticas ao 'garantismo' inscrito no sistema procedimental e processual fiscal português.

Ao nível do direito comparado não se utiliza o termo 'garantias do contribuinte' mas sim 'meios de defesa do contribuinte'. Para lá da expressão utilizada, cumpre reter os seus efeitos e alcance prático: nos países analisados pela autora, por exemplo, não se conhece a figura de prestação de garantia, presente quando o contribuinte se recusa, devida ou indevidamente, a pagar o imposto ou tributo. É entendido nas jurisdições analisadas que a utilização deste expediente resulta, desde logo, num benefício direto para as instituições financeiras e numa violação grave de um princípio fundamental de legalidade e cumprimento tempestivo das obrigações tributárias.

Ainda, entre muitos outros exemplos a considerar em sede de direito procedimental ou processual fiscal comparado, a figura da compensação é admitida em todas as situações de não pagamento do imposto pelo contribuinte, não se confinando à fase executiva, onde o seu efeito útil geralmente é nulo ou reduzido, como é visível no caso português.

Por último, afirma-se, com caráter de urgência, a reforma do processo executivo fiscal português, alinhando-o com outros países europeus dotados não só de leis válidas mas também eficientes e providas de sentido útil.

[637] OECD, *Compliance Risk Management: Audit Case Selection Systems*, Forum on Tax Administration Compliance Sub-group, Committee on Fiscal Affairs, Centre for Tax Policy and Administration, October 2004.

2. Processo Fiscal: relação com outros ramos do direito

2.1. A jurisdição fiscal vs. jurisdição penal

A questão prévia de decidir se as questões fiscais penais estão sujeitas ao direito fiscal ou direito penal é decidida, via de regra, nos diferentes ordenamentos jurídicos através da alocação da competência jurisdicional penal aos tribunais penais e da competência sobre as questões fiscais propriamente ditas aos tribunais fiscais.

2.2. A importância do direito processual civil e do direito processual administrativo

Igualmente, em sede de direito comparado, o direito processual fiscal é complementado a título subsidiário pelo direito processual civil e pelo direito processual administrativo[638].

No caso português, o CPPT (Código de Procedimento e de Processo Tributário) estabelece igualmente como direito subsidiário, nomeadamente as normas do Código de Processo Civil e do Código do Procedimento Administrativo.

2.3. A delimitação do 'pedido fiscal' e a sua diferenciação do 'pedido administrativo'

A atribuição da competência jurisdicional fiscal aos tribunais tributários resulta desde logo quando estamos perante um *pedido* de natureza fiscal ainda que acessoriamente possam ser tratadas na *causa de pedir* questões de natureza administrativa.

Diferentemente, se o *pedido* da parte se limitar exclusivamente a questões de foro administrativo são competentes os tribunais administrativos, não obstante na *causa de pedir* poderem ser incluídas matérias de natureza fiscal[639].

Um pedido de natureza fiscal (ou tributária) afirma-se desde logo pela repercussão da sua decisão na esfera jurídico-tributária do contribuinte e

[638] Ver mais adiante, neste capítulo, 'quadros práticos: a perspetiva comparada'.

[639] A caraterização do ato praticado é, na opinião da autora, irrelevante pois em matéria de direito público a maioria dos atos praticados são atos de natureza pública ou administrativa. Importa, portanto, a análise jurídica do pedido principal, procedendo à sua qualificação substantiva e, subsequentemente, à sua inclusão no normativo processual competente.

assentar na aplicação direta de normas substantivas ou processuais fiscais (ou tributárias).

3. Os princípios processuais e procedimentais fiscais

O princípio da oficialidade e da investigação ou inquisitório é um dos princípios conformadores do processo fiscal, consistindo, segundo o CPPT, na atribuição ao juiz e ao ministério público de poderes de investigação e direção do processo.

Nos termos da Lei, e em consonância com a melhor experiência processual comparada, é dado como certo que não ficam os magistrados limitados ao objeto do processo em matéria criminal ou contra-ordenacional e, mesmo no âmbito estritamente fiscal, a jurisprudência comparada ilustra com frequência os amplos poderes jurisdicionais utilizados, nomeadamente em matéria de produção de prova, para averiguação da verdade material da causa.

Os princípios da colaboração e da eficiência aparecem claramente ilustrados no artigo do CPPT relativo à sanação de deficiências e irregularidades, obrigando o tribunal ou qualquer serviço da administração tributária a baixar o processo, de modo a suprir aquelas deficiências ou irregularidades.

Note-se que o objetivo do legislador é o de prosseguir a eficiência e economia processual, para evitar perdas de tempo e despesas desnecessárias.

No sistema fiscal português, esta disposição deveria ter uma 'forte' aplicação, tanto por parte da administração tributária como do lado dos tribunais.

O princípio da publicidade impõe desde logo a notificação ou citação do interessado, nos termos estabelecidos em leis substantivas e do CPPT[640].

A uniformização dos termos 'notificação' e 'citação' faria, no entender da autora, sentido, sujeitando-se o processo executivo fiscal às normas constitucionais vigentes.

[640] O CPPT estabelece também regras específicas para as notificações aos mandatários, pessoas coletivas ou sociedades e entidades públicas.

Este princípio impõe também a obrigatoriedade de informação geral ou especial, nomeadamente através da Internet, meios de comunicação social, etc., pela administração tributária ou órgãos judiciais.

O princípio do contraditório impõe que o contribuinte ou a administração tributária sejam ouvidos, oralmente ou por escrito (direito de audição), nas decisões que afetem os seus direitos ou obrigações, garantindo-se desta forma a participação efetiva de ambas as partes processuais.

4. A figura do representante da Fazenda Pública

Em sede de direito comparado, nos EUA, encontramos juristas especializados que defendem a administração fiscal nos diferentes tipos de ações. Este serviço jurídico está organizado por secções especializadas, em função da categoria do sujeito passivo.

No caso português, nos termos do CPPT, compete ao representante da Fazenda Pública representar a administração fiscal, sendo este representante, geralmente, um funcionário da AT.

O representante da Fazenda Pública apenas tem competência e legitimidade para intervir nos processos tributários e não nos procedimentos tributários[641].

Esta intervenção também não se verifica em processos de execução fiscal, constituindo um sério e grave desvio ao normal funcionamento da justiça fiscal. De facto, a legitimidade do representante da Fazenda Pública para intervir em processos de execução fiscal limita-se à fase dos processos que deve correr perante os tribunais tributários, pois a execução fiscal é instaurada pelo serviço de finanças, sendo o respetivo diretor local que promove a execução e assegura também a defesa da Fazenda Pública.

Ainda que organicamente e do ponto de vista da defesa dos interesses da Fazenda Pública a situação possa ser indiferente, do ponto de vista da posição do contribuinte, constitui uma violação constitucional grave e

[641] Ver Lopes de Sousa, Jorge, *Código de Procedimento e de Processo Tributário, anotado e comentado*, volume I, Áreas Editora, 2011.

um sério atentado aos direitos fundamentais dos cidadãos, não obstante a posição discordante do Tribunal Constitucional[642].

Não existe, em nenhum ordenamento jurídico, ofensa mais grave à integridade patrimonial dos cidadãos do que a instauração de um processo executivo, que em países desenvolvidos aparece devidamente regulado e em conformidade com os princípios e liberdades fundamentais, nomeadamente o direito a um processo justo e imparcial que só aos tribunais compete[643]. Existe portanto uma clara divisão de poderes, não podendo o poder executivo interferir com o poder judicial.

É, portanto, manifestamente inconstitucional o processo executivo fiscal português, devendo os cidadãos, em última instância, recorrer para o Tribunal dos Direitos Humanos em defesa dos seus direitos inalienáveis.

5. A representante do contribuinte

Da análise de direito comparado desencadeada pela autora, em representação do contribuinte surge à cabeça a figura da advogada, seguida da figura da contabilista publicamente certificada.

Estas profissionais deverão fazer prova da sua qualidade e idoneidade profissional, através de documento escrito válido.

As representantes fiscais deverão ainda preencher uma declaração específica e apresentar procuração outorgada pelo contribuinte.

Por exemplo, a administração fiscal americana possui impressos próprios, com diferentes tipos de procuração e outorga de poderes à representante. Uma vez o respetivo impresso preenchido e apresentado ao serviço competente, a administração fiscal passa a contactar diretamente a representante em lugar do representado[644].

642 Ver acórdão do Tribunal Constitucional nº 371/94 de 11/05/94.

643 Note-se, que só em situações de elevado risco de subtração de rendimento, através, nomeadamente da sua transferência para o estrangeiro, os ordenamentos jurídicos permitem a intervenção unilateral da administração fiscal, através da apreensão imediata dos bens do contribuinte, não se notificando este, para evitar a consumação do crime.

Mas, repare-se, que mesmo os 'procedimentos urgentes e indispensáveis' terão de passar posteriormente pelo crivo e análise judicial.

644 Note-se que este procedimento aplica-se tanto a residentes como não-residentes.

As representantes estão sujeitas a obrigações legais e deontológicas e ainda ao cumprimento da obrigação de prestar informações sobre operações de planeamento fiscal.

A legislação americana autoriza ainda os tribunais a impor sanções aos representantes, que podem chegar aos 25.000,00 dólares, caso estes tenham utilizado indevidamente o processo judicial ou recorrido a expedientes processuais ou procedimentais dilatórios frívolos ou sem fundamento. Esta disposição do código fiscal americano (section 6673) existe desde 1926 e tem vindo a ser aplicada consistentemente desde a década de setenta.

Justifica-se, no caso português, a introdução de medida legislativa similar, para obstar aos contínuos abusos processuais e procedimentais fiscais e que impedem a aplicação de uma efetiva justiça fiscal substantiva[645].

O CPPT prevê dois tipos de mandato: o mandato tributário, que pode ser exercido por advogados, advogados estagiários e solicitadores quando se coloquem questões de direito e o mandato judicial, que é obrigatoriamente exercido por advogado nas causas de maior valor ou em processos da competência dos tribunais tributários superiores.

6. A importância do Ministério Público e a produção de prova

Nos termos do CPPT, cabe ao Ministério Público a defesa da legalidade, a promoção do interesse público e a representação dos ausentes, incertos e incapazes.

Não descurando o seu papel fundamental e indispensável na representação dos ausentes, incertos e incapazes, a sua missão principal é a de contribuir para a defesa da legalidade e descoberta da verdade material da causa.

No caso português, onde os níveis de fraude e abuso fiscal ainda são elevados, a sua competência tem de ser afirmada, especialmente através de um esforço acrescido da procura da verdade material, utilizando todos os recursos e expedientes probatórios legais disponíveis.

[645] "Section 6673 (a) (2) authorizes the Tax Court to impose sanctions against attorneys and other representing parties before the Tax Court. If the court finds that such person "has multiplied the proceedings in any case unreasonably and vexatiously" the court may require the person to "pay personally the excess costs, expenses, and attorneys' fees reasonably incurred because of such conduct"."

A atuação da administração fiscal, ao nível da produção de prova, também deverá conformar-se com as exigências acima referidas, em consonância com o CPPT (*meios de prova*) que refere que o "órgão instrutor utilizará todos os meios de prova legalmente previstos...podendo designadamente juntar atas e documentos, ...promover a realização de perícias ou inspeções oculares."

Impõe-se, assim, uma breve análise comparada da produção de prova no procedimento e processo fiscal[646].

A autora centrou a sua investigação nos países de tradição inglesa, pois estes países dedicaram ao longo de séculos uma atenção especial à matéria probatória, tendo aperfeiçoado técnicas e refinado leis processuais de forma a garantir uma 'justiça equitativa, reparadora e célere'.

Na atualidade, nestes países, existe uma preocupação na procura de 'erros judiciais', cuja deteção é fundamental para o progresso da justiça e do Direito. O erro não é um estigma, desvalorizando-se portanto a 'punição disciplinar' dos agentes da justiça, mas antes assume-se como elemento corretor para situações futuras.

Em termos de hierarquização das provas em direito processual fiscal comparado, aqui analisado, aparece no topo da lista a prova escrita ou documental, seguida da prova pericial e na sua base, a prova testemunhal, cuja admissão está sujeita a requisitos muito estritos e rigorosos[647].

Assim, tanto o contribuinte como a administração fiscal, através dos inspetores fiscais, deverão apresentar a sua pretensão de um modo fundamentado e alicerçado em material probatório claro, objetivo e bastante.

Nos países analisados, os magistrados assumem um papel fundamental em matéria probatória, nomeadamente:

a. selecionando ou recusando provas;

[646] Sobre a matéria ver, nomeadamente, Tapper, Collin, *Cross &Tapper on Evidence*, 10th edition, LexisNexis, Butterworths e Kay Linnell, *Tax Appeals*, Tottel publishing, 2007.

[647] Por exemplo, a testemunha deverá sempre comparecer quando solicitado pelo tribunal, salvo motivo atendível e justificado, sob pena de pagamento de uma multa, cujo valor mínimo foi fixado, em 2007, em 1500 euros. A penalidade máxima foi fixada em 15000 euros (valores para 2007).
Pode ainda o tribunal entender ouvir simultaneamente duas testemunhas para melhor esclarecer a matéria controversa.

b. solicitando novo material probatório, como por exemplo, novos documentos, relatórios ou informações de terceiras entidades[648];
c. exigindo a presença de peritos ou personalidades independentes para ajudar a esclarecer a verdade dos factos;
d. conduzindo o processo, impedindo 'manobras dilatórias' ou abusos processuais.

7. As decisões judiciais

O CPPT dispõe a seguinte regra geral para proferir despachos e sentenças:

a) Para os despachos que não sejam de mero expediente, estabelece-se o prazo máximo de 10 dias,
b) Os despachos de mero expediente ficam sujeitos ao prazo limite de 5 dias,
c) As sentenças deverão ser proferidas no prazo máximo de 20 dias.

Compreende-se certamente as razões que motivaram o legislador no estabelecimento destes prazos, nomeadamente razões de celeridade na aplicação da justiça e eficiência legislativa. No entanto, já não se compreende a 'ligeireza' e rigidez na redação deste tipo de norma.

De facto, se para determinado tipo de ações, os prazos limite estabelecidos pelo legislador podem até ser exagerados, para ações mais complexas, por exemplo, o prazo de 20 dias é insuficiente para a produção de uma sentença devidamente fundamentada.

Nas legislações processuais fiscais analisadas pela autora, o legislador abstém-se de indicar prazos, para conferir maior flexibilidade ao sistema judicial. No entanto, nestas jurisdições, via de regra, o sistema judicial funciona de um modo célere, constituindo a profissão de magistrado uma profissão independente, estando os magistrados obrigados ao cumprimento rigoroso de deveres disciplinares e deontológicos.

8. O procedimento e o processo tributário

O CPPT inclui no procedimento tributário as seguintes fases principais:

648 Se a entidade à qual foi solicitado o documento ou informação não o prestar ou não responder, fica sujeita ao pagamento de uma multa que pode variar entre os 90 e os 4500 euros (valores relativos a 2007).

a) Liquidação,
b) Reclamação,
c) Recurso hierárquico e
d) Cobrança.

O procedimento tributário conforma-se com os princípios da publicidade e do contraditório.

É criticável o princípio do duplo grau de decisão, na redação imperfeita apresentada no CPPT, que impede que a pretensão do contribuinte seja apreciada sucessivamente por mais de dois órgãos da administração tributária.

Nada obsta, e assim demonstra a experiência processual fiscal comparada, que a pretensão seja sucessivamente examinada por vários órgãos ou serviços, desde que a apreciação se realize nos prazos legais e em conformidade com as respetivas leis orgânicas dos serviços.

É igualmente censurável, e de duvidosa constitucionalidade, o 'princípio' da impugnação unitária que nega a via contenciosa direta e imediata ao contribuinte de atos interlocutórios do procedimento que não sejam imediatamente lesivos dos seus direitos.

O princípio é incorreto e revela contradições claras, na redação apresentada no CPPT. De facto, o ato ou tem suficiente autonomia jurídica, afetando a esfera jurídica do contribuinte, ou não. E, se preenche estes requisitos, não fará sentido diferir o momento de recorrer contenciosamente para fase posterior, invocando um 'princípio' incorreto de impugnação unitária.

No elenco dos meios de defesa procedimentais do contribuinte, indica o CPPT as figuras acima mencionadas da reclamação graciosa que, via de regra, deverá ser dirigida ao órgão periférico regional da administração tributária e instruída, quando necessário, pelo serviço periférico local da área do domicílio ou sede do contribuinte, da situação dos bens ou da liquidação, e o recurso hierárquico, em caso de indeferimento total ou parcial da reclamação graciosa[649].

O contribuinte pode, via de regra, optar por recorrer diretamente para os tribunais, sem necessidade de apresentar a reclamação graciosa pre-

[649] O CPPT indica ainda procedimentos específicos a aplicar no âmbito das normas antiabuso e presunções.

viamente. A Lei impede, obviamente, o recurso administrativo e judicial simultâneo.

Em países com uma forte cultura jurídica e judicial, afigura-se desnecessário ao legislador introduzir nos códigos e leis processuais fiscais, disposições destinadas a impedir o 'abuso' das formas procedimentais e processuais, nomeadamente o da impossibilidade de apresentar a 'mesma pretensão' a várias entidades distintas, de forma a tirar partido de possíveis incoerências das decisões destes.

Conforme já mencionado nesta obra, este tipo de atuação é considerada ilegal e está sujeita ao pagamento de elevadas multas ao Estado.

Nos termos do CPPT, o processo tributário[650] aplica-se aos casos de apresentação de impugnação, pedidos de providências cautelares, ações para o reconhecimento de um direito ou interesse legítimo, meios processuais acessórios, intimação para um comportamento e ações executivas, neste último caso, com as 'deficiências' constitucionais e legais já enunciadas pela autora nesta obra.

No entender da autora, a técnica legislativa utilizada para definição do objeto e âmbito de aplicação do processo tributário é incorreta, apresentando-se portanto sempre incompleta e passível de ampliação[651].

Em consonância com os tratados e normas internacionais e europeias, constitui um direito fundamental dos cidadãos e instituições recorrer aos tribunais em caso de lesão dos seus direitos e interesses tributários, independentemente das possíveis definições e restrições processuais colocadas pelos legisladores[652].

[650] Utiliza o legislador a expressão 'processo judicial tributário'. Não se compreende a razão de ser da menção 'judicial', salvo se utilizássemos a expressão processo administrativo, em lugar de procedimento.

[651] Ver ainda comentários feitos nesta obra, no âmbito da atribuição de competências jurisdicionais fiscais e administrativas, e a importância da definição do pedido da ação para resolução de possíveis conflitos de competência jurisdicional.

[652] Para maiores desenvolvimentos em matéria processual fiscal, nomeadamente tramitação do processo, organização das peças processuais, condução do processo, etc. ver Prof. Tavares de Sousa, *Lições de Processo Civil*, Faculdade de Direito da Universidade do Porto, 2007.

9. Os processos alternativos de resolução de litígios e o seu impacto no direito fiscal atual

Alguns países têm vindo a analisar a possibilidade de introdução no direito fiscal dos chamados 'meios alternativos de resolução de litígios'. Alguns, por exemplo o caso Holandês, têm já em curso experiências piloto, para averiguar da valia e impacto destes meios alternativos.

Os Estados, na atualidade, de uma forma ou de outra, já dispõem de alguns meios alternativos de resolução de litígios específicos e circunscritos a determinadas áreas ou matérias fiscais: vejam-se os exemplos da possibilidade dada ao contribuinte, nas situações legalmente previstas, do pagamento do tributo às prestações; a utilização do procedimento amigável em matéria internacional; a possibilidade de concluir acordos prévios em matéria de preços de transferência, conforme o OE de 2008, e os procedimentos instituídos ao abrigo da convenção de arbitragem.

Em sede de direito comparado, convém referir a experiência holandesa e os primeiros passos dados pela administração fiscal holandesa em sede de mediação na área fiscal.

Ainda não há resultados concludentes e definitivos que permitam ajuizar sobre a necessidade e adequação da mediação na área tributária. Aguarda-se, portanto, pelos resultados da experiência em curso, que consiste sumariamente na seleção prévia de uma determinada categoria de contribuintes (e.g. maiores empresas), identificação dos principais parâmetros ou objetivos de tributação ou receita fiscal e respetiva negociação entre a administração fiscal e os contribuintes selecionados. O processo de mediação é desenvolvido entre os inspetores fiscais e gestores fiscais, de acordo com regras e procedimentos previamente estabelecidos pela administração fiscal.

Nos EUA, a grande maioria dos conflitos fiscais resolve-se por mútuo acordo entre a administração fiscal e o contribuinte.

As leis procedimentais americanas incentivam este resultado, desejável desde logo devido à morosidade e custo elevado no recurso à via judicial[653].

[653] O problema da fixação das custas judiciais deveria ser corretamente analisado no sistema judicial português, elevando-se desde logo os atuais valores, de modo a cobrir os

Deste modo, e se as partes não chegarem a um acordo, existe ainda a possibilidade de recurso para o "Appeals Office", cujo principal objetivo é conseguir um acordo entre a administração fiscal e o contribuinte. Da decisão do "Appeals Office" só existe recurso via judicial, apresentando-se como a solução final na fase administrativa.

A administração fiscal americana dispõe também de impressos específicos, aplicáveis aos acordos a efetuar entre esta e os contribuintes, de forma a aumentar a eficiência e celeridade procedimental.

Em anexo, apresentam-se desenvolvidamente algumas experiências comparadas, no âmbito do processo e procedimento tributário.

Foram não só selecionados países da União Europeia (Espanha e Finlândia) mas também se inclui os EUA, cuja experiência, tanto ao nível da administração fiscal como do funcionamento do aparelho judicial, merece ser referida.

custos ou benefícios envolvidos, evitando-se a introdução de discriminações em função do sujeito, passíveis de reprovação constitucional ou legal.
Os abusos processuais corrigem-se com a aplicação de multas ao infrator (ver experiência americana) e não através da aplicação de diferentes categorias ou tipos de custas, baseados na qualidade do sujeito reclamante. Esta diferenciação, a existir, para além de inconstitucional, viola igualmente preceitos legais aplicáveis em sede de tributos e taxas (e.g. princípio da proporcionalidade).

Quadros Práticos
A Perspetiva Comparada

O trabalho de investigação sobre direito procedimental e processual fiscal comparado que a seguir se inclui foi financiado pela FCT e baseou-se em entrevistas e questionário elaborado pela autora durante o 1º semestre de 2007.

ESPANHA

(Prof. Angela G. Frias, Universidade de Salamanca, Tribunal Constitucional)

Questionnaire

1. Does your country have specific rules of practice and procedure in tax matters?

Sí. Existen reglas específicas en la Ley General Tributaria que afectan a las reclamaciones en vía administrativa. Sin embargo en vía jurisdiccional los recursos se rigen por las leyes reguladoras de la jurisdicción contencioso-administrativa.

2. Civil procedure or criminal procedure rules (also) apply and in affirmative case to which tax cases or facts?.

Las civiles no, sí las criminales para el caso del delito fiscal.

3. Does your country have tax courts that deal with tax cases? In affirmative case, those courts are also competent to decide criminal or civil tax cases?.

No existen tribunales fiscales especializados. En caso de delitos fiscales conocen los tribunales penales y en el caso de reclamaciones administrativas la jurisdicción contencioso-administrativa.

4. What is the (organic) structure of the judiciary in your country? If possible, illustrate with a diagram or table.

Ver tabla anexa

5. Describe generally, if applicable, the procedure for administrative tax appeals in your country and referral of final administrative decisions to the tax courts.

Procedimiento administrativo es de carácter revisor de la actuación administrativa. Ello significa que no se pueden plantear cuestiones nuevas que no se hayan suscitado en la vía administrativa. Para acudir a esta vía es obligatorio agotar la vía administrativa, interponiendo reclamación ante los Tribunales Económico-administrativos (Tribunal Económico-administrativo Regional y Tribunal Económico--administrativo Central en primera o única instancia en función de la cuantía).

La administración está obligada a ejecutar las sentencias en los términos que se hayan previsto por los tribunales en sus sentencias.

6. Is mediation accepted by your tax system as a binding method of conflict resolution in tax matters? In affirmative case, indicate specific cases and procedure adopted (briefly).

No es possible.

7. List briefly special tax procedures used in your country such as 'urgent injunctions', etc.

No estoy segura de a qué se refiere la pregunta, seguramente porque no existen en España

8. Indicate types of evidence generally accepted by the tax courts and tax administration in your country.

No hay limitación de pruebas, sino que se siguen todas las posibles en derecho que sean adecuadas para probar los hechos. Es muy habitual la prueba pericial para valorar bienes.

9. Indicate categories of professionals accepted by your system to litigate and represent the taxpayer in the tax courts.

Para interponer recursos en vía administrativa no se necesita estar asistido por letrado. Para interponerlos en vía jurisdiccional es necesario abogado y procurador. No está prevista otra vía.

10. Small tax cases are subject to different tax procedure rules? If affirmative, indicate them briefly.

Sí. En el caso de los tributos locales, que suelen ser de escasa cuantía se puede reclamar ante los juzgados de lo contencioso en lugar de acudir al Tribunal Superior de Justicia.

Si los asuntos son de escasa cuantía no se puede interponer recurso de casación ante el Tribunal Supremo. Por lo demás no hay especialidades.

11. The general rule 'pay first and claim later' applies in your country? If affirmative, indicate also specific exceptions to this rule, describing briefly applicable procedure.

Los actos administrativos y entre ellos los tributarios son ejecutivos por ello la interposición de un recurso no suspende su ejecutividad. Se puede pedir la suspensión si se presenta una garantía y en casos muy excepcionales sin garantía (viabilidad de la empresa). Solo hay suspensión automática sin caución en el caso de que se reclame una sanción.

Jurisdicción ordinaria		**Actos administrativos tributarios**		**Delito fiscal y contable**
	Laboral	Contenciosa	Civil	Penal
		Juzgados de lo Contencioso (Proviciales)		Audiencia Provincial
		Tribunales Superiores de Justicia (en cada Comunidad Autónoma)		Audiencia Nacional
		Audiencia Nacional (estatal)		Tribunal Supremo
		Tribunal Supremo (estatal)		
Tribunal Constitucional				

FINLÂNDIA

(Profª Marjaana Helminen e Kristiina Aima,
Universidade de Helsínquia)

Questionnaire

1. Does your country have specific rules of practice and procedure in tax matters?

The Act on Tax Assessment (1558/1995) is a general act applicable on tax assessment.

Tax litigation before Finnish courts is also regulated by the Administrative Judicial Procedure Act (586/1993).

2. Civil procedure or criminal procedure rules (also) apply and in affirmative case to which tax cases or facts?

Criminal procedural rules apply to tax fraud and other tax crimes.

3. Does your country have tax courts that deal with tax cases? In affirmative case, those courts are also competent to decide criminal or civil tax cases?

Administrative courts (including local administrative courts and the Supreme Administrative Court) are empowered to decide tax cases.

Penal cases involving tax fraud and equivalent tax crimes are decided by civil courts (including local district courts, courts of appeal and the Supreme Court).

4. What is the (organic) structure of the judiciary in your country? If possible, illustrate with a diagram or table.

Finnish courts are divided to *general courts* and *administrative courts.* General courts (including local district courts, courts of appeal and the Supreme Court) decide civil and penal cases.

Administrative courts (including local administrative courts and the Supreme Administrative Court) decide tax cases and other administrative issues. The first line of appeal in tax cases is a tax adjustment board connected to the tax office. The tax adjustment board is an administrative body which lacks independency.

Binding advance rulings can be requested in issues of primary importance "precedents" from the Central Tax Commission. Decisions by the Commission may be directly appealed to the Supreme Administrative.

5. Describe generally, if applicable, the procedure for administrative tax appeals in your country and referral of final administrative decisions to the tax courts.

The principle of *ex officio* is applied to administrative proceedings. Accordingly, if a taxpayer files a claim which does not fulfil all the substantive or procedural requirements, the tax official shall request the tax-payer to complete the claim/application.

All cases may be appealed until the administrative-court-level. Admission to the Supreme Administrative Court is restricted by a leave-to-appeal. The leave is granted in cases of important value "precedents" and in other important cases. Claims based on the interpretation of Community law may inter alia be granted with the leave.

6. Is mediation accepted by your tax system as a binding method of conflict resolution in tax matters? In affirmative case, indicate specific cases and procedure adopted (briefly).

No. Mediation has only been accepted in civil law procedure.

7. List briefly special tax procedures used in your country such as 'urgent injunctions', etc.

A taxpayer's assets can be seized in order to safeguard execution of tax claims. An order of attachment can be issued if the amount of tax due is considerable and if it likely that the taxpayer will conceal his assets.

8. Indicate types of evidence generally accepted by the tax courts and tax administration in your country.

Tax litigation is, according to the main rule, based on written evidence, including agreements, minutes of the meetings, by-laws, book-keeping documents etc.

In addition, oral hearings are organised in order to satisfy the requirements lay down by the ECHR. Witnesses may also be heard.

9. Indicate categories of professionals accepted by your system to litigate and represent the taxpayer in the tax courts.

Members of the Finnish Bar are not granted with exclusive right to represent clients before courts. An individual or a company may assign any person to deal with a case tax before courts. Tax litigators are usually tax advisors who have legal and/or business degrees. They may be members of the Bar as well.

10. Small tax cases are subject to different tax procedure rules? If affirmative, indicate them briefly.

No. The same rules apply to all cases.

11. The general rule 'pay first and claim later' applies in your country? If affirmative, indicate also specific exceptions to this rule, describing briefly applicable procedure.

Yes. A taxpayer, normally, first pays the amount of tax assessed. Subsequently, the taxpayer files a claim contesting the decision made by the tax authorities.

Taxpayers may request abolishment of interim measures which have been taken in order to safeguard recovery of taxes.

ESTADOS UNIDOS DA AMÉRICA

(Prof. David Rosenbloom,
Universidade de Nova Iorque)

Questionnaire

Does your country have specific rules of practice and procedure in tax matters?

Civil procedure or criminal procedure rules (also) apply and in affirmative case to which tax cases or facts?

Does your country have tax courts that deal with tax cases? In affirmative case, those courts are also competent to decide criminal or civil tax cases?

What is the (organic) structure of the judiciary in your country? If possible, illustrate with a diagram or table.

Describe generally, if applicable, the procedure for administrative tax appeals in your country and referral of final administrative decisions to the tax courts.

Is mediation accepted by your tax system as a binding method of conflict resolution in tax matters? In affirmative case, indicate specific cases and procedure adopted (briefly).

List briefly special tax procedures used in your country such as 'urgent injunctions', etc.

Indicate types of evidence generally accepted by the tax courts and tax administration in your country.

Indicate categories of professionals accepted by your system to litigate and represent the taxpayer in the tax courts.

Small tax cases are subject to different tax procedure rules? If affirmative, indicate them briefly.

The general rule 'pay first and claim later' applies in your country? If affirmative, indicate also specific exceptions to this rule, describing briefly applicable procedure.

Answers:

1) Yes. These rules are found in the Internal Revenue Code and Treasury Regulations and apply to administrative audit, assessment and collection proceedings outside of the court system. They also determine

when and how tax cases can be brought to court by the taxpayer or by the government.

2) The normal rules of civil and criminal procedure apply when tax cases are brought in the courts.

3) Yes, there is a federal Tax Court that handles civil tax audit and assessment matters, but not collection or criminal matters.

4) We have judiciary at both state and federal levels. At the federal level we have the specialized Tax Court. We also have a special court for all claims against the government (including tax refund claims), which handles some civil tax refund cases. Refund cases can also be brought in the general federal courts, and all tax collection and criminal tax cases must be brought in those courts. The organization of the judiciary, at the federal level – apart from the specialized courts described above – is that we have district courts throughout the country, 13 regional appellate courts, and then the Supreme Court, which takes cases on a discretionary basis.

5) We have an Appeals Office within the Internal Revenue Service, which has authority to resolve or compromise administrative appeals of audit and collection disputes. Taxpayers may avail themselves of that option and then go to court if the case cannot be resolved in the Appeals Office, or they may bypass Appeals and proceed directly to court. They can go to court without payment if they opt for the specialized Tax Court. If they pay and claim a refund, they may go to either the specialized court for claims against the government or to the generalized district courts.

6) There is a mediation procedure available, upon application, in the administrative appeals process. It is accepted for factual cases but, in general, not for legal issues.

7) No injunctions are available to taxpayers to block assessment or collection of a tax liability. The IRS has a "jeopardy assessment" procedure that it uses when it appears that the taxpayer is dissipating or concealing assets or that assets may leave the country. Following assessment of a tax liability, the IRS obtains an automatic lien against the taxpayer's assets. The IRS can size and sell the taxpayer's assets without going to court, or it can bring a collection proceeding in federal district court to foreclose its liens or to obtain injunctive relief in aid of collection.

8) This is a very broad question. And a broad response would be that there are no special rules – the same types of evidence may be used as in

other types of litigation. In other words, there are no special "tax" rules of evidence. However, our courts, especially the Tax Court, puts pressure on the parties to reach stipulate any issues of fact that are not genuinely in dispute. In general, the burden of producing evidence is on the taxpayer in routine (non-fraud) civil cases. The burden is on the government to prove civil fraud or criminal tax violations.

9) Generally, this is for attorneys. Accountants can qualify to appear before the Tax Court, but they rarely do so. Only attorneys can appear before other federal courts.

10) Yes. The Tax Court has rules designed to allow for small cases to be presented to special trial judges and otherwise to promote efficiency. The rules of evidence are relaxed in such cases, and taxpayers frequently represent themselves.

11) Explained previously. Not so in the Tax Court. If the taxpayer loses in that court, it may appeal (to one of the federal appeals courts) only by paying or posting a bond.

Capítulo XIII
Políticas Fiscais no Século XXI

1. As especificidades dos países periféricos
Uma visão global

A internacionalização e a sempre crescente competição económica e financeira entre os estados têm colocado novos desafios aos sistemas fiscais, especialmente aos países periféricos e economicamente dependentes do exterior[654]. O excessivo endividamento destes estados, associado a uma ausência ou deficiente política fiscal, deixou um legado pesado não só para os atuais contribuintes mas também para as gerações futuras.

A necessidade urgente de instituir políticas fiscais coerentes e estáveis, aconselhada pelos Relatórios do Fundo Monetário Internacional (FMI), faz-se sentir a três níveis diferentes mas que se articulam estreitamente entre si: o nível interno, o europeu e o internacional.

A política fiscal interna tem necessariamente de abranger, para além dos impostos propriamente ditos, outro tipo de impostos, designados em Portugal como contribuições obrigatórias para a segurança social. As recomendações do FMI são claras a este propósito quando pediu ao governo português uma descida das taxas destas contribuições, por entender que a tributação do trabalho é excessivamente pesada em Portugal. Até ao momento nenhuma medida foi tomada, tendo os políticos

[654] Ver Kang, Joong, Shambaugh, Jay, *The Evolution of Current Account Deficits in the Euro Area Periphery and the Balties: Many Paths to the Same Endpoint*, WP/13/169, IMF, July 2013.
Este estudo concluiu que o problema fundamental residiu num aumento exagerado das importações e não tanto na 'performance' das exportações.

optado pela reforma da tributação das empresas, reforma necessária e já há muito pedida mas certamente não de caráter urgente.

Ao nível europeu, as políticas fiscais prioritárias centram-se nas trocas comerciais e concomitante aperfeiçoamento de técnicas tributárias nas áreas dos impostos aduaneiros (incluindo as medidas *anti-dumping*), IVA e rigorosa monitorização dos auxílios de Estado. Os desejos e ambições de harmonização europeia ao nível de IRC foram refreados, nomeadamente a proposta de uma base consolidada comum, centrando-se na atualidade as atenções na chamada fiscalidade indireta ou tributação do consumo, designadamente, e para além dos acima mencionados impostos aduaneiros e IVA, nos impostos especiais sobre o consumo (IEC(s)). Os estados com orçamentos mais equilibrados possuem um leque diversificado de impostos especiais sobre o consumo, que vão muito além dos IEC(s) comunitários, e servem um duplo objetivo: obtenção de receita fiscal e influência direta no investimento e consumo.

Por último, a política fiscal internacional acentua a importância das trocas de informações fiscais no combate à evasão ou fraude fiscal, atualizando-se os atuais tratados sobre dupla tributação internacional e instituindo-se acordos específicos ao nível das trocas de informações (ATI(s) 'Acordos sobre Trocas de Informações').

Mantem-se ainda a tendência de um maior refinamento na definição e implementação dos regimes de preços de transferência, com especial atenção ao nível da OCDE, com o objetivo de mitigar os efeitos de comportamentos abusivos, especialmente ao nível dos grupos e empresas multinacionais.

Esta organização tem vindo a desenvolver várias iniciativas no sentido de aumentar a transparência e combater o abuso e fraude fiscais. Entre as mais recentes, contam-se o 'Plano relativo à Erosão e Alocação de Lucro' (*Base Erosion and Profit Shifting* (BEPS)) e o incentivo à celebração de acordos sobre trocas de informações, assumindo o fórum global da OCDE sobre transparência e troca de informações em matéria fiscal um papel dinamizador e fiscalizador nesta matéria[655].

[655] Ver *OECD Secretary-General Report to the G20 Leaders*, St. Petersburg, Russia, 5-6 September 2013, OECD, 2013.

Os desafios da internacionalização

As empresas, frequentemente, podem escolher os seus locais de atuação, nomeadamente a localização da sua sede em países de reduzida tributação ou com regimes fiscais preferenciais. Assim, cada região tem os seus países mais emblemáticos: na União Europeia surge a Holanda e Luxemburgo; na Ásia, Singapura; etc., estando os respetivos sistemas fiscais dotados de regimes que isentam de tributação determinados rendimentos (dividendos e mais-valias) e ainda de estruturas organizativas e humanas que fornecem o aconselhamento e apoio ao nível da contabilidade, fiscalidade e auditoria.

Esta possibilidade coloca pressões acrescidas sobre a receita fiscal dos estados, obrigando alguns (ver o caso português) a procurar alternativas, nomeadamente o recurso à avaliação de imóveis e consequente aumento da carga fiscal dos contribuintes que os detêm. Ao nível internacional, os estados evitaram tocar nos impostos sobre o património devido à atual crise económica e financeira. No entanto, as estatísticas mais recentes da OCDE apontam para um crescimento económico já para o ano de 2014, aparecendo em primeiro lugar a China, seguida dos EUA e num lugar mais modesto a zona euro[656].

Igualmente, e como forma de reação à crescente erosão da base tributável das empresas, os estados tentam lançar novos impostos: uns bem sucedidos, outros não passam de simples propostas. Os primeiros, por estarem em consonância com a prossecução de políticas sociais, culturais, ambientais ou de interesse público direto e identificável, visam tributar o consumo em especial e já foram acima mencionados neste artigo. Os segundos, especialmente os novos impostos que visam tributar o rendimento (e.g. imposto sobre transações financeiras na UE), esbarram na vontade dos contribuintes, nos parlamentos nacionais ou eventualmente no Tribunal de Justiça da UE[657].

[656] Ver LeBlanc, Pierre, Matthews Stephen, Mellbye, Kirsti, *The Tax Policy Landscape Five Years after the Crisis*, OECD Taxation Working Papers nº 17, OECD, 2013.

[657] Existem sérias dúvidas quanto à legalidade da proposta relativa ao imposto sobre transações financeiras, especialmente sobre os efeitos extraterritoriais deste imposto nos estados membros que não subscrevem esta iniciativa legislativa (veja-se, entre outros, o caso do Reino Unido).

Os desafios da ciência e da tecnologia: as vantagens e os inconvenientes

O impacto e relevância económica dos intangíveis no setor empresarial levaram à concentração e alocação destes direitos de propriedade intelectual e industrial a entidades também elas sediadas em países de nula ou baixa tributação. Paralelamente, e acompanhando o movimento de planeamento fiscal dos contribuintes, os estados têm vindo a implementar regimes fiscais mais favoráveis, no sentido de cativar mais investimento produtivo e também de elevado teor científico e tecnológico. Portugal não acompanhou esta tendência, não obstante os apelos da doutrina neste sentido[658].

Neste domínio, a opção de política fiscal tem sido a de privilegiar o desenvolvimento produtivo, através da ciência e da tecnologia, em detrimento da obtenção de receita fiscal. Ao nível substantivo esta opção é válida mas se utilizada abusivamente, como tem sido o caso ultimamente por parte de grandes cadeias multinacionais, pode comprometer os fins que legitimamente visa prosseguir e levar a efeitos perversos na economia e na sociedade civil. Saliente-se que algumas multinacionais como a Google, Apple, Starbucks têm estado debaixo de fogo pela sua sujeição a uma reduzida carga tributária, pedindo-se mais justiça fiscal e menos sacrifícios aos pequenos e médios contribuintes.

A alteração deste estado de coisas passa não apenas pela introdução de mais e melhor legislação fiscal (veja-se, nomeadamente o crescente número de tratados, multilaterais e bilaterais, e diretivas dedicados às trocas de informações fiscais entre os estados) mas também pela progressiva implementação de medidas que obriguem determinadas categorias de contribuintes a divulgar publicamente os rendimentos que auferem.

Os estados têm vindo a atacar esta frente também mas com esforço e dificuldades acrescidas, exigindo-se uma autoridade tributária cada vez mais e melhor apetrechada, de forma a cobrir as situações de risco e que exigem uma atenção redobrada.

[658] Ver TEIXEIRA, Glória, ANTUNES, Teresa, *O Impacto do Regime Jurídico-Fiscal da Propriedade Intelectual na Economia: Breves Considerações Nacionais e de Direito Comparado, in* MONTEIRO, Sónia, COSTA, Suzana, PEREIRA, Liliana (coord.), *A Fiscalidade como Instrumento de Recuperação Económica*, Vida Económica, 2011, p. 369-381.

De igual modo, a economia digital desafia os princípios e técnicas fiscais fundamentais, pedindo às autoridades tributárias um refinamento e especialização sempre crescente no âmbito inspetivo e acompanhamento célere (*on-line*) deste tipo de atividade (*vide* comércio eletrónico, o jogo e apostas *on-line*, etc.).

De facto, e com frequência se lê em periódicos da especialidade que os conceitos de estabelecimento estável ou de sede ou direção efetiva estão moribundos, necessitando com urgência de serem revistos, de forma a acompanhar os desenvolvimentos científicos e tecnológicos bem como acautelar uma justa distribuição da carga fiscal não só entre contribuintes singulares e coletivos como também entre os estados da fonte e da residência[659].

Os problemas acima referidos de 'deslocalização' das sedes das sociedades bem como o da exploração de trabalhadores na Ásia e Médio Oriente deixam marcas na sociedade civil e pressionam as empresas envolvidas no sentido de uma maior responsabilização não só laboral mas também fiscal.

Portugal e os desafios do século XXI

Portugal inicia o século XXI fortemente endividado e em 2011[660], com o agravamento da crise europeia e internacional, vê-se obrigado a pedir ajuda externa para conseguir sobreviver.

Em 2010, as principais fraquezas do país foram identificadas pelo FMI: baixa produtividade, fraca competitividade e despesa pública muito elevada. Tendo identificado os principais problemas nacionais, esta instituição pediu políticas sérias e recomendou medidas específicas que deveriam ser implementadas com ambição e liderança.

No contexto das políticas, indicou como prioritárias a redução da despesa pública, o aumento da eficiência do tecido empresarial, a flexibilidade laboral e a criação de incentivos à poupança privada.

[659] Ver SHEPPARD, Lee, *Globalization and International Tax Rules,* Tax Notes International, May 13, 2013, p. 613-619.

[660] Em 2009, o défice era aproximadamente 10% e a dívida atingia já 80% do PIB. Em 2010, e com um défice de 9.1%, o governo esperava reduzir este para 3% em 2013 (ver IMF, *IMF Executive Board Concludes 2009 Article IV Consultation with Portugal,* Public Information Notice, nº 10/08, January 20, 2010).

Ao nível das medidas específicas, apontou como medidas prioritárias a redução dos salários dos funcionários públicos e a diminuição dos custos na área da saúde e segurança social, nomeadamente a redução temporal do subsídio de desemprego. Ainda, e no âmbito dos impostos, recomendou o alargamento das bases tributáveis e o aumento das taxas do IVA. Por último, alertou para o problema das empresas públicas e a necessidade de prosseguir com o processo de privatização.

As previsões em 2010 apontavam que a implementação destas medidas permitiria a credibilização do país face ao exterior e melhorar a sua situação económica e financeira para meados de 2013[661].

Infelizmente, a instabilidade política não permitiu a concretização de tais objetivos no período indicado e, a 8 de abril de 2011, o então Diretor do FMI divulga publicamente o pedido de ajuda financeira apresentado por Portugal àquela instituição internacional que, conjuntamente com a Comissão Europeia e o Banco Central Europeu, vai prestar assistência técnica e financeira ao governo português[662]. A 12 de abril de 2011, a 'Troika' inicia o seu mandato, que foi concluído em julho de 2014, com um empréstimo total no valor de 78 biliões de euros: 52 biliões de euros concedidos pela União Europeia e os restantes 26 biliões pelo FMI (por um período máximo de 12 anos).

Na senda das políticas e medidas já indicadas ao governo português em 2010, logo em maio de 2011[663], o FMI recomenda a redução das taxas das contribuições obrigatórias para a segurança social de forma a reduzir os custos de trabalho e aumentar a competitividade e eficiência das empresas. Desta vez, não obstante a estabilidade da coligação PSD/CDS no governo, tal recomendação foi ignorada, optando o governo, e mal, em minha opinião, pelo aumento das taxas de IRS.

Ainda, no leque das recomendações de âmbito fiscal, pedia aquela organização que se optasse pela tributação do consumo e do património imobiliário, opções estas que foram materializadas pelos governos

[661] Ver IMF, *Portugal: Staff Report; Public Information Notice on the Executive Board Discussion; and Statement by the Executive Director for Portugal*, IMF Country Report Nº 10/18, January 2010.

[662] Ver IMF, *Statement by IMF Managing Director Dominique Strauss-Kahn on Portugal*, Press Release Nº 11/124, April 8, 2011.

[663] Ver IMF, *IMF Reaches Staff-Level Agreement with Portugal on a 26 Billion Euros Extended Fund Facility Arrangement*, Press Release Nº 11/160, May 5, 2011.

seguintes, nomeadamente com o aumento das taxas do IVA, dos IEC(s), introdução de impostos especiais sobre a energia e bebidas açucaradas e adicional ao IMI, e implementadas pela Autoridade Tributária e Aduaneira com o processo de atualização do valor patrimonial tributário dos imóveis[664].

Ao nível do IRC, as recomendações pedem a eliminação de todas as taxas reduzidas e a limitação do reporte de prejuízos, não devendo ultrapassar o período de 3 anos. No âmbito do IRS, pede a eliminação das deduções à coleta e uma tributação mais efetiva dos rendimentos em espécie.

Os compromissos de Portugal decorrentes deste empréstimo, não são só para com o FMI mas também para com a União Europeia, conforme Decisão de Execução do Conselho de 30 de maio de 2011, relativa à concessão de assistência financeira da União a Portugal (2011/344/UE)[665]. Esta Decisão salienta no seu preâmbulo dois problemas imediatos: a crise das finanças públicas portuguesas e a forte subida dos *spreads* da dívida soberana. Para os resolver, deveria o Estado português, num período de 3 anos, implementar as políticas e recomendações emitidas pelas entidades financiadoras. Tendo sido analisado o programa e recomendações exigidos pelo FMI, cumpre analisar as exigências impostas pela União Europeia a Portugal no âmbito tributário, nomeadamente:

a) O alargamento das bases tributáveis de IRC e IRS;
b) A eliminação de isenções em sede de IMI;
c) O alargamento da base tributável do IVA e redefinição das listas de bens e serviços sujeitos a taxas reduzidas, intermédias e elevadas;
d) Aumento das taxas dos IEC(s) e
e) Implementação de medidas de combate à fraude, abuso e informalidade.

Ao nível da gestão fiscal, aconselha a sua centralização numa só entidade (AT) e a redução do número de repartições de finanças.

De uma análise global das políticas e medidas recomendadas pela 'Troika', verifica-se que a dificuldade não reside na parte tributária mas

[664] Ver IMF, *Portugal: Letter of Intent, Memorandum of Economic and Financial Policies, and Technical Memorandum of Understanding*, May 17, 2011.

[665] Ver Jornal Oficial da União Europeia de 17.6.2011.

antes na contenção da despesa e na organização política e administrativa do Estado português. Se o sistema fiscal português tem vivido de 'reforma em reforma', acarretando instabilidade mas também permitindo, por vezes, a arrecadação de receita urgente e indispensável, já o sistema político e administrativo ficou parado no tempo, não se adaptando às novas realidades sociais e económicas[666].

Começando pelo problema da organização política, constata-se que os políticos não têm credibilidade na sociedade civil portuguesa, sendo os cargos políticos ocupados, por vezes em ministérios importantes (veja-se Finanças e Economia), por independentes sem experiência e ambição. Note-se que a instabilidade política em pastas fundamentais como a das finanças (3 ministros desde 2011) ou economia (2 ministros desde 2011) têm custos pesados para o Estado, conforme tem demonstrado a nossa experiência recente e passada.

O problema da contenção da despesa foi claramente enunciado pelo FMI quando, num relatório de junho de 2011, salientou que o setor empresarial do estado português, na sua componente PPP (parcerias público-privadas), era dos maiores do mundo mas padecia de falta de transparência, não estando sujeito a um controlo ou fiscalização adequados[667].

Igualmente, a excessiva carga fiscal em sede de IRS foi sendo assumida pelo governo, nos relatórios seguintes apresentados ao FMI, como uma medida transitória e para vigorar por um ano enquanto se aguardava pelas reformas estruturais do setor empresarial do Estado. Em resultado destas reformas a despesa deveria cair, levando à reposição das taxas normais de IRS que, por razões de neutralidade fiscal, não deverão afastar-se excessivamente das taxas de IRC.

Por outro lado, esta organização é clara quando reafirma a necessidade do abaixamento das taxas das contribuições obrigatórias para a segurança social, contribuições estas que são verdadeiros impostos e como tal devem ser integrados no IRS (ver experiências europeias mais recentes no âmbito da tributação do trabalho), reiterando que o aumento do horá-

[666] A reforma administrativa recomendada pelo FMI começou por baixo, levando à extinção de aproximadamente 1/3 das juntas de freguesia, não tendo ainda resolvido os problemas da burocracia e excessiva despesa das câmaras municipais.

[667] Ver IMF, *Portugal: Request for a Three-Year Arrangement under the Extended Fund Facility*, IMF Country Report Nº 11/127, June 2011.

rio laboral para 40 horas nunca poderá ser um substituto para esta indispensável medida, essencial para aumentar a competitividade e eficiência do trabalho e das empresas[668].

O impacto da intervenção internacional em Portugal fez-se sentir, e com efeitos positivos, na liberalização da economia, com uma nova Lei da Concorrência e uma influência direta sobre as autoridades reguladoras, no sentido de exercerem cabalmente as suas funções no âmbito da energia e das telecomunicações[669].

A criação de tribunais especializados – ainda com a limitação séria de estarem circunscritos à área de Lisboa e portanto estarem já congestionados – em matéria da propriedade intelectual e da concorrência constituiu um desenvolvimento muito positivo e evidencia o início do processo de maturação e profissionalismo da organização judiciária portuguesa.

Por último, é expectável que a nova Lei da Organização do Sistema Judiciário venha a surtir também efeitos positivos na gestão e funcionamento dos tribunais, de forma a permitir uma correta e efetiva implementação das acima mencionadas políticas e recomendações fiscais.

O futuro permanece incerto mas, e pelo lado positivo, a concretização de várias reformas desde 2011 têm melhorado a posição competitiva do país, nomeadamente as privatizações bem sucedidas, a introdução de novos regimes legais (concorrência, arrendamento, serviços, etc.) ou o arranque de uma gestão judiciária.

Os desafios sérios vêm da necessidade de uma verdadeira reforma política e administrativa[670] e da sustentabilidade da segurança social que passará inevitavelmente por uma redução do valor das pensões. Conforme já reiterado várias vezes neste artigo, a produtividade e competitividade das empresas passa necessariamente por uma redução dos custos do fator trabalho, com o abaixamento significativo das taxas das contribuições obrigatórias para a segurança social, de forma a aumentar a empregabilidade e gerar maior riqueza no país. Esta medida urgente e necessária colocará inevitavelmente pressões acrescidas sobre o finan-

[668] Ver Entrevista dada ao Jornal Expresso por Poul Thomsen a 19 de novembro de 2011.

[669] Ver IMF, *Portugal: Second Review under the Extended Arrangement*, IMF Country Report Nº 11/363, December 2011.

[670] O primeiro passo, no sentido de uma maior racionalização da administração pública central, foi dado com o lançamento do PREMAC.

ciamento da segurança social que deverá ajustar-se ao novo contexto demográfico, económico e social.

A sociedade civil do século XXI não é compatível com a rigidez laboral nem com os regimes estáticos e inflexíveis de segurança social vigentes no século passado. A liberdade de escolha e a mobilidade laboral regional e internacional trazem novos desafios aos sistemas de segurança social, tendo-se procedido em alguns países (ver, por exemplo, o caso do Reino Unido) a uma verdadeira reforma da segurança social com sucesso e de agrado para os contribuintes e beneficiários.

O Relatório do FMI 'Rethinking the State – Selected Expenditure Reform Options' indica que, no caso português, só é possível atingir os objetivos recomendados do défice (e dívida) se se reduzir a despesa com pensões e salários dos funcionários públicos[671]. Estes dois tipos de despesa têm necessariamente de ser reduzidos num futuro próximo e se o primeiro – despesa com salários públicos – já foi concretizado, resta o desafio de reduzir o segundo: as pensões.

As recomendações apresentadas nos relatórios de 2013 do FMI consistem, especialmente:

a) Na redução das taxas de IRS, salientando que a taxa máxima é uma das mais elevadas da europa e potenciadora de fraude;
b) Na eliminação da tributação conjunta e obrigatória da família;
c) Na adoção de apenas duas taxas de IVA, tendente a ampliar a base tributável deste imposto;
d) Na simplificação da estrutura de taxas de IRC e eliminação da derrama municipal;
e) Na criação de um regime simplificado de IRC para pequenas e médias empresas;
f) Na atualização dos regimes de preços de transferência, SGPS e tratados sobre dupla tributação[672].

As recomendações fiscais acima mencionadas são exigentes mas necessárias. Note-se que os estados fiscalmente mais competitivos têm

[671] Ver SCHWARTZ, Gerd, LOPES, Paulo, GRANADOS, Carlos, SINNOTT, Emily, SOTO, Mauricio and TINIOS, Platon, *Portugal, Rethinking the State – Selected Expenditure Reform Options*, Fiscal Affairs Department, IMF, January 2013, p. 6-8.

[672] Ver IMF, *Portugal: Selected Issues Paper*, IMF Country Report Nº 13/19, January 2013.

centrado as suas atenções no refinamento e atualização destes últimos regimes, nomeadamente em sede de negociação dos tratados sobre dupla tributação, criando tratados bilaterais especializados e aplicáveis apenas a determinados contribuintes (ex. instituições financeiras no caso do Reino Unido), com a missão de atrair mais investimento e capital estrangeiro.

Em clima de recessão, especial atenção deverá também ser dedicada no acesso ao crédito, devendo o sistema fiscal facilitar a liquidez e potenciar a dedutibilidade de determinados custos em sede de IRC, se possível no respetivo exercício económico. Entre outros exemplos, o sistema de IVA de caixa e a possibilidade de dedução imediata de dívidas incobráveis, de redução de créditos (no âmbito do Código da Insolvência) ou de depreciações excecionais são certamente expedientes que contribuem para a rentabilidade das empresas e uma imagem sólida das instituições financeiras nacionais.

2. O Impacto do Regime Jurídico-Fiscal da Propriedade Intelectual e Industrial na Economia: breves considerações nacionais e de direito fiscal comparado

O impacto dos impostos no desenvolvimento de um país: o caso da propriedade intelectual e industrial em Portugal

A tributação da propriedade intelectual e industrial é um fator importante e indispensável para a prossecução de uma válida e eficiente política económica e contribui decisivamente para o desenvolvimento económico e social de um país. Leis fiscais que potenciam e encorajam a inovação e a investigação e desenvolvimento, sem custos acrescidos ou desnecessários para os contribuintes, são desejáveis e têm também um profundo impacto nos níveis de investimento nacional e internacional.

O legislador português, tanto ao nível jurídico como ao nível fiscal, não tem dedicado suficiente atenção a este setor, sendo necessário e indispensável, aperfeiçoamentos no sistema legal e judiciário num futuro próximo.

Iniciando esta breve incursão por uma análise sumária dos principais regimes fiscais nacionais deteta-se no Código de IRS uma grave anomalia que desencoraja autores e inventores de prosseguir normalmente a sua atividade criativa, sujeitando-os a custos de cumprimento fiscal desproporcionais e desprovidos de sentido.

A qualificação jurídico-fiscal dos rendimentos provenientes da propriedade intelectual ou industrial como rendimentos da categoria B afigura-se como incorreta e desnecessária dentro da própria lógica do sistema de tributação português. Veja-se que o legislador organizou os rendimentos em categorias próprias, específicas e portanto nada obsta a que seja criada uma nova categoria de rendimentos que se integraria dentro do espírito e normativo do Código de IRS.

Cumpre recordar que a categoria B diz respeito aos rendimentos empresariais e profissionais, devendo apenas integrar-se nesta categoria, e para além dos próprios rendimentos empresariais e profissionais, outros rendimentos conetados com o exercício daquelas atividades empresariais e profissionais.

O legislador aplica esta lógica corretamente a todas as outras categorias de rendimento (e.g. rendimentos prediais, etc.; ver art. 3º, nº 2 CIRS) e falha no tratamento fiscal autónomo dos rendimentos derivados da propriedade intelectual e industrial.

Em sede de IRS estamos em presença de contribuintes singulares que, salvo a situação acima referida dos profissionais ou empresários, são trabalhadores dependentes, pensionistas ou contribuintes que obtêm rendimentos de outras categorias e geralmente não possuem uma estrutura organizativa ou contabilística mínima.

A utilização da técnica da retenção na fonte, liberando os contribuintes singulares dependentes de obrigações fiscais adicionais, tem sido um expediente eficiente, tanto para o contribuinte como para a administração fiscal, e acima de tudo previne o abuso ou fraude fiscal. Veja-se a situação do pagamento de juros, sujeitos a taxas liberatórias, ou a transferência da obrigação de arrecadação do imposto para as entidades pagadoras.

A mesma lógica pode e deve ser aplicada em sede de rendimentos da propriedade intelectual e industrial, defendendo-se a criação de uma nova categoria de rendimentos: 'rendimentos da propriedade intelectual e industrial', sujeitando esses rendimentos a taxas de retenção na fonte, de preferência liberatórias, à semelhança de outras categorias de rendimentos em sede de IRS.

Aplaude-se em sede de incentivos ou benefícios fiscais os concedidos, nomeadamente:

a) No artigo 12º, nº 2 do CIRS: "prémios literários, artísticos ou científicos, quando não envolvam a cedência, temporária ou definitiva, dos respetivos direitos de autor, desde que atribuídos em concurso, mediante anúncio público em que se definam as condições de atribuição";

b) No artigo 32º CIRC: as despesas com projetos de desenvolvimento podem ser consideradas como gasto fiscal no período de tributação em que sejam suportadas, apresentando, no entanto, o legislador no nº 2 deste artigo uma definição estrita do conceito de despesas com projetos de desenvolvimento: "consideram-se despesas com projetos de desenvolvimento as realizadas pelo sujeito passivo através da exploração de resultados de trabalhos de investigação ou de outros conhecimentos científicos ou técnicos com vista à descoberta ou à melhoria substancial de matérias-primas, produtos, serviços ou processos de produção". Esta definição não inclui, por exemplo, as despesas relacionadas com a conceção ou criação de invenções, cingindo-se apenas àquelas relacionadas com a sua exploração. Seria útil que o legislador, em sede de IRC, aperfeiçoasse este regime de forma a incentivar a I&D e consequente desenvolvimento tecnológico e comercial do país;

c) No artigo 9º números 15 a 17 do Código do IVA: o legislador concede e bem em sede de IVA uma série de isenções no âmbito dos direitos de autor mas esquece por completo a propriedade industrial. É uma lacuna que deveria ser suprida com urgência, atendendo à importância e impacto deste tipo de imposto nos negócios e economia nacional;

d) No artigo 58º do Estatuto dos Benefícios Fiscais (EBF): isenção parcial (50%), com progressividade, dos rendimentos de direitos de autor com o limite de 10.000 euros. Mais uma vez, e em sede de EBF, o legislador contempla e bem a propriedade intelectual mas esquece a propriedade industrial. Veremos mais adiante que, em sede de direito comparado, os legisladores fiscais dos países mais industrializados, tecnologicamente mais desenvolvidos e mais ricos em termos económicos, apresentam um pacote coerente de incentivos fiscais muito atrativos em sede de propriedade industrial;

e) O Decreto-Lei nº 162/2014, de 31 de outubro aprovou um novo Código Fiscal do Investimento, tendo previsto a dedutibilidade de despesas relacionadas com a aquisição de ativo fixo incorpóreo (aquisição de direitos de patentes, licenças, «saber-fazer» ou conhecimentos técnicos não protegidos por patente). A este propósito, atente-se aos artigos 11º, 22º e 37º, este integrado no Capítulo V, «Sistema de incentivos fiscais em investigação e desenvolvimento empresarial». Neste contexto ('benefícios fiscais contratuais'), o legislador português contempla e reconhece expressamente o valor e impacto da propriedade industrial, apresentando uma noção abrangente e atualizada ao nível dos diferentes direitos de propriedade industrial, integrando o indispensável e relevantíssimo setor dos direitos não protegidos através de patente[673]. No entanto, este regime abrange apenas uma parcela do setor produtivo, recomendando-se a sua extensão aos restantes setores da economia, dentro de um quadro regulamentar apropriado[674]. Esta recomendação foi acolhida na mais recente reforma fiscal de IRC, com a introdução de um regime fiscal mais favorável aos rendimentos da propriedade industrial (ver artigos 45º-A e 50º-A do CIRC) mas, e não obstante o mérito do regime, não foram contemplados nesta reforma do IRC os rendimentos da propriedade intelectual.

Assim, e apesar do leque de incentivos concedidos pelo sistema fiscal português, com as limitações já enunciadas em termos de técnica fiscal em sede de IRS, o sistema permanece ainda incompleto e não tratado de uma forma coerente nos diferentes códigos fiscais.

O esquecimento do legislador é demasiado óbvio no caso do Código do Imposto de Selo, onde no extenso leque de isenções definidas no seu artigo 7º, que cobrem não só operações financeiras mas também deter-

[673] Ver Abreu, Lígia Carvalho, *La Brevetabilité dês Ressources Biologiques*, em Teixeira, Glória, Carvalho, Ana Sofia (coord.), *Os 10 anos de Investigação do CIJE*, Almedina, 2010.

[674] Veja-se ainda o Regime dos Benefícios Fiscais Contratuais Concedidos a Projetos de Investimento, previsto no Código Fiscal de Investimento, aprovado pelo Decreto-Lei nº 162/2014, de 31 de outubro, com previsão específica no Capítulo II, e a dedutibilidade de despesas com ativo fixo incorpóreo, designadamente os relacionados com despesas com assistência ténica e elaboração de estudos, bem como despesas com patentes, licenças e alvarás.

minadas modalidades de jogos, nada se diz relativamente à propriedade industrial. A atribuição de benefícios fiscais, sob a forma de isenção ou redução de taxa, seria muito bem-vinda em sede de tributação em imposto de selo da propriedade industrial e contribuiria certamente para um aumento da eficiência e neutralidade não só fiscal mas também económica e financeira.

A perspetiva de direito fiscal comparado

Em sede de direito comparado, na Holanda, o rendimento derivado de patentes e de I&D de intangíveis beneficiava de uma taxa efetiva de IRC (10%) mais reduzida, de acordo com o regime denominado "patent box". Desde 1/01/2010, este regime ainda se tornou mais atrativo, com a aplicação de uma taxa efetiva de tributação de 5%, tendo-se alterado o nome do regime para "innovation box". O objetivo desta alteração tem em vista a atração de mais investimento nesta área, reduzindo também os níveis de cumprimento de obrigações fiscais para aceder a este regime fiscal preferencial.

A noção de rendimento aqui utilizada é abrangente e cobre não só 'royalties' e rendimentos comerciais, como também os rendimentos de mais-valias.

Não se aplica também nenhum limite ao montante de rendimento que pode beneficiar deste novo regime.

A noção de intangível é também muito lata, qualificando não apenas rendimentos derivados de patentes ou outros direitos objeto de registo mas igualmente rendimentos derivados de 'know-how', 'trade secrets' ou outros direitos não patenteáveis como os intangíveis relacionados com o 'software' (e.g. programas de computador, etc.).

As marcas e intangíveis, objeto de comercialização através de contrato de licença ou outros, não qualificam perante este regime, estando sujeitos ao regime normal de tributação.

Os intangíveis sujeitos a este regime preferencial podem ser desenvolvidos no país ou no estrangeiro mas o risco e responsabilidade pelo seu desenvolvimento deverá ser assumido pelo contribuinte holandês. Ao nível internacional, exige-se ainda o preenchimento de 2 testes, de tipo qualitativo e quantitativo: a coordenação e gestão de pelo menos 50% da atividade deve estar sediada na Holanda, estando aquele limite sujeito a derrogação em benefício do contribuinte. Os gastos fiscais podem ser deduzidos contra a totalidade dos rendimentos sujeitos a IRC, incluindo tanto os sujeitos à taxa reduzida como aqueles tributados à taxa normal de IRC.

Por último, e para além da aplicação de uma taxa efetiva de IRC mais reduzida, o sistema fiscal holandês concede benefícios fiscais às entidades empregadoras que desenvolvam estes intangíveis através da redução da taxa de IRS e das contribuições para a segurança social aplicáveis aos seus trabalhadores.

Na Bélgica, também o legislador concedeu abundantes benefícios fiscais em sede de tributação da propriedade intelectual e industrial, nomeadamente uma isenção parcial de 80% aplicável ao rendimento derivado da criação de patentes ou rendimentos derivados da aquisição de patentes ou contratos de licença e redução das taxas de IRS aplicáveis aos investigadores ou técnicos de investigação.

Em Espanha, nos últimos anos, tem havido uma preocupação crescente com a criação de incentivos fiscais para o desenvolvimento da propriedade intelectual e industrial, por exemplo através da atribuição de créditos fiscais em sede de IRC.

No Luxemburgo, o legislador seguiu a técnica utilizada pelo legislador Belga de aplicação de uma isenção parcial aos rendimentos líquidos e mais-valias derivados de certos tipos de direitos de propriedade intelectual e industrial.

Por último, no Reino Unido, o legislador optou pela técnica de redução dos custos das empresas, permitindo uma dedução mais alargada dos gastos fiscais com a criação ou desenvolvimento da propriedade intelectual e industrial.

Um exemplo numérico ilustra esta técnica tributária e aparece indicado em baixo:

Gasto fiscal realizado	100.000,00 (euros)
Benefício fiscal (adicional de 50% ao gasto)	50.000,00 (euros)
Gasto fiscal total	150.000,00 (euros)

Criou também incentivos fiscais específicos para a indústria cinematográfica nacional através de atribuição de benefícios fiscais do tipo acima indicado para os filmes Britânicos[675].

Conclusões

A experiência comparada acima descrita demonstra claramente a importância concedida pelo Estados à tributação da propriedade intelectual e industrial e do impacto das diferentes formas de tributação ou benefícios fiscais concedidos às empresas ou trabalhadores.

Os benefícios fiscais podem assumir a forma de redução de taxa, como no caso Holandês, a forma de isenção parcial, como nos casos Português, Belga ou Luxemburguês, a forma de crédito de imposto, como no caso Espanhol ou podem consistir numa maior dedutibilidade de gastos fiscais, como acontece no caso do Reino Unido.

Em alguns países (e.g. Holanda e Bélgica), o legislador concebeu uma política fiscal coordenada que abrange não só a atribuição de benefícios fiscais em sede de IRC mas também a atribuição de outros incentivos em sede de IRS e contribuições para a segurança social.

Ao conceder estes benefícios, os Estados tiveram também em consideração os princípios do Tratado da União Europeia, nomeadamente o princípio da não discriminação e as regras aplicáveis em sede de ajudas de Estado, de forma a não impedir ou distorcer as regras normais de funcionamento do mercado na União Europeia.

À semelhança da experiência fiscal comparada de países economicamente bem desenvolvidos da UE, esperemos que o legislador Português continue a dedicar mais atenção a esta matéria no futuro próximo, para garantir uma maior competitividade às nossas empresas e um maior incentivo à investigação e desenvolvimento em território nacional.

[675] Para maior desenvolvimento, ver FAIRPO, Anne, *Taxation of Intellectual Property*, 2nd edition, Tottel publishing, 2009.
Portugal introduziu também, recentemente, um incentivo fiscal à produção cinematográfica e audiovisual (ver art. 59º-F do EBF).

3. A tributação da agricultura e os desafios do século XXI

Introdução[676]

Portugal não tem levado a sério, desde há várias décadas, o setor agrícola e apenas recentemente, com a pressão acrescida sobre a balança comercial, as atenções se voltaram para este pilar essencial de qualquer economia desenvolvida.

De um ponto de vista jurídico-económico e também tributário, a produção, transformação e distribuição agrícola tem de ser analisada sob várias perspetivas, nomeadamente a nacional, a europeia e a internacional.

Ao nível internacional, os acordos e decisões proferidas no âmbito da OMC (Organização Mundial do Comércio) e da OMA (Organização Mundial das Alfândegas) são indispensáveis para perceber os equilíbrios e interesses em presença, estando Portugal dependente da política agrícola da União Europeia e, como tal, representado apenas indiretamente nestas importantes instituições internacionais.

Ao nível da União Europeia, são vitais para o setor agrícola nacional não apenas as ajudas ou subsídios atribuídos nos âmbitos dos sucessivos programas comunitários mas também a política e regimes aduaneiros aplicáveis à exportação e importação de produtos agrícolas.

Não é função da autora pormenorizar aqui os regimes aduaneiros mas é fundamental analisar e rever o estabelecimento e fixação destes impostos, isenções ou regimes fiscais preferenciais à luz dos interesses dos produtores e produtos agrícolas nacionais, de forma a tornar o nosso setor agrícola mais competitivo ao nível internacional. Critica-se frequentemente que as negociações em Bruxelas defendem prioritariamente os interesses agrícolas dos maiores países da UE, descurando as especificidades e produtos agrícolas de outros países, com menos influência política ou económica. Têm surgido também sucessivos alertas para as barreiras, criadas dentro da própria União Europeia, à normal circulação de produtos agrícolas, nomeadamente a aplicação de exigências desproporcionais à entrada dos produtos nos estados membros, de natureza técnica, sani-

[676] Para mais desenvolvimentos ver TEIXEIRA, GLÓRIA (coord.), Direito Rural – Doutrina e Legislação Fundamental, Vida Económica, 2013.

tária, etc. Tais exigências são necessárias e aconselháveis mas devem ser aplicadas indistintamente a produtos agrícolas internos e europeus sob pena de violação do princípio da não-discriminação.

Ao nível nacional, a nossa história legislativa no âmbito do direito rural, ilustra a importância de uma correta definição de uma política agrícola e a indispensabilidade de medidas económicas e jurídicas que dinamizem, promovam e defendam a agricultura. Tais iniciativas devem partir em primeira linha do Estado, através do ministério competente, mas também das autarquias e da própria iniciativa individual dos proprietários e agricultores. Notem-se, por exemplo, a iniciativa recente do governo de criação de uma bolsa de terras[677] (Lei nº 62/ 2012, de 10 de dezembro) bem como os incentivos ao emparcelamento rural de forma a rentabilizar a produção e mercados agrícolas (Lei nº 111/2015, art. 51º 'Isenções e incentivos').

Também a componente comercial, societária e cooperativa, enquanto elemento aglutinador de vontades e interesses dos produtores e comerciantes agrícolas, não poderá ser esquecida mas antes incentivada através de uma correta aplicação de benefícios fiscais. Esta temática será analisada mais adiante, não só numa perspetiva doméstica mas também sob o prisma do direito comparado.

Por último, é de criticar no atual regime aplicável ao arrendamento rústico a inflexibilidade na fixação dos prazos de duração dos contratos de arrendamento rural, que se encontram desadequados face ao atual desenvolvimento científico e tecnológico, e podem mesmo desencorajar os proprietários de celebrar contratos sujeitos a prazos mínimos tão extensos de 7 anos[678].

[677] No âmbito da Reforma da Fiscalidade Verde, foi publicada a Lei nº 82-D/2014, de 31 de dezembro, a qual altera o artigo 2º da Lei nº 63/2012, de 10 de dezembro, que aprova benefícios fiscais à utilização das terras agrícolas, florestais e silvopastoris e à dinamização da «Bolsa de terras». Ainda a este propósito, importa acrescentar, de acordo com as informações do Grupo de Acompanhamento da Bolsa de terras (GABT) que a Bolsa de Terras encerrou o ano de 2014 com um valor acumulado de 339 prédios rústicos disponibilizados a que correspondem 14.324,49 ha. Relativamente à área disponibilizada 14% pertencente a entidades privadas e os restantes 86% ao Estado (incluindo o setor empresarial do Estado).

[678] Ver art. 9º do Decreto-Lei nº 294/2009, de 13 de outubro.

A perspetiva constitucional

Contrariamente aos países analisados neste estudo (Espanha e Reino Unido), Portugal não possui uma política fiscal coerente na área agrícola, não obstante a existência de alguns benefícios fiscais.

Como membro da União Europeia, Portugal está subordinado aos artigos 38º a 44º do Tratado da União Europeia (TUE) que regulam o setor agrícola da União. O estabelecimento de uma política agrícola comum, assente numa definição de «produtos agrícolas» como produtos do solo, da pecuária e da pesca, tem objetivos precisos (ver art. 39º TUE) e subordina-se a um regime concorrencial específico (ver artigos 42º a 44º do TUE) que legitima, nomeadamente a adoção de medidas fiscais especiais ou a concessão de auxílios.

Esta legitimação constitucional comunitária em defesa dos interesses do setor agrícola, têm levado diferentes estados membros a implementar isenções e benefícios fiscais da mais variada natureza, de forma a tornar os respetivos mercados agrícolas nacionais mais atrativos para os consumidores e também mais competitivos ao nível europeu e internacional.

A nossa Constituição (CRP), não obstante a indicação de objetivos de uma política agrícola (ver art. 93º CRP), trata este setor modestamente e sem grandes ambições. Por exemplo, não é clara a opção do legislador constitucional quando defendendo a eliminação dos latifúndios (art. 94º CRP), incentiva o redimensionamento do minifúndio (art. 95º CRP) e ainda não resulta líquido do texto constitucional a conciliação dos interesses individuais dos agricultores e dos cultivadores (art. 96º CRP) e a compatibilização destes interesses com o objetivo de promoção das associações e cooperativas agrícolas.

Em sede de direito comparado, a Constituição espanhola é mais ambiciosa, clara e coerente em defesa dos interesses nacionais do setor agrícola.

O regime fiscal da agricultura portuguesa

O setor agrícola é contemplado nos diferentes códigos fiscais nacionais de um modo muito limitado e sem grandes preocupações de competitividade ou eficiência. Far-se-á ainda particular referência às disposições relevantes introduzidas pela Reforma da Fiscalidade Verde.

Apresenta-se neste estudo, uma análise transversal da legislação fiscal portuguesa que contrasta com as extensas legislações fiscais inglesas e espanholas, centradas essencialmente no tratamento e aplicação de benefícios fiscais.

Começando pela própria definição de 'agricultura' ou 'produtos agrícolas', deteta-se a divergência entre o conceito comunitário e o nacional.

Em sentido amplo, a agricultura, no Tratado da União Europeia, cobre todo o tipo de exploração do solo (incluindo a pecuária e a pesca), enquanto o legislador nacional opta, no CIRS, de diferenciar entre atividades agrícolas, silvícolas e pecuárias.

A pesca qualifica, ao nível nacional, como atividade comercial e industrial. Justificar-se-á tal autonomização ao nível fiscal ou convirá alinhar os conceitos internos com os da União Europeia?

O CIRS, no art. 3º, nº 1 alínea a) qualifica como rendimentos empresariais e profissionais, os decorrentes do exercício de qualquer atividade agrícola, silvícola ou pecuária, excluindo da tributação estes rendimentos quando o valor dos proveitos ou das receitas, isoladamente ou em cumulação com os rendimentos ilíquidos sujeitos, não exceda por agregado familiar quatro vezes e meia o valor anual do IAS.

A consagração deste benefício fiscal é coerente em linha com uma política fiscal que vise incentivar a atividade agrícola e aumentar a competitividade dos mercados dos produtos agrícolas ao nível nacional.

Fica a dúvida, e tomando em consideração os generosos incentivos fiscais à atividade agrícola em diferentes estados membros da União Europeia, se esta isenção será suficiente, atendendo que em alguns países (veja-se, por exemplo, o Reino Unido) os rendimentos agrícolas são completamente isentos de forma a encorajar e incentivar a competividade internacional e garantir uma produção nacional sustentável[679].

Diferentemente, o CIRC esquece por completo esta opção de política fiscal inserta no CIRS e limita-se a dedicar algumas disposições avulsas em matéria de direito rural: vejam-se o artigo 18º, nº 7 (imputação de gastos plurianuais das explorações silvícolas) e o artigo 26º, nº 1, alínea d) (inventários). Serão suficientes?

O direito comparado demonstra que são necessários mais incentivos fiscais às empresas, especialmente se compararmos a nossa legislação com

679 Ver ainda no CIRS, artigos 34º a 36º-A.

a de estados que isentam por completo, também, os lucros de empresas comerciais que se dedicam à atividade agrícola[680].

O CIVA também pouco adianta em defesa do setor agrícola, contrariamente às generosas isenções e reembolsos estabelecidos no CIVA espanhol ou inglês. Encontra-se apenas uma disposição isolada – art. 9º, nº 34 – no âmbito das prestações de serviços efetuadas por cooperativas e de reduzido alcance.

É urgente tratar adequadamente este setor em sede de IVA, podendo dar como exemplo o bem sucedido caso espanhol ou inglês.

De todo o modo, salienta-se o novo regime forfetário, introduzido pela Lei nº 82-B/2014, de 31 de dezembro, previsto no CIVA nos artigos 59º-A a 59º-E, destinado aos pequenos produtores agrícolas que reúnam as condições de aplicação do regime especial de isenção previsto no artigo 53º do CIVA, permitindo que aqueles sujeitos passivos solicitem à Autoridade Tributária e Aduaneira uma compensação em sede de IVA relacionada com a sua atividade agrícola. Esta compensação destina-se a atenuar o impacto do imposto suportado nas aquisições de bens e serviços para o exercício da atividade económica do produtor agrícola que se encontre isento do imposto, as quais não conferem o direito à dedução. O montante da compensação é calculado mediante a aplicação de uma taxa de 6% sobre o total das vendas e das prestações de serviços elegíveis, realizadas em cada ano. Refira-se ainda a este propósito a Portaria nº 19/2015, de 04 de fevereiro que aprova o modelo de pedido de compensação forfetária e respetivas instruções de preenchimento.

Importa ainda referir a propósito do regime forfetário de IVA, o Ofício Circulado nº 30169, de 5 de fevereiro de 2015, que presta importantes esclarecimentos relativos à aplicação deste regime, nomeadamente no que respeita ao seu âmbito de aplicação, compensação forfetária, prazos e processamento dos pedidos e de renúncia ao regime, referindo-se ainda a disposições transitórias constantes do artigo 200º da Lei nº 82-B/2014.

[680] Os incentivos são também esquecidos em sede do Código Contributivo e seria desejável uma adequação desta tributação às especificidades deste setor fundamental (ver artigos 95º e 96º do Código Contributivo e a aplicação de uma taxa global de 33.3%).

Em defesa da atividade e produção agrícola podem ser invocados alguns regimes do EBF mas são tímidos e complexos face à estrutura fundiária nacional. Vejam-se, por exemplo, os incentivos fiscais à constituição de fundos de investimento imobiliário em recursos florestais (art. 24º – isenção em IRC e reduções de taxa em IRS) e alguns benefícios fiscais avulsos concedidos a cooperativas agrícolas (art. 66º-A, nº 1, alínea a)), associações de agricultores, comissões vitivinícolas regionais e comunidades locais quanto aos rendimentos derivados dos baldios.

Particular bom senso é relevado em algumas disposições do CIEC(s) quando estabelece algumas isenções no âmbito do fabrico de produtos agro-alimentares (art. 67º, nº 1, alínea h) ou desonera os pequenos produtores e comerciantes do cumprimento de obrigações fiscais, nomeadamente os casos dos regimes estatuídos para as pequenas destilarias (art. 79º), pequenas cervejeiras (art. 80º) e pequenos produtores de vinho (art. 81º).

São igualmente de louvar em sede de IMT as isenções concedidas aos jovens agricultores nas aquisições de prédios rústicos que se destinem à primeira instalação (art. 6º, alínea j)) e, ainda no âmbito dos impostos que incidem sobre transações, urge estipular benefícios fiscais em sede de imposto de selo, nomeadamente aqueles que visem incentivar o arrendamento, os trespasses de estabelecimentos agrícolas, etc.

Referimos ainda a Lei nº 82-D/2014, de 31 de dezembro, que protagonizou a *Reforma da Fiscalidade Verde*, introduzindo determinadas aspetos relevantes em sede de agricultura. Atente-se especialmente às alterações que introduziu na Lei nº 63/2012, de 10 de dezembro, que aprova benefícios fiscais à utilização das terras agrícolas, florestais e silvopastoris e à dinamização da «Bolsa de terras», nomeadamente ao seu artigo 2º, que passa a dispor que para os prédios rústicos ou mistos, na parte rústica, que estejam a ser utilizados para fins agrícolas, florestais ou silvopastoris e que se encontrem inscritos no cadastro predial, a taxa prevista na alínea a) do nº 1 do artigo 112º do Código do Imposto Municipal sobre Imóveis é obrigatoriamente reduzida entre 50% e 100%." Este será um importante benefício em sede de IMI, com potencialidade para estimular o setor agrícola a todos os níveis (tanto de produções de grande escala como de produções particulares).

Mais recentemente, foram expressamente criados benefícios fiscais em sede de IMI que levam a uma redução das taxas aplicáveis aos prédios rústicos ou mistos, na parte rústica, utilizados para fins agrícolas ou disponibilizados em bolsa de terras (Lei nº 63/2012).

No entanto, tais benefícios deviam ser complementados com incentivos fiscais mais específicos, como aqueles do tipo adotados no Reino Unido, que permitem abater ao valor patrimonial do terreno ou imóvel, despesas com benfeitorias ou melhoramentos do terreno ou do prédio (e.g. vedações, construções de apoio, etc.).

Em resumo, as experiências de direito comparado no âmbito da fiscalidade agrícola demonstram a importância da criação de sistemas fiscais coerentes de benefícios fiscais que permitam aos setores agrícolas nacionais competir, não só no mercado europeu como no mercado internacional, com exportações mais atrativas e de qualidade elevada e certificada[681].

Por último, e na esteira dos últimos incentivos da União Europeia, particular atenção deverá ser dedicada à agricultura biológica,[682] discriminando positivamente, com a sujeição a taxas reduzidas de IVA, produtos amigos do ambiente, como os fertilizantes ou fungicidas orgânicos, incentivando-se igualmente as boas práticas na utilização de terras e preservação da biodiversidade.

4. As opções de políticas fiscais nos mais recentes orçamentos de Estado

Os benefícios fiscais à interioridade (art. 41º-B EBF)

No sentido de concretização da descentralização, o EBF (artº 41-B) concede às micro, pequenas e médias empresas uma redução da taxa de IRC (12.5%) aplicável aos primeiros 15.000 euros de matéria coletável e subordinada ao preenchimento cumulativo das condições enunciadas neste artigo.

[681] É de aplaudir a Resolução da Assembleia da República nº 6/2013 quando recomenda ao governo a concretização de medidas de apoio ao setor agrícola mas cumpre ir ainda mais além e não esquecer a importância de uma correta política de benefícios e incentivos fiscais. Seguindo esta tendência, ver art. 43º-A do EBF ('Programa semente') e benefícios fiscais concedidos sob a forma de dedução à coleta em sede de IRS.

[682] Neste contexto, ver art. 59º-E do EBF e a majoração das despesas com a certificação biológica de explorações com produção em modo biológico.

Não obstante a relevância da medida, recomenda-se a opção por uma isenção completa em sede de IRC, em lugar da via seguida pelo legislador de redução de taxa, salvaguardada com a introdução de medidas anti--abuso específicas.

Os benefícios fiscais à criação de emprego (art. 19º EBF)

No contexto de incentivo à contratação de trabalhadores jovens e desempregados de longa duração, estabelece o legislador um benefício fiscal que consiste numa majoração de 150% dos encargos suportados pelas empresas na celebração de contratos de trabalho por tempo indeterminado.

É de louvar o incentivo à contratação permanente de jovens e desempregados de longa duração pois está provado a importância da estabilidade laboral não só na produtividade da empresa como também na vida pessoal e social destes trabalhadores.

No entanto, a medida apresenta-se modesta e de alcance limitado. De facto, a experiência comparada (ver Reino Unido e outros países), demonstra que o reforço da competitividade passa também pela adoção de políticas sólidas e coerentes na área da contratação de trabalhadores jovens, nomeadamente através da aplicação de uma isenção em sede de IRS aos rendimentos de trabalho dependente destes trabalhadores até determinado limite (e bem acima do estabelecido 'mínimo de existência'), sendo as contribuições obrigatórias para a segurança social por conta do trabalhador suportadas pelo Estado.

CONCLUSÕES

Durante as últimas décadas, o sistema fiscal português tem vindo a ser revisto e atualizado, de acordo com outros sistemas fiscais da UE. Apesar das deficiências salientadas anteriormente, o sistema tem vindo progressivamente a abrir-se, tendo sido introduzidos novos regimes para abranger problemas como a subcapitalização, os paraísos fiscais e a legislação CFC (*Controlled Foreign Company*).

No que concerne à receita fiscal, o principal imposto no nosso sistema é o IVA. Sendo um imposto comunitário, a exposição portuguesa às políticas fiscais da UE não pode ser subestimada. Cumpre ainda salientar que Portugal, sendo um país com um défice comercial, as mudanças do princípio de destino para o princípio da origem provocarão uma redução na receita do IVA. Por outro lado, o sistema fiscal português assenta igualmente sobre a receita resultante de impostos específicos sobre o consumo. Esse facto poderá ser um instrumento útil de política fiscal e na ausência de uma maior convergência no seio da UE, neste campo, poderá restar alguma margem de manobra fiscal para futuros governos[683].

Os novos desafios

As sociedades atuais vivem momentos de tensão, resultado do aceleramento histórico, globalização das economias e do impacto das novas tecnologias de informação (e.g. *internet,* comércio eletrónico, etc.).

Os sistemas fiscais não estão imunes a estas mudanças e sentem igualmente a necessidade de enfrentar, com instrumentos válidos e eficientes,

[683] Ver CATTOIR, Philippe, *Taxation Papers, Tax-Based EU own Resources: An assessment,* Working Paper nº 1, European Commission, 2004.

os desafios do presente[684]. Soluções e técnicas utilizadas num contexto passado já não resolvem os problemas atuais dos sistemas fiscais. Repare-se que muitas das técnicas de tributação foram pensadas para Estados 'fechados' ou cuja mobilidade estava limitada pelos mais diversos tipos de entraves: restrições cambiais, limites ao investimento estrangeiro, etc.

Presentemente, tanto no contexto da União Europeia, como no âmbito mais alargado da Organização Mundial do Comércio, os movimentos de bens, capitais e serviços liberalizaram-se com a consequente liberdade de investir e efetuar transações em qualquer lugar do globo, sem sair de casa e apenas pressionando algumas teclas de um computador pessoal. São desafios sérios que se colocam aos atuais sistemas fiscais.

Que tipo de instrumentos serão necessários para limitar os efeitos da fraude ou abuso fiscais, fenómenos que têm escalado com a expansão do comércio eletrónico, especialmente via *internet*?

Qual a utilidade de mecanismos tais como retenções na fonte sobre juros ou dividendos quando é sabido que qualquer contribuinte minimamente esclarecido pode abrir contas bancárias, pedir empréstimos em qualquer instituição financeira da União Europeia e desde a introdução da moeda única, sem qualquer risco ou despesas cambiais?

Importa referir, que não obstante a importância atribuída aos impostos sobre o rendimento, a tributação do consumo aparece como o candidato melhor apetrechado para enfrentar uma sociedade cada vez mais móvel e informada. No entanto, é sabido, que tal como está concebida, também não resolve o problema da tributação efetiva das transações eletrónicas que escapam às redes nacionais e têm lugar 'no espaço'. Os impostos foram pensados para lograr aplicação num território físico.

Assiste-se na atualidade a uma redução progressiva das taxas de imposto e a uma crescente necessidade de tributar de um modo efetivo e real o rendimento global dos contribuintes. Pretende-se atenuar a fraude e abuso fiscais e evitar o uso de presunções, elementos que comprometem seriamente a segurança e racionalidade de qualquer sistema fiscal. Princípios como o da neutralidade, simplicidade e não-discriminação tendem a ser preferidos aos princípios da progressividade ou equidade vertical.

[684] OECD, *Compliance Risk Management: Progress with the Development of Internet Search Tools for Tax Administration*, Centre for Tax Policy Administration, Paris, 2004.

A relação administração fiscal/contribuinte modifica-se e da relação de subordinação passa-se a uma relação de colaboração. Incumbe ao contribuinte, como cidadão responsável, declarar e calcular o seu imposto - hoje em dia de forma electrónica e para alguns contribuintes de modo automático -, em consonância com as leis fiscais em vigor. A administração fiscal transforma-se no 'receptor' das receitas fiscais, indispensáveis para a construção de sociedades modernas, munidas de serviços públicos eficientes, com capacidade para enfrentar os desafios do novo milénio.[685]

[685] Neste contexto, ver novos instrumentos de gestão tributária da AT, nomeadamente no âmbito do acompanhamento de grandes contribuintes e contribuintes de elevada relevância económica e fiscal (art. 68º-B da LGT).

BIBLIOGRAFIA

AAVV, *Relatório Final da Comissão de Reforma da Fiscalidade Internacional Portuguesa*, in Ciência e Técnica Fiscal nº 395 (Julho – Setembro 1999), Centro de Estudos Fiscais, Direção Geral das Contribuições e Impostos, Lisboa, 1999.

AAVV, *Relatório da Comissão para o Desenvolvimento da Reforma Fiscal*, Comissão para o Desenvolvimento da Reforma Fiscal, Ministério das Finanças, Lisboa, 1996.

Andrews, W., "(1974*), A Consumption-Type or Cash Flow Personal Income Tax,* Harvard Law Review, ***87**, 1113.*

Cândido de Oliveira, António, *Organização Judiciária Administrativa (e Tributária)*, Coimbra Editora, 2003.

Ault, H.J., (1978), *International issues in corporate tax integration,* Law & Policy in International Business, **10**, 461.

Ault, H.J., (1992), *Corporate integration, tax treaties and the division of the international tax base: principles and practices,* Tax Law Review, **47**(3), New York University School of Law.

Ault, H.J., (1992), *Corporate integration and Tax Treaties: Where do we go from here?,* Tax Notes International, March 16.

Ault, H.J., (1997) *Comparative Income Taxation, A Structural Analysis,* Kluwer Law International, 2004.

Ault, H.J. & Bradford, D.F., (1989), *Taxing International Income: An Analysis of the U.S. System and Its Economic Premises,* Working Paper No. 3056, NBER, August.

Ault, H.J. & Radler, A.J., (1980), *The German Corporation Tax Law With 1980 Amendments,* Kluwer.

Baker, P., (1994), *Double Taxation Conventions and International Tax Law*, 2nd edn., London, S&M.

Baptista Machado, J, *Introdução ao Direito e ao Discurso Legitimador,* Almedina, 1983.

Barros, Duarte Figueira de, *Os preços de Tansferência e a função do TOC,* in Eurocontas – Contabilidade, Lisboa, Janeiro de 2002.

Barros, Duarte Figueira de, *Preços de Transferência,* in Jornal de Contabilidade nº 313, Lisboa, Abril de 1993.

BENDER, T. & PHILIPS, C.E.M., (1995), *Amendments to the Netherlands methods for the avoidance of double taxation, Intertax*, **10**.

BEVERIDGE, F., (1991), *International Dimensions of Taxation*, Studies in Law, Hull University Law School.

BOEKHORST, P.J., (1994), *The Taxation of Companies in The Netherlands*, IBFD.

BOOGAARD, R.J., (1995), *Relief for withholding tax on foreign dividends*, European Taxation, IBFD, January.

BRIGAS, Afonso, Manuel T. Fernandes, *Imposto sobre veículos e Imposto único de circulação*, Códigos Anotados, Coimbra Editora, 2009.

BRIGAS, Afonso, *Código dos Impostos Especiais de Consumo Anotado*, 2ª edição, Coimbra Editora, 2008.

CÂMARA, Francisco de Sousa, *A avaliação indireta da matéria coletável e os Preços de Transferência na LGT*, in Problemas Fundamentais do Direito Tributário, Vislis, 1999.

CÂMARA, Francisco de Sousa, (Relator Nacional, IFA, Congresso 2001, S. Francisco), *Limits on the Use of Low-Tax Regimes by Multinational Businesses: Current Measures and Emerging Trends*, International Fiscal Associaton, IFA, Cahiers de Droit Fiscal International, Vol. LXXXVIb, Kluwer, 2001.

CAPITAL TAXES GROUP OF THE INSTITUTE FOR FISCAL STUDIES, (1994), *Setting Savings Free, Proposals for The Taxation of Savings and Profits*, London.

CARREIRA, M., (1992), *Concentração de Empresas e Grupos de Sociedades, Aspetos Históricos Económicos e Jurídicos*, Edições ASA.

CARREIRA, M., (1989), *Uma Reforma Fiscal Falhada?*, Editorial Inquérito.

CASALTA NABAIS, *Direito Fiscal*, Almedina, Coimbra, 2017.

CHOWN, J. (1971), *The Reform of Corporation Tax*, publication Nº 2, March, Institute for Fiscal Studies.

CELORICO PALMA, Clotilde, Estudos de Imposto sobre o Valor Acrescentado, Almedina, 2006.

CELORICO PALMA, Clotilde, *Introdução ao Imposto sobre o Valor Acrescentado*, Almedina, 2005.

Cmnd. 7503, (1979), *The Financing of Small Firms*, Interim Report of the Committee to Review the Functioning of Financial Institutions, London, HMSO.

CNOSSEN, S., (1987), *Tax Coordination in the European Community*, Series in International Taxation, Nº 7, Kluwer, pp. 3-5.

CNOSSEN, S., (1993), *What kind of corporation tax?*, Bulletin of the International Bureau of Fiscal Documentation, January.

COMISSÃO EUROPEIA, *Towards an Internal Market without Tax Obstacles – A Strategy for Providing Companies with a Consolidated Corporate Tax Base for their EU wide Activities* (COM (2001) 582 de 23/10/2001).

COMISSÃO EUROPEIA, *EU Joint Transfer Pricing Forum, Background Document on the Replies Received from Member States to the Questionnaire on the Application of Transfer Pricing Rules and the Arbitration Convention*, 4/10/2002.

COMMISSION OF THE EUROPEAN COMMUNITIES, (1992), *Report of The Committee of Independent Experts on Company Taxation.*

COMMISSION OF THE EUROPEAN COMMUNITIES, (1975), *Tax Policy and Investment in the European Community*, Taxation Series.

COMMISSION OF THE EUROPEAN COMMUNITIES, (1979), *Report on the Computation of Business Profits For Tax Purposes*, XV/271/80-EN, April.

COOPERS & LYBRAND INTERNATIONAL TAX NETWORK, (1994), *1994 International Tax Summaries, A Guide For Planning and Decisions*, Wiley.

CUNHA, P.P., (1970), *O Tratamento Tributário dos Rendimentos da Propriedade Industrial e Intelectual*, Lisboa.

CUNHA, P.P., *A Integração Europeia no Dobrar do Século*, Almedina, 2003.

CUNHA, P.P., *Integração Europeia, Estudos de Economia, Direito e Política Comunitários 1963-1993*, 2ª edição, Almedina, 2004.

CUNHA, P.P., *Direito Institucional da União Europeia*, Almedina, 2004.

DAVIES, D.R., (1985), *Principles of International Double Taxation Relief*, London, Sweet & Maxwell.

DELOITTE TOUCHE TOHMATSU INTERNATIONAL, (1994), *Corporate and Withholding Tax Rates, International Tax and Business Guide*, 1994 edn.

DEVEREUX (ed.), M.P., *The Economics of Tax Policy*, Oxford University Press, 1996.

DRURY, R.R. & XUEREB, P.G., (eds.), (1991), *European Company Laws, A Comparative Approach*, Dartmouth.

ESSERS, P., MICHIELSE, G., DE BONT, G. & OFFERMANNS, R., (1994), *Some fiscal aspects of financing structures within a group of companies and thin capitalization approaches in Europe*, Report of the Winter-course 1994, *EC Tax Review*, **4**.

FARIA, Maria Teresa Veiga de Faria, *Preços de Transferência – Problemática Geral*, in Colóquio: A internacionalização da economia portuguesa e a fiscalidade, Direção Geral das Contribuições e Impostos, Ministério das Finanças, 1993.

FARIA, Maria Teresa Barbot Veiga de, *Sobre os métodos de determinação de preços de transferência*, in Ciência e Técnica Fiscal nº 400 (Outubro – Dezembro de 2000), Centro de Estudo e Apoio às Políticas Tributárias, Direção Geral das Contribuições e Impostos, Lisboa, 2000.

FARMER, P. & LYAL, R., (1994), *EC Tax Law*, Oxford, Clarendon Press.

FERREIRA, R.F., (1974), *Panorama atual da Fiscalidade Portuguesa*, Lisbon.

FREITAS PEREIRA, TEIXEIRA, Glória, *Taxation of Cross-Border Pensions, Portugal*, European Taxation, vol. 41, sup. 1, International Bureau of Fiscal Documentation, 2001.

FREITAS PEREIRA, *Finanças Locais e Sistema Fiscal*, Faculdade de Direito, Universidade do Porto, 2003.

FREITAS PEREIRA, *Fiscalidade das Empresas e Harmonização Fiscal*

Comunitária – Balanço e Perspetivas, CEF, Lisboa.

Freitas Pereira, *A Base Tributável de IRC*, CEF, 1990, Lisboa.

Freitas Pereira, *Fiscalidade*, Almedina, 2017.

Frenkel, J., Razin, A. & Sadka, E., (1990), *Basic Concepts of International Taxation*, Working Paper Nº 3540, NBER, December.

Morse, Geoffrey, and Williams, David, *Davies: Principles of Tax Law*, Sweet & Maxwell, 2008.

Gertler, M. & Hubbard, R.G., (1989), *Taxation, Corporate Capital Structure, and Financial Distress*, Working Paper Nº 3202, NBER, December.

Goldszal, Eduardo, *As novas regras de preços de transferência em análise*, in Fisco 105/106, 2002.

Gomes, Nuno Sá, *Lições de Direito Fiscal*, Volume I, Direção Geral das Contribuições e Impostos – Centro de Formação e Aperfeiçoamento Profissional, Centro de Estudos Fiscais, Cadernos de Ciência e Técnica Fiscal nº 134, Dezembro de 1986.

Gomes, Nuno Sá, *Lições de Direito Fiscal*, Volume II, Direção Geral das Contribuições e Impostos – Centro de Formação e Aperfeiçoamento Profissional, Centro de Estudos Fiscais, Cadernos de Ciência e Técnica Fiscal nº 134, Dezembro de 1986.

Gomes, Nuno Sá, *A Tributação do Património*, Almedina, 2005.

Goode, R., (1951), *The Corporation Income Tax*, Wiley, Chapman & Hall.

Gordon, R.H., (1990), *Can Capital Income Taxes Survive in Open Economies?*, Working Paper Nº 3416, NBER, August.

Gourevitch, H.G., (undated), *Corporate tax integration: the European experience*, Tax Lawyer, **31** (1).

Gouthière, B. (1994), *Removal of Discrimination – A Never-Ending Story*, European Taxation, IBFD, September.

Green, D.G., (1993), *Reinventing Civil Society, The Rediscovery of Welfare Without Politics*, Health and Welfare Unit, Choice in Welfare Nº 17, IEA.

Hamaekers, Hubert, *Can the free negotiation of Prices within a multinational Enterprise Serve as na Arm's Lenght Method*, in International Transfer Pricing Journal, 1997.

Hinnekens, L., (1993), *Territoriality-based taxation in an increasingly common market and globalizing economy: nightmare and challenge of international taxation in this new age*, EC Tax Review, **3**, Kluwer.

Hinnekens, L., (1994), *Compatibility of Bilateral Tax Treaties with European Community law. The rules*, EC Tax Review, **4**, Kluwer.

Hm Treasury, *Corporation Tax Reform, A Consultation Document*, Inland Revenue, Agosto 2003.

Hosson, F.C. de., (ed.), (1990), *The Direct Investment Tax Initiatives of the European Community*, Kluwer.

Ibfd, *EU VAT Compass 2007*, IBFD, 2007.

INLAND REVENUE, (1991), *EC Direct Tax Measures: A Consultative Document*, December.

INSTITUTE FOR FISCAL STUDIES (The), Goodman, A. & Webb, S., (1994), *For Richer, For Poorer, The Changing Distribution of Income in the United Kingdom, 1961-91*, Commentary Nº 42, London.

INSTITUTE FOR FISCAL STUDIES, (1978), *The Structure and Reform of Direct Taxation, Report of Committee Chaired by Professor J.E. Meade*, Allen and Unwin.

INSTITUTE FOR FISCAL STUDIES, (1991), *Equity For Companies, A Corporation Tax For The 1990s, Report of the Capital Taxes Group*, Commentary Nº 26.

INTERNATIONAL BUREAU OF FISCAL DOCUMENTATION, *International Tax Glossary*, 2009.

ISENBERGH, J., (1990), *International Taxation, U.S. Taxation of Foreign Taxpayers and Foreign Income*, **I**, Little, Brown & Co.

JANEBA, E., (1995), *Corporate income tax competition, double taxation treaties, and foreign direct investment*, Journal of Public Economics, **56**, 311-325.

MIRANDA, Jorge, *Constituição e Cidadania*, Coimbra Editora, 2003.

KAY, J.A. & KING, M.A., (1994), *The British Tax System*, 5th edn., Oxford University Press.

KAPLAN, R., (1988), *Federal Taxation of International Transactions, Principles, Planning and Policy*, American Casebook Series, West Publishing Co.

HOLMES, Kevin, *The Concept of Income, A Multi-Disciplinary Analysis*, International Bureau of Fiscal Documentation, 2001.

KING, M., (1986), *The Cash Flow Corporate Income Tax*, Economic and Social Research Council Programme, Nº 95, May.

KING, M., (1988), *Tax Reform: The Next Step*, Discussion Paper Nº 42, London School of Economics Financial Markets Group.

VOGEL, Klaus, *Double Taxation Conventions*, Kluwer, 1991.

KNOBBE-KEUK, B., (1995), *ECJ bans discrimination against non-residents*, Intertax, **5**.

MAGNIN, E., (1993), *Proposed Tax Haven Legislation*, IBFD, October.

PORTO, Manuel, *A Europa no Dealbar do Novo Século, Intervenções Parla-mentares*, Almedina, 1999.

MARTÍNEZ, Pedro Soares, *Manual de Direito Fiscal*, Almedina, Coimbra, 2003.

D'OLIVEIRA MARTINS, Guilherme, *Os Benefícios Fiscais: Sistema e Regime*, Almedina, 2006.

MARTHA, R.S.J., (1989), *The Jurisdiction to Tax in International Law, Theory and Practice of Legislative Fiscal Jurisdiction*, Kluwer.

MAVRAGANIS, G., (1992), *Harmonisation of Corporate Tax Law in the Euro-pean Community*, unpublished Ph.D. thesis, July.

MCLURE, C.E. JR. & SURREY, S.S., (1977), *Integration of income taxes: issues for debate*, Harvard Business Review, September-October.

MESSERE, K., (1993), *Tax Policy in OECD Countries, Choices and Conflicts*, IBFD.

MINISTÉRIO DAS FINANÇAS, DGCI, "XXX Aniversário 1963-1993", CEF, Colóquio, *A Internacionalização da Economia e a Fiscalidade*, Lisboa.

MINISTÉRIO DAS FINANÇAS, *Relatório sobre a Reforma Fiscal – Estruturar o Sistema Fiscal do Portugal Desenvolvido*, 1997.

MINISTRY OF FINANCE, (1994), *Taxation in The Netherlands*, March.

MINTZ, J., (1995), *The corporation tax: a survey*, Fiscal Studies, **16**(4), IFS, November.

MORET, Ernst & Young, (1995), *Payroll Tax and Social Security 1995*, January.

MUSGRAVE, R.A., (1969), *Fiscal Systems*, Yale University Press.

MUSGRAVE, R.A. & MUSGRAVE, P.B., (1989), *Public Finance in Theory and Practice*, fifth edn.

OGLEY, A., (1993), *Principles of International Tax, A Multinational Perspective*, Interfisc Publishing.

ORGANISATION FOR ECONOMIC COOPERATION AND DEVELOPMENT, (1991), *Taxing Profits in a Global Economy, Domestic and International Issues*, Paris.

OCDE, *Tax Expenditures, Recent Experiences*, Paris, 1996.

OCDE, *The Taxation of Fringe Benefits*, Paris, 1988.

OCDE, Transfer pricing guidelines for multinational entreprises and Tax Administrations, (trad. port. de Teresa Curvelo e Salomé Rebelo), OCDE, *Princípios aplicáveis em matéria de preços de transferência destinados às empresas multinacionais e às Administrações Fiscais*, Cadernos de Ciência e Técnica Fiscal – 189, Centro de Estudos e Apoio às políticas tributárias – Administração Geral Tributária – Ministério das Finanças, Lisboa, 2002.

OCDE, *Preços de transferência e empresas multinacionais – Relatório do Comité dos Assuntos Fiscais*, Cadernos de Ciência e Técnica Fiscal nº 144, Centro de Estudos Fiscais, Lisboa, 1985.

OCDE, *Preços de transferência e empresas multinacionais – três estudos fiscais – Manual do Comité de Assuntos Fiscais*, Cadernos de Ciência e Técnica Fiscal nº 154, Centro de Estudos Fiscais, Lisboa, 1987.

OCDE, *Harmful Tax Competition, An Emerging Global Issue*, 1998.

OWENS, J., (1993), *Globalisation: the implications for tax policies*, Fiscal Studies, **14**(3), IFS, August.

NOIRET CUNHA, Patricia, *Imposto sobre o Valor Acrescentado*, Instituto Superior de Gestão, 2004.

PECHMAN, J.A., (1968), *Taxation: personal income tax*, International Encyclopaedia of the Social Sciences, **15**, pp.529, 535.

PINSON, B., (1965), *Revenue Law*, 2nd edn., London, Sweet & Maxwell.

RÄDLER, A.J., (1993), *Where does tax harmonization stand today?*, EC Tax Review, **4**.

RÄDLER, A.J., (1995), *Most-favoured nation clause in European tax law?*, EC Tax Review, **2**.

Report of The Royal Commission on Taxation, Ottawa, Queen's Printer, 1967.

Fernandes Ferreira, Rogério, *Fiscalidade e Contabilidade, Estudos Críticos, Diagnósticos, Tendências*, Editorial Notícias, 2003.

Romyn, M., (1994), *Dutch Business Law, Legal, Accounting and Tax Aspects of Doing Business in the Netherlands*, Kluwer.

Rosembuj, Tulio, *Fiscalidad International*, Instituto de Fiscalidad Internacional, Marcial Pons, Madrid, 1998.

Sabine, B.E.V., (1966), *A History of Income Tax*, London, Allen & Unwin.

Salazar, Discursos, *Política de verdade, política de sacrifício, política national*, Vol. I, 3ª edição.

Saldanha Sanches, *O Novo Processo Tributário*, in Ciência e Técnica Fiscal, nº 361, Janeiro-Março, 1991.

Saldanha Sanches, *Estudos de Direito Contabilístico e Fiscal*, Coimbra Editora, 2000.

Saldanha Sanches, *Manual de Direito Fiscal*, Coimbra Editora, Lisboa, 2007.

Sandford, C.T., (1971), *Realistic Tax Reform*, London, Chatto & Windus.

Schmitthoff, C.M., (1992), *Palmer's Company Law*, 25th Edn., Stevens & Sons, W. Green & Son.

Siebert, H., (ed.), (1990), *Reforming Capital Income Taxation*, Institut fur Weltwirtschaft an der Universitat Kiel, Tubingen, Mohr.

Sinn, H-W., (1990), *Tax Harmonization and Tax Compensation in Europe*, Working Paper Nº 3248, NBER, January.

Slemrod, J., (1989), *Optimal Taxation and Optimal Tax Systems*, Working Paper No. 3038, NBER, July.

Sousa, Alfredo José, Paixão, José da Silva, *Código de Procedimento e de Processo Tributário*, Coimbra, 2000.

Kelly, Susan, (ed.), *The OFC Report 2004*, Campden Publishing Ltd.

Taverne, D., (1995), *The Pension Time Bomb in Europe*, Federal Trust.

Teixeira, António Braz, *Finanças Públicas e Direito Financeiro*, Associação Académica da Faculdade de Direito de Lisboa, Lisboa, 1989.

Teixeira, António Braz, *Princípios de Direito Fiscal*, Volume I, 3ª edição, Almedina, Coimbra, 1985.

Teixeira, António Braz, *Princípios de Direito Fiscal*, Volume II, Almedina, Coimbra, 1986.

Teixeira, Glória, e Pina, Rita Tavares, *Transfer Pricing – Portugal* in Transfer Pricing, IBFD – International Bureau of Fiscal Documentation, Transfer Pricing, 2018.

Teixeira, Glória, *Tributação do Rendimento – Perspetiva Nacional e Internacional*, Almedina, Porto, 2000.

Teixeira, Glória, *Taxation of Electronic Commerce*, Portugal (Relatório Nacional), Cahiers de Droit Fiscal International, IFA, Kluwer, 2001.

Teixeira, Glória, *Anotação ao Acórdão do Supremo Tribunal Administrativo de 14 de Março de 2001 – Rec. 25 744*, in Jurisprudência Fiscal Anotada 2001 – Supremo Tribunal Administrativo, Centro de Investigação Jurídico-Económica, Almedina, Porto, 2001.

Teixeira, Glória, *Taxing Corporate Profits in the EU*, A comparison of the Portuguese, British and Dutch systems, Series on International Taxation, Kluwer Law International, 1997.

Teixeira, Glória, *O Estado e os Impostos – comentário crítico*, Teoria do Estado Contemporâneo, Verbo, 2003.

Teixeira, Glória, (ed.), (1995), *Business Taxation in the EU*, Wiley Chancery Law.

Teixeira, Glória & Williams, D.W., (1994*), The Portuguese tax system and double tax agreement network*, Intertax, **4**.

Teixeira, Glória & Williams, D.W., (1995), *The impact of the unilateral tax credit in the US, UK and other tax systems*, Intertax, **11**.

Teixeira, Glória, Duarte Barros, *Preços de Transferência e o Caso Português*, Vida Económica, 2004.

Teixeira, Glória, *O Diferimento da Tributação: Perspetiva nacional e comparada*, Jurisprudência Fiscal Anotada, Supremo Tribunal Administrativo, 2003, Almedina, 2004.

Te Spenke, G., (1995), *Taxation in The Netherlands*, Kluwer.

Thommes, O., (1990), *Harmonization of enterprise taxation in the EC*, Intertax, **4**, Kluwer.

Thuronyi, Victor (ed.), *Tax Law Design and Drafting*, IMF, vol. 1 1996, vol. 2 1998.

Lyons, Timothy, *EC Customs Law*, Oxford EC Law Library, Third edition, Oxford University Press, 2018.

Tomás, João José Amaral, *Os preços de transferência*, in Revista Fisco, nº 29, Lisboa, 1991.

Tomsett, E.G., (1994), *UK international companies and a comparison of European holding company centers, World Tax News*, Deloitte Touche Tohmatsu International, **5**(1), January.

Treasury Department, (1992), *Integration of the Individual and Corporate Tax Systems, Taxing Business Income Once*, Report, issued 6 January, The Bureau of National Affairs, Washington.

Van Raad, K., (1986), *Nondiscrimination in International Tax Law*, Kluwer.

Van Thiel, S., (1994), *The prohibition of income tax discrimination in the European Union: what does it mean?*, European Taxation, IBFD, September.

Vasques, Sérgio, *Os Impostos do Pecado*, Almedina, 1999.

Vasques, Sérgio, *Os Impostos Especiais de Consumo*, Almedina, 2001

Xavier, Alberto P., *Manual de Direito Fiscal I*, Manuais da Faculdade de Direito de Lisboa, Lisboa, 1981.

Xavier, Alberto P., *O Negócio Indireto em Direito Fiscal*, Lisboa, 1971.

Xavier, Alberto P., *Direito Tributário Internacional do Brasil*, 6ª edição, Editora Forense, Rio de Janeiro, 2004.

XAVIER DE BASTO, *A Tributação do Consumo e a sua Coordenação Inter-na-cional*, CTF, 164, 1991.

WEATHERILL, S. & BEAUMONT, P., (1993), *EC Law, The Essential Guide to the Legal Workings of the European Community*, Penguin Books.

WILLIAMS, D.W., (1989), *Taxation in the European Community: 1992 – and then what,* Tax Planning International Review, **16**(7), July.

WILLIAMS, D.W., (1989), *Three hundred years on: are our tax bills right yet?,* British Tax Review, **11**, Sweet & Maxwell.

WILLIAMS, D.W., (1991), *Trends in International Taxation,* IBFD, IFA.

MORSE, Geofffrey, WILLIAMS, David, *Davies: Principles of Tax Law,* Sweet & Maxwell, 2008.

PESQUISA BIBLIOGRÁFICA NA INTERNET

Sítios internacionais

OCDE: http://www.oecd.org
Organização Mundial do Comércio: http://www.wto.org
Fundo Monetário Internacional: http://www.imf.org
Banco Mundial: http://www.worldbank.org
CIAT: http://www.ciat.org
IFA (Associação Fiscal Internacional): http://www.ifa.nl
AEPDF (Associação Europeia de Professores de Direito Fiscal): http://www.eatlp.org
IBFD (International Bureau of Fiscal Documentation: http://www.ibfd.org
União Europeia: http://europa.eu.int
Tribunal Europeu dos Direitos Humanos: http://www.dhcour.coe.fr
TJUE: //curia.europa.eu

PERIÓDICOS SELECIONADOS

Cadernos de Justiça Tributária
Ciência e Técnica Fiscal
Fiscalidade
Intertax (EC Tax Review)
British Tax Review
National Tax Journal
Tax Notes International
Cahiers de Droit Fiscal Internacional
European Taxation
International Tax Planning Journal
The Economist
Revista Fiscal

ÍNDICE

PUBLICAÇÕES DA AUTORA 7
NOTA DE ABERTURA 15
NOTA DE ABERTURA À 2ª EDIÇÃO 17
NOTA DE ABERTURA À 3ª EDIÇÃO 19
NOTA DE ABERTURA À 4ª EDIÇÃO 21
NOTA DE ABERTURA À 5ª EDIÇÃO 23
LISTA DE ABREVIATURAS 25

CAPÍTULO I – O ENSINO DO DIREITO FISCAL NA FACULDADE DE DIREITO DA UP 27
1. O objeto 27
2. Método e objetivos 28
2.1. O processo pedagógico 28
2.2. O método de avaliação 29
2.3. Objetivos 30

CAPÍTULO II – OS IMPOSTOS PORTUGUESES 31
1. Introdução 31
2. A definição de imposto e os fins da tributação 32
2.1. Breves considerações sobre o conceito de taxa, preços e rendas sociais 34
2.1.1. O conceito de taxa 34
2.1.2. Sobre a distinção taxa/preço 'público' 34
2.1.3. A equivalência dos conceitos 'tarifa' e 'preço' 35
2.1.4. A distinção taxa/preço: considerações doutrinais e juriprudenciais nacionais 36

2.1.5. A definição de preço: preços 'públicos' e preços 'privados' 36
2.1.6. A questão das 'Rendas Sociais' 37
3. A interpretação e integração da Lei fiscal 37
4. As classificações de impostos 40
5. A técnica fiscal: incidência, taxas, liquidação e pagamento 41
5.1. A incidência 41
5.2. As taxas 41
5.3. A liquidação 42
5.4. O pagamento 43
6. A responsabilidade fiscal 43
7. A representação fiscal 44
8. O direito à informação 45
9. As reformas fiscais: breve perspetiva histórica 46
9.1. A dimensão internacional 46
9.2. A dimensão nacional 47

CAPÍTULO III – PRINCÍPIOS FISCAIS 49
1. Introdução 49
2. Classificação e definições 50
3. O princípio da neutralidade 51
4. A relevância do princípio da neutralidade em sede de IVA 52
5. O princípio da equidade 53
6. O princípio da não-discriminação 55
7. O princípio da territorialidade 56
8. O princípio da residência 58
9. O princípio da nacionalidade 60
10. O princípio da transparência 60
11. O princípio da simplicidade 62
12. O princípio da reciprocidade 63
13. O princípio da eficiência 64
14. O princípio da não-retroatividade 64

CAPÍTULO IV – OS IMPOSTOS SOBRE O RENDIMENTO 69
1. O IRS 69
1.1. Introdução 69
1.2. As categorias de rendimentos 70
1.3. Deduções 71
1.4. As taxas 72

1.5. A colaboração do contribuinte 73
1.6. O cálculo do IRS 74
 1.6.1. Os trabalhadores dependentes e independentes 75
 1.6.2. Os pensionistas 79
 1.6.3. Os trabalhadores com deficiência 79
 1.6.4. Os bolseiros 79
 1.6.5. As taxas de imposto e as deduções à coleta 80
 1.6.6. As obrigações fiscais dos trabalhadores independentes 80
2. O IRC 81
2.1. Introdução 81
2.2. Matéria coletável e lucro tributável 82
2.3. A dedutibilidade de gastos 83
2.4. O regime das depreciações e amortizações 84
2.5. Os prejuízos fiscais 85
2.6. Os dividendos 86
2.7. Isenções 87
3. A tributação do rendimento: noções fundamentais 87
3.1. Os sujeitos passivos 87
3.2. O estabelecimento estável 88
3.3. O regime da transparência fiscal 90
3.4. As atividades ilícitas 90
3.5. A base tributável 91
3.6. O conceito jurídico-económico de 'realização' 93
3.7. Diferimento e tributação das mais-valias 99
4. A tributação dos lucros: os sistemas fiscais 102
4.1. Introdução 102
4.2. O conceito de 'integração' 104
4.3. As desvantagens da 'integração' 105
4.4. Em busca de um sistema fiscal moderno 107
4.5. O sistema clássico 108
4.6. Sistemas de Imputação 111
4.7. Sistemas de Isenção 115
4.8. Sistema de Dedução 116
4.9. A proposta ACE 117
4.10. Sistema de Cash-Flow 119
4.11. A complexidade da tributação dos dividendos e das mais-valias no sistema fiscal português: a urgência de uma reforma integrada e coerente 122

5. As medidas anti-abuso 122
5.1. Introdução 122
5.2. Os preços de transferência 125
5.2.1. A definição de sujeito passivo 126
5.2.2. Determinação do valor dos bens ou serviços 128
5.2.2.1. Instrumentos úteis 128
5.2.2.2. A remuneração dos intangíveis 129
5.2.3. A Questão da Interpretação e Aplicação do Artigo 63º do CIRC 131
5.2.4. O princípio da independência e a situação de relações especiais: harmonia ou conflito? 132
5.2.5. A escolha do método para determinação do preço de transferência 132
5.2.5.1. Um falso problema? 132
5.2.5.2. O método de comparação nos intangíveis e a importância da seleção dos intangíveis comparáveis 134
5.2.6. O problema do ónus da prova 136
5.2.7. Ónus da prova e o preço comparável de mercado 138
5.2.8. A recaraterização da operação e o ónus da prova 140
5.2.9. Preços de transferência e as atividades não lucrativas ou de interesse público e social 140
5.2.10. A Perspetiva Internacional 143
5.2.11. Futuros Desenvolvimentos 144
5.3. A Subcapitalização (ou limitação à dedutibilidade de gastos financeiros) 145
5.3.1. Introdução 145
5.3.2. Tendências no sistema fiscal português 146
5.4. Controlled Foreign Corporation (CFC) e outras medidas nacionais anti-abuso 147
5.5. Conclusões 148
5.6. As medidas anti-abuso na LGT: sistematização 149
6. O sistema de segurança social: considerações fiscais 150
6.1. Introdução 150
6.2. Os três pilares 151
6.2.1. O Primeiro Pilar 151
6.2.2. O Segundo Pilar 153
6.2.3. O Terceiro Pilar 156

6.3. As contribuições obrigatórias para a segurança social e a sua natureza 161
6.4. O Código Contributivo da Segurança Social 165
6.4.1. Introdução 165
6.4.2. A Qualificação Jurídica do Código Contributivo da Segurança Social 166
6.4.3. Os problemas criados pelos regimes convencionais: a discriminação entre trabalhadores e o incentivo à fraude ou evasão 167
6.4.4. A incongruência entre a voluntariedade do regime de seguro social voluntário e a obrigatoriedade da remuneração convencional 171
6.5. Possíveis soluções para o futuro 171

CAPÍTULO V – OS IMPOSTOS SOBRE O CONSUMO 177
1. Os Impostos Aduaneiros 177
1.1. A perspetiva histórica 177
1.2. Conceitos fundamentais do Código Aduaneiro da União 178
1.2.1. Classificação pautal 179
1.2.2. Origem das mercadorias 180
1.2.3. Valor aduaneiro 180
1.2.4. Destinos aduaneiros 181
1.3. Desenvolvimentos recentes 182
1.4. Alfândegas: Do passado ao futuro 182
1.4.1. Perspetiva geral 182
1.4.2. Desafios e objetivos atuais 184
1.5. Como classificar mercadorias ao abrigo da Pauta Aduaneira Comum 185
1.5.1. Introdução 185
1.5.2. O quadro legal aplicável à classificação de mercadorias 186
1.5.3. A interpretação da Nomenclatura Combinada ('NC') feita pelo Tribunal de Justiça 188
1.5.4. Problemas atuais e possíveis melhorias na classificação aduaneira 188
1.6. A relevância do conceito 'operador económico' na tributação do consumo 190
2. Os IEC(s) 191

2.1. Introdução 191
2.2. Incidência subjetiva 192
2.3. Facto gerador e exigibilidade 194
2.4. Isenções comuns 195
2.5. Taxas 196
2.6. As obrigações fiscais 196
2.7. A importância da política ambiental 197
3. O IVA 199
3.1. Breve perspetiva histórica 199
3.2. Objeto e âmbito de aplicação 201
3.3. Sujeitos passivos 203
3.4. A base tributável 205
3.5. A localização das operações tributáveis 208
3.6. A exigibilidade do imposto 210
3.7. O valor tributável 212
3.8. As taxas 215
3.9. As isenções 216
3.10. As deduções 219
3.11. As obrigações fiscais 222
3.12. Os regimes especiais 224

CAPÍTULO VI – OS IMPOSTOS SOBRE O PATRIMÓNIO 227
1. Introdução 227
2. A noção de património 227
3. A noção de valor patrimonial tributário 228
4. Os impostos sobre o património: IMI/IMT/Imposto do Selo (IS)/Derrama/Imposto sobre Veículos (ISV) e Imposto Único de Circulação (IUC) 230
5. A reforma fiscal 232
6. Os impostos sobre o património imobiliário – IMI/IMT/IS – Breve introdução 232
7. A tributação do imobiliário em sede de IVA 235
8. A tributação do imobiliário em sede de impostos sobre o rendimento (IRC/IRS) 236
9. Dos benefícios fiscais concedidos ao setor imobiliário 236
10. Alguns casos de duvidosa constitucionalidade: 237
11. Casos práticos: Jurisprudência selecionada do STA 237

11.1. Sobre o conceito de prédio 237
11.2. Sobre o conceito de valor patrimonial tributário: os prédios urbanos 238
12. As matrizes prediais e a importância do cadastro: breve sistematização 239
13. Tendências recentes 240

CAPÍTULO VII – OS BENEFÍCIOS FISCAIS 241
1. Introdução 241
2. Os benefícios fiscais: definições 242
3. A 'causa social' e o papel das entidades não lucrativas 243
3.1. As Organizações Não-Governamentais (ONG(s)) 243
3.2. As Formas Jurídicas Adoptadas pelas Organizações Não-Governamentais 244
3.3. O Tratamento Jurídico-Fiscal das ONG(s) no Contexto Europeu 246
3.4. Breves Considerações de Direito Fiscal Internacional 250
3.5. Conclusões 252
4. I&D (Investigação e Desenvolvimento) – Regime fiscal 253
4.1. Em geral 253
4.2. Abordagem histórica 254
4.3. Incentivos Fiscais para as Pessoas Coletivas: Incentivos para a I&D no CIRC 255
4.3.1. Amortizações 255
4.3.2. Gastos de investigação e desenvolvimento como gastos fiscais 256
4.4. Incentivos Fiscais para as Pessoas Singulares: Incentivos para a I&D no CIRS 256
4.4.1. Base fiscal 256
4.4.2. Deduções 257
4.5. Incentivos Fiscais no Imposto sobre o Valor Acrescentado 258
4.6. Outros Benefícios 258
4.6.1. Benefícios especiais para as zonas francas da Madeira e da ilha de Santa Maria 258
4.6.2. Benefícios fiscais contratuais 258
4.6.3. Incentivos fiscais ao desenvolvimento da propriedade industrial 259
4.7. Incentivos Fiscais nas Convenções sobre Dupla Tributação 259

5. O Código Fiscal do Investimento, o Regime dos Benefícios Fiscais Contratuais concedidos ao Investimento Direto no estrangeiro por empresas nacionais e o novo Código Fiscal do Investimento – breves considerações 260
6. O património cultural: Benefícios e incentivos fiscais 262
7. A proteção do ambiente: Benefícios e incentivos fiscais – breve referência 264
8. Conclusões 264

CAPÍTULO VIII – O DIREITO FISCAL INTERNACIONAL 267
1. Introdução 267
2. As convenções sobre dupla tributação 268
3. Os princípios interpretativos 269
4. Critérios de Residência 271
4.1. Os residentes não habituais 272
4.2. Os trabalhadores dependentes residentes em Portugal deslocados no estrangeiro 274
4.3. Os não residentes 275
4.4. Os residentes noutro Estado membro da União Europeia ou do Espaço Económico Europeu 278
5. Estabelecimento Estável 279
6. Os dividendos: retenções na fonte 283
7. Juros e *royalties* 286
8. Pensões 288
9. Correções à matéria coletável e a rede portuguesa de convenções sobre dupla tributação 289
10. Métodos usados para eliminar ou reduzir a dupla tributação internacional 291
11. Observações Finais 296
12. 'Tax Sparing' 297
13. Medidas anti-abuso nas convenções sobre dupla tributação 298
13.1. Conflitos na atribuição do rendimento 299
14. Os acordos sobre trocas de informações fiscais ao serviço das estratégias políticas dos Estados-membros da União Europeia 300
15. Tendências recentes no Direito Fiscal Internacional 310
16. Conclusões 311
17. Lista de Convenções sobre Dupla Tributação: 'Royalties' 312

CAPÍTULO IX – O DIREITO FISCAL EUROPEU 315
1. Introdução 315
2. O processo de coordenação fiscal na União Europeia 317
2.1. O relatório ' Newmark' 318
2.2. O relatório 'Segré' 318
2.3. O programa da Comissão 319
2.4. O relatório de Van den Tempel 319
2.5. O relatório 'Ruding' 320
2.6. Os sucessos dos anos 90 323
2.7. Reivindicações jurisdicionais: Problemas postos pela dicotomia nacionalidade – residência 323
2.8. Eliminação da discriminação: em busca da coerência 324
2.9. TJCE: novamente, altura de decidir 324
3. Sistemas fiscais e não discriminação na União Europeia 326
4. Planeamento fiscal e não discriminação na União Europeia 335

CAPÍTULO X – AS INFRAÇÕES TRIBUTÁRIAS 345
1. Introdução 345
2. Classificações 346
3. Breve perspetiva comparada 347
4. A fraude fiscal e o princípio da transparência 347
5. Estudo sobre as infrações tributárias 359

CAPÍTULO XI – O DIREITO CONTABILÍSTICO 369
1. Introdução 369
2. Os IFRS 370
3. Princípios fiscais e contabilísticos: o caminho difícil da harmonização fiscal na União Europeia 371

CAPÍTULO XII – O PROCEDIMENTO E O PROCESSO TRIBUTÁRIO 373
1. Introdução 373
1.1. A administração fiscal 373
1.2. A organização judicial 374
1.2.1. A estrutura judicial 374
1.2.2. As recomendações das organizações internacionais 374
2. Processo Fiscal: relação com outros ramos do direito 376
2.1. A jurisdição fiscal vs. jurisdição penal 376

2.2. A importância do direito processual civil e do direito processual administrativo 376
2.3. A delimitação do 'pedido fiscal' e a sua diferenciação do 'pedido administrativo' 376
3. Os princípios processuais e procedimentais fiscais 377
4. A figura do representante da Fazenda Pública 378
5. A representante do contribuinte 379
6. A importância do Ministério Público e a produção de prova 380
7. As decisões judiciais 382
8. O procedimento e o processo tributário 382
9. Os processos alternativos de resolução de litígios e o seu impacto no direito fiscal atual 385

CAPÍTULO XIII – POLÍTICAS FISCAIS NO SÉCULO XXI 397
1. As especificidades dos países periféricos 397
2. O Impacto do Regime Jurídico-Fiscal da Propriedade Intelectual e Industrial na Economia: breves considerações nacionais e de direito fiscal comparado 407
3. A tributação da agricultura e os desafios do século XXI 414
4. As opções de políticas fiscais nos mais recentes orçamentos de Estado 420

CONCLUSÕES 423
BIBLIOGRAFIA 427
PESQUISA BIBLIOGRÁFICA NA INTERNET 437
SÍTIOS INTERNACIONAIS 437
PERIÓDICOS SELECIONADOS 439
ÍNDICE 441